Legística

Legística

ESTUDOS EM HOMENAGEM AO PROFESSOR
CARLOS BLANCO DE MORAIS

2020

Coordenadoras
Maria Nazaré Lins Barbosa
Camila Morais Cajaiba Garcez Marins
Ieda Maria Ferreira Pires

ALMEDINA

LEGÍSTICA
ESTUDOS EM HOMENAGEM AO PROFESSOR CARLOS BLANCO DE MORAIS
© Almedina, 2020

Coordenadoras: Maria Nazaré Lins Barbosa, Camila Morais Cajaiba Garcez Marins, Ieda Maria Ferreira Pires
Diagramação: Almedina
Design de Capa: FBA
ISBN: 9786556270081

Dados Internacionais de Catalogação na Publicação (CIP)
(Câmara Brasileira do Livro, SP, Brasil)

Legística: estudos em homenagem ao professor
Carlos Blanco de Morais / [coordenadores Maria
Nazaré Lins Barbosa, Camila Morais Cajaiba
Garcez Marins, Ieda Maria Ferreira Pires. –
1. ed. – São Paulo: Almedina Brasil, 2020.
Vários autores.

Bibliografia
ISBN 97865-5627-008-1

1. Controle da constitucionalidade das leis
2. Direito constitucional 3. Leis – Constitucionalidade
4. Leis – Elaboração 5. Morais, Carlos Blanco de,
1957 – I. Barbosa, Maria Nazaré Lins.
II. Marins, Camila Morais Cajaiba Garcez.
III. Pires, Ieda Maria Ferreira.

20-35077   CDU-342

Índices para catálogo sistemático:

1. Constitucionalidade das Leis: Direito 342

Maria Alice Ferreira – Bibliotecária – CRB-8/7964

Este livro segue as regras do novo Acordo Ortográfico da Língua Portuguesa (1990).

Maio, 2020

Editora: Almedina Brasil
Rua José Maria Lisboa, 860, Conj. 131 e 132, Jardim Paulista | 01423-001 São Paulo | Brasil
editora@almedina.com.br
www.almedina.com.br

SOBRE OS AUTORES

André Marcon
Bacharel em Direito pela Universidade de São Paulo. Secretário das Comissões da Câmara Municipal de São Paulo.

Camila Morais Cajaiba Garcez Marins
Procuradora Legislativa na Câmara Municipal de São Paulo. Advogada.

Carlos Blanco de Morais
Professor Catedrático da Faculdade de Direito da Universidade de Lisboa. Presidente do Grupo (Departamento) de Ciências Jurídico Políticas da Faculdade de direito da universidade de Lisboa. Coordenador Científico do Centro de Investigação de Direito Público. Consultor do Centro de competências Jurídicas da Presidência do Conselho de Ministros de Portugal.

Carlos Roberto de Alckmin Dutra
Mestre e Doutor em Direito do Estado pela Faculdade de Direito da Universidade de São Paulo. Procurador da Assembleia Legislativa do Estado de São Paulo, onde foi Procurador-Chefe (2002-2005 e 2013--2015). Professor Universitário (Universidade Carlos Drummond de Andrade). Possui especialização em Direito do Estado (Escola Paulista de Magistratura), Direito Administrativo (Sociedade Brasileira de Direito Público), Processo Civil (Centro de Extensão Universitária) e

Capacitação em Direitos Humanos pela Procuradoria Geral do Estado de São Paulo. Membro efetivo da Comissão da Advocacia Pública da OAB/SP (2014-2016, 2016-2019 e 2019 a 2022). Membro titular do Conselho Consultivo Interinstitucional do Tribunal de Justiça do Estado de São Paulo, representando a Assembleia Legislativa do Estado de São Paulo (2014). Procurador do Município de Campinas (1996-1997).

Fernando Menezes de Almeida
Professor titular da Faculdade de Direito da USP. Doutor e livre-docente pela mesma Faculdade.

Gilmar Ferreira Mendes
Ministro do Supremo Tribunal Federal; Professor de Direito Constitucional nos cursos de graduação e pós-graduação do Instituto Brasiliense de Direito Público (IDP); Doutor em Direito pela Universidade de Münster, Alemanha.

Humberto Dantas
Humberto Dantas, cientista social com mestrado e doutorado em ciência política pela USP. Autor e organizador de livros, artigos e estudos sobre democracia. Entre 2017 e 2018 presidiu a Escola do Parlamento da Câmara Municipal de São Paulo, atua como professor em diversas escolas do legislativo do Brasil e durante dois anos trabalhou no setor de finanças da Assembleia Legislativa de São Paulo.

Ieda Maria Ferreira Pires
Procuradora Legislativa da Câmara Municipal de São Paulo. Especialista em Direitos Humanos pela PUC – SP

Jandyr Maya Faillace Neto
Advogado da União. Subchefe Adjunto da Subchefia para Assuntos Jurídicos da Secretaria-Geral da Presidência da República, onde atua desde 2001.

João Tiago Valente Almeida da Silveira
Professor da Faculdade de Direito da Universidade de Lisboa. Investigador do Centro de Investigação de Direito Público do Instituto de Ciências Jurídico-Políticas. Sócio da Morais Leitão, Galvão Teles & Soares da Silva

João Trindade Cavalcante Filho

Consultor Legislativo do Senado Federal (Brasil). Mestre em Direito Constitucional pelo Instituto Brasiliense de Direito Público (IDP). Doutorando em Direito Constitucional pela Universidade de São Paulo. Professor de Direito Constitucional dos cursos de Graduação e Pós-Graduação do IDP. Advogado.

João Victor Rozatti Longhi

Professor Universitário. Defensor Público do Estado do Paraná. Mestre em Direito Civil pela Universidade do Estado do Rio de Janeiro – UERJ e Doutor em Direito do Estado pela Universidade de São Paulo – USP. Pós Doutor em Direito pela Universidade Estadual do Norte do Paraná – UENP

Juliana Cristina Luvizotto

Doutora e Mestre em Direito Administrativo pela USP. Assessora de Controle Externo no Tribunal de Contas do Município de São Paulo. Professora na Escola Superior de Gestão e Contas Públicas Conselheiro Eurípedes Sales, vinculada ao Tribunal de Contas do Município de São Paulo.

Luciana Yeung

Doutora em Economia pela EESP-FGV, com estágio na Law School da University of California, Berkeley; Mestre em Economia Aplicada e em Relações Industriais pela University of Wisconsin–Madison; Bacharel em Economia pela FEA-USP. Membro fundadora e ex-Presidente (2016) da Associação Brasileira de Direito e Economia (ABDE). Foi Coordenadora do Curso de Graduação de Economia do Insper de 2011 a 2018.

Manoel Gonçalves Ferreira Filho

Professor Emérito da Faculdade de Direito da USP. Professor Titular (aposentado) de Direito Constitucional da Faculdade de Direito da USP. Doutor *honoris causa* da Universidade de Lisboa. Doutor pela Universidade de Paris. Ex-Professor visitante da Faculdade de Direito de *Aix-en-Provence* (França). Presidente do Instituto "Pimenta Bueno" – Associação Brasileira dos Constitucionalistas.

Manuel Cabugueira

Doutor em Economia pelo Instituto Superior de Economia e Gestão, Universidade de Lisboa. Professor da Escola de Ciências Económicas e das Organizações da Universidade Lusófona das Humanidades e Tecnologias. Coordenador da Unidade Técnica de Avaliação e Impacto Legislativo. Investigador do projeto LEGIMPACT. Investigador do CIDEEFF

Maria Nazaré Lins Barbosa

Doutora e Mestre em Administração Pública e Governo pela Fundação Getúlio Vargas/SP. Procuradora Chefe da Câmara Municipal de São Paulo.

Monica Herman Caggiano

Diretora da Faculdade de Direito da Universidade de São Paulo – USP//RP. Professora Associada-Plena do Departamento de Direito do Estado, da Universidade de São Paulo. Mestre, Doutora e Livre-Docente em Direito Constitucional pela Faculdade de Direito/USP. Presidente da Comissão de Pós-Graduação da Faculdade de Direito-USP (2008-2016). Professora Titular de Direito Constitucional da Universidade Presbiteriana Mackenzie. Procuradora Geral do Município de São Paulo (1995-1996). Secretária dos Negócios Jurídicos do Município de São Paulo (1966). Procuradora do Município de São Paulo (1972-1996). Consultora jurídica.

Ricardo Pedro Guazzelli Rosario

Mestre em Direito Político e Econômico pela Universidade Presbiteriana Mackenzie. Mestre e Doutor em Meio Ambiente e Conservação pelo Instituto de Botânica da Secretaria de Meio Ambiente do Estado de São Paulo. Professor da Faculdade de Direito da Universidade Presbiteriana Mackenzie.

Rubens Beçak

Professor Associado da Universidade de São Paulo – USP. Mestre e Doutor em Direito Constitucional e Livre-docente em Teoria Geral do Estado pela Universidade de São Paulo – USP

Rubens Naman Rizek Junior

Doutor em Direito do Estado pela USP. Mestre em Direito do Estado pela USP. Secretário Municipal de Justiça da Cidade de São Paulo.

Sónia Cristina Carvalho Rodrigues

Mestre em Direito Público pela NOVA Direito, Lisboa. Coordenadora do Observatório da Legislação Portuguesa.

APRESENTAÇÃO

Os estudos em homenagem ao eminente Professor Catedrático da Faculdade de Direito da Universidade de Lisboa, Carlos Blanco de Morais, são voltados ao tema da Legística, técnica e arte da Ciência de elaboração legislativa, pela pena de ilustres mestres brasileiros e portugueses. Todos, sem exceção, com renome internacional.

De início, uma breve palavra sobre o eminente lente homenageado. É um dos grandes nomes do direito constitucional na Europa atual. Com monolítica obra sobre o mais relevante ramo do direito, preside o grupo de Ciências Jurídicas Políticas da Faculdade, onde é catedrático.

Lembro-me, quando em dezembro de 1989, a convite de seu antecessor, o comum amigo Professor Jorge Miranda, ministrei palestra, naquela instituição, a qualidade dos alunos revelada durante a parte de debates, não me tendo furtado de externar minha admiração pelo grupo de futuros juristas que estavam formando, agora sob a tutela do Professor Carlos Blanco.

Não tecerei maiores considerações sobre o amigo e mestre, pois, superiormente, o fez o ícone de direito constitucional brasileiro, que é Manoel Gonçalves Ferreira Filho.

Ser catedrático na Faculdade de Direito da Universidade de Lisboa é título que honra sobremaneira quem o pode ostentar por méritos inquestionáveis.

O artigo introdutório do presente livro bem dá a dimensão de seu talento, perspicácia, espírito científico e clareza na exposição.

A legística pressupõe, necessariamente, a clareza na dicção das leis. O legislador é um delegado do povo e, por exercer tão elevada função, deve, pelo menos, ser claro e compreensível com o seu representado. A fidalguia e a elegância do legislador é produzir normas que sejam inteligíveis pelos seus representados e não um poema concretista ou uma tábua de logaritmos, só compreensíveis por iniciados.

Como bem acentua o eminente homenageado, a densidade ôntica da norma, seu enquadramento no arcabouço constitucional e a nitidez da explicitação constituem fundamentos da qualidade da elaboração legislativa seja para o funcionamento e financiamento do Estado, seja para o desenvolvimento das empresas, seja, ainda, para o exercício da cidadania.

Clareza, coerência, precisão e parcimônia são componentes essenciais para a boa técnica legislativa, em que o aspecto formal e o material devem conviver com idêntica excelência, em face do impacto pretendido nos que a vão cumprir e no interesse deles e da nação, pois são fatores cimeiros, sempre com a ponderação dos reflexos nas contas públicas para sua implantação.

Evidentemente, esta ciência, na arte e na técnica de elaborar a lei, permitiu, no Congresso Luso-Brasileiro de Legística, admiráveis reflexões por uma gama de eminentes autores sob diversos aspectos, como a avaliação do Poder Legislativo, os limites temporais deste poder regulamentador e a inconstitucionalidade finalística pela inobservância das regras legísticas, o controle judicial dos atos decorrenciais e da própria técnica de legislar, as fronteiras do desempenho do poder de fazer as leis, a sistematização da legislação municipal, como funciona a elaboração normativa no Brasil, as novas formas de produção legal, o papel das Comissões de Constituição e Justiça dos Legislativos, a responsabilidade civil na formulação das leis, o processo legislativo em Portugal e no Município de São Paulo, as vantagens da consolidação das leis, além do observatório da legislação portuguesa, da crise do direito e da utilização da informática na legística.

A leitura de todos os trabalhos oferta ao operador de direito um notável espectro de questões relacionadas à elaboração das normas.

Pessoalmente, desde que comecei a lecionar em Universidades, nos distantes idos da década de 60, no século passado, sempre me preocupou a necessidade de a instrumentalização legislativa ser coerente com a intenção do legislador e, esta, com as aspirações do povo.

Minha visão, desde o princípio de minha vida acadêmica, era perceber que a função do jurista, enquanto proponente de soluções jurídicas, seria encontrar um nível de generalidade suficiente capaz de influenciar a reflexão do legislador sobre os anseios de seus representados e as soluções mais adequadas para torna-los viáveis em todos os campos do conhecimento.

Sempre, enquanto jurista formulador de propostas, a iniciativa do operador do direito seria abrangente, quase sempre genérica, objetivando soluções a longo prazo para os temas que se propunha.

Como jurista e intérprete, todavia, é um operador a tornar inteligível a produção normativa determinada por aqueles que formulam o direito de acordo com sua própria vontade ou a de seus representados, mas não dele.

A melhoria na qualidade da lei não modifica, para o operador do direito, que a ontologia da norma não é determinada pelo especialista em Direito, mas pelo político ou burocrata, embora caiba uma relativa elasticidade na interpretação da norma produzida. Na produção da norma, todavia, pode o jurista influenciar mais na forma e menos no objetivo, pois, de rigor, ele não representa o povo e sim o político legislador.

O certo, todavia, é que a utilização da Ciência Jurídica para aprimorar a produção normativa torna mais fácil a tarefa do intérprete e o cumprimento da lei pelo representado.

O Seminário, pois, realizado pela Câmara Municipal de São Paulo em homenagem ao grande amigo e notável jurista Carlos Blanco de Morais com a apresentação de excelentes trabalhos constantes do presente livro, é extraordinária contribuição ao estudo desta Ciência, que é também uma técnica e uma arte, ou seja, a produção do melhor direito, num regime democrático.

Cumprimento, portanto, homenageado e autores, com esta oferta generosa aos legisladores das duas pátrias e aos que militam na área jurídica!

IVES GANDRA DA SILVA MARTINS

Professor Emérito das Universidades Mackenzie, UNIP, UNIFIEO, UNIFMU, do CIEE/O ESTADO DE SÃO PAULO, das Escolas de Comando e Estado-Maior do Exército – ECEME, Superior de Guerra – ESG e da Magistratura do Tribunal Regional Federal – 1ª Região; Professor Honorário das Universidades Austral (Argentina), San Martin de Porres (Peru) e Vasili Goldis (Romênia); Doutor Honoris Causa das Universidades de Craiova (Romênia) e das PUCs-Paraná e RS, e Catedrático da Universidade do Minho (Portugal); Presidente do Conselho Superior de Direito da FECOMERCIO – SP; ex-Presidente da Academia Paulista de Letras-APL e do Instituto dos Advogados de São Paulo-IASP.

SUMÁRIO

1. Introdução

CARLOS BLANCO DE MORAIS

Foi-me muito gentilmente solicitada uma introdução ao presente livro cujo objeto é a "Legística", publicado pela Almedina no Brasil, e que condensa as intervenções havidas num Congresso que me resolveu fazer uma imerecida homenagem na Câmara Municipal de S. Paulo e na Assembleia Legislativa do Estado. É pois com a maior honra e satisfação que a escrevo, procurando em umas breves linhas fazer uma introdução desenvolvida à "legística", também conhecida na Europa por métodos de "Better regulation".

Muito agradeço esta iniciativa, nas pessoas da Dra. Nazaré Lins Barbosa e do Doutor Leonardo Quintiliano e exprimo, igualmente, uma palavra de reconhecimento à Editora e o livro, com especial destaque para os amigos da USP da Faculdade de Direito do Largo de S. Francisco.

No século XIX e primeira metade do Século XX, a Ciência Jurídica consumiu-se no fenómeno da aplicação de uma norma a um caso concreto, observado no ângulo ou na perspetiva de uma tomada de decisão por parte de um juiz. A norma carecia do recurso a uma interpretação que descodificasse o seu sentido no contexto do caso concreto, constituindo a hermenêutica, o problema central da razão jurídica.

A partir da segunda metade do Século XX, passou a ser insuficiente, ao jurista, o estudo da interpretação normativa num mero quadro de aplicação da lei pelo juiz, colocando-se, sempre o problema prévio da validade da norma a aplicar, se bem que a mesma validade, no plano constitucional, se imbricasse com metodologias interpretativas da Constituição.

De qualquer forma, a jurisdicionalização do controlo de constitucionalidade fez com que a lei passou a ter de se mover nos carris apertados das regras constitucionais de Estados plurilegislativos. E com a normatividade plena das Constituições e a criação dos Tribunais Constitucionais a ciência jurídico-constitucional passou a constituir uma parcela inseparável da ciência jurídica.

A partir dos anos oitenta do século passado, o estudo das normas experimentou na Europa um salto qualitativo, a partir do momento em que não juristas passaram a observá-la como um instrumento de ação e transformação política e económica, passando a lei a ser estudada no domínio das técnicas e métodos que devem reger a sua conceção, redação, avaliação, sistematização e praticabilidade. Nasceu, assim a *Legística* como parte da Ciência da Legislação, preocupada com o estudo das consequências produzidas pelos atos legislativos e com a conceção de métodos e técnicas suscetíveis de potenciar a sua qualidade, simplificação e eficiência.

Qual a utilidade da legística? Esta, como pressuposto técnico da qualidade das leis, tem especial impacto positivo no Estado, empresas e cidadãos. Assim:

No contexto do funcionamento do Estado:

i. Reduz custos de leis mal calibradas na relação encargos/ /benefícios;
ii. Garante leis aptas para atingir objetivos, antevendo riscos potenciais;
iii. Propicia menores riscos de inconstitucionalidade;
iv. Propicia leis mais claras , menos litigiosas e com menor oneração do sistema da justiça.
v. No tocante às empresas:
vi. Reduz-se os custos administrativos e financeiros;
vii. Promove a desburocratização;
viii. Assegura maior certeza jurídica e menor taxa de litigância;
ix. Propicia maior participação das empresas e associações empresariais na feitura das leis.

Finalmente, no que tange aos cidadãos

i. propicia-se melhor acessibilidade ao Direito, nomeadamente através de motores de busca eletrónicos gratuitos e estruturas informais de consolidação.
ii. Existe um menor risco de leis que violem ou sacrifiquem desnecessariamente os seus direitos fundamentais;
iii. Reforça-se, no plano procedimental a democracia participativa, mediante audições prévias.

De entre os dois principais domínios da legística cumpre considerar a legística formal e a legística material.

1. Legística formal
1.1. Observações gerais
A legística formal consiste na disciplina que estuda a comunicação legislativa, com o objetivo de melhorar a compreensão e a identificação da normação legal vigente".

O objeto da legística formal compreende a *gestão e a elaboração* dos textos normativos[1], compreendendo os princípios, diretrizes e procedimentos que se projetam sobre a "escritura", a sistematização das leis e os meios de acesso à mesma, como instrumentos de comunicação.

No que respeita ao *fim da legística formal,* este visa obter de um elevado nível de compreensão e de identificação das normas, tal como é reclamado pelo princípio da segurança jurídica, pelo princípio constitucional do acesso ao direito e pelo desiderato da qualidade normativa. As diretrizes de sistematização e redação normativa destinam-se a assegurar que a mensagem legislativa se paute por níveis aceitáveis de *certeza e clareza,* de forma a poderem ser entendidos, na sua essência, pelos respetivos destinatários.

Mas, para além da certeza da mensagem, a boa comunicação normativa opera igualmente, através do imperativo da fácil identificação e localização dos instrumentos onde a mensagem se encontra depositada. Uma pluralidade de comandos normativos claros e materialmente interdependentes,

---

[1] WIENER «Crise et Science de la Législation en France» cit. por RODOLFO PAGANO, in »Introduzione (...) » « «Introduzione a la Legistica», Milano-2004, p. 42.

mas que se encontram mal arrumados no interior de um dado diploma, ou pulverizados numa multiplicidade incerta de diplomas, alguns deles apenas parcialmente em vigor, não fornece uma adequada comunicação, a qual, por dificuldade de identificação de todos esses preceitos, poderá assumir caráter incompleto.

Uma boa sistematização interna e externa das leis e uma adequada política de consolidação, codificação permitem alcançar esse desiderato de identificação e acesso adequado, completo e ágil ao direito vigente.

O desafio colocado ao decisor legislativo não será o de cruzar os braços deixando comodamente a resolução das obscuridades e incertezas derivadas da deficiente redação das leis para os jurisconsultos e tribunais, mas sim criar pressupostos para, através de técnicas de boa redação, sistematização e simplificação, eliminar dentro do possível as insuficiências existentes.

São os Estados económica e socialmente mais desenvolvidos da OCDE aqueles que há muito se preocuparam com os cânones de boa redação, sistematização e consolidação legislativa. Isto porque, avaliaram os prejuízos e onerações evitáveis que leis mal redigidas, pulverizadas e de vigência incerta têm comportado para os direitos dos cidadãos, a celeridade e qualidade do funcionamento do sistema de Justiça, os recursos financeiros do Estado e a economia das empresas.

1.2. Requisitos de comunicação legislativa

Procurando alinhar os requisitos mais pertinentes para efeito de uma comunicação legislativa de qualidade, cumpre destacar os seguintes: i) A clareza; ii) A coerência; iii) A precisão; iv) A parcimónia.

1.2.1. A clareza

Trata-se da principal qualidade a alcançar na redação e sistematização das leis[2], pois a clareza é condição da *compreensão* das normas, devendo a lei conter uma mensagem de comando vocacionada a ser entendida pelos seus destinatários[3].

---

[2] DAVID DUARTE-ALEXANDRE SOUSA PINHEIRO-MIGUEL ROMÃO-TIAGO DUARTE "Legística"-Coimbra,2002, p. 127 e seg.

[3] Segundo certa doutrina (PAGANO, ult. loc. cit, p. 35) a lei seria clara quando, por exemplo, indicar de forma objectiva, os seus destinatários, os órgãos que a devem executar, as

Concorrem para a clareza:

i.   A *simplicidade da linguagem*[4];
ii. A *existência de um pensamento legislativo claro no autor da norma*[5];
iii. *Uso de vocábulos adequados às situações reguladas*[6];
iv. *Utilização homogénea de palavras-chave ou de fórmulas*[7];
v.   *Limitação, dentro do possível, do uso de normas excecionais*;
vi. Limitação do *uso de conceitos indeterminados*[8]
vii. *Autenticidade*[9], postulado que, para além de respeitar a máxima de Montesquieu de que as leis não devem ser subtis, mas sim apreensíveis pela razão de um "homem médio";
viii. A *cognoscibilidade* que evoca a possibilidade do destinatário aceder em devido tempo a mensagem[10];

1.2.2. A Coerência

As normas de um diploma devem articular-se num quadro coerente[11], pois as as regras não podem ser contraditórias[12], nem pode o pensamento jurídico ser ilógico nas cadeias argumentativas.

Para além da coerência interna, que deve existir num dado diploma em concreto, assume, também relevo a *coerência externa*, a qual veda uma

---

consequência em caso de inobservância e o carácter taxativo ou exemplificativo das suas prescrições.

[4] MICHELE AINIS, "La Legge Oscura: come e perche non funziona"-Roma-Bari, 2002, p. 32 e seg .

[5] CARLES-ALBERT MORAND « Para uma Metodologia da comunicação Legislativa" in "Legislação, 11, 1994, p. 27 e seg.

[6] CARLES-ALBERT MORAND, ult. loc. cit.

[7] CARLES-ALBERT MORAND, ult. loc. cit., p. 29.

[8] DAVID DUARTE-ALEXANDRE SOUSA PINHEIRO-MIGUEL ROMÃO-TIAGO DUARTE "Legística"-op. cit, p. 128.

[9] CHARLES-ALBERT MORAND, ult. loc. cit. p. 32. Embora o autor autonomize este predicado, preferimos reconduzi-lo ao pressuposto mais amplo da clareza, do qual constitui uma especialidade com uma importante carga axiológica.

[10] RODOLFO PAGANO, ult. loc. cit, p. 32.

[11] CHARLES-ALBERT MORAND, ult. loc. cit, p. 31.

[12] ULRICH KARPEN "Less Quantity-More Quality. Some Comparative aspects of Science and art of legislation in European Countries"- in AAVV "Légistique Formelle et Materielle (...)" Dir Charles Albert Morand, Aix-en-Maseille, 1999, p. 326.

desarmonia lógica entre o novo direito e aquele que, disseminado por outros diplomas antecedentes, se pretende que continue a vigorar sobre a mesma matéria.

1.2.3. Precisão

As fórmulas legais que contêm os conceitos devem alcançar os objetivos de clareza e de determinabilidade material na previsão ou estatuição jurídica que o pensamento jurídico pretende consagrar[13], impondo mestria no uso dos vocábulos.

1.2.4. A parcimónia

A parcimónia recomenda o menor numero possível de regras, com o menor número de palavras[14].

No plano *interno* a parcimónia reclama leis redigidas de uma forma enxuta, concisa, com frases curtas e concentradas[15].

O desejável será evitar enunciados demasiados extensos ou prolixos (os quais tornam fosca a comunicação normativa junto dos destinatários) e, em certos casos, a utilização de enunciados demasiado precisos[16] que deixem de fora um conjunto de situações análogas ou próximas que careçam de regulação.

No plano externo a parcimónia prende-se à desejabilidade de reduzir a massa legislativa em circulação e lidar com o fenómeno patológico da poluição legislativa, tendo em vista propiciar a cognoscibilidade do próprio direito efetivamente vigente.

Comporta, deste modo, o conhecimento do direito em vigor, a sua identificação completa e a agilidade do acesso ao mesmo.

Tal implica uma política de simplificação reordenadora das normas introduzida na consolidação e na codificação normativas.

---

[13] No caso presente, refundimos no cânone da precisão dos enunciados, também a exigência da "adequação" dos mesmos enunciados, a qual é autonomizada por GOMES CANOTILHO (ult. loc. cit, p. 488 e seg).

[14] RODOLFO PAGANO, ult. loc. cit, p. 36.

[15] CHARLES-ALBERT MORAND, ult. loc. cit, p. 32.

[16] PAUL DELNOY, « The role of Legislation and Legistics in Determination of the norm Content » in AAVV « Contributions to the Metodology of Creation of Writen Law », Baden-Baden, 1993, p. 144.

1.3. Relações entre o redator e o decisor legislativo

Existe uma espécie de coautoria assimétrica entre o decisor e o técnico redator dos textos legislativos, que influi na qualidade normativa.

O decisor ou legislador em sentido próprio, é o responsável político pela produção da lei cabendo-lhe traçar previamente um plano normativo contido num impulso onde deve estabelecer os fins e os objetivos operacionais que devem presidir à lei.Compete-lhe também, designar o redator, examinar as conclusões extraídas da eventual atividade de controlo prévio da qualidade formal do diploma elaborado e tomar uma decisão política final sobre a sua configuração

O redator, tanto pode atuar como simples reparador quando se trata de rever aspetos não essenciais da legislação vigente, quer como *engenheiro*, construindo um novo edifício legislativo. O redator encontra-se numa posição subordinada em relação ao decisor pois a sua tarefa é executar o mandato de acordo com as diretrizes recebidas.

Quanto mais densos forem os objetivos operacionais da lei traçados pelo decisor, menor a autonomia do redator e vice-versa. Não infrequentemente, o decisor limita-se a traçar linhas gerais de orientação, porque tem dúvidas e pretende deixar em aberto alguns objetivos ou alguns meios importantes para os atingir. Neste caso a tarefa de redação é conferida a especialistas e a autonomia é uma consequência do caráter difuso do mandato recebido.

1.4. Diretrizes de legística formal

As diretrizes de *legística formal* consistem em regras e em recomendações aprovadas pelas autoridades públicas que se destinam a fixar critérios técnicos e standards metodológicos aptos a orientar o legislador na adequada redação, sistematização e consolidação das leis.

Sendo aprovadas mediante ato jurídico público, as diretrizes de legística formal raramente assumem caráter normativo com eficácia externa, constituindo, predominantemente, regras e orientações exortativas com eficácia intra-orgânica.

As experiências de Direito Comparado recolhidas nos Estados da OCDE revelam que as diretrizes de legística respeitam fundamentalmente:

i. À estrutura do diploma e à sua ordenação sistemática;
ii. Aos critérios reitores da redação e linguagem;

iii. A matérias respeitantes à operatividade normativa da lei.
iv. Consolidação legislativa.

A *estrutura* dos diplomas concerne às suas componentes normativas (articulado) e não normativas (preâmbulo, título, e disposições formulárias), enquanto a *sistemática concerne a*o modo como o articulado se encontra ordenado internamente e se posiciona externamente em face de outros diplomas normativos.

Quanto aos critérios que regem a *redação e linguagem* estes versam sobre o estilo e os objetivos que devem ser atingidos pelo discurso normativo, bem como a construção gramatical, a morfologia, a sintaxe, a semântica e o uso de certos termos e fórmulas.

No que respeita aos domínios presos à potência relacional da lei, estes soldam-se ao regime das normas que determinam revogações, aditamentos, alterações, suspensões, ou a identificação expressa de normas intrusas e reenvios.

Finalmente, quanto às diretrizes sobre a matéria *de reordenação e consolidação das leis*, verificamos que as mesmas dispõem sobre a republicação de diplomas objeto de sucessivas alterações ou de alterações importantes, a cláusulas de caducidade, e à afixação de procedimentos de compilação, consolidação, codificação e informatização jurídica.

2. Legística material

A legística material procura *a*ssegurar que a conceção da lei observe requisitos de qualidade que lhe permitam preencher, com eficiência, os seus objetivos operacionais. Envolve tanto operações de simplificação administrativa, como a avaliação de prévia e sucessiva de impacto normativo como, ainda, a análise experimental.

Valerá a pena focar dois tipos de ferramentas metódicas e técnicas da legística material, ambas centradas na avaliação das leis: a avaliação de encargos administrativo e a avaliação de impacto normativo centrada na análise de custos e benefícios.

2.1. Introdução à avaliação prévia de encargos administrativos como política pública de simplificação e desburocratização

A simplificação administrativa por via de avaliação consiste na atividade técnica, usualmente de natureza preventiva ou *ex ante*, destinada a identificar e reduzir encargos administrativos, burocráticos e informativos desnecessários sobre as pessoas e empresas, escrutinando o conteúdo das leis em formação.

Tem por objetivo reduzir custos na atividade empresarial e na vida dos cidadãos, assim como custos públicos com obrigações, trâmites e procedimentos desnecessários A nível de entidades supranacionais (como a União Europeia), Estados, entes territoriais autónomos e agências reguladoras

A União Europeia, por exemplo, lançou em 2007 o Programa ABR (*Action Program for Reducing Administrative Burdens*) que teve por objetivos:

i. A redução a nível da burocracia da UE de 25% em encargos administrativos até ao ano de 2012.
ii. A garantia de poupanças públicas e privadas no valor de 30.8 biliões de euros para as empresas.
iii. A agilização da administração da UE e alteração da sua cultura administrativa.
iv. A assunção de um compromisso pela própria União e pelos Estados-membros no sentido de reduzirem 25% dos seus próprios encargos administrativos até 2012.

Foram definidas 13 áreas-alvo prioritárias, figurando, de entre as mesmas, a Agricultura, a contabilidade das empresas, o ambiente, os serviços financeiros, a segurança alimentar, os impostos e o transporte.

O instrumento técnico de avaliação econométrico foi o SCM (*Standard Cost Model*), uma criação holandesa.

No plano dos resultados a nível da União europeia, os mesmos envolveram a adoção 120 medidas, das quais resultaram:

i. Maiores reduções de encargos na Agricultura, contabilidade, Direito das Sociedades e impostos e taxas alfandegárias (80% de encargos burocráticos e onerações para pessoas e empresas, a chamada "Red Tape");
ii. A redução encargos terá sido alcançada no objetivo 25% com uma poupança de 36.7 biliões de euros;
iii. Houve, contudo, uma ausência de feedback de idêntica redução a nível da maioria dos Estados-Membros, eventualmente devido à crise financeira de 2008.

Subsequentemente a União Europeia lançou outro programa de natureza aproximada, o RFIT (Regulatory Fitness and Performance Program).

Em Portugal adotou-se recentemente o programa "Custa Quanto?" uma avaliação prévia de impacto realizada na Presidência do Conselho de Ministros pela unidade técnica UTAIL, baseada no *Standard Cost Model*, com adaptações e que é usado a nível do Governo para avaliar a carga administrativa dos diplomas em elaboração.

2.2. A avaliação de impacto normativo: a análise custo/benefício e outros instrumentos de análise quantitativa
1.2.1. Avaliação prévia de impacto normativo

A Avaliação prévia de Impacto (API) assenta o seu "núcleo duro" na valoração dos custos e benefícios de uma medida normativa, sem prejuízo de, no tempo presente, compreender outros instrumentos analíticos de avaliação (análise multicritérios, método QUALY para a saúde, e a análise custo-eficácia, de entre outros instrumentos)[17].

O percurso da API consiste na:

i.   *Identificação de um problema impulsionante* que, por regra, resulta de uma situação insatisfatória que reclama uma atuação do poder político;

ii. *Determinação dos objetivos de uma política pública* como forma de o resolver, por via normativa ou não normativa;

iii. *Consultas públicas e privadas* , as quais podem ser, a título eventual, realizadas informalmente numa fase preliminar ou formalmente numa fase intercalar;

iv. *Identificação, das opções alternativas* no quadro das soluções normativa e não normativa escolhida;

v.   *Análise de cada uma das opções relevantes à luz do critério metodológico do "custo-benefício"* (ou de outro equivalente) que meçam, no plano quantitativo, a relação entre os custos e os benefícios ou vantagens;

vi. *Análise distributiva de impacto e análise de risco*

vii. *Outras análises da repercussão normativa com caráter especial*, ditadas pela natureza do diploma em razão da matéria (tais como análises de ordem social, ambiental ou organizativa);

---

[17] Cfr CARLOS BLANCO DE MORAIS "Manual de Legística"-Lisboa, 2007, p. 343 e seg.

viii. *Comparação do mérito das soluções alternativas, enunciação da opção político-normativa preferida e proposta de objetivos operacionais.*

A definição explícita dos objetivos de atuação pública (vide o item ii) do elenco) visa transmitir ao decisor político a razão de ser da atuação pública. Os objetivos devem estar estruturados de forma hierárquica, partindo de uma definição geral para uma definição concreta.

Assim, num primeiro nível de definição de objetivos estão os fins, **ou objetivos gerais,** da atuação pública. Contudo, a avaliação deve focar fundamentalmente os *objetivos específicos* a prosseguir.

A definição dos objetivos a prosseguir com uma determinada atuação pública cabe ao decisor normativo e não ao avaliador. A este incumbe identificar com clareza, esses objetivos, de modo a poder isolar novas opções de atuação e averiguar sua aptidão para atingir os objetivos pretendidos. Contudo, compete ao avaliador auxiliar o decisor a densificar a enunciação dos objetivos, podendo caber-lhe a tarefa informativa de identificação e pormenorização de objetivos específicos não perspetivados pelo decisor político.

Os requisitos a que devem obedecer a fixação de objetivos é geralmente sumarizada a través do acrónimo SMART. Assim, os objetivos devem ser:

i. Específicos (Specific): para ser específico, um objetivo deve ser bem definido e detalhado;

ii. Mensuráveis: a mensurabilidade dos objetivos é importante para que se possa comparar os graus de eficácia das várias opções tomadas em consideração;

iii. atingíveis: ao contrário dos fins, que são metas abstratas por vezes inatingíveis na sua totalidade, os objetivos têm que ser atingíveis;

iv. realistas: para um objetivo ser realista, os recursos para o atingir devem estar disponíveis;

v. Temporalmente delimitados.

Um objetivo é temporalmente delimitado se tem um prazo para a sua realização. O relatório de avaliação deve referir de modo explícito, preferencialmente aplicando os critérios SMART, os objetivos a prosseguir com a atuação pública em causa.

A identificação do contexto da atuação pública e dos objetivos que ela visa prosseguir permite a identificação das opções disponíveis para atingir aqueles objetivos. A consideração de opções alternativas é um pressuposto indispensável da avaliação, enquanto processo de busca da melhor opção de atuação pública

As melhores práticas internacionais nesta matéria indicam que a opção de não atuação, ou "opção zero", deve ser tomada em consideração. Como um dos propósitos da avaliação é evitar a adoção de normação desnecessária, a manutenção da situação existente deve ser equacionada e ponderada com as outras opções.

No processo de avaliação de impacto normativo, a tarefa de identificação das opções de atuação pública é simultânea e interage com a tarefa de descrição dos impactos associados a cada opção. Só o conhecimento dos impactos das várias opções possibilita que vias alternativas sejam propostas e subsequentemente analisadas pelo avaliador através de uma análise comparada de todos os impactos positivos ou negativos de cada uma delas.

O escopo desta rubrica é a de fornecer ao avaliador um método e um enquadramento analítico que lhe permita prever as consequências das opções de atuação pública.

A análise custo/benefício (*cost-benefit analysis*) referida no ponto v) do elenco supra § 26 é o método analítico de comparação das opções que se revela mais completo, permitindo ilustrar todos os aspetos pertinentes de uma avaliação comparativa das opções de atuação pública.

Este método analítico permite comparar as opções de atuação pública, apurando o saldo entre os custos e benefícios agregados de cada opção e que é denominado **de benefício** líquido.

No essencial, o método de análise custo/benefício envolve cinco passos:

i. Classificação dos impactos como custos ou benefícios de cada opção;
ii. Cálculo da dimensão da população afetada por cada custo e benefício;
iii. Definição da métrica de cada custo e benefício e atribuição de um valor monetário para cada unidade dos indicadores de cada custo e benefício;
iv. Definição do horizonte temporal dos custos e benefícios;

v.   Cálculo do benefício líquido atualizado de cada opção de política pública, incluindo a opção de não atuação.

Os cinco passos que compõem a análise custo/benefício devem ser aplicados a todas as opções de atuação pública consideradas numa avaliação, sendo recomendável, do ponto de vista metodológico, que se inicie com a análise da opção de não-actuação (opção zero, já referida).

O conceito central na identificação dos custos das opções de atuação pública para as partes afetadas é o de *custo económico*.

Assim, de entre os custos a considerar devem emergir:

Os *custos da atuação pública* englobam todos os encargos diretamente relacionados com a realização dos objetivos da atuação pública que se pretende adotar e sem os quais estes não poderiam ser atingidos;

Os *custos instrumentais da atuação pública* são aqueles que resultam do tipo de meios através dos quais a atuação pública é concretizada (em opções de caráter normativo, os seus custos instrumentais são, por exemplo, os custos impostos ao sistema judicial com a resolução judicial de processos decorrentes da criação de uma sanção criminal, os custos com a garantia da aplicação e execução da opção de atuação pública etc).

Os *custos administrativos*, que comportam uma forte componente de sobreponibilidade com os custos instrumentais da atuação pública mas que têm sido autonomizados nas análises de impacto normativo, consistem nos encargos incorridos pelas empresas, cidadãos, setor público e outros agentes e atores da sociedade para cumprir com obrigações informativas, burocráticas e procedimentais em relação a entidades administrativas ou a entidades privadas.

Os benefícios individuais resultam, em regra, do valor de mercado inerente ao conjunto dos impactos positivos dela resultantes. Por exemplo, em termos desses impactos positivos, os benefícios individuais medem-se pelos subsídios atribuídos às empresas, a redução do tempo médio de resolução de um processo em tribunal para os cidadãos, a redução dos recursos utilizados por uma entidade pública, etc.

Quando os benefícios incidem sobre bens ou serviços cuja estrutura de mercado é não concorrencial (monopólio, oligopólio ou preços administrativos.) ou quando o funcionamento do mercado está distorcido (impostos, subsídios, empresas com posição dominante e outros desequilíbrios de mercado, etc.), a base de cálculo dos benefícios pode radicar nos preços estabelecidos, eventualmente corrigidos pela procura de mercado.

Os impactos das opções de atuação pública não são sempre quantificáveis monetariamente. Com efeito, uma opção de atuação pública pode resultar na redução do preço de um bem ou serviço, mas também em melhor qualidade do ar na zona de residência para um grupo de cidadãos, ou em menos tempo perdido coma a resolução de um processo judicial. Quando os impactos de uma opção não são transacionáveis no mercado diz-se que são *intangíveis* ou não mercantis. Para os impactos intangíveis, o cálculo dos benefícios não pode ser feito a partir da procura de mercado, dado que ela não existe Nestes casos, o cálculo dos benefícios tem que ser realizado ou complementado por técnicas alternativas (denominados *métodos da disponibilidade para pagamento*) que permitam estimar a disponibilidade de pagamento na ausência de um preço de mercado. Surge a análise qualitativa.

O relatório de avaliação (viii, de § 25) deve concluir com um sumário do desempenho de cada uma das opções tomadas em consideração, que chame a atenção para os prós e contras de cada uma. Por vezes, uma das opções pode ressaltar como uma escolha óbvia, caso em que é apropriado que o relatório de avaliação conclua com uma recomendação dessa opção. Neste caso, a recomendação deve ser brevemente justificada com informação resultante do processo de avaliação, desejavelmente apresentada sob forma esquemática. Vejamos o exemplo de apresentação esquemática do desempenho das opções avaliadas (Fonte: *RIA Guidelines*)

Opções	Custos	Benefícios	Benefícios líquidos	Rácio custo/ benefício
A	145	175	30	1,2
B	50	125	75	2,5
C	125	100	-25	0,8

3. Observações finais

De acordo com o diagnóstico da Casa Civil da Presidência da República do Brasil feita em 2010 junto da OCDE a qualidade de normas no Brasil seria superior à media da América do Sul (talvez com a exceção do Chile) mas inferior à média da OCDE.

Com a possível entrada para breve do Brasil para a OCDE, será inevitável, até como pressuposto de confiança das empresas estrangeiras que querem investir no País, que o Brasil adote uma política pública de "better regulation", a nível federal, sem prejuízo de políticas idênticas nos estados mais importantes

De entre as dificuldades assinaladas no relatório da OCDE sobre o Brasil, com cerca de uma década cumpre assinalar:

i. A existência de uma enorme massa normativa (sobre – produção de normas bem como de pesados encargos burocráticos e administrativos – *red tape*)

ii. O facto de a regulação normativa ser exercida, a nível federal, por uma grande diversidade de instituições, desde ministérios a agências reguladoras;

iii. problemas de coordenação e falta de coerência entre a regulação e as políticas públicas desenvolvidas;

iv. Atraso nas políticas de avaliação de encargos administrativos tendo em vista a redução da burocracia;

v. Tribunais ativistas e morosos geradores de grande incerteza jurídica.

Sendo S. Paulo o Estado mais elogiado no relatório pelas suas políticas públicas neste domínio, é expectável que, do seu seio saiam iniciativas pioneiras passíveis de se repercutir no todo nacional brasileiro.

2. A Instrumentalização das Formas como Desafio à Avaliação de Desempenho do Poder Legislativo

André Marcon

1. Introdução

O presente artigo tem por ponto de partida artigo publicado por pesquisadores do Insper em 2013, através do qual foram estabelecidos indicadores para avaliação de desempenho de parlamentos a partir de critérios objetivos, na ocasião apresentando um estudo de caso acerca da Câmara Municipal de São Paulo. Partimos da memória do estudo e de breves considerações sobre sua metodologia para adentrar o relato da experiência de atualização dos índices no mesmo parlamento, dando continuidade à série histórica inaugurada pelo estudo original. Contudo, como será pormenorizado adiante, a superveniência de diversas questões metodológicas direcionaram o presente artigo não a trazer as atualizações dos índices propostos no estudo de 2013, mas a expandir a discussão sobre os parâmetros necessários para a obtenção de resultados menos sujeitos a números que levassem a tomar a aparência da atividade parlamentar por sua essência.

O mote do debate não é o de criticar o estudo de 2013, que desde já congratulamos pela sua contribuição pioneira, mas contribuir para o aperfeiçoamento de ferramentas objetivas que sirvam de instrumental de análise contribuindo para a compreensão dos fenômenos qualitativamente complexos típicos do universo das relações políticas. Para tanto, propomos a análise do caráter instrumental dos procedimentos e ritos constitutivos da atividade parlamentar, a fim de identificar elementos capciosos do processo legislativo cuja quantificação como elemento de análise possui potencial considerável para a indução de conclusões equivocadas.

2. Os Indicadores de Desempenho do Poder Legislativo

O estudo publicado por Luciana Yeung, Humberto Dantas e Sérgio Lazzarini pelo INSPER em 2013, denominado "Medindo o desempenho de um parlamento brasileiro: o caso da Câmara Municipal de São Paulo", elabora parâmetros ao mesmo tempo em que discorre sobre as intrínsecas dificuldades de se estabelecer critérios objetivos para aferir a qualidade e o desempenho de uma casa legislativa. Estabelecidos os parâmetros, os pesquisadores passam a um estudo de caso apresentando dados colhidos junto à Câmara Municipal de São Paulo, referentes ao período de 2009 a 2011, a fim de submetê-los aos indicadores propostos no próprio estudo, ilustrar a análise dos resultados e inaugurar uma série histórica passível de comparação futura.

Trilhando o terreno pedregoso da identificação de elementos cujo recorte quantitativo permita projetar fenômenos políticos complexos não quantificáveis de forma direta, o estudo propõe um método de análise que, evitando o reducionismo de atribuir uma nota taxativa à instituição, estipula em vez disso uma avaliação baseada em quatro critérios finais independentes e não subordinados hierarquicamente, pois cada um desses quesitos corresponde a uma função essencial a ser exercida pelos parlamentos. Para compor o valor final de avaliação de cada uma dessas funções, é estabelecida uma série de índices elaborados a partir da correlação de dados quantitativos verificáveis em números, em resumo:

I) **Função Promovedora**, que verifica a força propositiva da atividade legislativa, analisando objetivamente dados como a proporção de projetos de lei de alto impacto[1] em relação ao total de projetos aprovados, a incidência de alterações parlamentares em projetos legislativos de iniciativa do Poder Executivo, a proporção de

---

[1] A conceituação de Projetos de Alto impacto é por si só controversa. A escolha metodológica no estudo citado foi por considerar de baixo impacto as matérias legislativas versando sobre denominação de logradouros, concessão de títulos honoríficos, instituições de datas comemorativas ou similares; todas as demais matérias seriam classificadas como de alto impacto.

emendas orçamentárias efetivamente executadas em contraste com as apresentadas.

II) **Função Cooperadora**, que analisa a agilidade e fluidez com que o parlamento dá encaminhamento às iniciativas do Poder Executivo. Os índices considerados na medição dessa função levam em conta fatores como a proporção entre projetos aprovados e rejeitados de autoria do executivo, a proporção entre a aprovação de projetos do executivo em seu texto original e os textos alterados pelo Legislativo através de substitutivos e emendas, a aprovação de pedidos de tramitação em regime de urgência e proporção de propositas do Executivo que tem seu tempo de tramitação inferior à velocidade média de tramitação dos projetos na Casa Legislativa.[2]

III) **Função Fiscalizadora**, que avalia o quanto um parlamento se vale das ferramentas institucionais para acompanhar e fiscalizar o Poder Executivo, seja quanto à execução orçamentária, seja quanto a eventuais abusos de poder, desvios de finalidade e invasões de competência. Os índices considerados para medir o desempenho nessa seara levam em conta os pedidos de informação, convites e convocações a autoridades municipais para prestar esclarecimentos – confrontando atendimentos bem sucedidos e solicitações sem resposta – , a proposição e efetiva instauração de CPIs versando sobre temas relacionados ao Executivo e a utilização dos mecanismos de apoio do Tribunal de Contas, como pedidos de informação e solicitações de auditorias.

IV) **Função Transparente**, por fim, verifica o quanto um parlamento se engaja em tomar medidas efetivas quanto a este pressuposto da administração pública e da democracia modernas que é a prestação de contas e disponibilização de acesso às informações necessárias para o controle social da representação, de forma que a população tenha mecanismos de comunicação direta com o parlamento e ferramentas para verificar os trabalhos realizados pelo

---

[2] Considerando para isso um cálculo preliminar, conforme a casa legislativa em análise, de velocidade média de tramitação das propositas. O cálculo de velocidade média considera o número de dias transcorridos entre o recebimento de uma matéria e sua aprovação final pela Câmara, não considerando eventuais análises posteriores de vetos do Poder Executivo.

seus representantes individualmente e pela Instituição como um todo. Os índices envolvidos nessa função consideram a aprovação de projetos de iniciativa direta da sociedade civil, o número de audiências públicas realizadas, o volume de informações disponibilizadas no site da instituição e a quantidade e proporção de eventos abertos ao público.

Além dos Indicadores de Desempenho do Legislativo, que avalia o desempenho de um parlamento na seara de suas atribuições constitucionais, o estudo propõe ainda dois indicadores de matriz econômica: um **Indicador Administrativo**, cujos índices constituintes levam em consideração um cálculo de produtividade dos funcionários, realizado numa proporção simples entre a somatória de projetos de alto impacto aprovados e pedidos de informação ao Executivo dividida pelo número de funcionários da casa legislativa naquele período; e um **Indicador de Custo da Lei**, obtido pela razão direta entre o custo total orçamentário do parlamento no ano e o número total de leis aprovadas.

Apresentada a ferramenta, o próximo passo é submeter a Câmara Municipal de São Paulo ao crivo da avaliação, o que se faz considerando os dados do período entre 2009 a 2011. O resultado do parlamento paulistano é medíocre: positivo enquanto Legislativo Cooperador e Transparente; de neutro a inconclusivo quanto à Função Fiscalizadora; especialmente negativo quanto à Função Promovedora.

Independente das críticas metodológicas a serem abordadas nos capítulos seguintes, fato é que a o material ora memorado e resumido configura contribuição fundamental para os estudos da Atividade Legislativa, uma vez que, além de arriscar um passo salutar na construção de recortes objetivos necessários para contribuir, ainda que acessoriamente, à compreensão de fenômenos complexos como as dinâmicas políticas do parlamento, não apreensíveis totalmente por ferramentas estatísticas, oferecendo uma ferramenta concreta, o estudo inclusive inaugura uma série histórica que servirá de parâmetro para acompanhar a evolução de desempenho da casa legislativa em longo prazo. Além disso, os Indicadores oferecidos como parâmetros objetivo possibilitam não apenas o acompanhamento da evolução de um parlamento em comparação consigo mesmo numa série temporal, mas também a comparação de parlamentos entre si, podendo configurar um poderoso instrumento analítico.

2.1. A atualização dos dados e continuidade do estudo

Na intenção de dar continuidade ao trabalho apresentado, um esforço coletivo intersetorial iniciado em 2018 por servidores da Câmara Municipal de São Paulo tem buscado atualizar a Avaliação de Desempenho do Parlamento Paulistano, conforme os indicadores apresentados em 2013, atualizando os dados a fim de contemplar todo o período decorrido de 2012 a 2018. Contudo não é dos resultados deste trabalho que falaremos aqui, mas de intercorrências deste processo.

Durante o levantamento dos dados, dificuldades quanto à obtenção de informações detalhadas quanto à tramitação de documentos antigos e a repetição de impasses reportados já no estudo original – que inclusive comprometeram a obtenção das informações necessárias para metrificar parte dos índices – reforçaram a necessidade de um intercâmbio permanente entre as instituições produtoras de pesquisa e a administração pública. Resta clara a importância de estimular o desenvolvimento e aperfeiçoamento interno das ferramentas de registro e de acompanhamento estatístico de longo prazo na Administração, seja como política de transparência, seja como instrumento de controle de qualidade interno. A título de ilustração: diante da dificuldade de rastrear informações perdidas quanto ao fluxo de tramitação de determinados tipos documentais, como o acompanhamento de convites a autoridades em exercícios anteriores, foram tomadas providências no sentido de redesenhar todo o sistema de registro e acompanhamento de Requerimentos das Comissões da Câmara Municipal de São Paulo, a fim de resguardar um histórico de informações antes restrito à burocracia interna ou descartado após a consecução de uma rotina interna, que passa agora a compor um conjunto de dados estruturados, passível de consulta pública e processamento.

Em outras palavras, durante o movimento do Parlamento para atualizar os Indicadores elaborados no estudo, são confrontadas deficiências nos procedimentos de registro e transparência na medida em que o parlamento tem dificuldade de compilar seus próprios dados; em razão disso toma-se a iniciativa de, a partir dos parâmetros do estudo, entre outros, redefinir ferramentas de acesso à informação visando a atender ferramentas de controle externo. São otimizações simples e salutares advindas da interlocução entre a atividade técnico-administrativa e a produção de pesquisa.

Mais do que isso, como a ideia inicial do estudo dos indicadores trata justamente de definir parâmetros objetivos bem definidos que componham os índices de avaliação de desempenho, seja do Parlamento enquanto instituição una, seja de cada mandato individualizado, seria em tese possível que as próprias casas legislativas, detentoras originais das informações, disponibilizassem ao público os índices gerados de forma totalmente automatizada, pesquisáveis por período, uma vez que os parâmetros necessários para compor os índices estejam todos contemplados nas bases de dados do Poder Legislativo.

A atualização dos indicadores parecia simples no primeiro momento: quanto ao levantamento dos números referentes aos anos transcorridos entre a publicação anterior e o período corrente, tratava-se basicamente de um esforço concentrado de captação de dados e "arqueologia burocrática"; a inovação propriamente dita seria advinda das otimizações nos procedimentos para viabilizar levantamentos futuros e o desenvolvimento de ferramentas de tecnologia aliadas nesse processo. Contudo, desde o início questões metodológicas quanto aos dados a serem levantados despontaram como uma preocupação relevante.

As primeira questões metodológicas se tratavam de não mais que mero detalhamento de parâmetros a fim de evitar distorções nas métricas, como por exemplo definir quanto aos convites a autoridades do poder executivo: se um convite a múltiplas autoridades deveria ser contabilizado como um só convite ou uma vez para cada convidado; se deveria ser contabilizado como um convite atendido o comparecimento não da autoridade convidada mas de representante; se a convites para audiências públicas, por vezes meramente protocolares, deveria ser dado o mesmo peso que chamados para prestar esclarecimentos, contabilizando da mesma maneira os dois eventos. Tais questões objetivas e mesmo outras mais complexas que demandavam o "desdobramento" de parâmetros considerados nos índices originais foram encaradas a princípio não como um problema, mas como um estímulo para aprofundar os indicadores e enriquecer o escopo do projeto, mas rapidamente tornou-se evidente que as questões metodológicas tinham implicação mais profunda, com potencial para colocar em dúvida a própria razão de se estabelecer um indicador de desempenho.

3. A "neutralidade dos números" e a preocupação com as distorções positivas

As questões metodológicas de segunda ordem dizem respeito à própria relação entre os parâmetros eleitos para compor os índices constituintes dos Indicadores de Desempenho do Legislativo e a opção de recorte analítico que isto implica.

Percebeu-se durante a listagem dos critérios, e por conseguinte dos dados a serem levantados, que os índices de desempenho elaborados pelo estudo original baseavam-se em dados quantificáveis de forma bastante direta e objetiva. Contudo, para diversos índices apresentava-se algum elemento que, invisível na varredura quantitativa proposta, não só levaria a desconsiderar nuances relevantes da dinâmica parlamentar como, ao desconsiderá-las, implicaria em resultados numéricos definindo os índices em direção contrária à percepção evidente da realidade.

Poder-se-ia de imediato refutar a ideia de uma "percepção evidente da realidade" pela flagrante contradição entre o subjetivismo implícito em tal expressão, ainda mais quando se pretende contrapor um levantamento empírico. Porém, não se trata aqui de adiantar os resultados dos indicadores antes de observar os dados, mas sim de atentar desde o início para vícios de amostragem e de pressupostos. Conforme relataremos concretamente nos próximos tópicos em profundidade, para compreender as correlações de poder e as dinâmicas do Parlamento, é fundamental ter em mente em primeiro lugar a discrepância entre o processo legislativo regimentalmente previsto e a prática efetiva, e sobretudo, a maneira como as normas procedimentais são instrumentalizadas de forma a atender pragmaticamente a interesses políticos diversos dos interesses institucionais aos quais teleologicamente pode-se afirmar que estas mesmas normas foram concebidas para atender. Como resultado, por diversas vezes o que se apresenta formalmente como um rito de participação não é efetivamente um rito participativo; ou o que se apresenta formalmente como um profícuo processo de debates não corresponde efetivamente ao debate, mas à sua supressão.

Em qualquer situação em que se pretenda utilizar instrumentos de análise quantitativa como suporte para a compreensão de fenômenos de elevada complexidade qualitativa como é o caso das arenas políticas, a decisão do recorte é sempre crítica. Por mais que os números em si sejam um dado objetivo incapaz de "mentir" por si, a sua utilização, as correlações entre esses números e a própria decisão de quais são os aspectos cuja mensuração é relevante para a compreensão de um fenômeno, ou mesmo a utilização dos números obtidos a partir dos critérios mensuráveis eleitos para avaliações de mérito conforme um paradigma jamais serão processos neutros.

Concretamente, os Indicadores de Desempenho adotados são baseados no que se delimitou como quatro funções essenciais e complementares do Poder Legislativo: Promover (Legislar), Cooperar (com o Executivo), Fiscalizar e Promover a Transparência. Por mais simples e direta que seja a enunciação de tais funções, basta um rápido olhar sobre as dinâmicas políticas e sobre a própria natureza dos dados a serem levantados para se verificar, por exemplo, que a cooperação com o Poder Executivo nunca será uma questão nítida e objetivamente delimitada a partir do próprio conceito, uma vez que o limiar entre a cooperação saudável e a subserviência entre poderes em tese independentes é nebuloso.

Considerar como pontuação "positiva" de um legislativo colaborador a celeridade pura e simples na aprovação de projetos do Executivo implica em valorização paradigmática desse tipo de conduta legislativa. Observe-se que no polo oposto à aprovação célere de projetos de lei do Executivo em seu texto original configurando um Legislativo Cooperador, figura a possibilidade de pontuação através da aprovação de projetos do Executivo aprimorados por Substitutivos e Emendas, inclinando-se assim a casa legislativa para o perfil de um Legislativo Promovedor; não parece haver espaço, por exemplo, para um legislativo que se coloque, em resistência manifesta a projetos de lei do Executivo vinculados a determinada agenda, por exemplo. Não se trata aqui de criticar essa escolha metodológica, mas apenas de demonstrar que em tal construção de parâmetros existe uma escolha, uma definição conceitual do que se entende ser o papel de um parlamento.

Mesmo no caso dos indicadores administrativos, as escolhas de método implicam direcionamento involuntário e inevitável dos resultados. Ainda que para fins de avaliação da atividade parlamentar aponte-se para a necessidade de considerar suas quatro funções independentemente, calcula-se a produtividade do funcionalismo levando em conta apenas o número de pedidos de informação ao Executivo e de projetos de lei de alto impacto aprovados, o que além de reduzir o índice a parcela diminuta das atribuições institucionais, vincula-o justamente às matérias que pouco ou nada dependem do trabalho do funcionalismo, uma vez que o número será dado por acordo político dos Parlamentares, e não por algum fluxo de trabalho cujo rendimento seja passível de otimização administrativa; vincula-se assim a avaliação administrativa à avaliação parlamentar, e intui-se que na visão proposta pelo recorte metodológico, o trabalho dispendido pelo funcionalismo está ou deveria estar preferencialmente relacionado à produtividade legislativa.

Independente das escolhas metodológicas, o foco de nossa contribuição não é insistir nessas escolhas de recorte, mas analisar outro tipo de desvio nas análises quantitativas: a indução de interpretação pelos números aferidos. Numa visão geral, a impressão ao analisar os índices utilizados para definir os indicadores de desempenho foi a de que os números do legislativo, por si, poderiam levar à conclusão de uma produtividade intensa e de uma participação popular pujante, o que contudo só apareceria nas cifras, enquanto o confronto com a realidade demonstraria que o grande número de eventos abertos ao público corresponde em sua maioria a eventos esvaziados, desvelando uma participação puramente formal. Mesmo quanto à produção legislativa, os números iniciais apontavam para uma vasta produtividade normativa, contudo numa breve análise qualitativa dos conteúdos ou mesmo do processo legislativo em si, a solidez desses números se desmancharia no ar.

Por não ser oportuno ou desejável uma mera atualização de indicadores de desempenho que "maquiassem" o desempenho real do parlamento paulistano, inclinamo-nos em vez disso por um aprimoramento dos indicadores. Isso contudo, traz à tona outra questão problemática, a hiper especificidade.

4. O conflito acurácia X comparabilidade

Os Indicadores de Desempenho do Poder Legislativo se compõem de parâmetros bastante simples, objetivos e passíveis de contagem direta. Tal opção metodológica não se deu por descuido ou reducionismo dos autores. Há que se registrar que no estudo original de 2013, os autores afirmam expressamente terem plena ciência de que seria possível conceber um indicador mais complexo, específico, com parâmetros mais sofisticados e critérios refinados aptos a capturar as especificidades locais do parlamento objeto de estudo, no caso a Câmara Municipal de

São Paulo, como uma fotografia detalhada, proporcionando um resultado mais condizente com a realidade específica da Casa. Contudo, ir por esse caminho seria sacrificar a reprodutibilidade. Se os critérios dos indicadores forem concebidos e calibrados para captar as peculiaridades e distorções de um parlamento em específico, esses índices poderão ser utilizados para acompanhamento de desempenho desse mesmo parlamento numa série histórica, contudo restaria seriamente comprometida a aplicação dos indicadores em outros parlamentos a fim de comparar os resultados obtidos numa análise mais ampla.

Diante do dilema entre a replicabilidade da avaliação e a sofisticação e precisão dos resultados, os autores optaram pelo primeiro caminho, preferindo deixar como como contribuição uma ferramenta versátil e não um instrumento de precisão de uso específico. A mesma questão se apresenta durante a atualização dos dados, uma vez que em caminho reverso, a crítica dos parâmetros e o esforço para aprimorá-los defronta--se com a intuitiva percepção de que quanto mais se avança tentando eliminar as distorções nas métricas de produção e desempenho do poder legislativo, mais se está a considerar dinâmicas e procedimentos peculiares, que se não absolutamente endêmicos à realidade da Câmara Municipal de São Paulo, manifestam-se e mensuram-se de forma extremamente específica, dificultando senão impossibilitando a reprodução dos índices em outros parlamentos para fins de comparação e condenando os resultados à comparação interna, apenas para autocrítica institucional.

Como o presente artigo cuida prioritariamente de analisar distorções na avaliação de desempenho do poder legislativo e os desafios à estipulação de parâmetros objetivos outros para tal avaliação face à discrepância entre os procedimentos regimentais previstos e a prática corrente do processo legislativo, não é nosso objetivo apresentar uma resposta definitiva quanto ao dilema entre a reprodutibilidade do sistema de avaliação e seu nível de detalhamento. Trazer à tona tal problemática contudo é relevante, tanto para que se tenha em mente o dilema de aprofundar a especificidade da análise em distanciamento do estudo original quanto para deixar evidente quanto às discrepâncias apresentadas em relação ao estudo original, que há motivos bastante razoáveis para as opções tomadas naquele caso.

5. A Instrumentalidade e a Instrumentalização do Processo Legislativo.

Ao buscar elementos quantitativos para ancorar os índices de produtividade e desempenho do Legislativo, de imediato recorre-se aos instrumentos formais que documentam a atividade parlamentar. O funcionamento do Poder Legislativo, como todo o aparato burocrático no Estado Democrático de Direito, é disciplinado por normas e ritos procedimentais, com especial destaque para o Regimento Interno da Casa Legislativa, que compila as principais regras quanto aos documentos e fluxos que compõem o Processo Legislativo e regulamenta o exercício da atividade parlamentar, distribuindo competências entre as diferentes instâncias internas do Parlamento. A aplicação das regras procedimentais contudo, não é linear, sofrendo em vez disso constante pressão instrumental. A fim de utilizar determinado tipo documental para metrificar determinado comportamento político, seria necessário compreender se tal tipo documental verdadeiramente corresponde ao que se espera ou se a técnica política consolidada desfigurou aquele instrumento em veículo com finalidade outra, pois por mais insólito que isso pareça, no jogo parlamentar por vezes utiliza-se um instrumento visando a atingir finalidade contrária; é o caso por exemplo de Comissões Parlamentares de Inquérito inócuas constituídas com acordo de uma maioria como "tampão" para impedir a criação de outra CPI de maior inconveniência ao poder Executivo.

Ao analisar criticamente a aplicação concreta de normas processuais de qualquer natureza, é crucial ter em mente dois elementos fundamentais: o escopo do processo e os agentes responsáveis pela sua condução.

As regras procedimentais não são um fim em si mesmo, mas uma sequência de atos previstos para que se atinja a um determinado fim. Cândido Rangel Dinamarco nos ensina em sua Teoria Geral do Processo que o exercício do Poder Estatal, seja pela legislação, seja pela jurisdição, visa sempre por objetivo mediato a pacificação social; "é para eliminar conflitos que o Estado Legisla, Julga e Executa", razão pela qual seria o Processo, como mecanismo formal para o exercício do poder estatal, um "Instrumento a Serviço da Paz Social."

Dinamarco nos apresenta uma visão dual de instrumentalidade processual: numa mão, a ideia de uma instrumentalidade positiva, segundo a qual as regras de procedimento são um caminho de efetivação e um elo de ligação para com a ordem constitucional e o direito material, e sua aplicação deve portanto sempre coadunar e garantir esse ideal maior de pacificação social, pois em última análise seria esta a finalidade primária dos mecanismos jurídicos; na outra mão, uma instrumentalidade negativa, caracterizada pela negação do formalismo como fim em si mesmo, pela relativização das formas jurídicas, reconhecendo que o apego aos aspectos formais só deve preponderar quando a inobservância dos aspectos formais proporcionar um dano considerável aos bens jurídicos tutelados pela regulamentação de procedimentos. Trata-se portanto da defesa do olhar teleológico para a aplicação de qualquer regramento processual.

Quanto ao nosso objeto de análise, convém dar um passo além nessa visão, não no sentido de refutá-la, mas aprofundando a caracterização do escopo do Processo Legislativo em contraste com o Processo Jurisdicional, uma vez que, embora concordemos plenamente com o argumento do exercício do poder estatal como instrumento de pacificação social, fato é que o olhar do Professor Dinamarco sobre a Teoria Geral do Processo analisa o fenômeno sob uma perspectiva intimamente vinculada à realidade jurisdicional, que possui dinâmica bastante distinta da lógica do Poder Legislativo.

De forma mais específica, podemos parafrasear grosseiramente a lição de Dinamarco dizendo que no processo jurisdicional, em especial no processo civil, a finalidade do processo é dirimir uma lide, isto é, solucionar um conflito entre duas partes, que devido à natureza bipolarizada da lide, classicamente conceituada por Carnelutti enquanto uma pretensão resistida, demanda do condutor do processo – um árbitro equidistante e não interessado – as providências necessárias para garantir às partes interessadas contrapostas na disputa a equidade de acesso quanto aos meios para sustentação de suas razões. Já no processo legislativo, é necessário se afastar dessa sistematização, uma vez que aqui, por conceito, inexiste um conflito explícito na origem; em vez de um dilema binário temos um rito pelo qual uma proposta é submetida ao crivo de um colegiado de representantes eleitos para que seja estudada e debatida; defesas de opiniões favoráveis e contrárias serão apresentadas – podendo haver a extrapolação da representação com remessa do debate para o mundo externo através de audiências públicas – e a matéria finalmente é levada a votos a fim de verificar se a proposição reúne ou não o consenso da maioria para ser elevada a norma de validade geral; trata-se portanto de uma espécie de rito semi-linear, de uma "linha de produção dialética" rumo a uma formação de consenso positivo ou negativo; nesse caso, o "árbitro" que conduz o processo são os próprios debatedores equipotentes, somados numa maioria detentora do poder decisório, capitaneados por um presidente eleito pelos seus pares quanto à condução dos procedimentos, e a tônica aqui não é a da garantia de neutralidade do julgador ou de igualdade de defesa entre dois pontos de vista, mas a maximização do debate democrático dentro de parâmetros consensuados – uma vez que é a própria votação consensual que pode dar por encerrado um debate demasiadamente prolongado e avançar o rito na direção da deliberação final. Ao menos este é o desenho institucional neutro, em teoria.

Todavia pressupor o funcionamento do poder legislativo por essa lógica seria ceder a um idealismo total e desconsiderar completamente a articulação interna de grupos de interesse disputando espaço e poder entre si; e o mais importante elemento dessa equação: seria pressupor um poder legislativo plenamente independente e autônomo, inerte às influências recíprocas travadas junto ao poder Executivo. Na prática, em que pese a tripartição de Poderes e a independência entre Legislativo e Executivo, estes poderes apresentam uma relação simbiótica e interdependente, desde as articulações eleitorais que conduzem os ocupantes dos cargos aos seus mandatos até as tratativas e acordos realizados para prosseguimento de pautas em cada esfera e para sustentação de poder e governança.

É farta a bibliografia dedicada a estudar esta dinâmica entre grupos de interesse dentro do poder Legislativo e especialmente a orquestração desses grupos orbitando o Poder Executivo numa relação de efeitos recíprocos. É o caso, por exemplo, do professor Fernando Limongi, que tem analisado longamente as relações entre poder Executivo e Legislativo a nível Federal, concluindo que a dinâmica entre os poderes nos aproxima em efeitos práticos à maioria das democracias parlamentaristas, e que seria um equívoco caracterizar nosso sistema político conforme suas supostas falhas, uma vez que a concentração da iniciativa legislativa nas mãos do poder Executivo e a alocação das forças políticas do legislativo em estratégia de negociação política para construção de apoio para prosseguimento desse impulso inicial dado pelo outro poder; esta correlação portanto definiria um desenho institucional real para além do idealismo de uma atividade parlamentar segregada na figura de uma ágora hermética, e isso implica portanto aceitar a necessidade de explicar o real, não de condená-lo ou censurá-lo. As análises de Limongi vão portanto na esteira de interpretar o arranjo político e as dinâmicas entre Executivo e Legislativo na esteira do já consolidado conceito de governabilidade por coalizão desenvolvido por Sérgio Abranches décadas antes, leitura esta que Abranches faz numa recuperação histórica da construção da ordem republicana brasileira contemporânea como legado histórico da consolidação de uma democracia herdeira de um sistema político oligárquico que se adequou para "absorver" o advento do pluripartidarismo.

Regressando à análise da Câmara Municipal de São Paulo, respeitadas as peculiaridades do poder local passíveis de análise com critérios próprios – que é justamente com o que pretendemos contribuir – pode-se dizer que os aspectos gerais do sistema de governabilidade por coalizão se repetem neste nível federativo. A correlação de forças políticas nos parlamentos cinde as forças políticas em duas grandes massas cuja composição é flutuante ao sabor das circunstâncias políticas, arregimentando tanto quanto possível ou necessário os grupos menores e agentes independentes: a base de sustentação do governo e a oposição ao governo, ao passo que a produção legislativa tem considerável concentração da iniciativa dos seus projetos de maior relevância nas mãos do Executivo – que assume esse protagonismo mais por uma questão de distribuição constitucional de competências que por um ajuste político. Com isso, a dinâmica descentralizada apresentada no desenho institucional ideal de parlamento enquanto uma caixa de ressonância destinada a avaliar minuciosamente e debater de forma democrática a pertinência de uma matéria para um juízo de mérito pela construção majoritária do consenso é solapada por uma dinâmica pragmática de disputa binária entre governo e oposição.

O aparato procedimental, contudo, não foi concebido com vistas a esse arranjo, que se impõe como uma espécie de desnaturação polarizada do debate. Com isso, faltam instrumentos que garantam a neutralidade e a equidade entre as duas frentes em conflito com interesses contrapostos. A presidência, por exemplo, que é a autoridade responsável por dirimir quaisquer conflitos quanto a regras procedimentais, estará vinculada a uma das facções, provavelmente a majoritária, pois via de regra o governo buscará formar o bloco majoritário numa lógica de governabilidade por coalizão. Desta maneira, a tendência dos parlamentos é ser tragada por um eterno embate em regime de "cabo-de-guerra", uma pretensão-resistida tal qual a lide jurisdicional, mas perante a qual em vez de um terceiro desinteressado que tome a decisão final, as deliberações serão tomadas pela maioria dos interessados, isto é, pelo lado mais forte na disputa. O nível de tensionamento a que uma presidência se disporá a levar a flexibilização das regras regimentais conforme os interesses do grupo ao qual se alinha geralmente será definido por um complexo equilíbrio num cálculo pragmático considerando as possibilidades de negociação política junto à oposição e a análise de riscos e custos políticos de assimilar e lidar com a obstrução e de eventualmente arcar com a judicialização de alguma controvérsia que poderá gerar inseguranças ou contratempos.

Nesse modelo peculiar de parlamento, uma matéria posta a debates via de regra está fadada à aprovação independente do que se traga como argumento à discussão, pois a própria decisão de pautar uma matéria já denota algum acordo prévio no sentido de votá-la. Os ritos de discussão transformam-se em formalidades ficcionais. Tudo aponta para uma deliberação com resultado prenunciado. O que resta à oposição nesse cenário não é o convencimento dos demais pelo debate – pois isso só se realiza nos bastidores – mas apenas a tentativa de obstrução dos trabalhos, uma vez que seu prosseguimento significa a inexorável marcha rumo à aprovação.

Num cenário desse tipo – por óbvio exagerado a fim de denotar as possibilidades de domínio político da arena parlamentar – fica a critério do leitor deduzir se a aplicação das normas procedimentais, ocorrerá de forma politicamente neutra, se será resguardada pelos operadores políticos, a partir de uma leitura teleológica, a finalidade instrumental voltada à vocação democrática e participativa dos instrumentos ou se as relações pragmáticas de poder se impõem e se apropriam dos ritos procedimentais instrumentalizando-os a fim de oportunamente acelerar ou refrear a tramitação de matérias conforme a conveniência política do agente em controle do processo.

Mais frutífero que um exercício dedutivo é analisar as possibilidades com alguns casos concretos e seus impactos nas métricas de desempenho do poder Legislativo.

5.1. Audiências Públicas
Os Indicadores de Desempenho do Poder Legislativo consideram, como métrica de Transparência, a realização de Audiências Públicas. Trata-se

de fato de um importante instrumento de participação direta a ser computado e estimulado como mecanismo de exercício da cidadania.

Não se deve deixar de considerar, porém, que parte considerável das audiências públicas realizadas pela Câmara Municipal de São Paulo não decorrem de iniciativa espontânea, mas são decorrentes de obrigatoriedade legal, uma vez que o artigo 41 da Lei Orgânica do Município estipula uma lista de onze temas acerca dos quais, existindo matéria legislativa versando a respeito, serão obrigatórias a realização de ao menos duas audiências públicas durante a tramitação dos projetos. O insterstício mínimo entre as duas audiências é de dez dias, embora o Regimento Interno disponha de mecanismo excepcional de celeridade permitindo a redução do insterstício entre as audiências obrigatórias de dez para cinco dias. O regimento dá margem ainda à inclusão de diversos projetos na pauta de uma só audiência. Desta forma, são recorrentes as audiências meramente protocolares, com uma dezena de projetos pautados, convocadas pelos mecanismos oficiais por mera obrigatoriedade como requisito para a votação, audiências estas que acabam sendo realizadas sem público presente, mesmo assim sendo declaradas formalmente realizadas à revelia da inexistência de público.

Eventos desse tipo demonstram que as Audiências Públicas obrigatórias são encaradas menos como um instrumento de participação mas como um inconveniente requisito formal ao qual se busca atender com a maior brevidade possível, a fim de viabilizar a votação de um projeto, quando há interesse nesse sentido e as audiências obrigatórias apresentam-se como um óbice regimental à deliberação.

Permitir que eventos dessa natureza, que compõem volume considerável das audiências públicas realizadas pela Câmara Municipal, agreguem positivamente pontuação nos índices verificadores dos níveis de transparência e participação é claramente uma distorção.

A utilização do instituto das Audiências Públicas desta maneira, instrumentalizado no sentido do próprio esvaziamento a fim de contornar a obrigatoriedade de participação como uma formalidade inoportuna deveria, em nossa opinião, não apenas deixar de contabilizar pontuação positiva no quesito transparência, como rebaixar a nota da avaliação nesse quesito.

Uma forma de utilizar objetivamente os dados quantitativos de audiências públicas seria estabelecer um sistema de pontuação para audiências, valorizando de forma ponderada eventos convocados espontaneamente, eventos em atendimento a demandas populares, eventos não necessariamente atrelados a matérias legislativas, mas relativas a assuntos de interesse público, audiências com comparecimento expressivo de público, entre outras hipóteses que demonstrem participação efetiva e não puramente formal.

5.2. Reuniões Conjuntas de Comissões

A instrução de Projetos pelas Comissões constitui etapa fundamental da tramitação legislativa. Pelo desenho institucional do parlamento, é através das Comissões que se garante que as os parlamentares em plenário não votem nas matérias baseados em preconceitos e desinformação. As Comissões constituem etapas de aprofundado estudo e debate técnico e político em diversas áreas temáticas de mérito com as quais uma matéria legislativa se relaciona, facultando-se a solicitação de informações e a abertura de debates junto ao Poder Executivo. As comissões são o núcleo racional do parlamento, geralmente vinculadas a um qualificado corpo técnico a postos para auxiliar na elaboração de estudos e pareceres técnicos que constarão da documentação dos projetos analisados para apreciação de todos os demais parlamentares antes da votação das matérias. É ainda nas Comissões que se realizam as audiências públicas para interlocução com a sociedade civil a fim de debater as matérias e analisar a legitimidade de uma propositura junto à população antes de votá-la.

Porém, no parlamento paulistano, um dos mais recorrentes instrumentos de celeridade na tramitação é a realização da Reunião Conjunta de Comissões. Trata-se da substituição da análise individualizada de cada Comissão sobre uma matéria legislativa no prazo que lhe cabe por uma rápida reunião estritamente formal realizada às pressas durante a sessão plenária. Durante essa reunião, é apresentado um parecer conjunto, documento unificado que condensa a manifestação de todas as comissões designadas em uma só análise genérica com fundamentação praticamente inexistente. Aprovado o parecer conjunto, a matéria é considerada em condições de pauta, isto é, devidamente instruída com os pareceres de todas as comissões designadas e portanto pronta para ser debatida e votada em plenário.

Além de qualquer conteúdo analítico quanto à matérias nesse caso ser puramente simbólico – para não dizer inexistente –, soma-se à fragilidade do parecer conjunto o fato de sua deliberação ser tomada por maioria de Comissões, isto é, ainda que não exista consenso da maioria dos membros de uma Comissão quanto à sua aprovação, havendo consenso nas demais comissões designadas e atingindo o número de comissões necessário para subjugá-la, a comissão vencida será absorvida pela maioria. Isso significa dizer, na prática, que ainda que todos os membros da Comissão de Finanças e Orçamento sejam veementemente contrários ao mérito orçamentário de um projeto, se esse projeto for submetido a reunião conjunta das Comissões de Política Urbana, Administração Pública e Finanças e Orçamento e nas outras duas Comissões houver maioria de membros favoráveis à matéria em cada, o resultado será um parecer FAVORÁVEL DE TODAS AS COMISSÕES REUNIDAS, sem destaque de análise individualizada, o que apenas reforça o caráter estritamente formal desta manobra procedimental, que visa apenas a remover a instrução pelas Comissões do rol de pendências formais restantes à aprovação da matéria pelo plenário.

Reuniões Conjuntas de Comissões são realizadas quotidianamente versando sobre projetos de lei de autoria do Executivo acerca dos quais há acordo e pressa para votação, bem como são comuns reuniões conjuntas massivas com múltiplos projetos de autoria dos vereadores a fim de atender a acordos de votação em bloco numa mesma data.

Ao contabilizar a atividade das Comissões Permanentes para aferir o desempenho da Função Promovedora do parlamento, considerar esse fenômeno peculiar nos parece imprescindível. Uma questão menos óbvia contudo é a valoração desse fenômeno, uma vez que, na mesma linha do que se afirmou anteriormente quanto à impossível neutralidade dos recortes analíticos, ao mesmo tempo em que nos parece bastante claro o desserviço dessa prática à qualificação técnica dos trabalhos do Parlamento, outra leitura poderia ser capaz de defender a realização das reuniões conjuntas como um importante e eficiente instrumento de celeridade processual.

5.3. Inclusões em Pauta

Outra quantificação relevante quanto a aspectos processuais que transparecem no rito elementos políticos fundamentais para avaliar o desempenho parlamentar é o planejamento de pautas. Saber se um projeto aprovado constava da ordem do dia ou se foi incluso na pauta mediante requerimento apenas no momento de sua votação é importante pois indica compromisso da casa legislativa com a transparência.

O parlamento dispõe de uma importante instância colegiada externa ao plenário destinada a construir consensos acerca do que será pautado para as sessões plenárias e lá debatido e eventualmente votado. Trata-se do Colégio de Líderes, reunião semanal congregando a liderança de cada representação partidária com assento na Câmara. Uma matéria votada por inclusão em pauta de última hora sinaliza uma possível ruptura com acordos pré-estipulados e uma distorção nas relações de confiança entre os diferentes grupos de interesse componentes do parlamento, uma vez que através da inclusão repentina e subsequente votação imediata de uma matéria, é possível burlar e desarticular por completo qualquer movimentação política no sentido de opor resistência à sua aprovação.

Há obviamente casos em que a inclusão em pauta de itens não planejados e não previamente publicados é amplamente consensual e posta a votos perante um quórum considerável, não configurando dano relevante a eventual interesse de debate e obstrução de nenhuma das lideranças envolvidas no processo. Mas ainda nesses casos, há de se ter em mente que a publicidade dos trabalhos do parlamento, inclusive a publicidade prévia dos assuntos objeto de deliberação, configuram interesse público, uma vez que, ainda que o parlamento se componha de representantes eleitos, a atividade destes representantes deve estar sujeita ao escrutínio público e ao controle externo, garantindo-se a possibilidade de intervenção da sociedade civil, como de fato há inclusive a previsão de instrumentos formais com essa finalidade. Para que isso seja materialmente possível, contudo, é imprescindível que se atenda aos preceitos de publicidade. As decisões a serem tomadas e os assuntos a serem debatidos no parlamento devem ser previamente divulgados à população interessada, para que esta seja capaz de intervir e interferir democraticamente nos rumos dos embates políticos como parte ativa e, ainda que espectador, um espectador potencialmente interventor, não sendo relegado à mera notificação posterior das deliberações tomadas.

Desta maneira, a contabilização de aprovações de matérias não constantes originalmente da ordem do dia, incluídas portanto mediante requerimento – manobra recorrentemente utilizada com o interesse questionável de diminuir o impacto de determinadas deliberações sobre a opinião pública – é dado quantitativo relevante a fim de orientar as avaliações do parlamento quanto ao seu compromisso com a transparência.

5.4. Substitutivos Instrumentais: Modificações Distorcivas e Obstrutivas

Um elemento importante do Processo Legislativo contabilizado pelos índices de avaliação de desempenho é a apresentação de substitutivos aos projetos de autoria do Executivo. A frequência desse tipo de intervenção influenciará o enquadramento de um parlamento como Colaborador ou como Promovedor. Essa correlação leva em conta a natureza dos substitutivos, que é a de propor a substituição do texto original por uma versão modificada incorporando modificações no sentido de aprimorá-la.

É importante, contudo, considerar aspectos instrumentais da apresentação de substitutivos. Em primeiro lugar, convém ter em mente que na grande maioria dos casos de substitutivos aprovados a projetos de autoria do Executivo, este substitutivo é de autoria do vereador Líder do Governo, o que corresponde afirmar, na prática legislativa quotidiana, que são textos condensando acordos políticos cuja versão definitiva costuma ser apresentada pelo próprio Poder Executivo ao Líder de Governo, que apresenta o texto como seu enquanto porta-voz do Prefeito na Câmara. Esse fluxo de trabalho por si já deixa bastante nebulosa a separação entre Executivo e Legislativo que em tese se subentende quando fala-se de substitutivos modificativos.

Esta é, contudo apenas a descrição minuciosa da construção de um substitutivo consensual, não havendo grandes questões de distorções nas avaliações da atividade parlamentar oriundas dessa dinâmica. O mesmo não se pode dizer de outras duas práticas envolvendo substitutivos:

A primeira diz respeito aos substitutivos de obstrução. Ao quantificar a apresentação de substitutivos apresentados a projetos do Executivo, deve-se ter em mente que, à exceção do substitutivo de autoria da Liderança do Governo, a maioria dos substitutivos apresentados consistirá em substitutivos meramente protelatórios. Considerando, conforme descrito anteriormente, a redução dos debates em plenário ao embate simbólico para cumprimento de etapas formais necessárias num mecanismo de "cabo-de-guerra", a oposição se valerá dos substitutivos como instrumento formal de postergação de discussão, na tentativa de prolongar os debates e a instrução a fim de eventualmente comprometer o quórum da sessão e inviabilizar a continuidade dos trabalhos. Com ciência disso, é prudente que uma métrica que leve em consideração substitutivos apresentados a projetos do Executivo a fim de mensurar o nível de "elaboração legislativa" a que é submetido um texto original leve em conta o caráter puramente instrumental de parte considerável dos substitutivos.

O segundo caso relevante diz respeito aos substitutivos que transformam radicalmente o conteúdo original de projetos. Conforme alguns exemplos acima permitiram ilustrar, a instrumentalização do processo legislativo pelo embate entre Governo e Oposição tende a reduzir os ritos de tramitação ao mero cumprimento de requisitos formais de liberação de matérias para a aprovação pelo plenário, em progressiva desconexão com ditames principiológicos ou constitucionais de amplificação do debate democrático. Nesse sentido, não seria de se estranhar a utilização de manobras regimentais para saltar etapas e apressar a aprovação de matérias. É o que ocorre quando, a fim de aprovar um projeto sem ter que submetê-lo às etapas legais da via-crúcis do processo legislativo – toda a instrução pelas comissões, eventuais audiências regimentais e duas votações em sessões plenárias com interstício obrigatório de quarenta e oito horas – seleciona-se algum projeto pré-instruído, aprovado em primeira votação, com todas as etapas formais cumpridas e, durante a sua segunda discussão, apresenta-se um substitutivo reformando completamente o projeto dando-lhe redação distinta, atingindo desta forma o efeito de aprovar uma lei completamente nova com apenas uma votação e sem qualquer ato de transparência.

Em tese, tal manobra regimental é ilegal, vedada pelo próprio Regimento Interno da Câmara Municipal de São Paulo em seu artigo 17, alínea f, que prevê como competência do Presidente "recusar substitutivos ou emendas que não sejam pertinentes à proposição inicial". Isso contudo não impede a prática, de forma que, a fim de evitar impugnações posteriores, a técnica legislativa utilizada nesses casos é a manutenção da proposição original somada à inclusão do texto não relacionado, que distorce efetivamente a proposta original. Com isso, aprova-se um só projeto com o efeito de dois, sendo que o segundo conteúdo, o "gêmeo parasita" legislativo, é aprovado sem qualquer submissão às etapas legais do processo legislativo. Há exemplos icônicos dessa manobra, inclusive casos de nítido interesse público, mas que nem por isso justificam a deturpação radical dos instrumentos legislativos; são exemplos: a recente aprovação do PR 31/2005, quando aproveitando um projeto de quase quinze anos de idade que versava sobre a alteração do Regimento Interno para criar a Comissão Permanente dos Direitos dos Animais, se aprovou numa tarde e sem qualquer publicidade prévia a possibilidade da prorrogação de Comissões Parlamentares de Inquérito por um terceiro período de até 120 dias a fim de prorrogar uma comissão em curso e prestes a vencer; a recente discussão do PL 616/2018, projeto versado sobre a concessão de abono a profissionais da Educação convertido via substitutivo de segunda discussão em texto muito mais amplo criando, extinguindo e alterando a regulamentação de uma série de remunerações de todo o funcionalismo público municipal; e como caso histórico, a aprovação do PL 209/2011, às vésperas de um recesso parlamentar em 2014, quando se modificou um projeto que originalmente versava sobre a readequação de edifícios com baixa taxa de ocupação para abrigar moradias populares a fim de transformá-lo no projeto que permitiria a construção de moradia popular na ocupação Copa do Povo, em Itaquera, conteúdo que havia sido anteriormente removido do Plano Diretor por impasse político uma vez que a destinação da área para esse fim conflitava com a lei de zoneamento, por ser o local uma zona predominantemente industrial.

Como pode-se ver, claramente não se tratam de matérias banais, cuja omissão de transparência e a supressão de oportuna instrução e debates deva ser desconsiderada. Não só trata-se de um hábito legislativo temerário expondo gravíssima desconexão entre o Poder Legislativo e seus representados, como no mínimo a ocorrência desse tipo de estratégia procedimental e política merece o registro e a quantificação a fim de compor os dados que orientarão a análise da atividade legislativa no exercício de suas atribuições.

5.5. A presença em Plenário

Um último elemento merecedor de cautela enquanto variável quantificável cuja instrumentalidade pode interferir em eventuais análises de atividade legislativa são as presenças dos parlamentares. Este dado não é considerado pelos indicadores de desempenho nos quais baseamos nossos comentários, pois os Indicadores de Desempenho do Poder Legislativo tratam de índices de avaliação institucional, enquanto a presença dos parlamentares, aferida individualmente, via de regra será relevante apenas em análises de desempenho de parlamentares individualmente considerados.

Ainda assim, por se relacionar com o tema do risco de dados coletados induzirem a resultados equivocados em razão da desconsideração da instrumentalidade dos ritos, formas e comportamentos parlamentares, cabe aqui a observação enquanto contribuição analítica.

Como já reiterado, o embate entre Governo e Oposição nas casas legislativas geralmente se dá num confronto entre o impulso de aprovação das iniciativas do Executivo por sua base de apoio e a obstrução pelo bloco opositor. Um dos principais instrumentos de obstrução à disposição da oposição é o comprometimento do quórum, que inviabiliza o prosseguimento de uma sessão. Em algum momento, portanto, as estratégias de obstrução da oposição provavelmente envolverão o prolongamento exaustivo dos trabalhos de forma a levar seus colegas a se ausentar do recinto, seja por esgotamento físico, seja por compromissos conflitantes; quando o número de presentes estiver baixo o suficiente para não comportar regimentalmente a continuidade dos trabalhos, algum dos parlamentares do bloco de oposição solicitará verificação de presença, a fim de encerrar a sessão caso não seja atingido um número mínimo de parlamentares na verificação.

Em outros casos, a obstrução por ausência poderá se dar antes mesmo da abertura dos trabalhos, de forma que um parlamentar, disposto a impedir que se atinja o número mínimo de participantes exigido regimentalmente para iniciar a reunião, deixa de registrar sua presença ou mesmo de comparecer ao local da reunião. Nestes casos, resta bastante claro que a ausência se dá como uma omissão consciente, voluntária e politicamente motivada.

É importante, portanto, que haja sensibilidade analítica ao observar essas dinâmicas para não considerar as ausências dessa natureza como faltas genéricas, considerando uma análise quantitativa simples e direta como critério de ranqueamento indicando o compromisso de um vereador com o seu mandato, caracterizando como omisso justamente um parlamentar que consta como ausente por estar ativamente obstando o prosseguimento de uma pauta política que considera nociva. As faltas são sim instrumento relevante de análise, contudo devem ser observadas sempre dentro de seu respectivo contexto.

6. Conclusões

É seguro afirmar que os exemplos aqui apresentados resvalam apenas a superfície das contradições existentes entre o desenho institucional previsto para o Poder Legislativo Municipal pela Lei Orgânica do Município e o arranjo real de processos políticos em baila na realidade concreta, resultado da articulação, interação e equilíbrio dos diversos grupos de interesse manuseando o Regimento Interno como um *codex* procedimental extremamente flexível.

O que se buscou apresentar como ponto central de tensão em nossa análise é a noção de Instrumentalidade das formas: a ideia de que as regras de procedimento nunca são um fim em si mesmo; de que são concebidas atendendo a um propósito anterior e são operadas atendendo a uma intenção, seja esta coincidente ou não com o sua motivação originária. A discrepância entre essas duas finalidades repousa no que chamamos de instrumentalização, o direcionamento ativo dado pelo operador da norma no sentido de colocá-la a serviço de uma agenda ou de um conjunto de valores, princípios ou interesses.

Ao analisar a utilização de instrumentos formais, portanto, é imprescindível a análise conjunta das relações de poder envolvidas na operação desses instrumentos, a fim de perceber se as finalidades atingidas pela utilização dos instrumentos está alinhada à sua criação ou ao uso ao qual se destina pragmaticamente.

Ao ilustrar algumas das "manobras" regimentais recorrentes no legislativo paulistano e como essa distorção dos instrumentos procedimentais compromete os resultados pretendidos numa eventual avaliação de desempenho, tão ou mais relevante que qualquer senso de indignação em relação ao uso da máquina pública é o reconhecimento da lógica de funcionamento sistemático das casas legislativas, para que através do olhar realista se aprimorem as ferramentas de análise. Somente assim será possível oferecer avaliações fidedignas ou mesmo, face ao desencontro entre o paradigma constitucional e principiológico previsto para a operacionalidade democrática e a prática cotidiana da atividade parlamentar, encampar os debates necessários para que se encare de uma vez por todas esse descompasso, seja demandando dos operadores sua subsunção a valores processuais pré-definidos e criando mecanismos de controle para tanto, seja redesenhando nosso arcabouço institucional em moldes mais alinhados à prática consolidada pelos fatos.

7. Referências

ABRANCHES, Sérgio. *Presidencialismo de coalizão: raízes e evolução do modelo político brasileiro*. 1a ed. São Paulo : Companhia das Letras, 2018.

CINTRA, Antonio Carlos Araujo; DINAMARCO, Cândido Rangel; GRINOVER, Ada Pellegrini. *Teoria Geral do Processo*. 31ª Edição. São Paulo: Malheiros, 2015.

LIMONGI, Fernando. *A democracia no Brasil: Presidencialismo, coalizão partidária e processo decisório*. Novos estud. – CEBRAP n.76 São Paulo nov. 2006. Acessível em: http://dx.doi.org/10.1590/S0101-33002006000300002

SÃO PAULO, Lei Orgânica do Município.

SÃO PAULO, Regimento Interno da Câmara Municipal de São Paulo, Resolução nº 2, de 26 de abril de 1991.

YEUNG, Luciana; DANTAS, Humberto; LAZZARINI, Sérgio. *Medindo o desempenho de um parlamento brasileiro: o caso da Câmara Municipal de São Paulo*. Insper Working Paper WPE: 306/2013. Acessível em https://www.insper.edu.br/wp-content/uploads/2018/12/2013_wpe306.pdf

3. Limites Temporais do Poder Regulamentar

Camila Morais Cajaiba Garcez Marins

1. Introdução

Consagra o ordenamento jurídico nacional a existência de decretos como expressão do poder regulamentar constitucionalmente conferido ao chefe do Poder Executivo, ditando competir "privativamente" ao Presidente da República "sancionar, promulgar e fazer publicar as leis, bem como expedir decretos e regulamentos para sua fiel execução" (Constituição Federal, art. 84, inciso IV). Repete a mais recente carta constitucional, em linhas gerais, o que já constava na Constituição do Império, que atribuía ao Imperador a chefia do Poder Executivo, exercitada por intermédio de seus Ministros de Estado, dentre cujas atribuições se incluía a de "Expedir os Decretos, Instrucções, e Regulamentos adequados à boa execução das Leis" (Constituição Política do Império do Brasil, art. 102, XII).

Idêntica faculdade foi concedida ao chefe do Poder Executivo, em termos muito semelhantes, em todas as constituições posteriores, a exemplo da primeira Constituição republicana, que no artigo 48, § 1º, atribuía ao Presidente da República o poder de "sancionar, promulgar e fazer publicar as leis e resoluções do Congresso; expedir decretos, instruções e regulamentos para sua fiel execução"; ou mesmo da Constituição de 1937, que positivou competir privativamente ao Presidente da República "sancionar, promulgar e fazer publicar as leis e expedir decretos regulamentares para sua execução." (art. 74, a). Dispuseram sobre o assunto do mesmo modo o artigo 56, §1º da Constituição de 1934; o artigo 87, I, da Constituição de 1946 e o artigo 83, II, da Constituição de 1967.

Em todos os textos constitucionais que já vigoraram no Brasil evidencia-se a mesma tônica: de atribuição do poder regulamentar ao chefe do Poder Executivo, porém com inteira subordinação daquele poder à lei cuja regulamentação se faz necessária para que seja executada. Tal identidade de princípios se explica pela adoção, desde o início da história constitucional do Brasil independente, da acepção da lei como expressão concreta da vontade geral, localizando-a acima de todas as outras vontades, fracionárias e portanto menos importantes, tais como a vontade do Administrador Público titular do Poder Executivo, responsável pela edição dos decretos regulamentadores.

Como explica GERALDO ATALIBA:

> Não se contentaram os modeladores de todos nossos regimes constitucionais em fazer do Brasil um estado de direito, mas timbraram em dar força constitucional ao princípio da *legalitariedade*. Estado de direito, sendo o direito contido na lei.[1]

Ao discorrer sobre leis e atos normativos no ordenamento jurídico português, CARLOS BLANCO DE MORAIS ensina não ser muito diferente o tratamento dado à matéria pela Constituição Portuguesa:

> A reserva de lei funda-se no princípio da separação de poderes já que este veda a actos de funções subordinadas do Estado uma incidência inovatória em matérias qualificadas, cuja regulação seja exclusivamente cometida à lei, como norma típica da função política caracterizada pelo seu carácter primário e dominante. Também o princípio representativo, nas suas variantes de representação directa e indirecta, legitima a exclusividade do exercício de poder legislar nessas matérias.[2]

O poder regulamentar, portanto, subordina-se inteiramente à lei e tem sua existência condicionada à fiel execução daquela, sem estar apto a trazer inovação alguma à ordem jurídica. Essa impossibilidade de criar algo novo em matéria legislativa decorre da própria natureza da função

---

[1] ATALIBA, Geraldo. *Decreto Regulamentar no Sistema Brasileiro, in Revista de Direito Administrativo*, p. 22.

[2] MORAIS, Carlos Blanco de. *Curso de Direito Constitucional.* tomo I. p. 201.

executiva, "porque ninguém póde legislar senão aquelles que receberão da nação essa delegação nacional, que é especial, e por sua natureza intransferível, incommunicável"[3].

Como ensina MONTESQUIEU:

> Mas não é preciso tenha o Poder Legislativo, reciprocamente, a faculdade de frear o Poder Executivo. Porque, tendo limites a execução, por sua natureza, é inútil restringi-la. Além do que o Poder Executivo se exerce sempre sobre coisas de momento.[4]

Os limites do poder regulamentar, portanto, derivam da sistemática de separação de poderes prevista na Constituição Federal e a razão de sua existência reside na impossibilidade do Poder Legislativo exaurir, no momento da elaboração da lei, todas as minúcias relativas aos aspectos fáticos, formas de execução, hipóteses de cabimento, e demais questões relativas à aplicabilidade e execução da lei, sendo o detalhamento de tais questões deixado a cargo do Poder Executivo, no exercício do poder regulamentar[5].

2. Decisão sobre o conteúdo material dos decretos regulamentares

Além de estar adstrito aos limites da matéria legal que demanda regulamentação, na prática o poder regulamentar também se subordina à

---

[3] BUENO, José Antonio Pimenta. *Direito Público Brazileiro e analyse da Constituição do Império.*p. 38.

[4] MONTESQUIEU, Charles de Secondat, Baron de. *O espírito das leis.*p. 174.

[5] Conforme Pimenta Bueno: "Seria não só inconveniente, mas por ventura mesmo impossível, que o poder legislativo, tendo que decretar a lei, previsse e descesse a todos os detalhes de sua execução. Seria inconveniente, porque fora tolher toda a acção do poder executivo demandada pelas necessidades e condições locaes e moveis, ou pelas variadas circumstâncias do público serviço. Seria quase impossível, por isso mesmo que as leis abração todo o Estado, todas as suas localidades e condições diversas, que não podem ser apreciadas de antemão, se só sim em face das ocurrencias que exigem medidas e detalhes mutáveis, e não disposições fixas, como são as da lei.

Consequentemente, como a lei em sua execução demanda providencias, detalhes variáveis, mobilidade conveniente, para que preencha bem seus fins, para que não encontre obstáculos, com razão atribuiu a constituição do império ao poder executivo a tarefa de expedir os actos necessários para a boa execução dos preceitos legislativos." (*Direito Público Brazileiro e analyse da Constituição do Império.* p. 236).

decisão prévia do legislador que reserva uma parte da matéria objeto da lei para posterior regulamento, deixando assim de adentrar em assuntos demasiadamente práticos, relativos à execução da lei. Essa decisão, evidentemente, não ocorre em casos de não existir na lei matéria a ser regulamentada.

E a tarefa de decidir a matéria a ser regulada deve ser feita com prudência, pois, a princípio, o legislador deve buscar o maior equilíbrio possível em sua própria atuação, restringindo-a em relação a minúcias de ordem prática ou detalhes pontuais de forma suficiente a manter a necessária abstração e generalidade da lei, mas sem entregar ao Poder Executivo tarefa tão complexa que seja comparada à própria elaboração legislativa, e que poderia ser traduzível em uma delegação de poderes disfarçada.

A abrangência do espectro de atuação do Poder Executivo no uso do poder regulamentar acaba por ser definida pelo legislador que, em hipóteses de leis que demandam regulamentação, decide em cada caso conceder maior ou menor amplitude à matéria que será objeto de regulamentação, ao dispor mais ou menos minudentemente acerca da matéria no próprio diploma legal.

Em hipóteses como essas, de leis que demandam regulamentação, existe sempre um objeto material mínimo que o legislador deverá deixar a critério da regulamentação posterior, mas além desse mínimo há uma margem variável de matéria que o legislador pode ele mesmo regular no corpo da lei, ou pode deixar a critério de uma posterior regulamentação. Conforme o exemplo dado por Oswaldo Aranha Bandeira de Mello, "se o Legislativo não quiser dispor pormenorizadamente sobre certa matéria e apenas fixar as diretrizes"[6], poderá deixar ao arbítrio do Poder Executivo a respectiva regulamentação.

Entende MARCELLO CAETANO que a atribuição de matéria a uma posterior regulamentação é de regra, sendo impossível ao legislador prescrever na própria lei todo o necessário à sua execução:

> Pode perguntar-se se não seria mais prático que o legislador preceituasse logo na lei tudo quanto fosse necessário. A experiência mostrou que não. Há pormenores que só podem ser previstos por quem esteja em contacto com a

---

[6] BANDEIRA DE MELLO, Oswaldo Aranha. *Princípios Gerais de Direito Administrativo*, vol. I. p. 359.

prática administrativa e com as realidades quotidianas; e como a mutabilidade das circunstâncias e a evolução das condições de acção podem impor a adopção de novas maneiras de proceder ou a previsão de novas hipóteses abrangidas pela regra legal, importa que o próprio órgão executor o possa fazer, dentro dos limites da lei, por via meramente regulamentar.[7]

3. Domínio potencial do Poder Executivo sobre a efetividade da norma pela via da regulamentação

De todo modo, ao lidar com a margem variável de matéria a ser objeto de regulamentação, o legislador pode conceder ao titular do poder regulamentar maior ou menor domínio sobre o assunto objeto de normatização, domínio esse que, se compreendida a regulamentação nesses casos como essencial à aplicabilidade da norma em questão, estende-se à própria efetividade da lei.

A par da substancial tarefa de legislar, tem então o legislador também o poder-dever de decidir sobre o plexo de influência que o detentor do poder regulamentar terá sobre cada norma a ser regulamentada. Sabendo-se que tal ingerência pode incidir reflexamente sobre a eficácia da lei, reveste-se o poder-dever do legislador consistente em conceder maior ou menor espaço para regulamentação de uma importância que algumas vezes é despercebida ou, quando percebida, negligenciada pelo legislador que possivelmente não chega a refletir tecnicamente sobre os efeitos do regulamento sobre a lei.

Tamanho é o domínio que o Poder Executivo detém em relação a uma lei por regulamentar, que um simples atraso na edição do regulamento pode ser suficiente a tolher temporariamente a efetividade da lei, que será inaplicável aos casos concretos enquanto pendente de regulamentação.

De igual forma, uma lei cuja regulamentação seja necessária, mas não ocorra nunca poderá tornar-se parcial ou inteiramente inútil caso sua aplicabilidade esteja majoritária ou integralmente vinculada ao regulamento.

4. Estado atual da inércia na regulamentação de leis

A despeito de serem evidentes os danos potencialmente causados pela não regulamentação de leis pelo Poder Executivo, essa é prática constante em todas as esferas da Federação brasileira.

---

[7] CAETANO, Marcello. *Manual de Direito Administrativo*, vol. I. Coimbra: Almedina, 2010. p. 98.

Tome-se como exemplo a atual situação de regulamentação de dispositivos da Constituição Federal[8]. Existem no texto constitucional 382 dispositivos sujeitos a regulamentação pelo Poder Executivo, dos quais 263 já foram objetos de regulamentação. Restam, no entanto, 119 dispositivos constitucionais que demandam regulamentação e, até a presente data, não foram regulamentados, o que equivale à inércia do poder regulamentar em 31,15% das hipóteses em que sua atuação é demandada em nível constitucional.

Embora não seja o caso de, nesta seara, discutir-se a existência de hierarquia ou prioridade dentre as normas constitucionais, percebe-se existir dentre os dispositivos constitucionais ainda não regulamentados temas sensíveis, de inegável interesse público. São atualmente pendentes de regulamentação 13 dispositivos constitucionais relativos a direitos e garantias fundamentais, 23 concernentes à organização do estado, 7 atinentes à defesa do Estado e das instituições democráticas, dentre outros.

Permanece sem regulamentação desde 1988, por exemplo, o artigo 12, inciso II, alínea "a" da Constituição Federal, que dispõe serem brasileiros naturalizados "os que, na forma da lei, adquiram a nacionalidade brasileira, exigidas aos originários de países de língua portuguesa apenas residência por um ano ininterrupto e idoneidade moral"[9].

Não muito diferente é o caso do Município de São Paulo. Em estudo realizado pela Procuradoria da Câmara Municipal de São Paulo em conjunto com o setor de documentação da mesma casa legislativa, foram analisadas em meados de 2018 todas as leis municipais aprovadas entre os anos 2000 e 2018, e que estavam em vigor, em um total de 3.702 (três mil, setecentas e duas) leis.

A partir da mencionada seleção, foram apartadas as leis que previam expressa ou implicitamente a necessidade de regulamentação e que, até novembro de 2018, não haviam sido regulamentadas. Chegou-se ao número de 318 leis que ainda demandariam, de forma expressa ou implícita, regulamentação por parte do Poder Executivo, sem que o respectivo

---

[8] https://www2.camara.leg.br/atividade-legislativa/legislacao/Constituicoes_Brasileiras/regulamentacao/dispositivos

[9] https://www2.camara.leg.br/atividade-legislativa/legislacao/Constituicoes_Brasileiras/regulamentacao/dispositivos

regulamento tenha sido expedido, o que corresponde a cerca de 8% do total de leis aprovadas no Município de São Paulo entre 2000 e 2018, e que estão em vigor.

Percebe-se então que no período de 2000 a 2018 no Município de São Paulo o Poder Executivo deixou de expedir regulamentos em 8% dos casos em que era a tanto obrigado.

Analisando-se qualitativamente o rol das normas que não foram regulamentadas em São Paulo, verifica-se estarem ali elencadas leis que tratam de assuntos substanciais, de notável interesse público, com temas como educação, urbanismo, cultura, idosos, dentre outros. Não é possível se inferir, portanto, do estudo realizado, que apenas leis de menor impacto social deixaram de ser regulamentadas. Ao contrário, leis relevantes, tais como as que implementam políticas públicas em benefício da população, deixaram de ser regulamentadas.

Exemplificativamente, foram 58 (cinquenta e oito) as leis relacionadas à área da saúde cuja regulamentação não foi realizada pelo Poder Executivo paulistano, o que equivale a 18,23% de todas as leis não regulamentadas no período entre 2000 a 2018.

Embora a média geral de leis não regulamentadas em relação ao total de leis em vigor seja de 8% sem regulamentação, as leis relativas a saúde contam com 18,23% de não regulamentação, ou seja, mais do que o dobro de leis sobre a área da saúde ficaram sem regulamentação, quando comparadas com a média geral das leis não regulamentadas.

Dentre essas leis paulistanas que versam sobre saúde pública, e que carecem de regulamentação, podem ser encontradas, por exemplo, a Lei Municipal nº 12.965, de 06 de janeiro de 2000, que institui casas de apoio para abrigar e oferecer assistência social aos portadores de HIV/AIDS, e que previa em seu próprio texto que o Poder Executivo deveria providenciar sua regulamentação em até 60 (sessenta) dias, o que nunca ocorreu. De igual forma, a Lei Municipal nº 15.778, de 03 de junho de 2013, que dispõe sobre condições sanitárias e de conforto nos locais de trabalho a céu aberto dos motoristas e trabalhadores em transporte rodoviário urbano, determinou que o "Poder Executivo regulamentará a presente lei no prazo de 90 (noventa) dias", no entanto sem que tal regulamentação tenha de fato ocorrido. Por sua vez, a Lei Municipal nº 16.342, de 30 de dezembro de 2015 institui o Programa de Atendimento a Pessoas com Distúrbios Respiratórios do Sono e dispõe que sua regulamentação deveria ocorrer em até 180 (cento e oitenta) dias após a publicação, o que também não ocorreu.

Em igual situação às das leis acima citadas existem diversas outras, que implementam políticas públicas relevantes não apenas no âmbito da saúde, mas em diversas áreas essenciais ao bem estar da cidade e de sua população, mas nunca foram objeto de regulamentação, estando assim integralmente tolhidos ou ao menos parcialmente obstados aos cidadãos os exercícios dos direitos e prerrogativas nelas veiculados.

5. Conclusões

Nas hipóteses descritas acima, colhidas nas esferas federal e municipal, cuidam-se de normas elaboradas e votadas pelos parlamentares que representam legitimamente o povo, e que tramitaram sob regular processo legislativo até sua final promulgação. Sob essa óptica, traduzem a Constituição Federal e as leis municipais mencionadas a vontade geral, sendo elas o veículo por onde o Poder Legislativo exerce sua função típica, que é a de legislar.

Ao tratar do tema da regulamentação de leis de forma bastante ampla, PONTES DE MIRANDA apenas tangencia o problema da ausência de regulamentação por inércia do Poder Executivo, ao estatuir que "Se a lei deu prazo para a regulamentação e não foi feita, não pode o Presidente da República regulamentar depois do prazo"[10], porém sem trazer solução para o problema da existência de lei cuja eficácia é tolhida por não ter sido regulamentada.

Ao deixar de regulamentar uma lei, retirando dela ainda que parcialmente sua capacidade de ser aplicada e de produzir efeitos, o Poder Executivo acaba por interferir, mesmo que por via transversa, na função legiferante do Poder Legislativo. Trata-se de interferência silenciosa, que ocorre não por uma oposição direta e frontal do Poder Executivo, por exemplo, a uma determinada política pública a ser implantada por lei, mas sim ocorre pelo transcurso do tempo conjugado à inércia no dever de regulamentação.

São casos em que o Poder Executivo prefere não se utilizar de mecanismos constitucionais como o veto (Constituição Federal, artigo 66,

---

[10] PONTES DE MIRANDA, Francisco Cavalcanti. *Comentários à Constituição de 1967*, Tomo III. p. 315.

parágrafos 1º ao 6º), mas acaba por obter resultado semelhante, de ceifar a lei desde sua origem, porém de forma não declarada.

Os anos passam sem que o Poder Executivo cumpra o dever de regulamentar determinada lei, que acaba por ter seu conteúdo esvaziado ou mesmo inutilizado devido à impossibilidade prática de ser aplicada aos casos concretos aos quais se destina.

A inércia do Poder Executivo assim observada constitui evidente e inadmissível interferência desse Poder na função legiferante constitucionalmente atribuída ao Poder Legislativo. A tal respeito, OSWALDO ARANHA BANDEIRA DE MELLO é enfático:

> O poder regulamentar conferido constitucionalmente ao Executivo é um direito, e, ao mesmo tempo, um dever. Corresponde ao chamado direito--função, porquanto atribuído ao órgão para que o desempenhe, sempre que se fizer mister. Assim, não se afigura lícito possa o Executivo protelar injustificadamente a ação de legislar do Legislativo. Do contrário assistir-se-á à ab-rogação da lei pelo Executivo, através do seu silêncio.[11]

Existem, é certo, instrumentos previstos no ordenamento jurídico nacional com o objetivo de sanar, ou ao menos mitigar, os prejuízos causados pela inércia na expedição de regulamentos relativos a normas constitucionais, tais como o mandado de injunção (Constituição Federal, art. 5º, inciso LXXI) e a ação direta de inconstitucionalidade por omissão (Constituição Federal, art. 103, § 2º).

Porém, além desses dispositivos de controle que atuam *a posteriori*, quando já ocorrida a omissão, e demandam a interferência do Poder Judiciário para restaurar o equilíbrio entre Poderes, deve-se ter em mente que a prerrogativa da defesa da função típica que lhe é atribuída pela Constituição Federal compete primordialmente ao próprio Poder Legislativo. Afinal, segundo MONTESQUIEU, "se, num Estado livre, o Poder Legislativo não deve ter o direito de parar o Executivo, terá o direito, e deverá ter a faculdade, de examinar de que maneira foram executadas as leis que fez"[12], entendendo-se tal lição de controle sobre a

---

[11] BANDEIRA DE MELLO, Oswaldo Aranha. *Princípios Gerais de Direito Administrativo*, vol. I. p. 362.
[12] MONTESQUIEU, Charles de Secondat, Baron de. *O espírito das leis*.p. 174.

forma de execução de leis de forma abrangente, permitindo-se e mesmo assegurando-se que o Poder Legislativo possa examinar e controlar os casos em que suas leis não são executadas, ou o são apenas parcialmente, por culpa da mora na atuação do Poder Executivo.

Assim, além das possíveis medidas posteriores à omissão do Poder Executivo, previstas no texto Constitucional, também é possível cogitar--se a realização de um trabalho prévio, pelo próprio Poder Legislativo, de prevenção a futuras lacunas de regulamentação por meio da melhor utilização da técnica legislativa. Trata-se de tomar o legislador uma postura ativa no momento da elaboração da norma[13], deixando o mínimo possível de matéria a ser regulamentada, de forma a diminuir a indesejável submissão da efetividade da lei a uma posterior, e incerta, atuação do detentor do poder regulamentar.

Ao tomar para si a tarefa de declinar, no próprio corpo da lei, os elementos suficientes a viabilizar a sua imediata aplicabilidade, ou ao menos a ensejar a maior possibilidade de ser a lei efetiva sem depender de posterior regulamentação, o titular do Poder Legislativo meramente exercerá de forma plena a função que lhe é constitucionalmente atribuída, obstando que nela incidam interferências indiretas oriundas de outro Poder.

Nesse contexto, pode-se compreender a manifestação de PONTES DE MIRANDA no sentido de "Quanto menos se regulamentar, melhor"[14] como uma defesa da suficiência intrínseca da lei e contra o que chamou

---

[13] Dentre as razões apontadas por CARLOS BLANCO DE MORAIS como motivadoras da realização de avaliação prévia de impacto normativo já se encontram, é certo, motivos parecidos com o aqui declinado:"Antever possíveis distorções na distribuição dos impactos da norma entre os seus destinatários, identificar e prevenir potenciais riscos ou efeitos indesejados que prejudiquem a intervenção normativa, verificar se a norma em preparação reduz ou aumenta os custos administrativos e aferir eventuais insuficiências na execução administrativa, ou outras, que prejudiquem a aplicação das normas em causa.". Ver MORAIS, Carlos Blanco de. *Guia de avaliação de impacto normativo.* p. 19.

Tais motivos, no entanto, e a própria sistemática da avaliação prévia de impacto normativo não contemplam de forma completa o problema da lacuna na regulamentação de leis, pois esta ocorrência depende de uma ação ou omissão exclusiva do titular do Poder Executivo, posterior à edição da lei, não sendo, portanto, previsível *ex ante* mediante a avaliação prévia de impacto normativo.

[14] PONTES DE MIRANDA, Francisco Cavalcanti. *Comentários à Constituição de 1967,* Tomo III. p. 311.

de "prurido regulamentar"[15]; suficiência essa que apenas se alcançará mediante postura ativa do Poder Legislativo em esforço de aperfeiçoamento de técnica legislativa para colmatar no próprio texto da lei, da forma possível e previamente, posteriores lacunas de regulamentação.

Optando por desistir de produzir textos legislativos excessivamente vagos, que conferem ao Poder Executivo ampla liberdade sobre a aplicabilidade da lei pela via da posterior regulamentação, o legislador terá de fato domínio sobre sua produção legislativa, pois, como afirma KILDARE GONÇALVES CARVALHO, "toda lei encerra, por outro lado, um conteúdo resultante de um conjunto de decisões políticas e jurídicas tomadas sobre a questão de que se trata."[16]

Não apenas a tarefa de legislar é função primária do Poder Legislativo, mas também deve ser entendida como prerrogativa desse Poder a garantia de que as leis por si elaboradas sejam dotadas de plena eficácia e aplicabilidade.

Mencionada garantia pode ser perseguida pelo trabalho direcionado, por parte do legislador, em prevenir possíveis lacunas de regulamentação, o que se traduzirá em evidente melhoria na qualidade da legislação e dos efeitos por ela produzidos. Afinal, segundo CARLOS BLANCO DE MORAIS:

> A qualidade substancial da legislação é, por excelência, um domínio metodológico da legística material e respeita à aptidão da lei para atingir os objetivos operacionais a que se propôs, com a obtenção de um benefício líquido ou de uma vantagem relevante qualitativamente justificada, uma aceitável gestão de risco e uma adequada execução e acatamento.[17]

Aplicando a legística aos casos concretos, o legislador poderá retomar seu natural protagonismo, precavendo-se ainda na fase de elaboração normativa contra a ineficácia da lei causada pela demora ou ausência de regulamentação.

---

[15] Idem.

[16] CARVALHO, Kildare Gonçalves. *Técnica Legislativa legística formal*. p. 136.

[17] MORAIS, CARLOS BLANCO DE. *Manual de Legística. Critérios científicos e técnicos para legislar melhor*. p. 534.

6. Referências

ATALIBA, Geraldo. "Decreto Regulamentar no Sistema Brasileiro", *in Revista de Direito Administrativo*, vol. 97. Rio de Janeiro: Escola de Direito da Fundação Getúlio, 1969.

BANDEIRA DE MELLO, Oswaldo Aranha. *Princípios Gerais de Direito Administrativo*, vol. I. Rio de Janeiro: Forense, 1979.

BRASIL. CÂMARA DOS DEPUTADOS. *Constituição Federal: dispositivos constitucionais sujeitos a regulamentação*. Disponível em: https://www2.camara.leg.br/atividade--legislativa/legislacao/Constituicoes_Brasileiras/regulamentacao/dispositivos. Acesso em 09.12.2019.

BUENO, José Antonio Pimenta. *Direito Público Brazileiro e analyse da Constituição do Império*. Rio de Janeiro: Typographia Imp. e Const. De J. Villeneuve e C., 1857.

CAETANO, Marcello. *Manual de Direito Administrativo*, vol. I. Coimbra: Almedina, 2010.

CARVALHO, Kildare Gonçalves. *Técnica Legislativa legística formal*. Belo Horizonte: Del Rey, 2014.

MONTESQUIEU, Charles de Secondat, Baron de. *O espírito das leis* (trad. Pedro Vieira Mota). São Paulo: Saraiva, 1987.

MORAIS, Carlos Blanco de. *Curso de Direito Constitucional*, tomo I. Coimbra: Coimbra, 2008.

_____. *Guia de avaliação de impacto normativo*. Coimbra: Almedina, 2010.

_____. *Manual de Legística. Critérios científicos e técnicos para legislar melhor*. Lisboa: Verbo, 2007.

PONTES DE MIRANDA, Francisco Cavalcanti. *Comentários à Constituição de 1967*, Tomo III. São Paulo: Revista dos Tribunais, 1967.

4. A Inconstitucionalidade Finalística Decorrente da Inobservância das Regras de Legística Formal

Carlos Roberto de Alckmin Dutra

1. Introdução

A lei escrita representou um marco na história da humanidade, como instrumento de garantia da igualdade, hábil a impedir a opressão dos fracos pelos fortes. O reconhecimento de sua importância já estava presente em tempos remotos, tendo, a título de exemplo, o Código de Hamurabi, já no século XVIII a. C., conclamado a realização da justiça e a prevenção da opressão, como se pode verificar pelo exame do seguinte trecho de seu prólogo:

> PRÓLOGO – "Quando o alto Anu, Rei de Anunaki e Bel, Senhor da Terra dos Céus, determinador dos destinos do mundo, entregou o governo de toda humanidade a Marduk... quando foi pronunciado o alto nome da Babilônia; quando ele a fez famosa no mundo e nela estabeleceu um duradouro reino cujos alicerces tinham a firmeza do céu e da terra por esse tempo de Anu e Bel me chamaram, a mim, Hamurabi, o excelso príncipe, o adorador dos deuses, para implantar a justiça na terra, para destruir os maus e o mal, para prevenir a opressão do fraco pelo forte... para iluminar o mundo e propiciar o bem-estar do povo."[1]

---

[1] Código de Hamurabi, disponível em http://www.dhnet.org.br/direitos/anthist/hamurabi.htm, Século XVIII, antes de Cristo, acesso em 23 de junho de 2019.

Como esclarece COMPARATO, a "lei escrita alcançou entre os judeus uma posição sagrada, como manifestação da própria divindade. Mas foi na Grécia, mais particularmente em Atenas, que a preeminência da lei escrita tornou-se, pela primeira vez, o fundamento da sociedade política."[2]

De fato, para os atenienses, "a lei escrita é o grande antídoto contra o arbítrio governamental, pois, como escreveu Eurípedes na peça *As Suplicantes* (verso 432), "uma vez escritas as leis, o fraco e o rico gozam de um direito igual."[3]

Mas não basta que as leis sejam escritas. De fato, a palavra, como código de comunicação, precisa ser compreendida pelos seus destinatários. Dessa forma, as leis precisam, ser claras, coerentes e lógicas, livres de obscuridades, contradições, vagueza e hermetismo, de modo que possam ser compreendidas pelos seus destinatários.

Essa necessidade já era reconhecida em Atenas, no período clássico, onde, como informa CARLOS BLANCO DE MORAIS, havia um grupo de pessoas especialmente encarregado em rever a legislação, examinar a eventual existência de contradição entre as leis e verificar se eram ambíguas. Eram conhecidos como *tesmótetas*.[4]

Todavia, o estudo científico da redação legislativa é algo bastante recente.

LUZIUS MADER lembra que o Iluminismo prestou grande atenção à reflexão sobre a elaboração e redação das leis, bastando citar MONTESQUIEU, na França, FILANGIERI, na Itália, e BENTHAN, na Inglaterra e acrescenta que mais tarde, no século XIX, esse tema ter-se-ia desenvolvido na Alemanha, especialmente com SAVIGNY.[5]

No início do século XX, como pondera MADER, o estudo da redação legislativa despertou pouco interesse, tendo esse cenário começado a se modificar apenas a partir da década de 1960, "quando o foco do interesse

---

[2] COMPARATO, Fábio Konder, **A Afirmação Histórica dos Direitos Humanos**, São Paulo, Saraiva, 1999, p. 12.

[3] *Ibidem.*

[4] MORAIS, Carlos Blanco de. **Manual de Legística**. Lisboa: Verbo, 2007, p. 37.

[5] MADER, Luzius. Painel 2: Legística: história e objeto, fronteiras e perspectivas. *In*: CONGRESSO INTERNACIONAL DE LEGÍSTICA: qualidade da lei e desenvolvimento. Belo Horizonte, 10-13 set. 2007. *In*: **Legística**: qualidade da lei e desenvolvimento. Belo Horizonte: Assembleia Legislativa de Minas Gerais, 2009, p. 43-44.

científico, mais uma vez, voltou a se orientar para a legislação, tanto para sua preparação, quanto para sua aplicação e seu impacto sobre a vida em sociedade".[6]

Hoje os estudos sobre a redação da lei e os impactos legislativos são estudados por meio de disciplinas próprias, como a Legística, ou Legisprudência, "uma matéria bastante abrangente e multidisciplinar, que inclui os mais diversos aspectos do fenômeno legislativo e que leva igualmente em consideração perspectivas de cunho teórico e também dimensões e ações práticas e pragmáticas."[7]

CARLOS BLANCO DE MORAIS define a "Legística" como "o ramo da Ciência da Legislação que se ocupa do estudo dos conhecimentos, dos métodos e das técnicas destinadas a assegurar, em sede e concepção, elaboração e controle dos efeitos normativos, a qualidade, validade e praticabilidade do texto e do conteúdo prescritivo da lei."[8]

Esclarece, ainda, MORAIS, que a Legística em sentido lato pode decompor seus domínios em três disciplinas: (i.) a "Legística material", que procura assegurar que a concepção da lei observe requisitos de qualidade e de validade de modo a que possa alcançar, adequadamente e com eficiência, os seus objetivos; (ii.) a "Legística formal", que estuda os critérios de comunicação legislativa, com a finalidade de melhorar a compreensão da legislação através de uma adequada redação, sistematização, simplificação e possibilidade de acesso aos textos legais; e (iii.) a "Legística organizativa" "que se ocupa do estudo do modelo de gestão pública da qualidade dos programas legislativos, passível de ser adoptado pelos órgãos legiferantes."[9]

Pretendemos nos ater, no presente trabalho, à vertente acima denominada "Legística formal", relacionada às técnicas de redação das leis.

No Brasil, o que se designa por Legística formal tem sido estudado muitas vezes sob o título de *técnica legislativa*.[10] Entendemos, todavia, que o termo "Legística" melhor se presta a indicar o caráter científico

---

[6] *Ibidem*, p. 44.

[7] *Ibidem*, p. 45.

[8] MORAIS, Carlos Blanco de. **Manual de Legística**. Lisboa: Verbo, 2007, p. 70.

[9] *Ibidem*, p. 70.

[10] CARVALHO, Kildare Gonçalves. **Técnica legislativa**. 5. ed., Belo Horizonte: Del Rey, 2010, p. 1. Traz um rol de obras que tratam do tema da técnica legislativa.

da elaboração legislativa, que melhor se afeiçoa ao seu atual estágio de desenvolvimento.

No presente artigo pretendemos verificar em que medida os vícios na redação legislativa podem afetar a validade da lei afinal aprovada. Ou seja, examinar se a inobservância dos critérios de Legística formal poderá causar a inconstitucionalidade da lei aprovada e em que situações tal fato ocorrerá.

2. Natureza das Regras de Legística

As regras de Legística formal são por natureza um conjunto de boas práticas de confecção legislativa, consubstanciando uma espécie de arte de legislar. Não possuem a natureza das normas jurídicas, ou seja, não são, em sua essência, normas de Direito.

Nesse sentido, o entendimento de CARLOS BLANCO DE MORAIS:

> As regras de Legística não assumem de "per se" natureza jurídica. Tendo nascido a partir do desenvolvimento de uma ciência social aplicada, destinada a melhorar a qualidade das leis, as directrizes de Legística assumem-se como critérios metódicos e regras técnicas auxiliares do Direito e não, necessariamente, como normas de Direito.[11]

Também essa é a opinião de Piedad García-Escudero Márquez:

> Diante da profundidade jurídica da proclamação e do estudo do princípio da segurança jurídica (pelo Direito constitucional, pelo Direito administrativo, etc.), quando falamos sobre qualidade de dispositivos legais e sobre a técnica normativa parece que deixamos o campo do direito para entrar no das boas práticas: a arte de legislar de forma clara e eficaz. Os seus princípios não são normas jurídicas, pois lhes falta sanção.[12]

No Brasil, todavia, a Constituição Federal de 1988 trouxe uma situação peculiar no tocante às regras de Legística formal. De fato, ao tratar do

---

[11] MORAIS, Carlos Blanco de. **Manual**... *Op. cit.*, p. 214.
[12] MÁRQUEZ, Piedad García-Escudero. **Técnica legislativa y seguridad jurídica: ¿hacia el control constitucional de la calidad de las leyes?** Cizur Menor, Espanha: Thomson Reuters, 2010, p. 14, tradução livre.

processo legislativo, previu o parágrafo único do artigo 59 da Constituição da República de 1988 que:

Art. 59. O processo legislativo compreende a elaboração de:

... Omissis.

Parágrafo único. Lei complementar disporá sobre a elaboração, redação, alteração e consolidação das leis. (g.n.).

Com o intuito de regulamentar o dispositivo constitucional mencionado, foi editada a Lei Complementar n. 95, de 26 de fevereiro de 1998 (LC 95/98), tendo os Estados-membros elaborado legislação própria, com fundamento em sua autonomia auto-organizativa, como, por exemplo, a Lei complementar n. 863, de 29 de dezembro de 1999, no Estado de São Paulo.

Assim, ao contrário de outras Nações, a matéria de Legística formal – ou seja, as regras de elaboração, redação, alteração e consolidação das leis – deve, no Brasil, ser objeto de disciplina por meio de **lei em sentido formal**.

Cabe, então, questionar que consequências acarretaria o descumprimento das regras de Legística previstas na LC 95/98. Para tanto, analisaremos 3 (três) questões: 1.) A LC 95/98 e a LC 863/99, poderiam figurar como normas-parâmetro para o controle de constitucionalidade de leis e atos normativos? Investigando-se, então, se as leis que não viessem a observar, em seu trâmite legislativo, as regras da LC 95/98 e da LC 863/99, seriam em virtude disso inconstitucionais. 2.) Poderiam ser consideradas a LC 95/98 e LC 863/99 normas de processo legislativo, de modo que a sua inobservância acarretasse inconstitucionalidade formal? e, por fim, 3.) Seriam tais normas desprovidas de sanção, sugerindo apenas um "manual de boas práticas legislativas", ou o seu descumprimento acarretaria, em certas hipóteses, inconstitucionalidade? Que espécie de inconstitucionalidade?

2.1. A impossibilidade de utilização da LC 95/98 como parâmetro de inconstitucionalidade em virtude da inexistência de hierarquia entre leis complementares e leis ordinárias

Travou-se, no Brasil, um grande debate acerca da existência ou não de hierarquia entre as leis complementares e ordinárias.

Tal questão tem relevância no presente estudo na medida em que as regras de Legística formal são formalizadas entre nós, como visto, em lei complementar (LC 95/98). Assim, se houvesse hierarquia entre lei complementar e lei ordinária, sempre que uma lei ordinária fosse aprovada sem respeito às regras contidas na LC 95/98, seria inconstitucional, ou "ilegal".

Na doutrina nacional, defendem a existência de hierarquia entre lei complementar e ordinária: Pontes de Miranda,[13] Nelson de Souza Sampaio,[14] Manoel Gonçalves Ferreira Filho,[15] José Afonso da Silva[16] e Alexandre de Moraes,[17] dentre outros.

Contrários à tese da hierarquia entre as referidas espécies legislativas figuram CELSO BASTOS,[18] GERALDO ATALIBA,[19] ROQUE

---

[13] PONTES DE MIRANDA, Francisco Cavalcanti. **Comentários à Constituição de 1967 com a Emenda n. 1, de 1969**. 2. ed., São Paulo: RT, 1970, t. 3, p. 140.

[14] Sob a égide da Constituição de 1967, asseverou que: "Na Constituição vigente, já não cabe nenhuma dúvida quanto ao pôsto hierárquico da lei complementar. Pela primeira vez as expressões 'lei complementar' e 'lei ordinária' aparecem no texto constitucional numa enumeração de atos legislativos." SAMPAIO. Nelson de Souza. **O processo legislativo**. São Paulo: Saraiva, 1968, p. 38-39.

[15] FERREIRA FILHO, Manoel Gonçalves. **Do processo legislativo**. 7. ed., São Paulo: Saraiva, 2012, p. 270-271.

[16] SILVA, José Afonso da. **Aplicabilidade das normas constitucionais**. 7. ed., São Paulo: Malheiros, 2009, p. 225-250.

[17] MORAES, Alexandre de. **Direito constitucional**. 9. ed., São Paulo: Atlas, 2001, p. 533-534.

[18] BASTOS, Celso Ribeiro. **Lei complementar**: teoria e comentários. 2. ed., São Paulo: Celso Bastos, 1999.

[19] Embora Geraldo Ataliba tenha sustentado inicialmente, em sua obra "Lei complementar na Constituição" (São Paulo, RT, 1971), a superioridade da lei complementar em relação à ordinária, reviu sua posição, como bem esclarece Celso Ribeiro Bastos: "Entre os autores que reviram sua posição, Geraldo Ataliba, de forma categórica, reconhece a inexistência de qualquer superioridade hierárquica da lei complementar, qualificando de nenhum fundamento e de injustificada a posição anteriormente adotada (R D Púb. 53/54:61)." *Ibidem*, p. 57, nota 35.

ANTONIO CARRAZA,[20] MICHEL TEMER[21] e ELIVAL DA SILVA RAMOS,[22] dentre outros.

Entendemos que a razão está com aqueles que defendem a *inexistência de hierarquia*. De fato, como esclarece ROQUE ANTONIO CARRAZZA, lei complementar e ordinária não se subordinam, em virtude de versarem sobre matérias distintas e de ambas buscarem seu fundamento de validade diretamente na Constituição, sendo certo que a circunstância de a lei complementar ser mencionada antes da ordinária no artigo 59 da Carta Federal nada significa em termos de posicionamento hierárquico. Assim, há apenas uma reserva de matérias à lei complementar, prevista na Constituição, que não implica hierarquia entre ela e a lei ordinária.[23]

Assim, não pretendendo nos estender nessa matéria, sabendo-se que essa é também a posição sufragada pelo Supremo Tribunal Federal[24], cabe concluir *não ser possível* cogitar em inconstitucionalidade, de cunho formal, decorrente da inobservância pelo legislador das regras de Legística formal contidas na LC 95/98 no tocante à lei aprovada, sob o argumento da existência de hierarquia entre ambas, pois tal hierarquia inexiste.

Ou seja, a lei aprovada e sancionada sem a observância das normas de Legística previstas na LC 95/98 e, portanto, com imperfeições internas,

---

[20] CARRAZA, Roque Antonio. **O regulamento no Direito Tributário brasileiro**. São Paulo: RT, 1981.

[21] TEMER, Michel. **Elementos de Direito Constitucional**. 24. ed., São Paulo: Malheiros, 2012, p. 148-150.

[22] RAMOS, Elival da Silva. **A inconstitucionalidade das leis**: vício e sanção. São Paulo: Saraiva, 1994, p. 176-183.

[23] CARRAZA, Roque Antonio. *Op. cit.*, p. 81-82.

[24] BRASIL. Supremo Tribunal Federal. **Recurso Extraordinário n. 84.994/SP**. RTJ 87-204. No mesmo sentido: EMENTA: Contribuição social sobre o faturamento — COFINS (CF, art. 195, I).

...

3. Inexistência de relação hierárquica entre lei ordinária e lei complementar. Questão exclusivamente constitucional, relacionada à distribuição material entre as espécies legais. Precedentes. 4. Omissis.

...

Supremo Tribunal Federal. Recurso Extraordinário n. 377457. Rel. Gilmar Mendes, Tribunal Pleno, j. 17 set. 2008. Repercussão Geral: mérito. DJe 241, d. 18 dez. 2008, p. 19 dez. 2008, e. 2346-08, p. 1.774.

não padece, *pelo simples fato de ter infringido as regras da lei complementar*, de inconstitucionalidade formal ou procedimental.

2.2. A LC 95/98 e as regras de processo legislativo

Por outro lado, caberia averiguar se as normas contidas na LC 95/98 e em leis equivalentes de âmbito estadual se inseririam dentre as regras de processo legislativo, de modo que sua inobservância acarretasse inconstitucionalidade formal.

Desde logo, cabe esclarecer que *as regras de Legística formal não se confundem com as regras do processo legislativo*.

De fato, se por um lado o processo legislativo refere-se ao trâmite, ao procedimento de criação das leis, as regras de Legística, objeto da LC 95/98, referem-se aos *aspectos formais* dos projetos de lei, quais sejam, a sua *redação, estrutura interna, clareza, logicidade, coerência* etc.

O processo legislativo, como todo processo, tem caráter dinâmico, enquanto *as regras de Legística possuem natureza estática*. Aquele trata das etapas e formalidades de discussão e aprovação da lei; estas regulam a formação interna da lei, as fórmulas necessárias para a confecção de quaisquer espécies normativas de forma clara e compreensível.

Diante da evidente diversidade das matérias, pode-se inferir que a LC 95/98 *não disciplina o processo legislativo*, mas apenas a técnica de formulação e aperfeiçoamento dos aspectos internos e formais das leis.

De fato, como pondera KILDARE GONÇALVES CARVALHO:

> A referida Lei Complementar, que não versa sobre processo legislativo, mas se restringe a normas disciplinadoras da técnica legislativa, é dizer, as regras que deverão ser obedecidas para a formulação de atos normativos que poderão ser transformados em leis, estabelece ainda procedimentos para a consolidação das normas já positivadas no ordenamento jurídico brasileiro.[25]

---

[25] CARVALHO, Kildare Gonçalves. *Op. cit.*, p. 4. Também reconhecendo a distinção entre ambos, Paulo Eduardo Campanella Eugênio, sustenta: "Contudo não devemos confundir o termo "elaboração de leis" com "processo legislativo". Este de caráter mais abrangente, engloba todos os atos tendentes à criação de normas legais (é o caput do art. 59 da CF/88). Por outro lado quando falamos da "elaboração de leis" referimo-nos tão só ao aspecto formal desta lei; tratamos de sua arquitetura, sua sistematização, em suma de como uma lei deve ser escrita (é o art. 59, § 1.º, da CF/88)." EUGÊNIO, Paulo Eduardo Campanella. Breves

Portanto, também sob esse aspecto não caberia cogitar em inconstitucionalidade, de cunho formal, da lei gestada em desconformidade com a LC 95/98, pois suas normas não se confundem com as do processo legislativo.

2.3. A inconstitucionalidade finalística decorrente da violação dos princípios do Devido Processo Legal e da Segurança Jurídica.

A perplexidade trazida quanto à eficácia dos dispositivos da LC 95/98 levou parte da doutrina a entender que se trata de norma desprovida de sanção, de forma que a sua inobservância não acarretaria consequências jurídicas.

MANOEL GONÇALVES FERREIRA FILHO valendo-se da clássica classificação das leis no tocante à sanção, pela qual as leis são identificadas como perfeitas, mais que perfeitas, menos que perfeitas e imperfeitas, caracteriza a LC 95/98 como uma *lei imperfeita*.[26]

Como se sabe, leis imperfeitas são aquelas em que não há sanção pelo seu descumprimento. Como esclarece MONTORO: "Sua violação não acarreta nem a nulidade do ato nem outra penalidade. São leis meramente formais, que têm em vista orientar ou dificultar determinados atos ou estabelecer uma orientação programática."[27]

A dificultar a compreensão da questão, dispõe o artigo 18 da própria LC 95/98:

> Art. 18. Eventual inexatidão formal de norma elaborada mediante processo legislativo regular não constitui escusa válida para o seu descumprimento.

Não se pode admitir, contudo, que a LC 95/98 seja despida de efeitos, pois evidentemente não é esse o escopo almejado pela norma constitucional que prevê a sua edição (CF, art. 59, parágrafo único), nem tampouco o sentido do próprio dessa lei.

---

considerações a respeito da lei complementar 95/98. **Revista Tributária e de Finanças Públicas**. São Paulo: RT, v. 27, p. 199-225, abr. 1999, p. 238.

[26] FERREIRA FILHO, Manoel Gonçalves. **Do processo legislativo**. *Op. cit.*, p. 326.

[27] MONTORO, André Franco. **Introdução à Ciência do Direito.** 25ª ed. São Paulo, RT, 2000, p. 343.

Para resolver o enigma, é necessário ter em vista que a LC 95/98 é uma norma direcionada primeiramente ao *legislador, voltada a pautar a sua atuação na elaboração legislativa, no tocante aos aspectos formais da lei, tendo como âmbito de aplicação o processo legislativo.* Apenas de forma indireta, por se tratar de diploma normativo, será objeto de análise pelo Poder Judiciário, em decorrência de seu eventual descumprimento pelo destinatário imediato, o legislador.[28]

Portanto, *a sanção* pelo descumprimento dos termos da LC 95/98 *deve ser aplicada no curso do processo legislativo* e pode ser suscitada pelos parlamentares, somente por eles. O descumprimento dos termos da LC 95/98 pode ser objeto tanto de questão de ordem formulada por parlamentar como, até mesmo, de mandado de segurança, voltado a determinar que sejam cumpridos os seus preceitos, sempre no curso do processo legislativo.[29]

Todavia, interessa-nos saber os efeitos da inobservância das regras de Legística formal em relação à lei gestada com vícios de conformação legislativa: quais seriam as consequências de violações aos dispositivos da LC 95/98 em relação à lei aprovada?

Entendemos que a violação das regras de Legística formal previstas na LC 95/98 pode acarretar, em certos casos, a inconstitucionalidade da lei gestada. Mas em tal hipótese a inconstitucionalidade não decorrerá da simples violação aos dispositivos da LC 95/98 e sim da afronta a princípios constitucionais, como o devido processo legal e a segurança jurídica.

Vejam-se alguns exemplos.

---

[28] DUTRA, Carlos Roberto de Alckmin. **A exigência constitucional de qualidade formal da lei e seus reflexos no processo legislativo e no controle de constitucionalidade**. 2014. Tese (Doutorado em Direito do Estado) – Faculdade de Direito, Universidade de São Paulo, São Paulo, 2014. doi:10.11606/T.2.2014.tde-10112015-085752, p. 61. Acesso em: 2019-06-23.

[29] A jurisprudência do Supremo Tribunal Federal tem vacilado quanto a esse tema: reconheceu o Ministro LUIZ FUX a possibilidade de análise de desrespeito à LC 95/98 praticada no curso do processo legislativo: BRASIL. Supremo Tribunal Federal. **Medida Cautelar em Mandado de Segurança n. 30495**. Rel. Luiz Fux, j. 10 maio 2011, DJe 88, d. 11 maio 2011, p. 12 maio 2011 (grifos nossos). Em sentido contrário, aplicando a teoria dos atos *interna corporis* de forma, em nosso sentir, equivocada, à hipótese de violação da LC 95/98, veja-se: BRASIL. Supremo Tribunal Federal. **Medida Cautelar em Mandado de Segurança n. 31444**. Rel. Rosa Weber, j. 25 jun. 2012, DJe 126, d. 27 jun. 2012, p. 28 jun. 2012. O *writ* buscava obstar o andamento da propositura, Medida Provisória n. 559/2012, em virtude de recebido emendas cujo teor refugia completamente ao assunto incialmente tratado na MP, violando, assim, o art. 7º da LC 95/98.

a.) Prevê o artigo 9º da LC 95/98 que: "A cláusula de revogação deverá enumerar, expressamente, as leis ou disposições legais revogadas." Fosse determinada lei, por falha do legislador, aprovada sem enumerar, expressamente, as leis ou disposições aprovadas, a ausência dessa cláusula não acarretaria, obviamente, a inconstitucionalidade da lei aprovada.

b.) o artigo 7º, *caput*, da LC 95/98 dispõe que: "Art. 7º O primeiro artigo do texto indicará o objeto da lei e o respectivo âmbito de aplicação..."

A ausência de um dispositivo com esse não teria, igualmente, o condão de ocasionar a inconstitucionalidade da lei.

Por outro lado, há casos em que o descumprimento das regras de boa conformação legislativa pode trazer consequências extremamente danosas à lei aprovada, impedindo-a de ser compreendida por seus destinatários e violando, desse modo, os princípios constitucionais do devido processo legal e da segurança jurídica.

Nesse sentido, assevera CARLOS ROBERTO SIQUEIRA CASTRO que "a ausência de clareza das pautas comportamentais objeto dos mandamentos normativos, como ainda obscuridades ou vagueza no traçado das condutas revestidas de exigibilidade jurídica conduz, ou deve conduzir, à nulidade do tipo legal."[30]

---

[30] CASTRO, Carlos Roberto Siqueira. **A constituição aberta e os direitos fundamentais**. Rio de Janeiro: Forense, 2003, p. 221. E arremata o autor, em conclusão ao seu pensamento: "É mister considerar, para concluir o aspecto ora focalizado, que a imprescindibilidade de satisfatória precisão do teor e alcance dos preceitos e sanções jurídicas impõe-se forçosamente a todo e qualquer ato normativo do Poder Público, independentemente da natureza e investidura do órgão que o edite, aplicando-se, de conseguinte, à generalidade do sistema hierárquico das pautas de comportamento revestidas do predicativo da estatalidade. As regras de direito hão de ser inteligíveis. Sem a sua devida compreensão, de acordo com os padrões comuns de entendimento do homem médio, não se pode bem cumpri-las, muito menos garantir o ideal de segurança nas relações jurídicas. Melhor dizendo, tanto a lei formal quanto as demais normas a ela equiparadas no plano jurídico-positivo, quanto os multiformes atos normativos infralegais, formulados pelos órgãos e agentes dos Três Poderes orgânicos da soberania do Estado, bem como das entidades autônomas integrantes da Federação, acham-se por igual subordinados ao princípio da clareza e inteligibilidade quanto à sua enunciação redacional, o que de resto vem a ser uma garantia para a segurança jurídica dos jurisdicionados." *Ibidem*, p. 226.

A LC 95/1998 indica, no inciso III de seu artigo 11, as seguintes posturas, que devem ser observadas pelo legislador com a finalidade de redigir de forma lógica os textos normativos:

a) reunir sob as categorias de agregação – subseção, seção, capítulo, título e livro – apenas as disposições relacionadas com o objeto da lei;

b) restringir o conteúdo de cada artigo da lei a um único assunto ou princípio;

c) expressar por meio dos parágrafos os aspectos complementares à norma enunciada no *caput* do artigo e as exceções à regra por este estabelecida;

d) promover as discriminações e enumerações por meio dos incisos, alíneas e itens.

Não só a falta de clareza em sua redação, mas a lei dotada de estrutura interna defeituosa, a revelar falta de lógica entre os seus dispositivos pode conduzir à necessidade de invalidação do dispositivo que se contraponha ao objeto da lei e seja contraditório aos seus fins. Em tais hipóteses, estamos diante de leis ou dispositivos *suicidas e contraditórios*.[31]

Tivemos a oportunidade de sustentar que:

a verificação de constitucionalidade da lei produzida sem observância dos ditames de Legística contidos na LC 95/98 deve ser realizada mediante uma análise em *dois estágios*:

(i) primeiramente, deve-se constatar se houve violação de algum dos dispositivos da LC 95/98 pela proposição legislativa transformada em lei (violação por si só incapaz de acarretar a sua inconstitucionalidade);

(ii) em seguida, deve-se analisar se o defeito intrínseco decorrente dessa violação possui gravidade suficiente para vulnerar os princípios constitucionais do devido processo legal ou da segurança jurídica:

---

[31] A expressão é utilizada por Oswaldo Luiz Palu: "Como consequência, leis suicidas e contraditórias passam a poder se sindicadas jurisdicionalmente, inclusive pelo chamado 'excesso de poder legislativo', teoria criada para tentar abrandar tal estado de perplexidade." PALU, Oswaldo Luiz. **Controle dos atos de governo pela jurisdição**. São Paulo: RT, 2004, p. 249.

em caso positivo, configura-se o vício de inconstitucionalidade da lei mal gestada, por violação direta àqueles princípios, o primeiro materializado constitucionalmente entre nós no dispositivo que prevê o princípio do devido processo legal (CF, art. 5º, LIV) e o segundo no conteúdo normativo do Estado Democrático de Direito (CF, art. 1º).[32]

Em tais hipóteses, o vício de inconstitucionalidade encontra-se na própria estrutura interna da lei. Não há necessidade de se realizar um confronto entre a lei internamente mal gestada e as normas da Constituição, seja em relação às normas procedimentais (que acarretaria uma inconstitucionalidade formal), seja em relação ao conteúdo das normas constitucionais (que acarretaria uma inconstitucionalidade material).

Os vícios da lei aprovada sem a observância das regras de redação legislativa, que compreendem a falta de clareza, coerência e logicidade, e a existência de obscuridades, contradições, vagueza e hermetismo, podem ser identificados na análise interna da própria lei defeituosa, que, por conter esses vícios, *é incapaz de alcançar os fins por ela própria propostos.*

Nesse caso, a inconstitucionalidade existente é *finalística*, pois o diploma normativo defeituoso é incapaz de alcançar os fins por ele próprio almejados.

A identificação dessa espécie de vício foi realizada por ELIVAL DA SILVA RAMOS que esclarece que não "se trata aqui de mera desconformidade entre o fim buscado pelo ato legislativo e o fim assinalado em norma constitucional, o que redundaria no vício de inconstitucionalidade material", mas hipóteses em que "o ato legislativo se mostra inadequado para a consecução dos fins por ele próprio perseguidos ou contraditório em si mesmo, ou ainda, desproporcional no tocante à acomodação de dois ou mais princípios constitucionais que por ele devam ser prestigiados."[33]

---

[32] DUTRA, Carlos Roberto de Alckmin. **A exigência constitucional de qualidade formal da lei e seus reflexos no processo legislativo e no controle de constitucionalidade**. 2014. Tese (Doutorado em Direito do Estado) – Faculdade de Direito, Universidade de São Paulo, São Paulo, 2014. doi:10.11606/T.2.2014.tde-10112015-085752, p. 108-109. Acesso em: 2019-06-23.

[33] RAMOS, Elival da Silva. **Controle de constitucionalidade no Brasil**: perspectivas de evolução. São Paulo: Saraiva, 2010, p. 50.

Na ampla categoria de inconstitucionalidade finalística, estariam inseridas, segundo a lição colhida, 4 (quatro) categorias de vícios, a saber:

(A) a falta de aptidão mínima da lei para atingir o objetivo traçado pela Constituição e ao qual pretendeu se submeter o legislador; (B) o excesso na promoção de determinada medida restritiva, embora ajustada, a princípio, à teleologia constitucional; (C) a inadequada otimização de duas normas-princípio potencialmente colidentes, exacerbando-se a força prescritiva de uma delas em detrimento ao núcleo essencial de outra; (D) a deficiente estruturação interna do ato legislativo, quer sob o aspecto formal, quer sob o aspecto de conteúdo, tornando-o inábil à consecução do fim (mediato) que lhe é inerente, no plano da segurança jurídica.[34]

A inconstitucionalidade ora analisada, decorrente da má redação e estruturação legislativa, é aquela descrita no item "D" acima.

Nesses casos, os parâmetros a serem utilizados para a análise da inconstitucionalidade são os princípios do *devido processo legal* (CF, art. 5º, LIV) e da *segurança jurídica* (contida no conteúdo normativo do Estado Democrático de Direito: CF, art. 1º).

Quanto à violação do devido processo legal, que nesse caso é vulnerado em sua vertente *processual* ou *adjetiva*, identificamos o vício mediante as seguintes considerações:

se a lei é interna e formalmente imperfeita a tal ponto de ser excessivamente vaga, incompreensível, incongruente etc., revela-se como causa impeditiva ao exercício do devido processo legal (como defender-se de uma acusação fundada em lei incompreensível?). Dessa forma, por possuir a lei mácula que impede *potencialmente* o exercício do devido processo legal, quando e se necessário, tal potencialidade de ofensa já se mostra bastante

---

[34] RAMOS, Elival da Silva. A exigência de proporcionalidade no controle abstrato de normas brasileiro. **Revista Mestrado em Direito: Direitos Humanos Fundamentais**, v. 10, n. 1, 2010. Disponível em: <http://intranet.unifieo.br/legado/edifieo/index.php/rmd/article/view/423/471>. Acesso em: 23/06/2019.

para a sua invalidação, justamente com fundamento nessa vertente processual do devido processo.[35]

A necessidade de *segurança jurídica*, que pode, igualmente, figurar como parâmetro para a verificação da inconstitucionalidade finalística decorrente da defeituosa gestação legislativa, "parece não haver dúvida de que se encontra expressa no próprio princípio do Estado de Direito, consoante amplamente aceito pela doutrina pátria e alienígena"[36], como reconhece o Supremo Tribunal Federal.

A segurança jurídica contém em seu bojo os ideais de *cognoscibilidade* e *previsibilidade* das leis, que demandam que se permita às pessoas saberem, com antecedência e seriedade, o que podem e o que não podem fazer, segundo a determinação legal.

É necessário ter em vista que a falta de clareza, a vagueza da lei e o seu conteúdo contraditório impedem a adequada compreensão do comando legal pelos seus destinatários, o que pode ensejar a sua aplicação arbitrária e sem parâmetros.

Nesse sentido, sustentamos que:

> Na hipótese de deficiência redacional ou estrutural que afete o devido processo legal ou a segurança jurídica, o cidadão não tem condições de saber previamente como deve se portar em obediência à norma. Portanto, restam vulnerados os ideais de cognoscibilidade e previsibilidade do Direito. Se a lei não oferece os elementos necessários à sua compreensão e o cidadão não tem, em decorrência disso, condições de saber como agir, a aplicação da lei torna-se arbitrária, identificando-se com a vontade, não mais da lei, mas de seu aplicador, que passa a ter plena discricionariedade em exigir a conduta que lhe aprouver.[37]

---

[35] DUTRA, Carlos Roberto de Alckmin. **A exigência constitucional de qualidade formal da lei e seus reflexos no processo legislativo e no controle de constitucionalidade**. 2014. Tese (Doutorado em Direito do Estado) – Faculdade de Direito, Universidade de São Paulo, São Paulo, 2014. doi:10.11606/T.2.2014.tde-10112015-085752, p. 209. Acesso em: 2019-06-23.
[36] BRASIL. Supremo Tribunal Federal. **Habeas Corpus n. 82.959/SP**. Rel. Marco Aurélio. Voto (Min. Gilmar Mendes Ferreira), p. 76.
[37] DUTRA, Carlos Roberto de Alckmin. **A exigência constitucional de qualidade formal da lei e seus reflexos no processo legislativo e no controle de constitucionalidade**. 2014. Tese (Doutorado em Direito do Estado) – Faculdade de Direito, Universidade de São

De fato, "a desatenção às regras de Legística previstas na LC n. 95/98 pode acarretar na geração de leis severamente vagas, lacônicas, obscuras, ilógicas ou estruturalmente contraditórias, ou seja, eivadas de deficiências em seu aspecto intrínseco que comprometam, de forma grave, a sua devida compreensão, segundo o critério do homem médio."[38]

Asseveramos, ainda, que:

> Nesses casos, a lei mal gestada vulnera os princípios do devido processo legal (CF, art. 5º, LIV) e da segurança jurídica (CF, art. 1º), não sendo admissível extrair dela um conteúdo que sua dicção textual não permite, sob pena de o Poder Judiciário ou o Tribunal Constitucional atuarem como criadores da norma, em flagrante violação ao princípio da repartição dos Poderes (CF, art. 2º) e entreabrindo a possibilidade de arbítrio na aplicação da norma, segundo a vontade e o critério, absolutamente discricionários, de seu aplicador.[39]

A título de exemplo, o caráter internamente contraditório pode ser encontrado em norma aprovada no Estado do Amazonas, por meio da qual foi o Estatuto dos Funcionários Públicos Civis do Estado para conceder aos *funcionários aposentados*, isto é, *inativos*, o direito ao adicional de 1/3 (um terço) de férias.[40]

O dispositivo foi declarado inconstitucional pelo Supremo Tribunal Federal por violação ao princípio do devido processo legal substantivo, diante da falta de razoabilidade da norma.[41]

Paulo, São Paulo, 2014. doi:10.11606/T.2.2014.tde-10112015-085752, p. 227-228. Acesso em: 2019-06-23.

[38] *Ibidem*, p. 229.

[39] *Ibidem*.

[40] Lei n. 1.897, de 05/01/1989: Art. 9º – Será concedido ao funcionário público estadual em efetivo serviço, o valor correspondente a um terço da remuneração, no mês que entrar em gozo de suas férias anuais.
[...]
§ 2º – A vantagem de que trata este artigo será paga aos **inativos**, de uma só vez, no mês de dezembro. (**g.n.**).

[41] BRASIL. Supremo Tribunal Federal. **Medida Cautelar em Ação Direta de Inconstitucionalidade n. 1158**. Rel. Celso de Mello, Tribunal Pleno, j. 19 dez. 1994, DJ 26 maio 1995, p. 15.154, e. 1788-01, p. 51.

Todavia, entendemos que mais adequado seria reconhecer que o vício, nesse caso, é de cunho finalístico, decorrente da própria incongruência interna da norma. De fato, as férias constituem direito ao descanso para aqueles que estão trabalhando e mostra-se absolutamente contraditório estendê-las a inativos, que, pela sua própria condição, não precisam de descanso do trabalho.

No Distrito Federal, previu a Lei n. 2.921, de 22 de fevereiro de 2002, a possibilidade de emissão de certificado de conclusão do ensino médio em favor de alunos da terceira série que, independentemente do número de aulas frequentadas, comprovassem a aprovação em vestibular para o ingresso no ensino superior.[42]

A norma foi também analisada pelo Supremo Tribunal, na Ação Direta de Inconstitucionalidade n. 2.667, na qual foi reconhecida a inobservância de padrões mínimos de razoabilidade, tendo o legislador incorrido em desvio de poder legislativo.[43]

Nesse caso, pode-se verificar a vulneração ao princípio da segurança jurídica. De fato, o exame vestibular presta-se a comprovar a aptidão do aluno ao ingresso em curso universitário. Sua finalidade não é atestar a conclusão do ensino médio. Para tanto, há requisitos próprios, dentre os quais a frequência às aulas.

A subversão desses critérios e a amálgama realizada pela lei entre institutos de natureza e finalidade distintos (requisitos para conclusão do ensino médio e requisitos para o ingresso no ensino superior) causa evidente insegurança jurídica acerca de como deve portar-se o estudante, que caminhos deve seguir e o que dele se espera.

---

[42] Lei n. 2.921, de 22 de fevereiro de 2002: "Art. 1º Os estabelecimentos de ensino expedirão o respectivo certificado de conclusão do curso e o histórico escolar dos alunos da terceira série do ensino médio que comprovarem aprovação em vestibular para ingresso em curso de nível superior. § 1º A expedição do diploma independe do número de aulas freqüentadas pelo aluno. § 2º A expedição de documentos de que trata o *caput* deverá ser providenciada em tempo hábil, de modo que o aluno possa matricular-se no curso superior para o qual foi habilitado. Art. 2º Esta lei entra em vigor na data de sua publicação. Art. 3º Revogam-se as disposições em contrário."

[43] BRASIL. Supremo Tribunal Federal. **Medida Cautelar em Ação Direta de Inconstitucionalidade n. 2667**. Rel. Celso de Mello, Tribunal Pleno, j. 19 jun. 2002, DJ 12 mar. 2004, p. 36, e. 2143-02, p. 275).

Em ambas as leis, percebe-se não ter sido atendida a exigência de se veicular preceitos com clareza, precisão e ordem lógica (LC 95/98, art. 11).

O sinal de alerta caracterizado pela inobservância dos critérios de boa conformação legislativa previstos na LC 95/98 remete à necessidade da análise de eventual vulneração dos princípios do devido processo legal e da segurança jurídica.

Em face dos princípios da segurança jurídica e do devido processo legal, caso a lei se revele severamente deficiente em sua redação ou gravemente desestruturada internamente, entendemos ser imprescindível o reconhecimento de sua *inconstitucionalidade*, de cunho *finalístico*, pois *"às leis severamente deficientes em sua redação ou estrutura interna não se pode reconhecer a natureza imperativa dos atos normativos, sendo necessário o reconhecimento de sua invalidade, seja pelo próprio legislador, revogando-as, seja através do exercício de controle de constitucionalidade."*[44]

3. Conclusões

Procuramos nesse artigo traçar um panorama dos efeitos da inobservância das regras de Legística formal, entre nós normatizadas pela LC 95/98, na lei aprovada.

Delineamos os contornos de um vício de inconstitucionalidade decorrente da má redação ou defeituosa estruturação interna da lei, caracterizado por sua falta de clareza, incoerência, ilogicidade, obscuridade, contradição, vagueza ou hermetismo.

Demonstramos que, nesses casos, a lei *é incapaz de alcançar os fins por ela própria propostos*, bastando a análise de sua redação e estruturação interna para se alcançar essa conclusão.

Da incapacidade de a lei alcançar os fins por ela própria propostos, caracteriza-se a inconstitucionalidade finalística, tendo como normas-parâmetro constitucionais para sua aferição os princípios do devido processo legal (CF, art. 5º, LIV) e da segurança jurídica (decorrente do conteúdo normativo do Estado Democrático de Direito: CF, art. 1º).

---

[44] DUTRA, Carlos Roberto de Alckmin. **A exigência constitucional de qualidade formal da lei e seus reflexos no processo legislativo e no controle de constitucionalidade**. 2014. Tese (Doutorado em Direito do Estado) – Faculdade de Direito, Universidade de São Paulo, São Paulo, 2014. doi:10.11606/T.2.2014.tde-10112015-085752, p. 227-228. Acesso em: 2019-06-23.

A título de conclusão cabe esclarecer que o reconhecimento do vício finalístico decorrente da má redação ou desestruturação interna da norma não desprestigia a atividade legislativa – nem tampouco o legislador –, pelo contrário. De fato, nos casos em que a lei é hermética, obscura, incongruente ou contraditória, de modo que não se possa extrair de seu texto o comando legal almejado pelo legislador, não pode o intérprete, ele próprio, criar o comando normativo a partir de um texto inábil a tal finalidade.

Nesse caso, por respeito ao legislador, deve o intérprete reconhecer a inconstitucionalidade da norma, devolvendo-lhe a matéria para que possa conformá-la de maneira adequada.

4. Referências

BASTOS, Celso Ribeiro. **Lei complementar**: teoria e comentários. 2. ed., São Paulo: Celso Bastos, 1999.

BRASIL. Supremo Tribunal Federal. **Recurso Extraordinário n. 84.994/SP**. RTJ 87-204.

BRASIL. Supremo Tribunal Federal. **Recurso Extraordinário n. 377457**. Rel. Gilmar Mendes, Tribunal Pleno, j. 17 set. 2008. Repercussão Geral: mérito. DJe 241, d. 18 dez. 2008, p. 19 dez. 2008, e. 2346-08, p. 1.774.

BRASIL. Supremo Tribunal Federal. **Medida Cautelar em Mandado de Segurança n. 30495**. Rel. Luiz Fux, j. 10 maio 2011, DJe 88, d. 11 maio 2011, p. 12 maio 2011.

BRASIL. Supremo Tribunal Federal. **Medida Cautelar em Mandado de Segurança n. 31444**. Rel. Rosa Weber, j. 25 jun. 2012, DJe 126, d. 27 jun. 2012, p. 28 jun. 2012.

BRASIL. Supremo Tribunal Federal. **Habeas Corpus n. 82.959/SP**. Rel. Marco Aurélio. Voto (Min. Gilmar Mendes Ferreira), p. 76.

BRASIL. Supremo Tribunal Federal. **Medida Cautelar em Ação Direta de Inconstitucionalidade n. 1158**. Rel. Celso de Mello, Tribunal Pleno, j. 19 dez. 1994, DJ 26 maio 1995, p. 15.154, e. 1788-01, p. 51.

BRASIL. Supremo Tribunal Federal. **Medida Cautelar em Ação Direta de Inconstitucionalidade n. 2667**. Rel. Celso de Mello, Tribunal Pleno, j. 19 jun. 2002, DJ 12 mar. 2004, p. 36, e. 2143-02, p. 275).

CARRAZA, Roque Antonio. **O regulamento no Direito Tributário brasileiro**. São Paulo: RT, 1981.

CARVALHO, Kildare Gonçalves. **Técnica legislativa**. 5. ed., Belo Horizonte: Del Rey, 2010.

CASTRO, Carlos Roberto Siqueira. **A constituição aberta e os direitos fundamentais**. Rio de Janeiro: Forense, 2003.

COMPARATO, Fábio Konder, **A Afirmação Histórica dos Direitos Humanos**, São Paulo, Saraiva, 1999.

DUTRA, Carlos Roberto de Alckmin. **A exigência constitucional de qualidade formal da lei e seus reflexos no processo legislativo e no controle de constitucionalidade**. 2014. Tese (Doutorado em Direito do Estado) – Faculdade de Direito, Universidade de São Paulo, São Paulo, 2014. doi:10.11606/T.2.2014.tde-10112015-085752. Acesso em: 2019-06-23.

FERREIRA FILHO, Manoel Gonçalves. **Do processo legislativo**. 7. ed., São Paulo: Saraiva, 2012.

HAMURABI, Código de: disponível em http://www.dhnet.org.br/direitos/anthist/hamurabi.htm, Século XVIII, antes de Cristo, acesso em 23/06/2019.

MADER, Luzius. Painel 2: Legística: história e objeto, fronteiras e perspectivas. *In*: CONGRESSO INTERNACIONAL DE LEGÍSTICA: qualidade da lei e desenvolvimento. Belo Horizonte, 10-13 set. 2007. *In*: **Legística**: qualidade da lei e desenvolvimento. Belo Horizonte: Assembleia Legislativa de Minas Gerais, 2009.

MÁRQUEZ, Piedad García-Escudero. **Técnica legislativa y seguridad jurídica: ¿hacia el control constitucional de la calidad de las leyes?** Cizur Menor, Espanha: Thomson Reuters, 2010.

MONTORO, André Franco. **Introdução à Ciência do Direito**. 25ª ed. São Paulo, RT, 2000.

MORAES, Alexandre de. **Direito constitucional**. 9. ed., São Paulo: Atlas, 2001.

MORAIS, Carlos Blanco de. **Manual de Legística**. Lisboa: Verbo, 2007.

PALU, Oswaldo Luiz. **Controle dos atos de governo pela jurisdição**. São Paulo: RT, 2004.

PONTES DE MIRANDA, Francisco Cavalcanti. **Comentários à Constituição de 1967 com a Emenda n. 1, de 1969**. 2. ed., São Paulo: RT, 1970, t. 3.

RAMOS, Elival da Silva. **A inconstitucionalidade das leis**: vício e sanção. São Paulo: Saraiva, 1994.

RAMOS, Elival da Silva. **Controle de constitucionalidade no Brasil**: perspectivas de evolução. São Paulo: Saraiva, 2010.

RAMOS, Elival da Silva. A exigência de proporcionalidade no controle abstrato de normas brasileiro. **Revista Mestrado em Direito: Direitos Humanos Fundamentais**, v. 10, n. 1, 2010. Disponível em: <http://intranet.unifieo.br/legado/edifieo/index.php/rmd/article/view/423/471>. Acesso em: 23/06/2019.

SAMPAIO. Nelson de Souza. **O processo legislativo**. São Paulo: Saraiva, 1968.

SILVA, José Afonso da. **Aplicabilidade das normas constitucionais**. 7. ed., São Paulo: Malheiros, 2009.

TEMER, Michel. **Elementos de Direito Constitucional**. 24. ed., São Paulo: Malheiros, 2012.

5. O Controle Judicial dos Atos Legislativos e a Legística

Fernando Menezes de Almeida

1. Introdução

Com grande satisfação junto-me a esta iniciativa de prestar homenagem ao ilustre jurista – e dileto amigo – Carlos Blanco de Morais, cuja brilhante trajetória acadêmica é amplamente reconhecida em Portugal e no Brasil, e para além do espaço lusófono. Entretanto, nosso homenageado também se tem notabilizado por sua atuação junto às esferas de poder político, contribuindo com seu saber para a concretização do direito constitucional e para o aperfeiçoamento das instituições públicas.

Carlos Blanco de Morais, entre tantos outros trabalhos de notória excelência científica, tem dedicado especial atenção ao tema da legística. Com efeito, a legística é elemento fundamental para a garantia da qualidade das leis, sem o que resta, na prática, enfraquecida a própria legalidade, pedra fundamental para a edificação de um estado de direito.

Neste breve estudo[1], eu gostaria de: (i) retomar algumas ideias reforçando, como premissa, a relação entre legalidade e estado de direito, no contexto das democracias ocidentais; (ii) apontar os rumos que a noção

---

[1] Este texto corresponde a ideias que foram por mim expostas no "I Congresso Luso-Brasileiro de Legística (em homenagem ao Professor Carlos Blanco de Morais)", organizado pela Escola do Parlamento e Centro de Estudos Legislativos (CELEG) da Câmara Municipal de São Paulo e pelo Instituto Legislativo Paulista (ILP) da Assembleia Legislativa do Estado de São Paulo, nos dias 21 e 22 de março de 2019, em São Paulo. Elas também se encontram em partes de meu livro *A formação da teoria do direito administrativo no Brasil*.

de legalidade vem trilhando no Brasil contemporâneo, especialmente em face do modelo de controle judicial das leis definido pela Constituição de 1988.

Dessa análise, para voltar à noção da legística, tema do evento que inspirou a organização deste livro-homenagem, pretendo concluir justificando (sem todavia desenvolver as ideias neste trabalho) a pertinência de aplicarem-se noções de legística à atividade de controle jurisdicional.

2. Legalidade e estado de direito na tradição constitucional brasileira

Pode-se admitir como pressuposto que, em uma perspectiva mais ampla do processo histórico, o Brasil nunca tenha renunciado ao projeto de adoção e aprimoramento do estado de direito ocidental, de matriz liberal.

Na síntese de Manoel Gonçalves Ferreira Filho, "a sociedade contemporânea, cujas raízes estão no *Ocidente* do século XVIII, tem como inspiração original a ideia de liberdade"[2].

Segundo Jacques Chevallier:

> "A construção da teoria do Estado de direito não é fruto do acaso, ou produto de uma lógica puramente interna ao campo jurídico: a teoria desenvolveu-se sobre um certo *substrato ideológico*, enraizada em uma certa *realidade social e política*; privada desse substrato, podada dessas referências, ela não se mostra mais do que uma concha vazia, um enquadramento formal e se torna, falando propriamente, 'in-significante'."[3]

A noção de estado de direito, com suas variantes – *"principe de légalité et droit au recours"*, na França; *"Rechtsstaat"*, na Alemanha; *"rule of law"*, no Reino Unido[4] – passa então a ocupar posição central na construção dos estados europeus.

---

[2] *Estado de direito e constituição*, p. 1.

[3] *L'État de droit*, p. 50. No original: *"La construction de la théorie de l'État de droit n'est pas le fait du hasard ou le produit d'une logique purement interne au champ juridique: la théorie s'est épanouié sur un certain terreau idéologique, enracinée dans une certaine réalité sociale et politique; privée de ce substrat, coupée de ces références, elle n'apparaît plus que comme une coquille vide, un cadre formel et devient à proprement parler 'in-signifiante'."*

[4] FROMONT, Michel, *Droit administratif des États européens*, p. 89.

Logo, ao longo do século XIX, a teoria do estado de direito tornou-se importante instrumento dos regimes liberais confrontados com o "desafio democrático"[5], notadamente França e Alemanha.

Agrega-se, assim, uma dimensão democrática à base ideológica liberal. Aliás, como bem nota Manoel Gonçalves Ferreira Filho[6], "a democracia liberal é em primeiro lugar liberal e para trazer para a liberdade mais uma garantia é que se faz democracia".

Esse estado de direito, segundo as lições de Ferreira Filho, fundamenta-se sobre três princípios:

> "Obedece ao *princípio de legalidade*. Entretanto, da legalidade decorre como princípio também a *igualdade*. E ambos, legalidade e igualdade, estão sob o crivo de uma justiça, daí o terceiro princípio, garantidor dos demais, o princípio da *justicialidade*"[7].

A clássica concepção liberal da legalidade expressa uma evidente conexão entre legalidade e liberdade. Com efeito, sob esse ponto de vista, são noções que se definem, na concretude da prática social, mediante referências recíprocas.

O conteúdo específico da liberdade na vida em sociedade é dado pela lei. A lei, a seu turno, perde legitimidade se se exceder na restrição desse conteúdo.

A principal formulação dessa ideia, que pode ser citada como referência histórica, com grande poder simbólico sobre a modelagem do estado de direito ocidental, encontra-se na Declaração dos Direitos do Homem e do Cidadão, de 1789, em seus artigos 4º e 5º:

> "Art. 4º. A liberdade consiste em poder fazer tudo o que não prejudique o próximo: assim, o exercício dos direitos naturais de cada homem não tem por limites senão aqueles que asseguram aos outros membros da sociedade o gozo dos mesmos direitos. Estes limites apenas podem ser determinados pela lei.

---

[5] CHEVALLIER, Jacques, *L'État de droit*, p. 51.
[6] *A Reconstrução da Democracia*, p. 35.
[7] *Estado de direito e constituição*, p. 23.

"Art. 5. A lei não proíbe senão as ações nocivas à sociedade. Tudo que não é vedado pela lei não pode ser obstado e ninguém pode ser constrangido a fazer o que ela não ordene."[8]

O artigo 4º não se preocupa em oferecer uma definição substancial de liberdade, como elemento transcendente do contexto jurídico-social. Com efeito, define antes a liberdade no momento de seu exercício na vida social.

Ou seja, a Declaração não pretende precisar, substancialmente, todos os elementos que integram o *status* de ser livre – toda a gama de condutas humanas específicas tidas como livres –, mas antes aponta um critério formal de liberdade – possibilidade de fazer tudo aquilo que a lei não impeça – informado por um mínimo de substância, mínimo esse apresentado em alto grau de generalidade – possibilidade de fazer o que não prejudique o próximo.

O artigo 5º, por sua vez, como corolário do artigo 4 º, reforça a ideia de que uma liberdade geral subjaz ao estado e ao direito, de modo que a conduta não vedada pela lei é objeto da liberdade.

Mas acrescenta uma regra que precede logicamente o momento de elaboração legislativa, de certo modo buscando balizar a atuação do legislador, ou seja, da autoridade que irá valer-se do instrumento de direito para limitar o exercício da liberdade: "A lei não proíbe senão as ações nocivas à sociedade".

Ora, mas de quais elementos inferir a nocividade de certas ações em relação à sociedade? Não é obra do próprio legislador a decisão sobre a existência de nocividade a justificar a intervenção legislativa?

Enfim, a primeira parte do artigo 5º, dirigida antes ao legislador com o intuito de pautar sua margem de decisão – ou seja, legislar apenas em face de nocividade à sociedade – somente pode ser assim compreendida em uma perspectiva metajurídica.

Se se pretendesse compreendê-la no plano estritamente jurídico, chegar-se ia ao paradoxo de uma regra de sanção impossível: como sancionar o legislador (aqui tomado em sentido amplo, inclusive o constituinte) por limitar uma conduta que "não seja nociva" à sociedade? Quem, no estado de direito, senão o próprio "direito", dará o parâmetro do que é ou não nocivo?

---

[8] A tradução é de Ferreira Filho, *Direitos Humanos Fundamentais*, p. 172.

Outro aspecto que se extrai do conjunto de ideias formado pelos artigos 4º e 5º ora analisados, é a projeção da liberdade tanto em relação aos indivíduos como em relação ao estado.

Como nota Norberto Bobbio, o artigo 4º define a liberdade de um indivíduo em relação aos outros, trabalhando, correlatamente, com a ideia de violação de direito; o artigo 5º toma a liberdade dos indivíduos em relação ao poder do estado, levando a um sentido negativo de liberdade (liberdade como ausência de constrição)[9].

A legalidade, como princípio fundamental do estado de direito, cuja evidente relação com a liberdade foi explorada nos parágrafos acima, também relaciona-se com a igualdade.

Em verdade, o princípio da igualdade que, do ponto de vista filosófico, tem seu conteúdo analisado e desenvolvido de modo autônomo desde tempos da Antiguidade clássica, possui uma dimensão que se sobrepõe ao princípio da legalidade, de modo a justificar a citada afirmação de Ferreira Filho, da igualdade como decorrência da legalidade.

Essa consideração remete à distinção entre legalidade formal e legalidade material.

Muitas vezes a menção à legalidade induz espontaneamente à consideração da origem formal do ato legislativo: a lei como ato de vontade produzido pelo parlamento[10], independentemente de seu conteúdo.

Essa dimensão formal da legalidade, de fundamental importância para o estado de direito ocidental, ressalta o valor democrático, o valor da participação da vontade dos destinatários da norma em sua produção, conforme o princípio da autonomia – para invocar aqui a definição kelseniana de democracia[11].

Mas, ao lado da dimensão formal, igualmente relevante é a dimensão material, que toma a lei (para efeito da legalidade) como norma jurídica com conteúdo geral e abstrato[12].

---

[9] BOBBIO, *A era dos direitos*, p. 122. Sobre a distinção entre liberdade negativa e liberdade positiva, ver de Isaiah BERLIN, "Dois Conceitos de Liberdade".

[10] Emprega-se aqui "parlamento" em sentido genérico, como órgão de expressão da vontade popular, ou, dito de outro modo, expressão da vontade dos destinatários da norma jurídica.

[11] KELSEN, Hans, *General Theory of Law and State*, p. 284.

[12] Generalidade e abstração não são qualificativos que necessariamente coincidem em uma norma, ainda que seja usual essa coincidência. *Generalidade* diz respeito aos sujeitos aos quais se destina, sendo eles tomados de modo universal (por oposição à individualidade da

Nas palavras de Léon Duguit:

"Do ponto de vista material o princípio de legalidade consiste nisto: em um Estado de direito, nenhuma autoridade pode jamais tomar uma decisão individual, senão nos limites fixados por uma disposição de caráter geral, quer dizer, por uma lei no sentido material."[13]

Eis como Duguit esclarece, em uma perspectiva finalística, o sentido material de legalidade:

"Compreendeu-se que os detentores do poder político não deviam poder tomar arbitrariamente tal ou qual decisão individual, tendo em vista tal ou qual situação determinada; que eles estavam vinculados pela regra geral formulada de uma maneira abstrata sem levar em consideração situações nem específicas nem pessoais, e não podiam tomar decisão individual senão de modo conforme à regra geral contida na lei. No momento em que esse regime foi compreendido e aplicado, o indivíduo sentiu-se fortemente protegido contra o poder absoluto dos governantes; pois é evidente que essa regra geral e abstrata, que limita a ação deles, governantes, apresenta muito menos perigo de arbítrio que uma decisão individual, a qual pode sempre ser provocada pela raiva, pela ambição ou pela vingança."[14]

norma, caso em que a norma se dirige a determinado ou determinados indivíduos); *abstração*, refere-se ao objeto da hipótese de incidência da norma, vislumbrando-se uma situação hipotética que, no plano factual, pode vir a ocorrer ou não (por oposição à concretude da norma, que supõe aplicação da norma para determinado caso concreto factualmente existente e identificado). Para maiores desenvolvimentos a respeito do tema, até mesmo com o cruzamento desses binômios (generalidade-individualidade, abstração-concretude) com mais um: coletividade-pessoalidade (este referente aos sujeitos que elaboram a norma), ver Norberto BOBBIO, *Contribución a la teoría del derecho*, pp. 295-298.

[13] *Leçons de Droit Public Général*, p. 275. No original: "*Au point de vue matériel le principe de légalité consiste en ceci: dans un État de droit une autorité quelconque ne peut jamais prendre une décision individuelle que dans les limites fixées par une disposition par voie générale, c'est-à-dire par une loi au sens matériel.*"

[14] *Manuel de droit constitutionnel*, p. 96. No original: "*On a compris que les détenteurs du pouvoir politique ne devaient pas pouvoir prendre arbitrairement telle ou telle décision individuelle, en vue de telle ou telle situation déterminée; qu'ils étaient liés par la règle générale formulée d'une manière abstraite sans considération ni d'espèce ni de personne, et ne pouvaient prendre de décision individuelle que conformément à la règle générale contenue dans la loi. Du moment où ce régime a été compris et appliqué,*

Decorre, pois, do sentido (material) de lei como norma geral e abstrata um viés protetivo da igualdade, na medida em que a generalidade e a abstração tendem a impedir que determinada decisão jurídica (no caso, uma decisão legislativa) seja tomada especialmente para beneficiar ou para prejudicar alguém.

Não que isso seja uma garantia absoluta da isonomia. Sabe-se que mesmo normas gerais e abstratas podem ser elaboradas sob a inspiração velada (ou não) de favorecer ou lesar os interesses de algum ou alguns indivíduos. Ainda assim, é válido apontar a tendência de que essa consequência seja mais dificilmente atingida por uma norma geral e abstrata – que incidirá sobre situações reais futuras, ainda não conhecidas, e sobre sujeitos potencialmente variados – do que por uma norma individual e concreta que não se fundamente em uma norma anterior geral e abstrata.

Por fim – retomando a ideia acima exposta dos princípios fundamentais do estado de direito –, a justicialidade, isto é, a possibilidade de controle jurisdicional da ação estatal, é outro pilar de sustentação do estado de direito ocidental, assegurando a efetividade dos demais.

A legalidade e a igualdade correriam grande risco de restarem princípios meramente nominais se não houvesse um sistema organizado de controle da ação do estado.

Pode-se, pois, conceber, com Sabino Cassese[15], a justicialidade (*giustiziabilità*) como decorrência, em estreita conexão, da legalidade – sendo a legalidade o "primeiro e mais importante princípio do direito administrativo" e, acrescente-se, do estado de direito.

Aliás, a independência da função jurisdicional em relação às demais funções estatais é corolário da separação de poderes estabelecida desde os instantes iniciais da concepção do estado de direito no contexto do constitucionalismo liberal, ainda que resultando em diversas formas de estruturação da jurisdição.

Uma derivação da noção de justicialidade é o controle jurisdicional dos atos legislativos. Nesse sentido, por exemplo, Jaques Chevallier[16]

---

l'individu s'est senti fortement protegé contre la toute-puissance des gouvernants; car il est évident que cette règle générale et abstraite, qui limite leur action, présente beaucoup moins de danger d'arbitraire qu'une décision individuelle, qui peut toujours être provoquée par la haine, l'ambition ou la vengeance."

[15] *Corso di diritto amministrativo*, t. 1 (*Istituzioni di diritto amministrativo*), pp. 8-10.

[16] *L'État de droit*, pp. 77-80.

aponta o controle de constitucionalidade como elemento integrante da estrutura do estado de direito.

Para recorrer novamente a exemplos extraídos da obra de Chevallier[17], lembrem-se a segurança jurídica e os direitos fundamentais, como elementos do conteúdo substancial de uma "nova concepção do Estado de direito" (especialmente desde a década de 1990).

E a legística, a seu turno – a ciência da qualidade das leis – trata de aspecto fundamental para segurança jurídica

Enfim, com as considerações feitas neste tópico, pretendi evidenciar a premissa da adesão fundamental do direito brasileiro ao modelo dos estados de direito ocidentais, incluindo o princípio da legalidade e o princípio da justicialidade.

A conexão entre legalidade e justicialidade ressalta a necessidade de um sistema de controle judicial dos atos legislativos, bem como a atenção à qualidade das leis – e acrescento, das decisões judiciais – como elemento integrante da segurança jurídica, esta, por sua vez, indissociável da própria legalidade.

Passo agora a explorar o modo de ser contemporâneo do controle jurisdicional dos atos legislativos no Brasil.

3. Tendências do controle judicial dos atos legislativos no Brasil contemporâneo

Constata-se no Brasil contemporâneo, sob a vigência da Constituição de 1988 – uma constituição extremamente analítica em seu texto, com a tendência de trazer para ele amplos segmentos de praticamente todos os temas passíveis de tratamento legislativo no país –, tipicamente o fenômeno da constitucionalização do direito, ante um evidente "efeito expansivo das normas constitucionais, cujo conteúdo material e axiológico se irradia, com força normativa, por todo o sistema jurídico", citando-se aqui a formulação de Luís Roberto Barroso[18].

Riccardo Guastini[19] reconhece ao menos três significados para constitucionalização do direito: a) a introdução de uma constituição escrita em um ordenamento que não possuía nenhuma; b) um processo

---

[17] *L'État de droit*, pp. 95-110.
[18] "A constitucionalização do direito e suas repercussões no âmbito administrativo", p. 32.
[19] "*La 'costituzionalizzazione' dell'ordinamento*", p. 147.

histórico-cultural que juridiciza (não necessariamente por constituição escrita, como é o caso do Reino Unido) a relação entre os detentores do poder político e os indivíduos sujeitos a esse poder; c) um processo de transformação de um ordenamento jurídico, ao final do qual o ordenamento resulta impregnado de normas constitucionais.

Este último é o sentido com o qual a teoria nos dias de hoje refere-se à constitucionalização: "um ordenamento jurídico constitucionalizado é caracterizado por uma constituição extremamente penetrante, intrusiva, transbordante"; por contraste com o direito do constitucionalismo clássico – anterior ao momento desse terceiro sentido de constitucionalização – em que se espera da constituição tão somente a organização dos poderes do Estado e a garantia de direitos (liberdade, notadamente) dos indivíduos[20].

O fenômeno da constitucionalização do direito, pelo viés do direito constitucional, ganhou força e repercussão a partir da reconfiguração do estado alemão (ocidental), após a Segunda Guerra Mundial. Nesse processo, o principal vetor expansivo da normatividade constitucional foram os direitos fundamentais, como ressalta Rainer Wahl[21].

O fenômeno da constitucionalização do direito, em moldes germânicos, alcançou outros países europeus, com o incremento da União Europeia especialmente desde fins da década de 1990. É o tempo em que também chegou ao Brasil, encontrando terreno propício no modo de ser da Constituição de 1988 – que, para além de seu já apontado caráter analítico, deu ênfase especial à previsão de direitos fundamentais.

Esse processo de constitucionalização, que pressupõe a existência de uma constituição rígida e de um sistema de controle de constitucionalidade, traz por consequências principais, ainda segundo Guastini[22]:

(i) que a legislação deixe de ser considerada atividade "livre em seus fins", para ser tida como atividade "discricionária" (quanto à

---

[20] GUASTINI, *"La 'costituzionalizzazione' dell'ordinamento"*, pp. 147-148. No original: *"Un ordinamento giuridico costituzionalizzato è caratterizzato da una costituzione estremamente pervasiva, invadente, debordante"*.

[21] *"Aux origines du droit public allemand contemporain"*, p. 817.

[22] *"La 'costituzionalizzazione' dell'ordinamento"*, pp. 148-155.

escolha de meios) condicionada a fazer atuar fins pré-estabelecidos pela constituição;

(ii) que os juízes tenham poderes e deveres de aplicar não somente as leis, mas antes a constituição: seja uma aplicação direta da constituição, tida como norma vinculante, seja uma aplicação das leis em uma interpretação que sempre as adeque à constituição;

(iii) que as relações privadas também sejam condicionadas pela constituição;

(iv) que até a doutrina veja-se pautada pela constituição, nela buscando "o fundamento axiológico das leis" e tendendo a expor o "conteúdo normativo como um mero desenvolvimento de princípios constitucionais".

Em suma, segundo Louis Favoreu:

"O que mudou profundamente as coisas nos países da Europa no curso da segunda metade deste século [XX], e particularmente na França nos últimos trinta anos, foi [...] o deslocamento da ordem jurídica em torno de um novo eixo – de constitucionalidade – e o abandono do antigo eixo – da legalidade – que se encontra, assim sendo, incorporado ao primeiro: a legalidade é doravante uma simples componente da constitucionalidade, e desse modo, como a constitucionalidade, ela fundamentalmente mudou de sentido."[23]

Entretanto, sem desmerecer a percepção social de serem verdadeiras conquistas o reforço da normatividade constitucional e, especialmente, a aplicabilidade jurisdicional plena dos princípios da administração pública e dos direitos fundamentais, impõe-se seja enfrentada a natural perda de segurança decorrente dessas conquistas.

Natural perda de segurança, sim, porque:

---

[23] *"Légalité et constitutionnalité"*, p. 5. No original: *"Ce qui a profondément transformé les choses dans les pays d'Europe au cours de la seconde moitié de ce siècle, et singulièrement en France depuis une trentaine d'années, c'est [...] le basculement de l'ordre juridique autour d'un nouvel axe – de constitutionnalité – et l'abandon de l'ancien axe – de légalité – qui se retrouve, de ce fait, incorporé au premier: la légalité est désormais une simple composante de la constitutionnalité, et de ce fait, comme la constitutionnalité, elle a fondamentalement changé de sens."*

a) o texto constitucional, contendo "textura aberta e vaga"[24], leva a margens mais oscilantes da interpretação jurisdicional[25];
b) os princípios, por não fornecerem "uma solução exata, precisa e predeterminada"[26], remetem a quem decide no caso concreto a escolha da solução mais adequada[27];
c) os direitos fundamentais, em razão de estrutura jurídica, não trazem consigo predeterminação geral e abstrata sobre como dosar sua aplicação, no caso concreto, em face de colisão com o exercício de outros direitos fundamentais[28];
d) o sistema difuso de controle de constitucionalidade induz à diversidade de soluções jurídica para casos similares[29].

---

[24] BARROSO, Luís Roberto, "A constitucionalização do direito e suas repercussões no âmbito administrativo", p. 60.

[25] Notando essa consequência da constitucionalização do direito, Luís Roberto BARROSO propõe dois parâmetros aos intérpretes em geral: "a) *preferência pela lei*: onde tiver havido manifestação inequívoca e válida do legislador, deve ela prevalecer, abstendo-se o juiz ou o tribunal de produzir solução diversa que lhe pareça mais conveniente; b) *preferência pela regra*: onde o constituinte ou o legislador tiver atuado, mediante a edição de uma regra válida, descritiva da conduta a ser seguida, deve ela prevalecer sobre os princípios de igual hierarquia, que por acaso pudessem postular incidência na matéria." ("A constitucionalização do direito e suas repercussões no âmbito administrativo", p. 61).

[26] JUSTEN FILHO, Marçal. *Curso de direito administrativo*, pp. 134-135.

[27] Marçal Justen Filho prossegue afirmando que "a existência das regras é essencial para a segurança jurídica e para a certeza do direito", pois "a regra traduz as escolhas quanto aos valores e aos fatos sociais, permitindo a todos os integrantes da sociedade conhecer de antemão a solução prestigiada pelo direito" (*Curso de direito administrativo*, pp. 134-135). E a solução para o problema da insegurança jurídica decorrente dos princípios certamente não passa – perdoe-se o jogo de palavras – pelo *princípio* da segurança jurídica. Ou seja, como o autor deste estudo já sustentou, ao constatar uma tendência do crescimento de decisões jurisdicionais basicamente lastreadas na segurança jurídica como *princípio* constitucional implícito, pode-se "paradoxalmente cogitar do risco de insegurança jurídica pela aplicação, desmedida, do princípio da segurança jurídica" (MENEZES DE ALMEIDA, Fernando Dias. "A segurança jurídica e a proteção à confiança em matéria de Direito constitucional e administrativo e seu acolhimento pela jurisprudência constitucional no Brasil", p. 190).

[28] Como ensina Virgílio AFONSO DA SILVA, a própria estrutura dos direitos fundamentais exige a aplicação da regra da proporcionalidade para a solução de colisões entre esses direitos (razão pela qual o autor aponta ser fatalmente infrutífera a "busca por uma fundamentação jurídico-positiva da regra da proporcionalidade") ("O proporcional e o razoável", p. 43).

[29] Como nota Carlos BLANCO DE MORAIS, *Justiça constitucional*, t. I, p. 319.

Dois relevantes movimentos de reação[30], detectados no direito positivo brasileiro vigente, são sintomáticos da percepção, consciente ou intuitiva, da referida perda de segurança.

O primeiro deles é ao aumento do peso relativo do controle concentrado e principal de constitucionalidade.

Que o reforço da normatividade da constituição e da expectativa de sua direta aplicação pela administração e pela jurisdição (independentemente, em várias situações, da intermediação da legislação infraconstitucional) acarrete a ampliação quantitativa de casos de controle de constitucionalidade das leis e da ação administrativa, isso é previsível.

Porém, essa expansão do controle de constitucionalidade, no Brasil, tem-se feito acompanhar de evidente tendência de concentração do controle (diretamente no Supremo Tribunal Federal) e de criação de mecanismos de controle principal e abstrato da constitucionalidade.

Mesmo nos casos de controle de constitucionalidade em concreto – usualmente acompanhados das características de um controle difuso e incidental – tem-se buscado alcançar resultados similares ao do controle concentrado, principal e abstrato, com extensão *erga omnes* dos efeitos da decisão[31].

A consequência dessa mudança no modo de ser do controle de constitucionalidade tem clara interferência com a compreensão da legalidade a pautar a ação da administração, transformando a função do órgão controlador de função de exercitar um "poder de hermenêutica" para a de exercitar um "poder de legislação"[32].

---

[30] "Reação" no sentido físico correlato ao de "ação"; não no sentido político de "reacionarismo".

[31] Sobre o assunto, ver RAMOS, Elival da Silva, *Controle de constitucionalidade no Brasil: perspectivas de evolução*, pp. 276-277. Lá o autor sustenta que o regime constitucional vigente não dá acolhimento a essa possibilidade de "eficácia geral vinculante a todas as decisões do Supremo Tribunal Federal proferidas por via incidental", porém aponta o crescimento de posições defendendo, *de lege ferenda* ou mesmo em face do direito atual, a conclusão contrária. Sobre esse último ponto de vista, destacam-se manifestações de Gilmar Ferreira MENDES, em sua atividade de Ministro do Supremo Tribunal Federal, e em obras doutrinárias (entre outras, *Curso de direito constitucional*, pp. 1032 e segs.).

[32] Seguindo aqui as observações de Gilmar Ferreira MENDES (*Controle abstrato de constitucionalidade: ADI, ADC e ADO*, pp. 25-26), a partir da dicotomia empregada por Ruy BARBOSA ao descrever o papel do Supremo Tribunal Federal.

Em verdade, pode-se supor que o sentido de "poder de hermenêutica", tal como empregado no discurso de Ruy Barbosa sobre o sistema de *judicial review* proposto na origem da República brasileira, hoje seja compreendido, sem maior surpresa, como poder de criação normativa, relativizando-se, assim, a própria dicotomia formada com o "poder de legislação".

Recordando a fórmula empregada por Rainer Wahl a respeito do direito alemão, mas perfeitamente aplicável ao caso brasileiro atual:

> "Para a administração, a lei não está mais 'pronta para o uso', ponto de partida insuscetível de ser posto em dúvida na sua ação; as leis devem constantemente ser verificadas quanto à sua constitucionalidade, da mesma maneira que toda aplicação ao caso específico é submetida aos critérios e ao controle de constitucionalidade."[33]

E o segundo movimento, no estágio atual do positivo direito brasileiro, sintomático de uma percepção quanto à perda de segurança jurídica, a impor medidas compensatórias, é a busca de segurança em uma normatividade que se pode dizer extravagante.

Essa busca tenta localizar em outras fontes normativas o ideal de previsibilidade (no plano geral e abstrato) e certeza (no plano da decisão aplicável ao caso concreto) antes encontrada na lei (compreendida em sentido material e formal: norma geral e abstrata elaborada pelo parlamento).

Assim fazendo, todavia, tende a encontrar respostas que apontam para sentidos aparentemente opostos: de um lado, valoriza-se uma nova normatividade individual e concreta; de outro lado, valoriza-se uma nova normatividade geral e abstrata – e ambas produzidas por órgãos diversos do poder legislativo.

É exemplo dessa nova normatividade individual e concreta a contratualização da ação administrativa.

Das várias modulações possíveis de relações contratuais com a administração, chama mais atenção, quanto à garantia de segurança, aquela

---

[33] *"Aux origines du droit public allemand contemporain"*, p. 820. No original: *"Pour l'administration, la loi n'est plus 'prête à l'emploi', le point de départ insusceptible d'être mis en doute de son action; les lois doivent constamment être vérifiées quant à leur constitutionnalité, de la même manière que toute application au cas d'espèce est soumise aux critères et au contrôle de constitutionnalité"*.

que envolve a substituição do poder unilateral da administração por um acordo.

A segurança decorrente dos contratos em geral já é potencialmente mais sólida do que a segurança decorrente da normatividade legislativa[34]. Mas a situação da substituição da decisão unilateral da administração por um contrato é ainda mais segura que os contratos em geral, pois já pressupõe em si mesma a aplicação do direito ao caso concreto: a execução está a cargo da administração e a administração, ao executar, convenciona como fazê-lo. É um típico exemplo a celebração de "termos de ajustamento de conduta" ("TAC"), ou figuras com nomes similares.

Hoje em dia – faz-se esta observação também com base em vivência pessoal na administração – o TAC, especialmente se celebrado com o Ministério Público (por força do art. 5º, § 6º, da Lei n. 7.347/85, que rege a ação civil pública), dá ao administrador uma segurança mais sólida do que a lei. O administrador justifica sua conduta, de modo preciso e suficiente, com base em um TAC, sem precisar invocar lei (aliás, mesmo a despeito de eventual interpretação da lei que normalmente julgasse ser mais adequada).

Retomando o caminho de análise proposto logo acima, verifique-se a outra opção em busca de segurança jurídica por meio de uma nova normatividade: agora pela via geral e abstrata[35].

O mais evidente exemplo nesse sentido é o das súmulas vinculantes.

Discrepando do intuito original da súmula – que foi concebida antes como proposição descritiva de um fato, do que como norma prescritiva de conduta[36] –, a súmula vinculante agrega a ele um aspecto normativo

---

[34] Como pondera Herbert HART, é razoável supor os destinatários da norma jurídica mais facilmente adotem uma "cooperação voluntária" (independentemente da ameaça de sanção) para cumpri-la se ela decorre de uma decisão autônoma de seus sujeitos (contrato) (*O conceito de direito*, p. 209).

[35] Aliás, o próprio TAC, explorado na hipótese logo acima desenvolvida, muitas vezes, não dispõe sobre um caso concreto, mas sobre modos de proceder em todas as situações futuras sobre as quais venham a incidir as normas nele estabelecidas.

[36] Sobre o tema, ver NUNES LEAL, Victor, *Problemas de direito público e outros problemas*, vol. 2, pp 45 e segs.; e MENEZES DE ALMEIDA, Fernando Dias, "Súmula vinculante: estudo com base no pensamento de Victor Nunes Leal", pp. 153-157.

geral e abstrato e traz novos desafios à teoria do direito em termos de compreensão de sua inclusão ou não no sentido de legalidade[37].

Essas considerações sobre novas formas de normatividade extravagante, em busca da segurança jurídica, impõem cogitações sobre uma reconfiguração da legalidade.

A previsão – é a lição de Romeu Felipe Bacellar Filho[38] – constitucional do princípio da legalidade impõe que lhe seja dado um sentido específico: resumi-lo à constitucionalidade seria ilógico em relação à afirmação constitucional de outros princípios ao lado da legalidade (englobados que estariam nessa "legalidade-constitucionalidade"); e seria um modo de comprometer a noção de hierarquia das fontes do direito.

Por outro lado, substituir a legalidade pela juridicidade, para efeito de se compreender a vinculação da administração, corre o risco de levar ao "pobre truísmo", apontado por Charles Eisenmann[39], correspondente ao sentido vago de ter a administração de submeter-se ao direito.

Todavia, não é este estudo a sede adequada para tais aprofundamentos.

---

[37] No trabalho logo acima referido, expressou-se a compreensão de que há uma "dupla dimensão normativa presente na situação jurídica decorrente de uma súmula vinculante": "de um lado, a normatividade da súmula vinculante propriamente dita e, de outro, a normatividade das decisões jurisdicionais que a embasam sua edição."

E, mais adiante:

"A súmula, com visto, é essencialmente ato de conhecimento, que implica a descrição de um fato. Mas, no caso da súmula vinculante, produz-se um ato complexo, pois, a este ato de conhecimento [a súmula propriamente dita] acrescenta-se, por uma decisão específica, conforme procedimento próprio, o caráter vinculante. Há, então, duas decisões, ainda que no mais das vezes ocorram de modo simultâneo: (i) fazer a súmula e (ii) dar-lhe caráter vinculante. A normatividade da súmula vinculante vem apenas desta última decisão.

"[...] no tocante à matéria de fundo do enunciado da súmula, são as decisões jurisdicionais que a antecedem que serão interpretadas e aplicadas como norma. Não há – e não deve haver –, portanto, uma criação normativa, quanto à matéria de fundo, mediante a edição de uma súmula.

"E o que se vem de afirmar oferece proteção contra tendências abusivas de ativismo judicial [...], tendências que atuam em prejuízo de um Estado de Direito de caráter democrático." (MENEZES DE ALMEIDA, Fernando Dias, "Súmula vinculante: estudo com base no pensamento de Victor Nunes Leal", pp. 164-165).

[38] *Processo administrativo disciplinar*, p. 166.

[39] "La théorie des 'bases constitutionnelles du droit administratif'".

4. Conclusões

O quadro traçado neste estudo aponta para o protagonismo do Poder Judiciário no sistema constitucional vigente no Brasil, especialmente por meio da amplificação dos meios de controle judicial dos atos legislativos, na esteira do fenômeno de constitucionalização do direito.

É um protagonismo que não raro leva ao abuso – criticado por substancial parcela dos estudiosos e aplicadores do direito, inclusive por integrantes do Poder Judiciário –, caracterizando o chamado "ativismo judicial", o qual Elival da Silva Ramos[40] descreve como:

"o exercício da função jurisdicional para além dos limites impostos pelo próprio ordenamento que incumbe, institucionalmente, ao Poder Judiciário fazer atuar, resolvendo litígios de feições subjetivas (conflitos de interesse) e controvérsias jurídicas de natureza objetiva (conflitos normativos). Essa ultrapassagem das linhas demarcatórias da função jurisdicional se faz em detrimento, particularmente, da função legislativa, não envolvendo o exercício desabrido da legiferação (ou de outras funções não jurisdicionais) e sim a descaracterização da função típica do Poder Judiciário, com incursão insidiosa sobre o *núcleo essencial* de funções constitucionalmente atribuídas a outros Poderes".

Esse mesmo protagonismo faz com que o poder judiciário, no exercício da função jurisdicional, passe a tomar "decisões programantes", em lugar de tomar "decisões programadas" – utilizando-se aqui as expressões de Tercio Sampaio Ferraz Júnior[41].

E decisões que, como visto, cada vez mais se aproximam de uma normatividade geral e abstrata. Pense-se na formulação de teses vinculantes em decisões de controle de constitucionalidade, também no caso de decisões pela via do controle concreto e incidental; ou nas súmulas vinculantes.

Outra dimensão desse fenômeno da produção normativa (geral e abstrata) por meio das decisões judiciais ocorre em relação às próprias normas constitucionais, em situação na qual a interpretação da Constituição (no caso, por um tribunal constitucional ou por um tribunal que ocupe

---

[40] *Ativismo judicial: parâmetros dogmáticos*, p. 308.
[41] "O judiciário frente à separação dos poderes: um princípio em decadência?", p. 345.

um papel de supremacia na estrutura judiciária) leva a uma mutação constitucional.

Carlos Blanco de Morais[42] explora criticamente e com precisão o fenômeno, apontando "quatro domínios" em que "a maior propensão para que uma sentença interpretativa, com conteúdo inovador em relação ao disposto no direito previamente estabelecido, assuma caráter 'normativo' (em que o critério que incorpora como 'norma de decisão' altera, *in casu*, o sentido dominante atribuído às disposições da Constituição positiva, com a perspectiva de generalizar no futuro a sua aplicação)": (i) "o domínio da jurisprudência de instâncias internacionais ou supranacionais"; (ii) "o domínio da reconfiguração do sentido originário das disposições constitucionais à luz do 'ambiente normativo'"; (iii) "o domínio da revelação de normas 'implícitas', a partir de valores ou de princípios de objeto 'neutro' ou ostensivamente fosco quanto à sua determinabilidade"; e (iv) "o domínio do uso manipulativo e por vezes indevido de técnicas de integração normativa (analogia) e de interpretação (extensiva, restritiva e interpretação conforme), bem como o recurso abusivo a ponderações que não sejam constitucionalmente fundadas e à aplicação irrefreada de cânones hermenêuticos usados como fórmulas cambiantes de legitimação de normas jurisprudenciais (tais como a correção funcional, concordância prática, máxima efetivação de direitos)".

Esse cenário abre espaço para uma nova perspectiva nos estudos da legística: a legística aplicada a decisões jurisdicionais. Digo isso nem tanto pensando no estudo da qualidade da decisão jurisdicional tradicional, mas especialmente nas decisões tendentes a um maior grau de generalidade e abstração normativas. É, no entanto, assunto para outros estudos.

Referências

AFONSO DA SILVA, Virgílio. "O proporcional e o razoável", *in Revista dos Tribunais*, ano 91, v. 798. São Paulo: Revista dos Tribunais, 2002.

BACELLAR FILHO, Romeu Felipe. *Processo administrativo disciplinar*. 3ª ed. São Paulo: Saraiva, 2012.

BARROSO, Luís Roberto. "A constitucionalização do direito e suas repercussões no âmbito administrativo", *in Direito administrativo e seus novos paradigmas* (coord.:

---

[42] "As mutações constitucionais de fonte jurisprudencial: a fronteira crítica entre a interpretação e a mutação", pp. 75/76.

Alexandre Santos de Aragão e Floriano de Azevedo Marques Neto). Belo Horizonte: Fórum, 2008.

BERLIN, Isaiah. "Dois conceitos de liberdade", *in Quatro ensaios sobre a liberdade* (trad. Wamberto Hudson Ferreira). Brasília: Universidade de Brasília, 1981.

BLANCO DE MORAIS, Carlos. "As mutações constitucionais de fonte jurispruden-cial: a fronteira crítica entre a interpretação e a mutação", *in Mutações constitucionais* (coord. Gilmar Ferreira Mendes e Carlos Blanco de Morais). São Paulo: Saraiva, 2016.

_____. *Justiça constitucional*, t. I (*Garantia da constituição e controlo da constitucionalidade*). Coimbra: Coimbra, 2002.

BOBBIO, Norberto. *A era dos direitos* (trad. Carlos Nelson Coutinho). São Paulo: Campus, 1992.

_____. *Contribución a la teoría del derecho* (trad. Alfonso Ruiz Miguel). Valencia: Fernando Torres Editor, 1980.

CASSESE, Sabino. *Corso di diritto amministrativo*, t. 1 (*Istituzioni di diritto amministrativo*). 2ª ed. Milano: Giuffrè, 2006.

CHEVALLIER, Jacques. *L'État de droit*. 5ª ed. Paris: Montchrestien, 2010.

DUGUIT, Léon. *Leçons de Droit Public Général*. Paris: Éditions la Mémoire du Droit, 2000 (edição fac-similar de Paris: E. de Boccord, 1926).

_____. *Manuel de Droit Constitutionnel*. Paris: Éditions Panthéon Assas, 2007 (edição facsimilar de Paris: Fontemoing, 1923, 4ª ed.).

EISENMANN, Charles. "*La théorie des 'bases constitutionnelles du droit administratif'*", *in Revue du Droit Public et de la Science Politique en France et à l'Étranger*, n. 6, nov/dec. Paris: LGDJ, 1972.

FAVOREU, Louis. "*Légalité et constitutionnalité*", *in Cahiers du Conseil Constitutionnel*, n. 3. Paris: Dalloz, 1997.

FERRAZ JUNIOR, Tercio Sampaio. "O judiciário frente à divisão dos poderes: um princípio em decadência?", *in Anuário dos cursos de pós-graduação em direito*, n. 11. Recife: Universidade Federal de Pernambuco, 2000.

FERREIRA FILHO, Manoel Gonçalves. *Direitos humanos fundamentais*. 11ª ed. São Paulo: Saraiva, 2009.

_____. *Estado de direito e constituição*. 2ª ed. São Paulo: Saraiva, 1999.

_____. *A Reconstrução da Democracia*. São Paulo: Saraiva, 1979.

FROMONT, Michel. *Droit administratif des États européens*. Paris: PUF, 2006.

GUASTINI, Riccardo. "*La 'costituzionalizzazione' dell'ordinamento*", *in Neocostituzionalismo e tutela (sovra)nazionale dei diritti fondamentali* (coord. Tecla Mazzarese). Torino: G. Giappichelli, 2002.

HART, Herbert L. A.. *O conceito de direito* (trad. A. Ribeiro Mendes). 5ª ed. Lisboa: Calouste Gulbenkian, 2007.

JUSTEN FILHO, Marçal. *Curso de direito administrativo*. 9ª ed. São Paulo: Revista dos Tribunais, 2013.

KELSEN, Hans. *General theory of law and state* (trad. Anders Wedberg). Cambridge: Harvard University, 1949.

MENDES, Gilmar Ferreira. *Controle abstrato de constitucionalidade: ADI, ADC e ADO.* São Paulo: Saraiva, 2012.

MENDES, Gilmar Ferreira; COELHO, Inocêncio Mártires; e BRANCO, Paulo Gustavo Gonet. *Curso de direito constitucional.* São Paulo: Saraiva, 2007.

MENEZES DE ALMEIDA, Fernando Dias. *A formação da teoria do direito administrativo no Brasil.* São Paulo: Quartier Latin, 2015.

_____. "Súmula vinculante: estudo com base no pensamento de Victor Nunes Leal", *in A contemporaneidade do pensamento de Victor Nunes Leal* (coord. Instituto Victor Nunes Leal). São Paulo: Saraiva, 2013.

_____. "A segurança jurídica e a proteção à confiança em matéria de Direito constitucional e administrativo e seu acolhimento pela jurisprudência constitucional no Brasil", *in Direitos Humanos Fundamentais: Doutrina, Prática, Jurisprudência* (coord. Anna Cândida da Cunha Ferraz). Osasco: Edifieo, 2009.

NUNES LEAL, Victor. *Problemas de direito público e outros problemas* (2 volumes). Brasília: Ministério da Justiça, 1997 (primeiro volume é reimpressão de *Problemas de direito público*, 1960).

RAMOS, Elival da Silva. *Ativismo judicial: parâmetros dogmáticos.* São Paulo: Saraiva, 2010.

_____. *Controle de constitucionalidade no Brasil: perspectivas de evolução.* São Paulo: Saraiva, 2010.

WAHL, Rainer. "*Aux origines du droit public allemand contemporain*", *in Revue du Droit Public et de la Science Politique en France et à l'Étranger*, n. 3, mai/jun. Paris: LGDJ, 2007.

6. Legística e o Controle Jurisdicional de Atos Normativos do Chefe do Poder Executivo: Reflexões a partir da Ação Direta de Inconstitucionalidade (ADI) 6.121

GILMAR FERREIRA MENDES

1. Introdução

A moderna doutrina constitucional ressalta que a utilização de fórmulas obscuras ou criptográficas, motivadas por razões políticas ou de outra ordem, contraria princípios básicos do próprio Estado de Direito, como os princípios da segurança jurídica, clareza e de precisão da norma jurídica[1].

O Estado de Direito busca submeter todas as relações ao regime da lei. É da essência do sistema democrático, por outro lado, que as decisões fundamentais para a vida da sociedade sejam tomadas pelo Poder Legislativo, instituição fundamental do regime democrático representativo.

Assim, vê-se o legislador confrontado com ampla e variada demanda por novas normas. A competência legislativa implica responsabilidade e impõe ao legislador a obrigação de empreender as providências essenciais reclamadas. Compete a ele não só a concretização genérica da vontade constitucional, mas, igualmente, colmatar as lacunas ou corrigir os defeitos identificados na legislação em vigor. O poder de legislar converte-se, pois, em um dever de legislar.

---

[1] Cf. sobre o assunto, dentre outros, DEGENHART, Christoph. **Staatsrecht**. 3. ed. Heidelberg, 1987. p. 102.

A instituição de mecanismos especiais destinados ao controle judicial da omissão legislativa, tais como o mandado de injunção (CF, art. 5º, LXXI) e a ação direta de controle da omissão (CF, art. 103, § 2º), revela que o próprio sistema constitucional passou a reconhecer a existência de pretensão à edição de um ato normativo.

Assinale-se, por outro lado, que as exigências da vida moderna não só impõem ao legislador um *dever de agir*, mas também lhe cobram uma resposta rápida e eficaz aos problemas que se colocam (*dever de agir com a possível presteza* e *eficácia*). É exatamente a formulação apressada (e, não raras vezes, irrefletida) de atos normativos que acaba ocasionando as suas maiores deficiências: a incompletude, a incompatibilidade com a sistemática vigente, incongruência, inconstitucionalidade etc.

Nunca é demasiado enfatizar a delicadeza da tarefa confiada ao legislador. A generalidade, a abstração e o efeito vinculante que caracterizam a lei revelam não só a grandeza, mas também a problemática que marcam a atividade legislativa. A despeito dos cuidados tomados na feitura da lei (os estudos minudentes, os prognósticos realizados com base em levantamentos cuidadosos etc.), não há como deixar de caracterizar o seu afazer como uma *experiência*. Trata-se, porém, da mais difícil das experiências, a *"experiência com o destino humano"*[2].

O afazer legislativo exige peculiar cautela de todos aqueles que se ocupam do difícil processo de elaboração normativa. Eles estão obrigados a colher variada gama de informações sobre a matéria que deve ser regulada, pesquisa esta que não pode ficar limitada a aspectos estritamente jurídicos. É certo que se faz mister realizar minuciosa investigação no âmbito legislativo, doutrinário e jurisprudencial. Imprescindível revela-se, igualmente, a análise da repercussão econômica, social e política do ato legislativo.

Somente a realização dessa complexa pesquisa, que demanda a utilização de conhecimentos interdisciplinares, poderá fornecer elementos seguros para a escolha dos meios adequados para atingir os fins almejados.

Nesse sentido, a ciência da legislação opera como um importante domínio do conhecimento, auxiliar da ciência jurídica, que proporciona meios para uma correta elaboração de atos normativos.

---

[2] JAHRREISS, Hermann. **Groesse und Not der Gesetzgebung**. Bremen: Schünemann, 1953. p. 5.

Para os efeitos deste trabalho, passaremos a analisar o julgamento da medida cautelar na ADI 6.121. Esta ação tinha como objeto decreto presidencial que extinguia conselhos da administração pública e, assim, discutia-se a possibilidade de um ato normativo ser considerado inconstitucional por não atender às melhores técnicas legislativas. Nos próximos tópicos, serão abordados os aspectos mais relevantes desse julgado, que traz importantes reflexões no âmbito da legística.

2. A controvérsia da ADI 6.121

O Partido dos Trabalhadores – PT ajuizou Ação Direta de Inconstitucionalidade, com pedido de medida liminar, para questionar dispositivos do Decreto 9.759/2019, assinado pelo presidente da República, Jair Bolsonaro, que previa a extinção de colegiados da administração pública federal direta, autárquica e fundacional a partir de 28 de junho de 2019. Alegava-se, nesse sentido, manifesta ofensa à competência legal (arts. 5º, inciso II; 48, inciso XI; 84, inciso VI, alínea "a"; e 88 da CF/88), bem como aos princípios da segurança jurídica (art. 5º, inciso XXXVI, da CF/88) e da participação popular (art. 1º, *caput*, parágrafo único, da CF/88).

O requerente alegava a inconstitucionalidade formal do art. 1º, parágrafo único, inciso I, c/c art. 5º da referida norma, eis que se pretendia, mediante decreto presidencial, extinguir colegiados que contam com expressa previsão legal para funcionarem, em usurpação de iniciativa reservada, ao utilizar-se da expressão "*incluídos aqueles mencionados em leis nas quais não conste a indicação de suas competências ou dos membros que o compõem*". Ademais, defendia-se que, ainda que não se entendesse pela violação direta dos artigos supramencionados, os colegiados da administração pública não poderiam ser extintos por meio de decreto presidencial. Sugeria-se, de igual modo, a ocorrência de inconstitucionalidade material ante suposta violação aos princípios da segurança jurídica e da participação popular.

Nos termos do art. 48, inciso XI, da CF/88, cabe ao Congresso Nacional a criação e extinção de Ministérios e órgãos da administração pública. O art. 84, inciso VI, alínea "a", da CF/88, por sua vez, aduz que o presidente pode, mediante decreto, dispor sobre a organização e o funcionamento da administração federal, desde que não implique aumento de despesa nem criação ou extinção de órgãos públicos. Já o art. 88 observa que é matéria exclusiva de lei a criação e extinção de órgãos da administração pública.

Assim, não havendo previsão de competência presidencial para a criação ou extinção de órgãos, por decreto, seriam tais dispositivos atacados inconstitucionais.

No que tange à inconstitucionalidade material, suscitava-se que o art. 5º do referido decreto presidencial não fazia menção aos colegiados os quais se pretendia alcançar por meio desse ato normativo, o que representaria violação à segurança jurídica. Demais disso, destacou-se que a extinção dos colegiados da administração pública federal, órgãos que exercem importante papel de instâncias representativas populares dentro da democracia participativa sobre a qual se instaura o Estado Democrático de Direito, configuraria violação aos princípios republicano, democrático, e da participação popular e também se alegava a manifesta inconstitucionalidade do dispositivo por esse motivo.

3. O princípio da separação dos poderes e a excepcionalidade do uso do decreto autônomo

A pretensão da parte requerente, de invalidação da norma impugnada, sustenta-se no argumento de que o Decreto 9.759/2019 teria usurpado competências atribuídas ao Congresso Nacional, uma vez que a criação e a extinção de órgãos da Administração Pública seriam matéria reservada à lei em sentido formal.

O parâmetro de controle invocado é composto por disposições do texto constitucional que firmam a imprescindibilidade de lei em sentido estrito para dispor sobre a organização do Estado. Nesse sentido, argumenta-se que o Decreto 9.759/25019 teria infringido diretamente os arts. 48, inciso XI; 84, inciso VI; e 88, todos da Constituição Federal.

Essa controvérsia, portanto, relaciona-se aos limites da função regulamentar do Chefe do Poder Executivo e ao alcance conformativo do princípio da separação de poderes.

Com a edição da Emenda Constitucional 32, de 2001, passou-se a conferir ao Presidente da República, enquanto Chefe do Poder Executivo, a prerrogativa de dispor, mediante decreto, sobre organização e funcionamento da Administração Pública, exceto quando isso implicar aumento de despesa, bem como criação ou extinção de órgãos públicos, uma vez que estes, por força do art. 88 da Constituição Federal, somente podem ser criados ou extintos por lei.

Dessa forma, o exercício do poder regulamentar, neste caso, é também um poder político com competência própria, que se reveste de uma autoridade igual a dos atos dos demais órgãos do Estado. Todavia, o Executivo não pode invadir a órbita de atribuição dos demais poderes do Estado. Caso o Legislativo estabeleça a norma que julga adequada à regência de determinado assunto, não havendo, no sistema da constituição rígida, infração de seu texto, fica interditado o exercício, em contrário, do poder regulamentar.

A compatibilização da figura do decreto autônomo com o princípio da separação de poderes foi buscada por meio das limitações – com o máximo grau de restrição – ao uso dessa tipologia normativa. A figura do decreto autônomo resta absolutamente circunscrita às hipóteses de organização e funcionamento da Administração Pública Federal, ressalvada ainda qualquer criação e extinção de órgão público. Para casos em que a atuação regulamentar do Poder Executivo demandar elevada carga de generalidade e abstração, deve o Presidente da República recorrer ao uso da medida provisória, que, constitucionalmente, dispõe de força de lei.

Nesse sentido, destaquei, em meu voto, que não se pode admitir, na ordem constitucional, a utilização da figura do decreto autônomo como modalidade precípua do exercício atípico da função legislativa pelo Chefe do Poder Executivo. Isso porque tal situação configuraria clara manipulação e obliteração do exame que é feito pelo Congresso Nacional nas hipóteses excepcionais de expedição de atos normativos pelo Poder Executivo, seja na forma do juízo de conversão de medidas provisórias, seja no exercício de sustação de atos do Poder Executivo que exorbitem o poder regulamentar (art. 49, inciso V, da CF/88).

4. Da necessidade de observância das melhores técnicas de legística

Na condição de Chefe do Poder Executivo, o Presidente da República inegavelmente goza de discricionariedade para definir a estruturação interna da Administração Pública. Tal discricionariedade envolve reorganizar continuamente as funções estatais ao longo do aparelho burocrático a ser gerido. Nesse aspecto, é sensível a alegação da União de que a extinção dos conselhos se insere em um processo de racionalização do fundamento da Administração pelo Governo.

Por outro lado, tal discricionariedade não se traduz em uma liberdade absoluta e irrestrita que permita que o Chefe do Poder Executivo se valha da figura do decreto autônomo sem ter que observar as responsabilidades típicas da função legiferante.

Destaque-se que o incômodo jurídico que advém da norma impugnada naquela ação dizia respeito menos ao seu efeito jurídico concreto, mas, em verdade, ao *modus* de aniquilamento dos colegiados que, no caso, tomou a forma de extinção ampla e quase irrestrita de colegiados, sem que fosse possível extrair da decisão do Governo uma motivação racional baseada em evidências e na compreensão responsável do alcance da medida.

E é nesse ponto que se exterioriza, antes de tudo, uma clara deficiência de legística na elaboração da norma impugnada. O conhecimento das sistemáticas de produção de atos normativos, a propósito, é matéria da mais alta relevância e que, infelizmente, ainda carece de um aprofundamento na doutrina brasileira. No Direito Comparado, merecem destaque os trabalhos do professor Carlos Blanco de Morais, que se dedicou intensamente a essa matéria, com a publicação da clássica obra *"Manual de Legística – critérios científicos e técnicos para legislar melhor"*.

Aqui, há que se ressaltar a extrema responsabilidade que é atribuída ao Chefe do Poder executivo quando se admite a este agente o exercício da função normativa, ainda que de forma atípica. A esse respeito, considero oportuno ressaltar a advertência feita pelo ilustre Victor Nunes Leal acerca da gravidade da atividade legiferante, no que se aplica ao exercício do poder regulamentar:

> Tal é o poder da lei que a sua elaboração reclama precauções severíssimas. Quem faz a lei é como se estivesse acondicionando materiais explosivos. As consequências da imprevisão e da imperícia não serão tão espetaculares, e quase sempre só de modo indireto atingirão o manipulador, mas podem causar danos irreparáveis.[3]

Tão delicada é a tarefa normatizadora que o ilustre professor alemão Hermann Jahrreiss faz a advertência de que criar normas configura uma da mais difícil das experiências, qual seja a *"experiência com o destino humano"*[4].

---

[3] LEAL, Victor Nunes. Técnica Legislativa. In: **Estudos de direito público**. Rio de Janeiro: Forense, 1960. pp. 7-8.

[4] JAHRREISS, Hermann. **Groesse und Not der Gesetzgebung**. Bremen: Schünemann, 1953. p. 5 – tradução livre.

Quando de minha atuação perante a subchefia de Assuntos Jurídicos da Presidência da República, busquei contribuir para o aprimoramento das técnicas de produção de atos normativos no âmbito do Poder Executivo, respaldando as melhores práticas de legística no Manual de Redação da Presidência da República. Os resultados desse trabalho foram possíveis graças a um árduo esforço da comissão encarregada de elaborar a primeira versão do documento, então composta por mim e pelos demais representantes Nestor José Forster Júnior, Carlos Eduardo Cruz de Souza Lemos, Heitor Duprat de Brito Pereira, Tarcísio Carlos de Almeida Cunha, João Bosco Martinato, Rui Ribeiro de Araújo, Luis Fernando Panelli César, Roberto Furian Ardenghy, além da revisão atenta do Professor Celso Pedro Luft.

Hoje, em sua terceira edição, o Manual de Redação da Presidência da República fixa como requisito básico da atividade de elaboração normativa o imperativo de o Chefe do Poder Executivo atender a um esforço de clareza, precisão e determinação das normas. Consta do referido Manual uma recomendação que considero da mais absoluta aderência à situação que presenciamos na norma impugnada na referida ADI; veja-se:

> Os riscos envolvidos na elaboração normativa exigem cautela daqueles que se ocupam desse processo. Eles estão obrigados a colher informações variadas sobre a matéria que deve ser regulada e a realizar uma pesquisa que não pode ficar limitada a aspectos estritamente jurídicos. É necessário realizar minuciosa investigação nos âmbitos legislativo, doutrinário e jurisprudencial. A análise da repercussão econômica, social e política do ato legislativo é igualmente imprescindível. Somente a realização dessa pesquisa, que demanda a utilização de conhecimentos interdisciplinares, poderá fornecer elementos seguros para a escolha dos meios adequados para atingir os fins almejados.
>
> [...]
>
> O princípio da segurança jurídica, elemento fundamental do Estado de Direito, exige que as normas sejam precisas e claras para que o destinatário das disposições possa identificar a nova situação jurídica e as consequências que dela decorrem. As formulações obscuras, imprecisas, confusas ou contraditórias devem ser evitadas.[5]

---

[5] BRASIL. **Manual de Redação da Presidência da República**. 2018. pp. 104-111.

Esta parece ser exatamente a situação subjacente à edição do decreto impugnado na ADI 6.121. Da própria Exposição de Motivos do Decreto 9.759, de 11 de abril de 2019, era possível vislumbrar que ele foi editado a partir de um diagnóstico generalizante, sem um exame minimamente atento da adequação dos meios e fins a serem utilizados para se atingir a proclamada racionalização da Administração Pública.

Essa debilidade legística do Decreto certamente merecerá ser colmatada por uma atuação futura do Poder Executivo. Ainda que seja bastante difícil a enumeração de todos os colegiados que integram a Administração Pública Direta e Indireta, o Poder Executivo certamente terá que, em um momento posterior, esclarecer o alcance do Decreto 9.759, de 11 de abril de 2019. Nesse diapasão, salientei que seria fundamental para a segurança jurídica que fossem especificados os colegiados que, de fato, seriam extintos pela medida.

Na nossa ordem constitucional, considerando o princípio da Separação de Poderes, jamais poderá ser admitido o uso do decreto autônomo para se manipular a atipicidade da função legiferante atribuída ao Poder Executivo. Em outras palavras, é preciso ficar claro que não se pode buscar governar por decreto.

Ademais, cabe advertir que o Poder Executivo deve estar atento aos riscos envolvidos na elaboração normativa. Nesse sentido, em respeito às melhores técnicas redacionais consagradas em nosso ordenamento, devem ser evitadas formulações obscuras, imprecisas, confusas ou contraditórias. É extremamente importante que a edição do ato normativo preze pela segurança jurídica e seja acompanhada, na medida do possível, da análise cuidadosa das repercussões das medidas propostas.

Portanto, ressalvando minha preocupação com as debilidades da norma impugnada, votei no sentido de deferir parcialmente a medida acauteladora, a fim de suspender a eficácia do § 2º do artigo 1º do Decreto 9.759/2019, na redação dada pelo Decreto 9.812/2019, e afastar, até o exame definitivo da ação direta de inconstitucionalidade, a possibilidade de extinção, por ato unilateralmente editado pelo Chefe do Executivo, de colegiado cuja existência encontre menção em lei em sentido formal, ainda que ausente expressa referência *sobre a competência ou a composição*.

5. As questões fundamentais do estudo da legística

O estudo da legística abarca, além das leis, todos os atos normativos produzidos. Trata-se não apenas de uma técnica, mas, efetivamente, de uma ciência que comporta um *"enfoque cognitivo que envolve uma explicação global do fenómeno legislativo, o qual se centra na relação entre a norma (como acto jurídico e critério de decisão do poder político) e a projecção efectiva dos respectivos efeitos na vida colectiva"*[6].

A legística analisa todo o fenômeno normativo (concepção, elaboração e aplicação das normas) e avalia os efeitos decorrentes dele. Nesse sentido, essa ciência comporta uma miríade de disciplinas a ela subjacentes; tais como: a Ciência Política, a Filosofia do Direito, Economia etc. Isso ocorre porque, para uma devida compreensão do fenômeno legislativo, deve-se aplicar diferentes metodologias.

Como *ciência da legislação*, a legística tem, como objeto de estudo:

i)   As concepções que buscam uma *explicação teórica* do fenômeno legislativo, propondo-se descrevê-lo no plano jurídico e confrontá--lo com a sua *'praxis'*;

ii) As *concepções pragmáticas*, que presentemente assumem carácter dominante, e que, partindo da identificação exaustiva dos defeitos jurídicos estruturais e comportamentais da legislação, procuram gizar uma solução terapêutica para as mesmas, através da elaboração de um modelo correctivo metódico, centrado no chamado 'processo legislativo interno' de concepção e controlo das normas.[7]

Em suma, o campo cognitivo dessa ciência intenta acompanhar *"a gênese das normas, a sua aplicação e os seus efeitos"*[8].

Isso significa dizer que o estudo vai muito além do processo legislativo. O processo legislativo é axiologicamente neutro e se atém à lei enquanto forma, que, no caso brasileiro, segue o rito previsto na própria Constituição Federal. Dessa forma, a sua legitimidade advém do procedimento que

---

[6] MORAIS, Carlos Blanco de. **Manual de legística: critérios científicos e técnicos para legislar melhor**. Lisboa: Verbo, 2007. p. 59.

[7] *Ibidem.*, pp. 62-63.

[8] *Idem.*

foi dado à sua formação. Por outro lado, a legística traz elementos que extrapolam esse processo, como a previsão de análises anteriores ou posteriores aos diplomas legais, e agrega elementos valorativos a esse procedimento[9]. Nesse particular, cumpre destacar que o Judiciário também exerce o importante papel de revisor de fatos e prognoses legislativos, que são realizados na formação das leis.

Questão de importância capital para o exercício das atividades jurisdicionais das Cortes Constitucionais diz respeito à possibilidade de exame de fatos legislativos ou prognoses legislativas aceitos ou adotados pelo legislador ao promulgar uma dada norma. Em muitos casos, as dificuldades acentuam-se em razão de não ser admissível, em variados processos especiais, a produção adicional de provas ou a realização de perícias. De qualquer sorte, ainda que se aceite uma instrução processual ampla, coloca-se sempre a indagação sobre os limites dos poderes de que se encontra investido o Tribunal para rever os fatos e prognoses legislativos adotados e, assim, chegar à conclusão de que a norma não se mostra compatível com a Constituição.

Essa questão encontra íntima relação com o julgamento da medida cautelar na ADI 6121, eis que o decreto presidencial impugnado demonstrou a flagrante ausência de aplicação das melhores técnicas de legística na sua criação, o que demandou do STF uma interpretação acerca do prognóstico realizado para a sua elaboração.

Nesse sentido, diversa não poderia ser a conclusão acerca da debilidade legística do Decreto 9.759, de 11 de abril de 2019. Ressalte-se que, em outras ocasiões, já defendi que o Supremo não deveria intervir na técnica legislativa aplicada, como no caso do recente julgamento da ADI 5592, que discute a constitucionalidade do artigo 1º, § 3º, inciso IV, da Lei 13.301/2016, a qual dispõe sobre a adoção de medidas de vigilância em saúde quando verificada situação de iminente perigo à saúde pública pela presença do mosquito transmissor dos vírus da dengue, *chikungunya* e *zika*. Esse dispositivo autoriza a dispersão aérea de inseticidas para combate ao mosquito, prática que, segundo alegava a PGR, poderia causar severos riscos à saúde da população, bem como efeitos nocivos ao meio ambiente.

---

[9] GUIMARÃES, André Sathler; BRAGA, Ricardo de João. Legística: inventário semântico e teste de estresse do conceito. **Revista de Informação Legislativa**, Brasília, a. 48, n. 191, p. 81-97, jul./set., 2011. p. 94.

Em meu voto, destaquei que o caso implicava a necessidade de se invocar a revisão de fatos e prognoses que o legislador já havia estabelecido na própria lei, ao assentar o que seria razoável de ser aplicado para a contenção das doenças causadas pelos vírus. Nesse sentido, qualquer análise acerca da repercussão e eficácia da medida seria uma revisitação da legística já feita pelo Congresso Nacional. A rigor, o que o Plenário do STF estaria fazendo, caso declarado inconstitucional o referido dispositivo, seria revisar os fatos e prognoses que o legislador já revisou, o que significaria concluir que esse prognóstico estaria errado.

Portanto, salientei que, se a lei dispõe ser possível a implementação da medida – essa mediante a aprovação das autoridades sanitárias e da comprovação científica da eficácia da medida –, não haveria motivos para que o STF definisse, *a priori*, que tal previsão seria inconstitucional porque, presumidamente, fere o meio ambiente ou porque não será observada a necessidade de autorização administrativa. Dessa forma, votei pelo não provimento da ação.

Assim, é sempre necessário que haja uma complexa pesquisa, a partir da utilização de conhecimentos interdisciplinares, para que se possa fornecer elementos seguros para a escolha dos meios adequados para atingir os fins almejados. É essa a finalidade do afazer legislativo. A elaboração de qualquer ato normativo exige minuciosa investigação no âmbito legislativo, doutrinário e jurisprudencial e, de igual maneira, a análise da repercussão econômica, social e política. Nesse sentido, o professor Carlos Blanco nos fornece suas valorosas contribuições nessa seara, as quais, a exemplo da ADI 6121, têm relevante aplicação prática.

O Brasil é ainda incipiente nessa ciência e necessita de um aprofundamento no estudo para que, muito além de um mero processo legislativo, haja uma ciência empírica por trás da criação de suas leis, buscando-se sempre aplicar aspectos valorativos a esse procedimento.

Referências

BRASIL. **Manual de Redação da Presidência da República**. 2018.

DEGENHART, Christoph. **Staatsrecht**. 3. ed. Heidelberg, 1987.

GUIMARÃES, André Sathler; BRAGA, Ricardo de João. Legística: inventário semântico e teste de estresse do conceito. **Revista de Informação Legislativa**, Brasília, a. 48, n. 191, p. 81-97, jul./set., 2011.

JAHRREISS, Hermann. **Groesse und Not der Gesetzgebung**. Bremen: Schünemann, 1953.

LEAL, Victor Nunes. Técnica Legislativa. In: **Estudos de direito público**. Rio de Janeiro: Forense, 1960.

MORAIS, Carlos Blanco de. **Manual de legística: critérios científicos e técnicos para legislar melhor**. Lisboa: Verbo, 2007.

7. Indicadores de Desempenho do Poder Legislativo – o que é possível fazer e por que realizar?

Humberto Dantas

Luciana Yeung

1. Introdução

A pergunta feita no título desse capítulo nos desafia a pensar se existem motivos para uma avaliação do Poder Legislativo. Que tipo de debate realizamos e a partir de que premissas partimos para justificar uma ação dessa natureza? Não nos faltam argumentos teóricos com base na separação dos poderes e no avanço do desenho dos estados modernos e democráticos que nos façam compreender a relevância dos parlamentos. Não é nosso intuito nos enveredar por essa discussão, mas alguns aspectos do debate acerca do desgaste desse poder aos olhos da opinião pública são essenciais para que cheguemos aos nossos objetivos nesse texto.

A organização chilena Latino Barômetro realiza anualmente, desde meados da década de 90, pesquisas que buscam compreender a afeição das sociedades dos países latino americanos a parâmetros basilares da democracia e do funcionamento do Estado. Dentre diversas questões, os apontamentos mais recentes, de 2018, indicam que de maneira geral, no continente, os cidadãos compreendem que "os parlamentos que produzem defesas corporativas de seus membros debilitam a instituição e contribuem com uma confusão entre seus membros e o papel de tal poder na democracia". Dessa percepção mais geral decorrem alguns pontos fundamentais, tal como a falta de confiança nos parlamentos nacionais por parte da população. A média de confiança do continente no Legislativo se situava em 21 pontos percentuais em 2018, tendo desde 1996 atingido tetos de 36% em 1997 e 34% no biênio 2009 e 2010, e piso de 17% em 2003. Desde o resultado obtido em 2010 os dados só registram quedas, conforme mostra a Figura 1.

Figura 1 – **Confiança dos Latinos no Parlamento Nacional**

Fonte: Latino Barômetro 2018

O Brasil, em 2018 com 12%, ocupava a antepenúltima colocação na lista de países, à frente apenas de El Salvador e do Peru, e sensivelmente abaixo da média regional. Quando confrontados a questões ligadas à corrupção, o descrédito no Legislativo, que em seu melhor desempenho de credibilidade continental atinge 33% no Uruguai, mostra que tal ponto pode ser um dos principais motivos da insatisfação da opinião pública. Diante de pergunta que buscava entender, no interior das instituições testadas, quem estava corrompido, a alternativa "todos" atingiu os níveis mais altos entre "o presidente e seus funcionários" (50%) e "os parlamentares" (51%). No Brasil, o Congresso Nacional (59%) registrou o quarto pior desempenho, atrás apenas de Paraguai (68%), Venezuela (64%) e Peru (62%).

Para ilustrar de forma mais intensa essa percepção nacional, é importante salientar que especificamente no Brasil o Índice de Confiança Social (ICS), aferido anualmente pelo Ibope desde 2009, mostra o parlamento com 18% de positividade junto aos cidadãos por dois anos consecutivos – 2017 e 2018. Tratam-se dos piores desempenhos da série, cujos picos positivos foram registrados em 2010 (38%) e 2012 (36%), salientando aqui que o Congresso Nacional sempre esteve entre os três piores organismos testados numa lista de 18 a 20 instituições listadas.

Não é improvável que tal cenário se repita em tantas outras democracias pelo mundo, o que representa dizer que o desafio da representação política tem sido tema central de diversos estudos na Ciência Política, no Direito, na Administração Pública, na Economia, na Filosofia e em tantas outras áreas de conhecimento.

Na Europa, por exemplo, dados do Portal de Opinião Pública, da Fundação Manuel dos Santos e do Instituto de Ciências Sociais da Universidade de Lisboa, tomando por base pesquisas realizadas no continente, mostram que os indicadores de confiança no Parlamento nacional variam bastante. Enquanto em tempos mais recentes – 2017 e 2018 – um grupo se localiza na casa dos 40 pontos percentuais – Alemanha, Bélgica, Áustria e Portugal –, outro se posiciona perto ou abaixo dos 20 pontos – Espanha, Itália, Bulgária e Grécia. Salienta-se, nesse caso, que mesmo os resultados mais positivos, com exceção dos germânicos, não ultrapassam de forma consistente e perene os 50%.

Assim, o fato é que a despeito de tais resultados ainda parece possível afirmar que, em tese, o parlamento é, ou ao menos deveria ser, a organização que diante de diferentes desenhos institucionais nacionais melhor representa – ou deveria representar – aspectos gerais e desafiadores da Democracia. Reside aqui, dessa forma, o desafio deste capítulo, que não busca apenas identificar e apontar para o problema do déficit de legitimidade dos parlamentos aos olhos da sociedade, mas principalmente mostrar a partir de que tipo de iniciativa podemos aprimorar a ideia de qualificação da democracia representativa escapando de parte dessa crise e buscando fortalecer o Poder Legislativo. Para tanto, tocaremos em três pontos elementares: a transparência, o *accountability* e a educação política (participação consciente). Para além de definições sobre a importância desses aspectos, exemplos de ganhos efetivos serão apresentados. Por fim, trataremos de algo bastante específico e colocado no título desse trabalho: o quanto a sociedade pode e deve acompanhar e avaliar parlamentos? O que precisa para realizar trabalho dessa natureza? Quais os principais desafios e o que tem sido feito especificamente no Brasil nesse sentido? Aqui não se trata de lançar hipóteses, mas de percorrer um caminho que nos leve à percepção do quanto podemos ganhar quando aproximamos a sociedade, ou parcelas dela, do Poder Legislativo com base nos princípios aqui apresentados. A divisão dessa reflexão tratará de expor os três aspectos conceituais de forma separada – transparência, *accountability* e educação política –, os debates sobre avaliação dos parlamentos e as conclusões.

2. O conceito de Transparência

O conceito de transparência é inerente aos sistemas políticos democráticos. Se o conceito de democracia representativa é compreendido a partir de um governo em que alguns eleitos representam e agem em nome de toda população, é preciso saber o que, e como de fato esses alguns agem em nome de seus representados. Dentro do contexto da literatura institucional, transparência estaria relacionado ao que Acemoglu e Robinson (2012) referem-se como instituições *inclusivas*: aquelas regras que permitem que todos – ou a maioria dos cidadãos – efetivamente participem do "jogo" que define os resultados a serem repartidos por todos. Do contrário, existiriam as instituições *extrativas*, aquelas que extraem a renda, o resultado produzido pela maioria para beneficiar um pequeno grupo, uma elite econômica e/ou política (normalmente podendo uma estar associada à outra).

A definição formal de transparência envolve exatamente a ideia de uma janela pela qual é possível tudo ver, ou uma visão não-obstruída dos fatos, por exemplo: "levantando o véu do sigilo" (Davis, 1998, p.121)[1], "a habilidade de olhar claramente através das janelas de uma instituição" (Den Boer, 1998, p.105), contrastando com uma visão em que é difícil saber quem toma as decisões, quais decisões são tomadas e quem são os consequentes ganhadores ou perdedores (Black, 1997). Então,

---

[1] No original: "lifting the veil of secrecy", apud MEIJER (2013).

transparência envolve a tomada de decisões sujeitas ao escrutínio público, por qualquer cidadão. Outros autores, de maneira mais sucinta e objetiva definem transparência como "acesso à informação" (e.g., Lindstedt & Naurin, 2010; Kolstad & Wiig, 2009; Kosac & Fung, 2014; entre outros).

Por esses motivos, em democracias modernas, transparência adquiriu um valor normativo (positivo). Ela é algo desejado, uma meta a ser mirada e alcançada por meio de métodos planejados e mensurações objetivas. Poder-se-ia perguntar se isso é apenas uma definição idiossincrática dos tempos modernos, um juízo de valor do século XXI, ou mesmo um modismo politicamente correto.

Os trabalhos empíricos podem ajudar a responder a esta questão. Na verdade, existe uma literatura ampla e interdisciplinar, e cada vez mais moderna, mostrando os efeitos concretos do aumento da transparência na tomada de decisão pública[2]. Por exemplo, é conhecido que o aumento da transparência possa reduzir os níveis de corrupção, ou ao menos, a probabilidade de detectá-la (Bac, 2001; Lindstedt & Naurin, 2010; Kolstad & Wiig, 2009). Pode melhorar o nível de governança (Islam, 2006), o que no setor público pode significar melhoria na qualidade de serviços públicos essenciais, como saúde e educação (Kosack & Fung, 2014), e pode aumentar também a legitimidade de processos de tomada de decisão pública (De Fine et al, 2014). Finalmente, há trabalhos que mostram que o aumento da transparência leva a taxas de juros menores no mercado de títulos soberanos, ou seja, de que governos mais transparentes geram mais confiança no mercado financeiro, a ponto de os credores estarem dispostos a conceder dívidas a juros mais baixos (Glennerster & Shin, 2008).

Mais importante ainda são os desenvolvimentos mais recentes nesta literatura empírica que melhor qualifica as circunstâncias nas quais as medidas para aumento de transparência efetivamente geram resultados positivos concretos.

Por exemplo, Lindestedt & Naurin (2010) mostram que simplesmente aumentar o nível de informação sobre a atividade pública dos governantes não reduz automaticamente a corrupção, se tal disponibilidade de informações não vier acompanhada de outros fatores como imprensa livre, nível de escolaridade da população e eleições livres, termos muito

---

[2] Lembrando que há toda outra literatura – igualmente vasta e importante – sobre transparência nas organizações do setor privado.

associados às teorias da democracia. Ou seja, é preciso que medidas de aumento de transparência venham acompanhadas de ações de publicidade e *accountability* (ver seção seguinte). Dado que muitas vezes os canais de imprensa são um dos mais importantes na garantia da transparência, é importante que não haja o típico problema de agência nas relações entre estado / governo e imprensa, ou seja, que esta seja controlada por aquele de alguma forma. Os autores concluem então que "uma importante implicação [dos achados] é que reformas focando no aumento da transparência deveriam ser acompanhados por medidas que fortaleçam a capacidade dos cidadãos de agirem sobre a informação disponível, se quisermos ver efeitos positivos sobre a corrupção" (p. 301, tradução livre). Kolstad & Wiig (2009) vão exatamente na mesma linha e afirmam que o impacto da transparência depende do nível de escolaridade do eleitorado e da capacidade de responsabilizar os governantes que eventualmente foram identificados como corruptos.

Curiosamente, Park & Blenkinsopp (2011), usando dados de governo a nível municipal, mostram que a transparência atua como moderadora na redução da corrupção – ou seja, a atuação é feita por via indireta. Isso por si só implica que, nem sempre mais transparência em nível absoluto (profusão no nível de informações, por exemplo) implica proporcionalmente menos corrupção, ou mais benefícios. Na verdade, segundo os autores, em algumas discussões presentes na literatura podem ser observados que níveis excessivos de informação traifam obstáculos à democracia representativa em nível eficiente.

Além dos resultados empíricos da transparência, vale a pena entender de maneira mais aprofundada suas definições conceituais. Meijer (2013) oferece sua própria percepção:

> Transparência pode ser definida como a disponibilidade de informações sobre um ator que permita a outros atores monitorarem os trabalhos e o desempenho daquele primeiro. (p. 430, tradução livre)

Mas para isso é preciso explicar três importantes aspectos relacionados. Primeiro, a transparência funciona como uma relação institucional, em que o sujeito (cidadão), de posse das informações colocadas de maneira transparente, monitora o objeto (o agente – nesse caso público – observado). Essa relação pode ser avaliada em termos das regras, das interações e/ou do poder prevalecente. Segundo, a transparência funciona como uma (mera) troca de informações, uma descrição das decisões e ações dos agentes públicos sobre quem se quer saber. Aqui, a avaliação foca na acurácia e na completude das informações disponibilizadas. No entanto, de maneira mais crítica, também seria possível avaliar esse conjunto de informações disponibilizadas como uma construção sócio-política da realidade, dados os objetivos daqueles que as criaram. Finalmente, a transparência também funciona como uma avaliação do desempenho da atividade pública; aqui pode-se ainda subdividir a transparência com relação ao desempenho em termos de resultados, bem como com relação à maneira como esses resultados são alcançados. Ou seja, uma avaliação de "o quê" e de "como".

Segundo Meijer, mudanças na transparência podem ser analisadas em termos destes 3 elementos:

> Primeiro, a relação institucional entre organizações governamentais e o público pode ser reconstruída em termos daquilo que se considera ser o comportamento apropriado e quais atores externos deveriam ter acesso às informações governamentais. Segundo, a troca de informações pode ser redefinida em termos de velocidade, acessibilidade, facilidade de uso etc. Terceiro, a transparência pode ser mudada em termos dos domínios da atividade governamental que são consideradas transparentes (p.430, tradução livre).

Assim, para se entender a dinâmica na evolução do nível de transparência governamental é preciso não se ater a análises instantâneas, de curto prazo – dado que este é um processo político e social, construído de maneira contínua e que envolve, muitas vezes, elementos legislativos, como a criação de novas leis.

Outra interessante discussão, para efeitos práticos, sobre o nível de transparência de órgãos e decisões públicas é apresentada por Michener e Bersch (2013). Para estes autores, o conceito depende de duas condições necessárias e conjuntamente suficientes: a *visibilidade* da informação, e sua possibilidade de se *deduzir conclusões*. Para estes dois autores, essas características representam o sentido literal e figurado da palavra "transparência". Isso quer dizer que não basta uma informação ser visível, ou seja, estar publicamente disponível. É essencial que dela seja possível extrair conclusões. Os autores alertam para o fato de que, em um tempo em que a tecnologia da informação está tão avançada, existe uma "inflação" de dados que na verdade não condizem com transparência, o que caracterizaria uma falsa transparência. Portanto, dentro deste contexto, é importante avaliar a *qualidade* das informações disponíveis, e o quanto elas efetivamente podem auxiliar a população e a sociedade como um todo a entender as ações e decisões dos agentes públicos. Na visão dos autores, essa qualidade estaria relacionada a três atributos das informações: desagregação, simplificação e verificabilidade. O primeiro estaria relacionado com a originalidade da informação: quanto mais desagregada, menos manipulada é a informação, e mais próxima à fonte ela será. A simplificação relaciona-se naturalmente à facilidade com que as pessoas possam compreendê-la. Finalmente, a verificabilidade refere-se à possibilidade de as organizações terceiras serem imparciais e capazes de aferir a credibilidade da informação. Apesar de cada um destes atributos não serem totalmente protegidos de manipulações, sua combinação torna as informações mais possíveis de gerarem conclusões. Em tempos de inflação informativa, de *fake news* e afins, nem toda informação é realmente informativa.

Podemos deduzir desta discussão que democracias modernas não podem prescindir de transparência nas suas ações e tomadas de decisões. No entanto, a qualidade da transparência também tem um papel fundamental – se o objetivo é gerar resultados concretamente positivos para o bem-estar dos cidadãos e da sociedade. A qualidade das informações disponibilizadas pode e deve ser medida, avaliada e reavaliada em um processo contínuo. Mais do que isso: é preciso que as informações sejam de tal natureza que permitam inferências conclusivas.

Mais concretamente, em se tratando da discussão sobre o Poder Legislativo, deve haver a garantia da provisão de informações aos cidadãos sobre o processo legislativo e seus resultados de forma organizada, de maneira que lhes seja possível inferir se seus interesses estão efetiva e continuamente representados no Parlamento. Fazer isso não é tão simples quanto pode aparentar (como advertido por diversos dos autores acima discutidos), e envolve um planejamento cauteloso. Dantas (2013), por exemplo, dedica parte de suas reflexões às dificuldades associadas à obtenção de dados e à ausência da cultura de disponibilizar materiais de forma aberta e passível de aferição.

Uma das formas de se garantir a transparência do Poder Legislativo seria através da construção de indicadores de desempenho facilmente compreendidos pela população, periodicamente aferidos, publicamente divulgados, com base em dados passíveis de serem utilizados livremente e amplamente discutidos em fóruns públicos.

3. O conceito de *Accountability*

Bastante relacionado ao conceito de transparência está o conceito de *accountability* das ações e decisões de órgãos políticos. Como já discutido acima, de nada adianta ter órgãos públicos transparentes se eles não "prestarem contas" periodicamente perante a população e não puderem ser responsabilizados pelos seus atos e/ou decisões. E da mesma maneira, não é possível prestar contas sem um conjunto de informações acuradas. É neste sentido que o conceito de *accountability* se refere à prestação de contas pelos órgãos e agentes públicos perante seus representados, e a possibilidade de serem responsabilizados por algo que se fez ou se decidiu. É somente com a combinação "transparência + *accountability*" que a democracia representativa pode funcionar de forma mais efetiva. É por isso que, muitas vezes, a discussão de um conceito segue acompanhada do outro e, em diversos países, foram implementados programas conhecidos como iniciativas de transparência e *accountability* (TAI, em inglês, de "*Trasparency and Accountability Initiatives*").

Fox (2007) faz uma interessante análise destes dois conceitos mostrando que, na prática, um não gera necessariamente o outro. Assim como discutido por outros autores, como visto acima, ele mostra que o nível de transparência de um sistema refere-se à qualidade e disponibilidade de informações relevantes. Por outro lado, *accountability* refere-se à possibilidade de demandar explicações às autoridades para justificar suas ações/decisões, havendo previsão de consequências concretas sobre as tais, como por exemplo, sanções ou premiações. Assim, existe um conjunto de situações que terá como resultado combinações diferentes de ausência ou presença de transparência e *accountability*. Em um extremo, quando há somente acesso à informação, existe transparência, mas não *accountability*. Numa situação intermediária, é possível demandar explicações aos órgãos/agentes públicos, havendo uma sobreposição de transparência e *accountability*. O mais desejado resultado é aquele em que a sociedade e os órgãos da sociedade civil (por exemplo, a imprensa) têm o poder de revelar dados, assim como conduzir investigações e produzir informações sobre um comportamento efetivo de um órgão público. Uma análise adicional, seguindo este mesmo esquema, classifica o nível de transparência em baixo (opaco) e alto (claro), e *accountability* em duro (*hard*) e mole (*soft*). Somente com uma combinação de transparência alta e *accountability* dura é que se garante um sistema amplamente democrático, mesmo que representativo, e efetivamente inclusivo.

Gaventa e McGee (2013) discutem a genealogia, o racional e os resultados (positivos e negativos) de diversos TAI's ao redor de todo o mundo (inclusive no Brasil) ao longo das últimas décadas. De acordo com os autores, um dos maiores desafios de iniciativas como essas continua sendo a adequada mensuração de seus impactos e de sua efetividade. Os autores ainda finalizam com uma advertência sobre os riscos de perspectivas "excessivamente técnicas" sobre o *accountability*, que poderia ameaçar as iniciativas das TAIs e seus potenciais efeitos transformadores e de longo prazo.

Este tema, assim como o anterior, conta com uma vasta literatura aplicada, sobre a qual seria impossível fazer uma revisão detalhada, dado o curto espaço que temos neste capítulo. No entanto, para os propósitos destacados, vale atenção especial para uma última ressalva. Alguns autores mostram a possibilidade que o aumento de um deles leve à redução do outro, vide Bauhr & Grimes (2013): "As análises empíricas confirmam que um aumento na transparência em países altamente corruptos tendem a aumentar a resignação ao invés de aumentar a indignação", via mais demanda por *accountability* (p.291). Para nós, no Brasil, esta é uma advertência que deveria ser levada muito a sério.

4. O conceito de Educação Política

Enquanto os conceitos apresentados acima representam desafios que caracterizam as instituições democráticas, e oferecem possibilidade de os cidadãos se conectarem de forma mais intensa ao universo público, o que entendemos por "educação política" parece nos provocar para algo mais associado a uma revolução cultural, ou ao menos uma mudança bastante expressiva de cultura política de uma dada sociedade ou parcela dela. Afirmamos isso porque partimos do pressuposto de que um passo dado na direção de tornar o Estado "mais acessível", não necessariamente representa dizer que ele de fato será acessado. A transparência, por exemplo, seria uma ferramenta. Enquanto a educação política representaria um valor. Aqui uma rápida passagem real do cotidiano possibilita a visualização prática do que desejamos afirmar:

> Numa pequena cidade do litoral cearense, faz cerca de 15 anos, a Prefeitura mandava pintar em muros as receitas e despesas mensais do poder público. Um desavisado visitante criticou a ideia, afirmando que lançar números pela cidade não representava a consolidação de um espírito efetivo de compreensão por parte dos cidadãos acerca do que aquilo efetivamente significava. Foi quando um morador local repreendeu a análise dizendo que com base naqueles dados os professores de matemática da rede municipal de educação, por exemplo, faziam seus exercícios e educavam seus alunos. As lições formavam em mais de um sentido, numa lógica de transversalidade bastante exigida pelos parâmetros legais do universo público da educação.

Fica assim, a partir de tal exemplo, a ideia central: ofertamos o voto para quase 150 milhões de brasileiros, permitimos que jovens de 16 e 17 anos escolham seus representantes, temos um sistema eleitoral proporcional bastante complexo, e parlamentos vistos de forma negativa e enviesada pela sociedade. Diante desse diagnóstico, que poderia ser aceito de forma quase consensual pelo senso comum: como buscamos entender em que medida podemos reforçar o compromisso dessa sociedade com a política? Como mostrar aos indivíduos que somos responsáveis por nossa realidade, numa lógica de pertencimento? Norberto Bobbio (1986) entendia a "educação política" como a "promessa não cumprida da democracia", ou seja, a parcela democrática do mundo se ocupou em quantificar a participação, mas muitos países passam longe de qualificar o agente que promove suas escolhas democráticas – o eleitor.

Autores clássicos, tais como Platão, Aristóteles, Thomas More, Montesquieu, Tocqueville e Thomas Jefferson já sugeriam que a educação elevava o valor das escolhas e ações políticas dos indivíduos. De maneira geral, nota-se que estabelecem relação entre a educação e a qualidade da democracia (FORLINI, 2015). Para além dessa discussão, Jardim (2018) encontra uma diversidade significativa de termos, no Brasil, para o que chamamos aqui de "educação política": "educação para a cidadania", "educação para a democracia", "ensino da democracia", "letramento político", "educação cívica", "instrução para a cidadania", "educação para os direitos humanos", dentre outros. (...) para, a despeito de diferenças, "consolidar a democracia por meio do adensamento da capacidade de o cidadão participar, compreender e atuar politicamente de forma mais consistente e a despeito de ideologias". Isso justificaria, por exemplo, a existência de uma disciplina chamada Ciência Política no currículo escolar de estudantes portugueses.

Assim, Dantas (2010) defende a ampla disseminação de ações dessa natureza e enfatiza a ética suprapartidária como conceito essencial à consolidação da educação política, que tem como objetivo ofertar aos cidadãos "a oportunidade de realizar suas escolhas de forma mais consciente, arrefecendo paixões irracionais e lhes proporcionando contato com seus direitos e com a política" (DANTAS, 2010).

Complementa tais visões a percepção de Almeida (2011), para quem as atividades de educação política englobam ações de caráter didático-pedagógico que visam à troca de conhecimento e informações para o debate sobre questões de ordem teórica, democracia, política, ética etc., e sobre a história política, o funcionamento das instituições, a representação e a participação política. Nascimento et al. (2016) usam o termo "educação para a cidadania", enfatizando o peso do que chamam de cultura política.

Por sua vez, Rocha e Vieira (2011) usam o mesmo termo e defendem um envolvimento direto dos indivíduos nas questões públicas. Brenner (2010) aponta a existência de um outro fenômeno que dialoga com essa discussão: a socialização política. Este fenômeno estaria relacionado à "transmissão de atitudes, escolhas, preferências, símbolos, comportamentos políticos e representações do mundo". Cosson (2010) é defensor do termo "letramento político", compreendido como um "processo de apropriação de práticas, conhecimentos e valores para a manutenção e aprimoramento da democracia". Além disso, aponta que o letramento representa um aprendizado permanente, que se consolida e materializa no crescimento individual e na participação social.

Fuks e Casalecchi (2016) definem "educação cívica" como um catalisador do aprendizado político, porque mobiliza enorme "fluxo informacional", e traz vivências práticas, permitindo que os participantes experimentem a política. Por fim, Benevides (1996) defende que esse tipo de conteúdo e de educação são compostos por duas dimensões: a formação para os valores republicanos e democráticos, e a formação para a tomada de decisões políticas em todos os níveis. Tais dimensões devem contemplar três aspectos: a formação intelectual e a informação; a educação moral e; a educação do comportamento, no sentido de ensinar tolerância, compreensão do bem comum, e o despertar da cidadania ativa (BENEVIDES, 1996).

Assim, de acordo com Jardim (2018), reunindo as características mencionadas e mesclando percepções de diferentes autores, é possível afirmar que a "educação política" seja entendida como: determinante para a qualidade da democracia e dos mecanismos de representação e participação política; capaz de consolidar a democracia englobando as capacidades de participar e atuar politicamente; capaz de abordar atitudes necessárias para a prática da boa cidadania; responsável por abordar a história política, do funcionamento das instituições e da cultura política; representante de uma esfera de socialização política; suprapartidária; sem um início ou fim demarcado; e imersiva em práticas políticas didáticas, deliberativas e participativas.

Diante de tais características, o quanto ganhamos ao pensar em aspectos atrelados à avaliação de parlamentos? Exemplos não nos faltam de grupos de cidadãos, organizações dos diferentes setores da sociedade envolvidos com a causa que se unem para olharem para aspectos distintos do Poder Legislativo nas três esferas de poder. A oferta de dados é o primeiro passo elementar para viabilizar ações dessa natureza, mas quanto mais tivermos uma sociedade educada e preparada, maiores as chances de ações causarem os impactos necessários à consolidação da democracia.

5. Como e por que avaliar Parlamentos?

Pela discussão acima, vimos que os conceitos de transparência, *accountability* e educação política empurram-nos igualmente a instalar – como sistemas democráticos modernos – mecanismos que permitam a criação e disseminação de informações de boa qualidade, como instrumentos para demandar as prestação de contas e responsabilização de agentes públicos, dentro de um contexto de elevação do nível de educação política do cidadão médio. O Poder Legislativo, de todos os poderes políticos existentes, é aquele que melhor se encaixa dentro desta perspectiva (apesar de não ser o único), e o caminho, mais automático – como brevemente aludido acima – seria através de iniciativas de avaliação de sua atuação e seu desempenho. A questão "deve-se avaliar?" parece superada, no sentido da obviedade – por tudo o que foi discutido até aqui –, da resposta ofertada a ela; parte-se então para o próximo passo, com a questão *"como avaliar?"*

Esforços para ações dessa natureza têm conquistado espaço nos últimos anos mais de trinta anos no Brasil. A despeito da longevidade, é bastante incisivo o caráter amplo de ações dessa natureza. No plano federal atividades têm sido mais constantes, mas estadualmente e municipalmente se faz pouco, considerando a realidade de 27 unidades federativas e mais de cinco mil cidades.

A despeito de tais pontos, é possível contemplar ações que buscam criar indicadores para os parlamentos, bem como para os mandatos parlamentares. Dantas (2013) descreve parte da história do Movimento Voto Consciente (MVC), que desde de 1987 comparecem a distintos parlamentos com o objetivo de avaliar representantes e, por vezes, o próprio parlamento. Em 2013, o autor organizou a obra que tem como resultado final um conjunto amplo de combinações de variáveis que permite a avaliação de vereadores e deputados estaduais, formalizando o trabalho destacado por Praça e Giembinsky. A partir da história disseminada do MVC e da obra de Dantas, desvendou-se um número grande de iniciativas que usaram tais materiais e inspirações para ações desse tipo. Adicionalmente, no começo dos anos 2000, organizações no interior do Paraná e de São Paulo seguiram pelo mesmo caminho, assim como o fez o Instituto Ágora do Eleitor e da Democracia no parlamento paulistano. Outros tantos exemplos poderiam ser dados, e estudos como aqueles de Inácio e Meneguin (2014) e Moisés (2011) podem ser citados com o objetivo de ilustrarem o que está posto aqui como desafio.

Mas Dantas e Yeung (2013), em momento anterior a este, ofereceram uma proposta de indicadores para avaliar o desempenho de parlamentos a partir de uma provocação da própria Câmara Municipal de São Paulo, que seria aferida pelo método. Os autores se cercam de todos os cuidados para afirmarem que a subjetividade de uma casa política nunca será plenamente quantificada em ranqueamentos e avaliações numéricas. Ainda assim, o caráter cidadão e pedagógico de ações dessa natureza, possíveis apenas a partir de ações públicas de transparência, parece essencial para o fortalecimento da democracia. É nesse sentido que criam um sistema – absolutamente esmiuçado e justificado na referência bibliográfica de 2013 – composto por quatro grandes dimensões. Duas delas atreladas ao universo de produção legislativa e processo legislativo, uma relacionada ao compromisso de fiscalização dos parlamentos em relação ao Poder Executivo, e uma última associada à transparência da casa parlamentar. Cada uma dessas dimensões é o resultado de médias ponderadas de quatro indicadores, o que totaliza 16 variáveis combinadas para a composição de um desenho do que seria o bom funcionamento do Legislativo. A figura 2 ilustra a lógica do trabalho.

FIGURA 2 – **Régua de medida do Poder Legislativo – Dantas e Yeung (2013)**

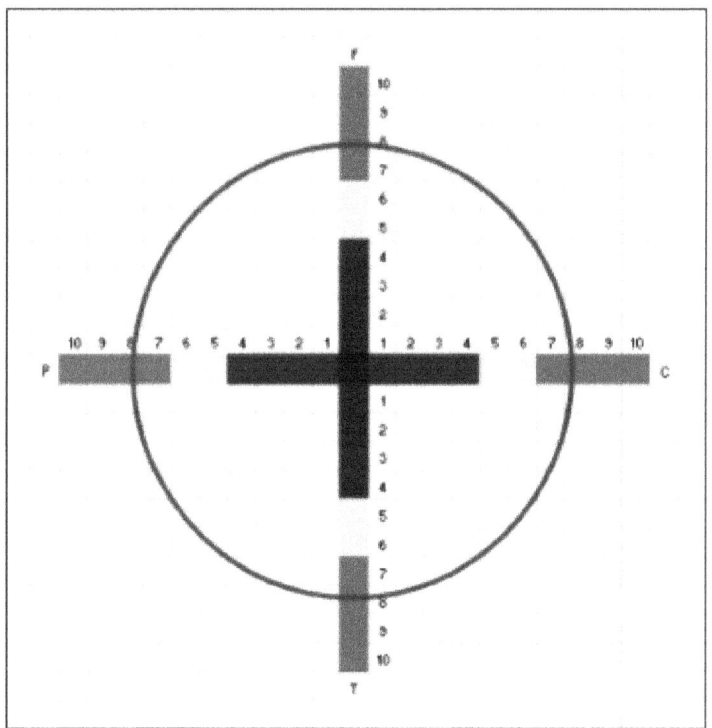

É importante destacar que o círculo grande simboliza o que seria um parlamento ideal, equilibrado entre as quatro grandes dimensões. Ele seria transparente, fiscalizador, legislador no sentido de cooperar com a agenda do Poder Executivo e, ao mesmo tempo, legislar e realizar suas atividades legislativas. No teste feito para São Paulo com base nos dados de 2011, foi possível verificar transparência acentuada, alta cooperação com o prefeito à ocasião, mas baixa produção legislativa em matérias de impacto para a sociedade local e reduzido ímpeto fiscalizador. O resultado gerou uma figura que parece capaz de caracterizar parte do que cientistas políticos enxergam nas câmaras municipais, mas tal análise não será aprofundada aqui. Para compreender a lógica contextual de tal resultado ver Dantas (2012), Silva, Sandes-Freitas e Pires (2018) e, Rocha e Silva (2017).

6. Conclusões

Diversas formas e métodos podem ser empregados para a avaliação de parlamentos, incluindo iniciativas que se utilizam de tecnologias virtuais, design e apelos visuais bastante atraentes. Há certamente quem entenda que essa não seja uma atividade possível, tampouco recomendável. Legislativos são tão complexos quanto a política, mas partir de uma visão minimamente estruturada de como enxergar tal instituição é educativo e relevante para uma sociedade politicamente educada. Ademais, isso só é possível por meio da consolidação de princípios basilares de transparência e *accountability*.

Algo adicional merece atenção aqui nessa conclusão: os indicadores inicialmente utilizados nos colocam distantes dos parlamentos. A realidade local, ou seja, as Câmaras de Vereadores não são tão diferentes. Há quem culpe o sistema eleitoral brasileiro, mas a forma depreciativa como temos tratado a política não nos parece capaz de ser atenuada de forma expressiva apenas com uma mudança legal de regra eleitoral. Educar e envolver, ofertando a sensação de responsabilidade e pertencimento ao universo público é algo desafiador e que deve ser pensado como política pública na educação e no planejamento de qualquer sociedade. Diante disso, e do exemplo concreto que desenvolvemos e pode ser sempre aperfeiçoado, debatido e calculado em diferentes realidades nos oferece a oportunidade de dizer que tentamos.

7. Referências

ACEMOGLU, Daron; ROBINSON, James A. Why nations fail: The origins of power, prosperity, and poverty. Crown Books, 2012.

ALMEIDA, Rodrigo Estramanho. Esboço didático para o ensino de história política brasileira em cursos de formação política. In: E-legis, Brasília, n.3, p. 34-48, 2o semestre 2011

BAC, Mehmet. Corruption, connections and transparency: Does a better screen imply a better scene?. Public Choice, v. 107, n. 1-2, p. 87-96, 2001.

BAUHR, Monika; GRIMES, Marcia. Indignation or resignation: The implications of transparency for societal accountability. Governance, v. 27, n. 2, p. 291-320, 2014.

BENEVIDES, Maria Victoria de Mesquita. Educação para a democracia. Lua Nova, São Paulo, n.38, p.223-237, 1996.

BLACK, Julia (1997) 'Transparent Policy Measures', Oxford Dictionary of Economics. Oxford: Oxford University Press.

BOBBIO, Norberto. O futuro da democracia. Rio de Janeiro: Paz e Terra, 1986.

BRENNER, A.K. O tempo-espaço da escola e as possibilidades de engajamento político. Cadernos Adenauer, Rio de Janeiro, ano XI, vol 03, 2010.

COSSON, R. Letramento político: por uma pedagogia da democracia. Cadernos Adenauer, Rio de Janeiro, ano XI, vol 03, 2010.

DANTAS, Humberto (Org.). De olho no Legislativo: um método para o acompanhamento de mandatos parlamentares. Rio de Janeiro: Konrad Adenauer e Movimento Voto Consciente, 2013.

DANTAS, Humberto. Apresentação: O caráter essencial da educação política e o desenvolvimento da democracia no Brasil. Cadernos Adenauer, v. XVI, n. 3, 2010.

DANTAS, Humberto. Atores fundamentais e funcionamento da democracia em nível local. In: CARNEIRO, J. M. e DANTAS, H. (Orgs.) Parceria social público-privada – textos de referência. São Paulo: Oficina Municipal e Fundação Vale, 2012.

DANTAS, Humberto; YEUNG, Luciana. Indicadores de desempenho para parlamentos: o desafio de aferir práticas políticas. Cadernos da Escola do Legislativo-e-ISSN: 2595-4539, v. 15, n. 24, p. 45-67, 2013.

DAVIS, J. (1998) 'Access to and Transmission of Information: Position of the Media', in Veerle Deckmyn and Ian Thomson (eds) Openness and Transparency in the European Union, pp. 121–6. Maastricht: European Institute of Public Administration.

DE FINE LICHT, Jenny et al. When does transparency generate legitimacy? Experimenting on a context-bound relationship. Governance, v. 27, n. 1, p. 111-134, 2014.

DEN BOER, M. (1998) 'Steamy Windows: Transparency and Openness in Justice and Home Affairs', in V. Deckmyn and I. Thomson (eds) Openness and Transparency in the European Union, pp. 91–105. Maastricht: European Institute 26 of Public Administration.

FORLINI, D. B. Construindo caminhos para a educação política: a percepção dos alunos como um meio para pensar a educação para a democracia. Dissertação (Mestrado em Educação Escolar) – Universidade Estadual Paulista "Júlio de Mesquita Filho", Faculdade de Ciências e Letras, Araraquara, 2015.

FOX, Jonathan. The uncertain relationship between transparency and accountability. Development in practice, v. 17, n. 4-5, p. 663-671, 2007.

FUKS, M., CASALECCHI, G.A. Formando cidadãos democráticos: considerações sobre os efeitos do Parlamento Jovem mineiro. Cadernos Adenauer, Rio de Janeiro, ano XVII, vol 01, 2016.

GAVENTA, John; MCGEE, Rosemary. The impact of transparency and accountability initiatives. Development Policy Review, v. 31, p. s3-s28, 2013.

GLENNERSTER, Rachel; SHIN, Yongseok. Does transparency pay?. IMF Staff Papers, v. 55, n. 1, p. 183-209, 2008.

INÁCIO, Magna, MENEGUIN, Fernando. Desempenho do poder Legislativo: como avaliar? Brasília: Senado Federal, Texto para Discussão 155, 2014.

ISLAM, Roumeen. Does more transparency go along with better governance?. Economics & Politics, v. 18, n. 2, p. 121-167, 2006.

JARDIM, Luiza. O conceito de educação política no Brasil e o que as experiências revelam sobre o processo ensino-aprendizagem. São Paulo: trabalho apresentado para a obtenção do título de bacharel em Administração Pública pela FGV-SP, 2018.

KOLSTAD, Ivar; WIIG, Arne. Is transparency the key to reducing corruption in resource-rich countries?. World development, v. 37, n. 3, p. 521-532, 2009.

KOSACK, Stephen; FUNG, Archon. Does transparency improve governance?. Annual review of political science, v. 17, p. 65-87, 2014.

LINDSTEDT, Catharina; NAURIN, Daniel. Transparency is not enough: Making transparency effective in reducing corruption. International political science review, v. 31, n. 3, p. 301-322, 2010.

MEIJER, Albert. Understanding the complex dynamics of transparency. Public Administration Review, v. 73, n. 3, p. 429-439, 2013.

MICHENER, Greg; BERSCH, Katherine. Identifying transparency. Information Polity, v. 18, n. 3, p. 233-242, 2013.

MOISÉS, José Álvaro. O desempenho do COngresso Nacional no presidencialismo de coalizão. In. O papel do Congresso Nacional no presidencialismo de coalizão. MOISÉS, José Álvaro (org.). Rio de Janeiro : Konrad-Adenauer-Stiftung, 2011.

NASCIMENTO, A. S., DA SILVA, B. S., SEINO, E. Educação para a cidadania: o projeto Parlamento Jovem em Araraquara – SP. Cadernos Adenauer, Rio de Janeiro, ano XVII, vol 01, 2016.

PARK, Heungsik; BLENKINSOPP, John. The roles of transparency and trust in the relationship between corruption and citizen satisfaction. International Review of Administrative Sciences, v. 77, n. 2, p. 254-274, 2011.

ROCHA, M. M., VIEIRA, R. S. O legislativo vai à escola: as instituições políticas e o poder legislativo no âmbito da educação regular. E-legis, Brasília, n.7, p. 59-72, 2o semestre 2011.

ROCHA, M. M.; SILVA, B. S. O poder de indicar: preferências legislativas de vereadores mineiros. Cadernos Adenauer, v. XVIII, n. 2, p. 185-208, 2017.

SILVA, Bruno, SANDES-FREITAS, Vitor, PIRES, Caio. O que sabemos sobre governabilidade municipal? In. DANTAS, Humberto (org.). Governabilidade – para entender de política no Brasil. Rio de Janeiro: Fundação Konrad Adenauer, 2018.

8. Sistematização da Legislação Municipal[1]

IEDA MARIA FERREIRA PIRES

1. Introdução

A vida nas vilas residenciais, nos idos de 1580-1640, na região da atual Cidade de São Paulo, se consolidou com a população advinda de Portugal, surgindo, assim, a necessidade de resolver os problemas cotidianos, já que o Estado Unitário não apresentava soluções. Surge, assim, a atividade nas Câmaras Municipais embrionária do poder municipal. A primeira Vila foi: São Vicente, e posteriormente São Paulo.

Cabe contextualizar que o Brasil da época era Colônia de um país que estava às turras com guerras próprias, especialmente contra a Espanha, o que demandava muito tempo e energia da Coroa. Assim a vida cotidiana se desenvolveu nas vilas, com ritmo próprio o que exigia deliberações necessárias sobre fatos do dia a dia para os habitantes das vilas.[2]

---

[1] Artigo baseado no desenvolvimento do trabalho da Equipe de Sistematização de Assuntos Legislativos para a realização da atualização, dentre outras atribuições, da Legislação Municipal do Município de São Paulo, através de Ato da Mesa da Câmara Municipal de São Paulo, nº 1416/18, de 20 de dezembro de 2018.

[2] De acordo com Ives Gandra Martins: "Foi neste ano, então, que Portugal voltou a libertar-se do jugo espanhol e, conseqüentemente, a ter domínio sobre todas as suas antigas colônias. Assim sendo, automaticamente, a vila de São Paulo foi considerada portuguesa. Esta notícia, porém, chegou à capitania, apenas, em 1641, sendo o novo rei de Portugal, D. João IV, aclamado pelo povo. No Planalto, contudo, tal não sucedeu. Como já temos repetido neste trabalho, a Paulistânia vivia com total autonomia, pouco se importando com o reino. Por conseguinte, vivia em função de suas próprias leis, porque as da Coroa nunca foram obedecidas,

Neste sentido pode-se afirmar que a necessidade de organização política oriunda do cotidiano foi o principal germe da atual competência legislativa Municipal, sobretudo quanto a inovar na legislação.

Quanto as normas formais, é certo que a Constituição do Império já continha regra relativa às Câmaras Municipais, como unidade dos poderes executivos e legislativos. Segue trecho que merece destaque[3]:

CAPÍTULO II.
Das Camaras.

Art. 167. Em todas as Cidades, e Villas ora existentes, e nas mais, que para o futuro se crearem haverá Camaras, ás quaes compete o Governo economico, e municipal das mesmas Cidades, e Villas.

Art. 168. As Camaras serão electivas, e compostas do numero de Vereadores, que a Lei designar, e o que obtiver maior numero de votos, será Presidente.

Art. 169. O exercicio de suas funcções municipaes, formação das suas Posturas policiaes, applicação das suas rendas, e todas as suas particulares, e uteis attribuições, serão decretadas por uma Lei regulamentar."

As demais Constituições no Brasil adotaram destaque aos Municípios o que confirma, portanto, a organização política local. Tal poder foi posteriormente alargado com a extensão da competência legislativa dos Municípios oriunda da Constituição da República de 1988, inclusive com capítulo específico.

A título de ilustração, a capacidade política do Município foi especificada em norma editada pelo Imperador D. Pedro I: Lei nº 01 de 10 de outubro de 1828[4], que já tratava sobre composição das Câmaras Municipais, bem como das posturas policiais.

senão quando S. Paulo teve necessidade delas". http://www.gandramartins.adv.br/project/ives-gandra/public/uploads/2014/12/17/31a25dchistoria_de_sao_paulo__450_anos__versao_final_03122013.pdf, acesso dia 21/05/2019.

[3] http://www.planalto.gov.br/ccivil_03/Constituicao/Constituicao24.htm, acessado em 22/05/2019

[4] http://www.planalto.gov.br/ccivil_03/leis/lim/LIM-1-10-1828.htm, acesso em 22.05.2019

Finalizando a digressão histórica, cabe registrar no caso da Cidade de São Paulo, que a separação entre os poderes executivos e legislativos se deu somente no ano de 1835, mediante Lei Estadual nº 18, de 11 de abril de 1835[5], lei que inclusive instituiu o encargo de Prefeito Municipal.

Respeitante a organização política dos Municípios, como se pode ver, antecede aos Estados. Cabe assinalar que os Municípios se organizam mediante "lei" com status próprio – auto constituição, designada: Lei Orgânica. A origem deste termo remonta à supramencionada Lei Estadual de 1835. Uma característica interessante das Leis Orgânicas é o sentido natural de sua aprovação, dotadas de características peculiares como, por exemplo, ausência de sanção ou veto.

Com efeito, no Município de São Paulo, a atual Lei Orgânica foi aprovada mediante Assembleia Municipal Constituinte em 1990, conforme texto definido em segunda votação de acordo com a apresentação do resultado de votação como segue abaixo[6].

Essa norma se encontra atualizada no banco de dados criado na Procuradoria da Câmara Municipal de São Paulo contendo o arquivo original da Lei Orgânica promulgada bem como com as atualizações[7].

Muito se discute sobre a competência legislativa Municipal, embora este não seja o cerne do objeto deste artigo, em análise profícua, percebo que essa competência advém de organização política adquirida pela tradição

---

[5] https://www.al.sp.gov.br/repositorio/legislacao/lei/1835/lei-18-11.04.1835.html), acesso em 24 de maio de 2019

[6] APRESENTAÇÃO. O texto de Lei Orgânica ora apresentado é o resultado da votação, em 2º turno, nos dias 3 e 4 de abril de 1990, da matéria aprovada em 1º turno e das emendas supressivas e de redação apresentadas pelos senhores Vereadores. Estamos chegando assim ao final do processo constituinte iniciado em 6 de outubro de 1989, com um resultado considerado por todos que participaram intensamente desse processo, como bastante satisfatório e seguramente à altura da responsabilidade da Câmara Municipal de São Paulo. Como Relatores designados pela Assembléia, para a tarefa de sistematizar e dar forma à esta Lei ao longo desse trabalho coletivo, esperamos ter cumprido a contento nosso papel. São Paulo, 4 de abril de 1990. (assinado) Relatores Vereador Arnaldo Madeira Vereador Chico Whitaker Vereador Luiz Carlos Moura, segue link acesso dia 22/05/2019, http://app-plpconsulta-prd.azurewebsites.net/Forms/MostrarArquivo?TIPO=LOM&NUMERO=0&ANO=1990&DOCUMENTO=Atualizado

[7] http://documentacao.saopaulo.sp.leg.br/iah/fulltext/leis/LOM.pdf (acesso em 10.05.2019) e http://app-plpconsulta-prd.azurewebsites.net/Forms/MostrarArquivo?TIPO=LOM&NUMERO=0&ANO=1990&DOCUMENTO=Atualizado (acesso em 22.05.2019).

histórica das vilas, e s.m.j entendo que permite maior participação da população nas decisões peculiares dos problemas locais.

Contudo, é cediço que há um elevado número de Municípios criados por mera deturpação de norma Estadual. Entretanto, comungo da posição que este não pode ser argumento suficiente para contestar a efetiva soberania popular sobrevinda da participação nas decisões de cunho local.

2. Peculiaridades locais

Tomando-se por base os problemas da vida das pessoas, a bem delineada frase de André Franco Montoro: "O indivíduo, não mora no estado, ou na União: mora no município, onde se dá todo o processo político. Logo, tudo que for administrado em menor escala será mais bem administrado."[8] sintetiza o mister de que a solução para os problemas locais deve ser discutida no âmbito dos Municípios, salientando a necessidade de planejamento.

Assim, o efetivo exercício da competência legislativa municipal tem como característica diagonal pressionar os quadros técnicos e agentes políticos a utilizarem o planejamento prévio.

Exemplificando, no direito urbanístico, os municípios, independente do tamanho ou orçamento, foram obrigados a editar lei – Plano Diretor, que determinou a realização de estudo sobre as características locais; ocupação territorial, população; índices sociais, etc.

Novamente, alerto que não se trata de ingenuidade desconsiderar que alguns municípios para cumprirem o prazo do Estatuto das Cidades adquiriram pacote contendo "Plano Diretor Genérico", porém, entendo que não se deve considerar o ponto de inflexão como sendo a regra.

No tocante à área orçamentária creio que a obrigação de planejar e manter os índices da legislação de responsabilidade fiscal já está amplamente difundido até mesmo nos municípios com pouca estrutura.

Outro exemplo recorrente acerca da participação em âmbito municipal que propicia maior planejamento e organização se dá na área da saúde. Trata-se da obrigatoriedade do gestor municipal apresentar à Comissão Legislativa de Saúde relatório do SUS contendo a fonte dos recursos executados; as auditorias e os resultados, sobretudo as recomendações,

---

[8] (https://books.google.com.br/books?id=C2rWab64AN8C&pg=PA42&lpg=PA42&dq=) . Ensaios em Homenagem a Franco Montoro, Humanismo e Política, Lafayette Pozzoli, Carlos Aurélio Mota de Souza, Konrad Adenauer, 2001

o cotejo dos dados indicadores da saúde da população local com a oferta de serviços da rede, exatamente nos termos do art. 36, §5º da Lei Complementar nº 41/2012[9].

Neste sentido, conforme já afirmando anteriormente creio sem maiores ilações que o exercício da competência legislativa dos municípios possibilita maior participação popular, além de fomentar o constante planejamento.

Além do exercício das competências legislativas, convém salientar que outras funções do Poder Legislativo, tais como, a fiscalização e a colaboração com o Poder Executivo, serão melhor exercidas quanto mais estiver a legislação estiver organizada e de fácil acesso.

3. Legística

Adentrando ao objeto do presente artigo, para subsidiar a sistematização e o acesso à legislação o estudo da legísitica é providencial.

Os estudos desta disciplina em Portugal remontam aos idos de 1986,[10] e ainda incipiente por aqui. O conhecimento do estudo da legística se ampara em vários pilares. O primeiro deles é a observação de que a produção de normas é politica pública.

Assim, a imersão na legística permitirá mudança no paradigma atual, na maior parte dos casos, onde se legisla sem prévia análise, para provável instituição de politica pública racional transformando a fase da concepção da norma em modelo de boa governança, tanto no que se refere à técnica de escrita da legislação, tanto para melhor adequar eventual norma.

A medida mais importante para que se limite o cipoal existente na legislação paulistana é instituir estudo de impacto da norma visando melhorar sua eficácia.

Desta forma, além da originalidade do estudo da legística no âmbito acadêmico, o desenvolvimento da ciência bem como da técnica aplicada na elaboração das leis foi fruto de pressão internacional da União Europeia e OCDE que compeliu os governos a instituir tal política pública.

---

[9] https://www2.camara.leg.br/orcamento-da-uniao/estudos/2015/NT052015.pdf.

[10] "Introdução da "Ciência da Legislação" na doutrina jurídica Portuguesa. Deve-se ao Professor Doutor Gomes Canotilho, constitucionalista da Faculdade de Direito de Coimbra, a introdução, no ano de 1986, da temática da "Ciência da Legislação" na doutrina Portuguesa contemporânea."

Pode-se dizer, de acordo com os estudiosos sobre o tema que a legística, que se resume: no estudo da elaboração das leis, contendo os vieses da legística material e formal.

A face mais óbvia da legística formal é a que trata da técnica de redação, visando melhorar e padronizar a estilística das normas, mas, não é só. O objeto de estudo e técnica aplicada da legística formal deve ser alargado através da sistematização da informação como, por exemplo: atualização, compilação, e ou consolidação e ainda a revogação da legislação, o que combatem a poluição legislativa.

No tocante a legística material, além de vários prismas filosóficos é possível observar a efetividade da norma com maior precisão, contudo este não é o tema central do presente artigo.

Assim, tomando-se por base que a sistematização, ou seja, a organização da informação legislativa deve ser realizada por meio desses instrumentos: atualização, compilação, consolidação e revogação, cumpre informar que a atualização permite apontar em único documento todas as alterações da norma em apreço, inserir os links dessas alterações de acesso. Neste mesmo passo é possível inserir a versão compilada dando acesso à versão em vigor.

É cediço que, para além das vantagens da atualização da legislação é possível ainda sugerir a consolidação de temas afetos, e, se o caso revogar normas em desuso. Todas essas facilidades, com certeza facilitarão a produção de novas normas.

Desta forma, os técnicos, os assessores parlamentares, os próprios parlamentares podem atuar com mais metodologia ao serem aprovisionados por dados e informação qualificada a respeito da situação da legislação em vigor.

O processo de sistematização da legislação municipal, no caso do Município de São Paulo, me parece algo imprescindível e contínuo, diante da dimensão legislativa, contudo a sua utilização, sobretudo harmonizada com demais bancos de dados já existentes possibilitará controle da situação das normas legislativas, sendo um passo fundamental para instituição de análise de impacto prévio.

Neste sentido, o impacto prévio pressupõe a avaliação de custos da norma sobre todos os aspectos, não somente a análise formal da contabilidade pública.

Assim, esse impacto prévio compreenderá nova rotina que analisará o valor a despendido com a efetiva implantação, bem como de todos os custos indiretos, seja para o Estado ou para o particular.

4. Equipe de Sistematização de Assuntos Legislativos

Na esteira da enorme contribuição que a sistematização legislativa, sobretudo apartando o que está ou não em vigor na legislação municipal, é fundamental a coexistência de vários bancos de dados, seja para difundir na maior profusão possível a informação, ou para municiar o órgão detentor do banco de dados de informação de primeira grandeza. Principalmente para propiciar ao cidadão maior acesso possível às normas vigentes.

Neste sentido, a Câmara Municipal de São Paulo, inspirada na experiência do site de legislação do planalto[11], enviou um grupo de servidores à Brasília para obter as informações acerca da execução deste trabalho de grande interesse social.

De forma muito gentil os servidores da Casa Civil do Planalto executaram treinamento muito eficiente aos servidores da Câmara Municipal de São Paulo. Insta registrar que, em consonância com a qualificação dos servidores da Casa Civil do planalto, os servidores que realizaram o treinamento e que trabalham na área são servidores com formação multidisciplinar.

Neste passo, a Procuradoria da Câmara Municipal de São Paulo, em tratativas constantes com o Centro de Tecnologia de Informação está desenvolvendo um sistema compatível com características da legislação municipal nos moldes do referido site do planalto.

O trabalho realizado, em suma, compreende realizar as condições de tratamento, armazenamento e publicação de dados de amplo acesso à população. Neste aspecto é justo mencionar de forma honrosa o trabalho do Centro de Tecnologia da Informação da Câmara Municipal de São Paulo em conjunto com a Equipe de Sistematização da Legislação da Procuradoria ainda em desenvolvimento.

Em síntese, o procedimento se constitui em localizar a fonte primária da norma (publicação do diário oficial), dar tratamento do documento, atualizar, e publicar a legislação municipal em plataforma digital marcando

---

[11] http://www4.planalto.gov.br/legislacao/

as normas revogadas, tácita ou expressamente, firmando link para a legislação referida.

Esse trabalho se iniciou em dezembro de 2018, e após 12 (doze) meses os resultados são visíveis, localizados no banco de dados contendo as principais normas estruturantes da Legislação Paulistana[12], como a Lei Orgânica, Regimento Interno, Estatuto dos servidores públicos e principais normas relativas aos servidores da Câmara Municipal.

Atualmente outro serviço a ser prestado diariamente é a atualização das normas, Leis, Decretos, Atos da Mesa e demais no mesmo dia em que são publicados no Diário Oficial da Cidade.

Pode-se referir como característica específica dos projetos de lei deste banco de dados é a instalação do link sobre o projeto que ao ser acessado remeterá o pesquisador ao site da Câmara Municipal de São Paulo diretamente para os documentos do projeto, através do programa – SPLegis.

Consigne-se que o núcleo do projeto consiste em na transferência dos dados da legislação para a plataforma digital tratando-se as referências, tachando as normas revogadas, preservado exatamente os termos da publicação do Diário Oficial, inclusive dando acesso à publicação oficial.

O resultado deste trabalho foi publicado em local próprio no site da Câmara Municipal de São Paulo, conforme lançamento ocorrido em 29 de novembro de 2019[13].

Os afazeres a serem realizados são de grande magnitude, posto que há mais de 17.000 Leis Municipais, mais de 59.000 Decretos, além dos inúmeros Atos da Mesa da Câmara. Neste sentido a sistemática adotada prevê a elaboração diária das leis e ao mesmo tempo serão trabalhados os anos passados a fim de alimentar o banco de dados.

Ademais, outra sessão importante no Portal da Legislação Paulistana se refere as normas históricas, inclusive neste setor se encontra a norma--meta a Lei Municipal nº 01 de 1.892,[14] efetivamente a primeira Lei da Cidade de São Paulo.

---

[12] https://app-plpconsulta-prd.azurewebsites.net/,

[13] a saber: http://www.saopaulo.sp.leg.br/blog/portal-da-legislacao-paulistana-da-procuradoria-da-camara-e-lancado-em-seminario/

[14] Primeira lei da cidade completa 120 anos. Documento cria cargos de governo no período em que a cidade não tinha prefeito. **Edison Veiga e Rodrigo Burgarelli, de O Estado de S. Paulo,** 30 de setembro de 2012 | 03h02.

5. Conclusões

Como já dito anteriormente se pretendeu promover reflexão acerca do Poder Municipal e a competência legislativa, apostando na ampliação da participação da população nas decisões sobre suas cidades.

Para tanto, o emprego da ciência da legística, pouco explorada ainda no Brasil possibilitará maior e mais organizado acesso ao enorme acervo legislativo, a fim de que se promova melhor produção legislativa, tornado essa empreitada mais racional e efetiva.

SÃO PAULO – Nem sempre houve leis em São Paulo. Na verdade, a cidade passou 338 anos sem que existisse sequer uma lei municipal para contar história. Isso só foi mudar no dia 29 de setembro de 1892, quando foi aprovada a primeira lei pela Câmara Municipal, que havia sido recém-reformada, após a Proclamação da República. Hoje, 120 anos depois desse dia, mais de 15 mil outras leis já foram sancionadas na capital paulista – uma média de mais de 130 por ano.

O objetivo da primeira lei paulistana é criar as "intendências". Elas eram uma espécie de secretaria, importantes para organizar a cidade em uma época em que ainda não existia a figura do prefeito – o primeiro só assumiu em 1899 e, antes disso, era a própria Câmara a responsável pelo Poder Executivo. "São quatro intendências: Justiça e Polícia, que vinham do modelo colonial; Higiene e Saúde Pública; Obras Municipais; e Finanças", explica o historiador e arquivista da instituição, Guido Alvarenga.

A Câmara paulistana começou a funcionar em 1560, quando os cinco vereadores precisavam percorrer quilômetros a cavalo para encontros à luz de velas. Durante todo o período colonial, porém, não houve leis municipais. "As regras eram chamadas de posturas, nem sequer eram numeradas", explica o historiador Ubirajara de Farias Prestes Filho, que também trabalha no Legislativo. O mesmo ocorreu durante o Império – que, por ser mais centralizador, ainda obrigava todas as decisões dos vereadores a passar pelo crivo dos deputados da Assembleia Provincial.

Isso só foi mudar após a promulgação da primeira Constituição da República, em 1891. Ao conceder mais autonomia aos municípios, ela abriu espaço para que as Câmaras aprovassem as próprias leis e decidissem sobre os assuntos locais como bem entendessem. E assim foi aprovada a lei número 1, que é guardada em manuscrito no Arquivo Histórico Municipal. Em vigor. Apesar de o modelo de organização municipal ter mudado diversas vezes, a primeira lei só foi revogada expressamente em 2005, ano em que o então prefeito José Serra (PSDB) enviou projeto à Câmara para acabar com mais de uma centena de leis antigas. Atualmente, a lei mais velha ainda sem revogação expressa é a n.º 5, também de 1892, que, entre outras coisas, proíbe que "conductores" de carros de transporte de carnes transitem na rua com roupas "sujas e repugnantes", sob pena de multa de 20 mil réis.

https://sao-paulo.estadao.com.br/noticias/geral,primeira-lei-da-cidade-completa-120--anos-imp-,937840

Referências

AZEVEDO, Luiz Henrique Cascelli de. **O Controle Legislativo de Constitucionalidade.** Porto Alegre: Sergio Antonio Fabris, 2001.

BRASIL. **Manual de Redação da Presidência da República.** 2018. Disponível em: http://www4.planalto.gov.br/centrodeestudos/assuntos/manual-de-redacao-da-presidencia-da-republica/manual-de-redacao.pdf

BRASIL. Portal da Legislação. Disponível em: https://www2.camara.leg.br/orcamento-da-uniao/estudos/2015/NT052015.pdf

Brasil. Constituição do Império, de 25 de março de 1824. Disponível em: http://www.planalto.gov.br/ccivil_03/constituicao/constituicao24.htm. Acesso dia 06/12/2019.

Brasil. Lei nº 01, de 10 de outubro de 1828. Disponível em: http://www.planalto.gov.br/ccivil_03/leis/lim/LIM-1-10-1828.htm

Brasil. Lei nº 10.257, de 10 de julho de 2001. Disponível em: http://www.planalto.gov.br/ccivil_03/leis/leis_2001/L10257.htm

Brasil. Lei Complementar nº 141, de 13 de janeiro de 2012 (art. 36). Disponível em: http://www.planalto.gov.br/ccivil_03/leis/lcp/Lcp141.htm

BRASIL. Câmara dos Deputados – Consultoria de Orçamento e Fiscalização Financeira. Disponível em: https://www2.camara.leg.br/orcamento-da-uniao/estudos/2015/NT052015.pdf

MARTINS, Ives Gandra da Silva, **História de São Paulo.** São Paulo: LTR, 1952

MONTORO, André Franco, A batalha da descentralização e participação no governo Montoro, São Paulo, PW, 1987.

MORAIS, Carlos Blanco de. **Manual de legística:** critérios científicos e técnicos para legislar melhor. Lisboa: Verbo, 2007.

Pozzoli, Lafayette e Carlos Aurélio Mota de Souza. Ensaios em Homenagem a Franco Montoro, Humanismo e Política, Konrad Adenauer, 2001. Disponível em: https://books.google.com.br/books?id=C2rWab64AN8C&pg=PA42&lpg=PA42&dq=

São Paulo. Portal da Legislação Paulistana. Disponível em: https://app-plpconsulta-prd.azurewebsites.net/

São Paulo (Estado) Lei nº 18, de 11 de abril de 1835. Disponível em: https://www.al.sp.gov.br/repositorio/legislacao/lei/1835/lei-18-11.04.1835.html

São Paulo (São Paulo) Lei nº 0, de 05 de abril de 1990. Disponível em: https://app-plpconsulta-prd.azurewebsites.net/Forms/MostrarArquivo?ID=68&TipArq=1

9. Elementos de Elaboração Normativa no Brasil

Jandyr Maya Faillace Neto

1. Surgimento no Brasil da preocupação com a qualidade dos atos normativos

A Constituição Brasileira de 1988 previu que *lei complementar* iria dispor *"sobre a elaboração, redação, alteração e consolidação das leis"* (art. 60, § 4º) no que parece ter sido a primeira menção *a uma norma sobre elaboração normativa*. Antes de a lei complementar prevista na Constituição ser editada, surgiu o Decreto nº 468, de 1992, com as primeiras regras e procedimentos para a elaboração de atos normativos no âmbito do Poder Executivo federal.

Esse movimento, em 1992, parece ter sido reação do governo do então Presidente Fernando Collor de Mello ao agravamento dos problemas de técnica legislativa. É interessante como as normas do início do governo Collor são algo excepcionalmente atécnico. Parecem anotações informais, meras frases soltas nas quais alguém colocou *"art."* ou um sinal de *secção* (*i. e.* um símbolo de parágrafo) à esquerda. Já nos meses anteriores ao *impeachment* nota-se uma evolução muito grande dos padrões de elaboração legislativa, a ponto de já ter ficado melhor do que era em governos anteriores.

Não cabe aqui tentar analisar todos os motivos da reação, mas acredito que o surgimento de normas escritas sobre elaboração normativa tenha dado sua colaboração.

Posteriormente, houve a edição da Lei Complementar nº 95, de 1998, de aplicação nacional, com normas gerais de elaboração normativa. E no âmbito restrito do Executivo Federal manteve-se o padrão, até 2002, de atualização periódico do decreto sobre elaboração normativa.

Já no período de 2003 a 2016 não há registro de norma federal no campo da elaboração normativa. Somente em 2017, com o Decreto nº 9.191, voltou-se a registrar tentativas de racionalização da atividade legislativa.

Também cabe registrar o constante do Manual de Redação da Presidência da República, em especial na 1ª Edição, de 1991, que forneceu parâmetros mínimos para a redação e a elaboração normativa no âmbito do Poder Executivo.

2. Questão terminológica

Ressalvo que estou evitando utilizar aqui o termo *legística* porque ele não está incorporado à rotina do Poder Executivo federal, onde atuo. O termo ainda não é aceito em atos normativos federais por não constar do Vocabulário Ortográfico da Língua Portuguesa, do Dicionário Aurélio, do Dicionário Houaiss ou do Dicionário Caldas Aulete. Somente se encontra referência ao termo em dicionários portugueses.

Apesar da ressalva, não me oponho à adoção da palavra *legística* e me parece que o caminho natural no Brasil será a utilização do termo.

O importante, me parece, é rejeitar o uso de algumas traduções de *"Better Regulation"*, expressão muito em voga no Poder Executivo federal, porque todas incidem na imprecisão de utilizar termos como *"regulação"* ou *"regulatório"*, apesar de na tradição brasileira esses termos geralmente não remeterem a *leis* ou *decretos*, mas a normas de agências reguladoras ou normas técnicas, além de não se referirem à *produção de normas*, mas à análise e à conformação com as normas já editadas.

3. Peculiaridades do caso brasileiro

Qualquer análise da elaboração normativa no Brasil precisa mencionar certas particularidades da organização política e da cultura brasileira, a começar pela tendência de se judicializar todas as questões.

O Diagnóstico do Poder Judiciário, elaborado pelo Ministério da Justiça em 2004, apontou várias anomalias no volume de ações e nos gastos com o aparato do Poder Judiciário que faziam com que a despesa *per capita* do Poder Judiciário no Brasil fosse a segunda maior do Mundo. O documento gerou reações negativas do Poder Judiciário e promessas de que outros estudos seriam elaborados mostrando o erro das informações; contudo, é desconhecida análise comparativa posterior advinda de entes públicos.

Os dados do Diagnóstico do Poder Judiciário hoje se encontram defasados, tanto pelo decurso de tempo quanto pelo surpreendente aumento do número de ações judiciais e de gastos do Poder Judiciário no período; todavia, dispõe-se de dados de pesquisas acadêmicas, como é o caso do trabalho "Opening the Black Box: Three Decades of Reforms to Brazil's Judicial System", no qual se aponta dados ainda mais surpreendentes.

O estudo aponta que em 2014 o gasto do Judiciário brasileiro proporcionalmente ao produto interno bruto total era de 1,20%, ou seja, em torno de quatro vezes mais do que o gasto pela Alemanha ou por Portugal. Já dados mais atualizados, obtidos diretamente das normas orçamentárias, apontam despesas superando 2% do produto interno bruto.

Quanto ao total de processos no Brasil em comparação com outros países, não se identifica estudos mais completos. É lugar-comum falar do número incrível de ações no Supremo Tribunal Federal em comparação com Tribunais Supremos ou Cortes Constitucionais de outros países; contudo, não são feitas comparações semelhantes do número de processos em outras instâncias do Poder Judiciário.

Sabe-se que o número de processos trabalhistas, tributários e de cobrança de dívidas no Brasil é algo particularmente anômalo. Também chama a atenção a intensidade da litigiosidade contra entes públicos e a facilidade com que qualquer norma ou ato do poder público é invalidada em juízo.

Esse quadro torna relevante evitar qualquer alteração normativa que possa, direta ou indiretamente, implicar aumento do número de processos. Não é adequado criar regras de elaboração normativa com margem para a validade da norma ser discutida em juízo por causa de pretensa violação de regras de elaboração normativa.

O segundo ponto que se deve ter presente é o sistema eleitoral proporcional na eleição para deputados, que acarreta a eleição de parlamentares com pautas monotemáticas. Some-se o sistema eleitoral aos traços culturais brasileiros de sociedade com hierarquia de classes e cujo jogo político é visto como disputa entre classes, sindicatos, associações, grupos profissionais ou corporações de ofício, para ver quem conseguirá extrair mais vantagens do Estado brasileiro, e o resultado é a produção normativa voltada para o casuísmo.

Tem-se o Deputado X eleito para defender os interesses de servidores públicos. Ele não está interessado em outras pautas e os seus eleitores, ao votar, sequer prestaram atenção sobre a opinião dele quanto a outros assuntos. A posição dele será, sempre e invariavelmente, defender pleitos corporativistas voltados ao segmento dos servidores públicos.

Já o Deputado Y tem como pauta única a redução de tributos. Outras pautas não interessam; portanto, ele não presta atenção em medidas destinadas a conter o gasto público e até vota pela expansão do gasto público para evitar atrito com os colegas cujo voto vai precisar na defesa da sua pauta única.

Nesse contexto, também se observa a tendência de as propostas normativas ou as emendas parlamentares não se destinarem, exatamente, a serem aprovadas e a produzirem efeitos concretos, mas a serem *discurso*, *sinalização política* e demonstração de trabalho para o grupo específico que elegeu o político.

4. Tramitação de propostas de atos normativos no Executivo brasileiro

O Decreto nº 9.191, de 2017, assim como seus antecessores, contém tanto regras de elaboração normativa quanto regras para a tramitação das propostas de ato normativo dentro do Poder Executivo federal.

Quem não conhece a tramitação de atos normativos parece achar que os Ministros de Estado compareçam ao Gabinete do Presidente da República com um papel na mão, conversam com o Presidente e o Presidente assina. Não é assim há muitas décadas. Não são os Ministros de Estado que despacham com o Presidente da República a versão final das propostas de atos normativos.

Claro, todas as propostas de atos normativos que serão encaminhadas para o Congresso Nacional ou para o Diário Oficial da União devem ser referendadas pelos Ministros de Estado. Trata-se de regra tradicional e que hoje muitos esqueceram: todos os atos do Chefe de Estado devem receber a referenda do Ministro de Estado ao qual está afeta a matéria, como consta do art. 87 da Constituição.

Na doutrina clássica chegava a constar a assertiva de que o ato presidencial não referendado por Ministro de Estado seria *inexistente*[1]. Hoje, a consequência prática da falta de assinatura do Ministro de Estado é questionável, mas o fato objetivo é que os atos têm de ser submetidos por meio de *Ministros de Estado* ao Presidente da República. Não podem ser submetidos por nenhuma autoridade inferior a *Ministro de Estado*, tais como dirigentes de entidades da administração indireta ou autoridades *equiparadas a Ministro de Estado*[2].

As propostas dos Ministros de Estado são encaminhadas para o Presidente da República por meio eletrônico. O uso do meio eletrônico tem como principal vantagem permitir que a mesma questão seja examinada *paralelamente* por vários setores da administração.

A assinatura eletrônica é sempre dentro dos padrões de autenticidade, integridade e validade jurídica da ICP-Brasil, nos termos da Medida Provisória nº 2.200-2, de 2001[3]. Não se cogita da hipótese de atos normativos serem *"assinados"* por mero *login e senha*.

---

[1] Pela obrigatoriedade da referenda e pela possibilidade de o ato ser considerado *inexistente* no caso de descumprimento da regra, podemos citar, entre outros, Pontes de Miranda e Bilac Pinto. Também cumpre relembrar o constante do Parecer CGR L-066/1975 do Consultor-Geral da República: Luiz Rafael Mayer, de 1975, que, teoricamente, permanece válido e vinculando o Poder Executivo.

[2] Hoje não existem mais no Brasil autoridades *equiparadas a Ministro de Estado*; contudo, durante longo período se teve a figura de autoridades que não *eram* Ministros de Estado, mas, apenas, *"equiparados"* a eles para *"todos os fins"*. Na prática, a equiparação abrangia questões remuneratórias e protocolares, mas não aspectos constitucionais como a possibilidade de parlamentar ocupar o cargo, o foro privilegiado e, o que nos interessa, a possibilidade de referendar atos presidenciais.

Atualmente, os titulares de órgãos subordinados diretamente ao Presidente da República, ainda que o órgão não seja propriamente *Ministério*, são *Ministros de Estado*, não havendo mais a figura do *equiparado a Ministro de Estado*.

[3] O Brasil segue o sistema de estrita hierarquia entre as autoridades certificadoras e os documentos assinados digitalmente dentro da ICP-Brasil *"presumem-se verdadeiros em relação aos signatários"* (§ 1º do art. 10 da Medida Provisória nº 2.200-2, de 2001).

O sistema de assinatura digital dentro da ICP-Brasil permite auditoria quanto à autoria da assinatura e impede qualquer alteração do documento assinado sem invalidação do ato. Até o presente, não é conhecida tecnologia ou software capaz de burlar o sistema.

Esclareça-se que a Medida Provisória citada permanece válida, apesar do decurso de tempo, devido ao disposto no art. 2º da Emenda Constitucional nº 32, de 2001.

Os Ministérios remetem por meio eletrônico a Exposição de Motivos, a proposta de ato, o parecer da área jurídica e o parecer de mérito. Chegando na Presidência, os atos são examinados pela Subchefia de Análise e Acompanhamento de Políticas Governamentais[4] da Casa Civil e, em paralelo, pela Subchefia[5] para Assuntos Jurídicos[6] da Secretaria-Geral[7].

O exame nas Subchefias referidas não é algo meramente burocrático. Grande número de atos é rejeitado sem sequer se cogitar de submissão ao Presidente da República, alguns são aprovados sem ressalvas e a grande maioria é objeto de discussão, tem trechos reescritos, dispositivos rejeitados para, só então, ser encaminhado para despacho presidencial. Em alguns casos, inclusive, controvérsias vão para decisão no despacho presidencial.

É interessante como algumas pessoas acham que encerrada a tramitação do ato no Ministério a aprovação pelas Subchefias da Casa Civil e da Secretaria-Geral, e o despacho presidencial são algo *automático*. Não é assim. Tudo está sujeito a reexame. Mais ainda, ocorre de chegando no despacho presidencial a proposta ser rejeitada ou receber ordem de alteração vinda do próprio Presidente.

Quem despacha o ato com o Presidente da República é sempre a mesma autoridade. Até o final do Governo Fernando Henrique Cardoso era o Secretário-Executivo da Casa Civil e, eventualmente, o Subchefe para Assuntos Jurídicos. A partir do Governo Lula, tornou-se, sempre e invariavelmente, o Subchefe para Assuntos Jurídicos. Repetindo: não

---

[4] Muito resumidamente, a função da Subchefia de Análise e Acompanhamento de Políticas Governamentais é analisar a coerência da proposta com as ações globais do governo.

[5] A Subchefia para Assuntos Jurídicos era unidade administrativa da Casa Civil da Presidência da República até a publicação da Medida Provisória nº 886, de 18 de junho de 2019, que a transferiu para a Secretaria-Geral da Presidência pública. Contudo, tratou-se de mera alteração do Ministro de Estado ao qual a unidade está subordinada. Nada além disso.

[6] A autoridade máxima dos órgãos da Casa Civil é o *Ministro de Estado Chefe da Casa Civil*, o que gerou a denominação *Subchefia*. Hierarquicamente, as *Subchefias* equivalem a Secretarias Especiais e o titular é ocupante de cargo de *Natureza Especial*, ou seja, mesmo nível do Secretário-Executivo.

[7] O órgão é relativamente pouco conhecido, mesmo no meio jurídico, a não ser como o responsável pela base de legislação brasileira disponível na internet (www.planalto.gov.br/legislacao), que se tornou célebre pela simplicidade no uso, pelo baixo custo de operação e pelo elevado número de acessos.

existe possibilidade de Ministro de Estado ou outra autoridade chegar com alguma proposta e pedir para o Presidente assinar.

Obviamente, o procedimento formal, descrito no Decreto nº 9.191, de 2017, não é absoluto. Se o Presidente quiser que fases sejam suprimidas isto vai ocorrer. O Decreto é para os subordinados ao Presidente e não para o próprio Presidente. Exemplo recente: em 1º de janeiro de 2019 inúmeros atos foram assinados pelo Presidente Jair Bolsonaro sem passar pelo procedimento do Decreto nº 9.191, de 2017. Os atos foram preparados pela equipe de transição governamental (Lei nº 10.609, de 2002) e despachados pelo Presidente da República sem a tramitação *formal*.

5. Principais problemas verificados do Decreto nº 4.176, de 2002, até o Decreto nº 9.191, de 2017

Em alguns pontos se evoluiu de modo significativo de 2002 até hoje, mas em outros nem tanto e em alguns casos houve retrocesso. Foi pensando nisso que se formulou o Decreto nº 9.191, de 2019.

Alguns problemas observados no período parecem dignos de registro.

5.1. Problema da omissão no enfrentamento das controvérsias jurídicas

Altera-se a legislação sem resolver as controvérsias que geram número fantástico de processos judiciais. O dispositivo antes causava dúvida na interpretação; agora, na nova norma –ou, como está na moda falar, no *novo marco legal*– considerando que, justamente nos pontos controvertidos, nada foi alterado tudo continuará como antes.

Alguns casos decorrem do próprio desconhecimento do redator da norma em relação às controvérsias existentes em juízo. Sim, não há como negar que algumas normas foram propostas sem cumprimento da obrigação básica de pesquisar as controvérsias judiciais existentes em torno da matéria.

Isso, contudo, não é o mais habitual. Normalmente, o que se tem é a impossibilidade política de se chegar a um acordo sobre a controvérsia. Mantém-se o texto ambíguo, que gera controvérsias em juízo, porque solucionar a controvérsia implicaria tomar opção política no sentido *"A"* ou no sentido *"B"* ou no sentido *"C"*, e a tomada de opção gerará reação tão forte do grupo derrotado que inviabilizará o acordo em torno da matéria até mesmo no âmbito do Poder Executivo.

Muitas vezes a solução do impasse foi encaminhada da pior forma possível: deixando em aberta a questão para ser resolvida pelo Judiciário em cada caso concreto.

5.2. Problema das normas com omissão do dever de legislar

Esse problema vi crescer muito durante determinado período. Em 2016 é que começou certa reação.

Houve momento e, que, sem exagero, metade dos atos recebidos na Subchefia para Assuntos Jurídicos possuía algum problema de delegação legislativa.

Vou tentar explicar brevemente o problema.

Pode, na ordem constitucional brasileira, o Poder Legislativo em vez de legislar sobre a matéria X delegar para o Executivo? Sim, pode, por meio de um instrumento chamado *lei delegada*.

A lei delegada está prevista na Constituição de 1988 (art. 68), mas em nível federal é mera curiosidade acadêmica. A última foi feita no Governo Collor e não existe a possibilidade política de voltar a ser utilizada, mas, apesar disso, é sempre interessante lembrar o que é a *lei delegada* como forma de explicar *o que não é delegação legislativa constitucionalmente legítima*.

O Congresso Nacional pode aprovar resolução, especificando o conteúdo da delegação e os termos do seu exercício (§ 1º do art. 68). Isto é *lei delegada* e é constitucionalmente admissível. O que vinha sendo feito, contudo, era estabelecer em *lei ordinária* que atendidos princípios genéricos, visando finalismo abstrato e respeitada a Constituição, o Poder Executivo poderia fazer o que bem entendia.

Não estou me referindo a detalhes da norma ou, muito menos, a aspectos altamente técnicos de disposições sobre matérias muito específicas. O problema identificado eram as proposições contendo dispositivos extremamente genéricos que terminavam com a sentença *"o Poder Executivo regulamentará o disposto nesta lei"*.

As propostas costumavam ter a seguinte estrutura lógica:

> *"Art. 1º Fica criado o Programa X, consistente num conjunto integrado de ações visando* [segue finalismo vago].

> *Art. 2º O Programa X tem por 'princípios'* [arrolam-se princípios genéricos. Nenhuma **regra**].

Art. 3º [agora vem o pensamento mágico] *O Poder Executivo disporá sobre os critérios de seleção dos beneficiários, o valor dos benefícios* [enfim, todos os critérios]"

Não havia sequer como regulamentar o disposto nessas leis porque elas nada dispunham de objetivo.

Tornou-se difícil lembrar que *processo legislativo* é matéria constitucional. Lembrar que o âmbito de atuação das leis ordinárias, das leis complementares, dos decretos-legislativos e dos decretos presidenciais é dado **pela Constituição** *e não por normas infraconstitucionais*. Em determinado momento as pessoas parecem ter perdido a noção de que a lei é cogente, de que a lei não é uma sugestão, um *indicativo*, um discurso, uma possibilidade a ser considerada, uma autorização para a administração fazer algo se achar conveniente ou, ainda, numa variação muito comum, algo que só terá efeitos práticos se houver previsão na lei orçamentária e que caso não se queira aplicar basta deixar de prever recursos na lei orçamentária. Passaram a considerar que se pode utilizar normas para *"dar sinalização política"*.

Na mesma linha, eram endêmicos os casos de proposta de *decreto regulamentar* nos quais a *"regulamentação"* consistia, basicamente, em transcrever alguns trechos da lei e estabelecer a autoridade competente para editar a *portaria* para qual se pretendia delegar a competência regulamentar. Ocorre, contudo, que da leitura do art. 84, inciso IV da Constituição, combinado como parágrafo único[8] do mesmo dispositivo, se extrai que a competência regulamentar não pode ser delegada.

Interessante como o Decreto nº 4.176, de 2002, enfatizava a necessidade de se evitar o uso de ato normativo hierarquicamente superior para casos que podem ser resolvidos por ato inferior. Parece que o problema de se propor *lei* em caso que bastava *decreto* ou propor *decreto* em hipótese de *portaria* era comum no período.

---

[8] *"Art. 84. Compete privativamente ao Presidente da República: (...)*
IV – sancionar, promulgar e fazer publicar as leis, bem como expedir decretos e regulamentos para sua fiel execução; (...)
Parágrafo único. O Presidente da República poderá delegar as atribuições mencionadas nos incisos VI, XII e XXV, primeira parte, aos Ministros de Estado, ao Procurador-Geral da República ou ao Advogado-Geral da União, que observarão os limites traçados nas respectivas delegações."

Depois o quadro parece ter se invertido. Atentando para a nova tendência, o Decreto nº 9.191, de 2017, enfatiza regras sobre legalidade, incluindo tanto regras sobre legalidade geral quanto diversas hipóteses de legalidade especial previstas na Constituição.

5.3. Problema do uso de linguagem esotérica

Usa-se aqui a expressão linguagem *esotérica* no sentido de linguagem destinada a ser compreendida apenas por círculo restrito.

São casos como o do burocrata que utiliza aquela terminologia no seu trabalho rotineiro e termina por não atentar que não é linguagem universalmente compreensível. Aliás, não é sequer português aceitável, pois as palavras estão postas com acepções não reconhecidas por nenhum dicionário.

Particularmente problemáticos são os dialetos caracterizados pela ausência de ponto final. A frase começa, fica cheia de vírgulas e de intercalações e o ponto final não aparece nunca.

Já identifiquei que existe uma tendência de se considerar meritório redigir normas com poucos *artigos*. Como resultado, surgem patologias de *capita* gigantescos ou de artigos com mais de vinte parágrafos. Qual o problema de haver número grande de *artigos*? Pelo contrário, são melhores as frases curtas e objetivas.

Também pode ocorrer de a linguagem meio hermética ser mecanismo de poder do burocrata. Ser a garantia de que naquela área específica o poder sempre será dele.

E há ainda a hipótese de o texto hermético ser tentativa de dar pouca visibilidade à alteração legislativa por se considerar ela impopular ou de legitimidade duvidosa. Sem entrar em considerações sobre moralidade, apenas registro que a estratégia não funciona. Ou ocorre que todos identificam o pretendido; ou ocorre que não identificam, mas como não entendem terminam dando redação com significado diverso para o dispositivo; ou, ainda o dispositivo é aprovado, mas de tão ininteligível termina não sendo aplicado ou, ao menos, não sendo aplicado *da forma pretendida por quem propôs*.

Outro meio de criptografia das normas, ainda mais perigoso, é a influência de *Antonio Gramsci*, contaminando a legislação com termos como *"sociedade civil"*, *"atores sociais"*, *"cidadania ativa"* e outros termos vagos destinados a serem lidos pelos gramscianos com conotação marxista e por outros como algo desprovido de significado prático. É típico caso de terminologias que não devem ser admitidas em textos de atos normativos por serem deliberadamente ambíguas.

Sobre as formulações criptográficas em produção normativas, também convém alertar para o problema da proliferação de siglas e de acrônimos.

Não é porque determinada sigla ou acrônimo é conhecida hoje na esfera de um setor da administração pública que será conhecido fora do âmbito estrito daquele setor ou que será conhecido daqui a alguns anos. A proliferação de siglas e acrônimos dificulta a rápida compreensão do ato e, em alguns casos mais graves, gera impossibilidade de compreensão da norma, pois ninguém consegue resgatar qual era o significado exato da sigla ou acrônimo posto em meio a uma norma antiga sem menção prévia por extenso ou com tantas menções a siglas que algumas terminam sendo idênticas ou muito parecidas.

O Decreto nº 9.191, de 2017, é particularmente duro com siglas e acrônimos, pois a regra anterior de que bastava colocar uma vez por extenso a sigla ou acrônimo revelou-se, na prática, insuficiente.

5.4. Problema da incompletude dos cálculos de impacto orçamentário e financeiro

Como Roberto Campos salientava ainda em 1994, no Executivo brasileiro se tem razoável consciência da crise fiscal, no Legislativo a consciência é muito baixa e no Judiciário a consciência é nula.

Na verdade, existe a curiosa tendência brasileira de considerar que contenção de gastos é atividade de competência exclusiva do Poder Executivo. Ao Legislativo e ao Judiciário, por sua vez, uma das principais competências institucionais é obrigar o Executivo a ampliar o gasto público.

A esse respeito, foi ilustrativo o ocorrido no pronunciamento de Paulo Guedes, Ministro de Estado da Economia, na Câmara dos Deputados em 3 de abril de 2019. Ao ser questionado, de modo meio agressivo, sobre o porquê de a proposta de reforma da previdência apresentada pelo Executivo não ser mais dura com alguns segmentos, o Ministro respondeu que os parlamentares poderiam propor o endurecimento no particular. A reação imediata de parlamentares foi de risos e sorrisos irônicos, pois o Ministro parecia ignorar a regra do jogo político brasileiro de que propor contenção de despesa é da responsabilidade exclusiva do Executivo.

Com a resistência permanente dos demais Poderes a qualquer medida de redução de despesas, o cuidado necessário no Executivo torna-se ainda maior. No entanto, parece que em determinado período as medidas adotadas pelo Executivo foram muito limitadas. Somente com o início do processo de *impeachment* de Dilma Rousseff, cujo fundamento foi a violação de normas orçamentárias e financeiras, o estamento burocrático do Executivo voltou a dar mais atenção para a questão.

O Decreto nº 4.176, de 2002, ainda estava muito preso aos termos da Lei de Responsabilidade Fiscal de impacto das despesas diretas no exercício e nos dois subsequentes[9]. Isso gerou a interpretação de que bastaria dar o valor das despesas diretas neste exercício e nos dois seguintes. Se poderia ignorar as despesas indiretas e se estava dispensado de fazer estudos de mais longo prazo.

Agora tem-se diversas normas ao longo do Decreto nº 9.191, de 2017, sobre a questão das despesas envolvidas na proposta.

Por *custos* não se deve mais interpretar como mera questão de cumprimento formal, ou *aparente*, da Lei de Responsabilidade Fiscal. Não é saber quanto o ente público vai gastar diretamente com a norma, como, lamentavelmente, ainda é a tradição em grande parte das propostas. Trata-se também de saber as despesas indiretas para os entes públicos *e para os particulares*.

Pretende-se criar X cargos públicos; logo, precisa-se aferir o gasto com remuneração do pessoal, mas também se precisa aferir o gasto com a estrutura física do local em que eles vão trabalhar, o gasto com parcelas indenizatórias e, dentro das peculiaridades tipicamente brasileiras, o gasto médio a ser acrescido por decisões judiciais.

Isso, que parece meio óbvio para alguém na iniciativa privada ,não costuma ser examinado nos entes públicos.

Já se haverá criação de novas exigências burocráticas para particulares, precisa-se aferir os gastos com servidores e estrutura física para fiscalizar o cumprimento das novas exigências. E precisa-se também aferir quanto

---

[9] Lei Complementar nº 101, de 4 maio de 2000:
"Art. 16. A criação, expansão ou aperfeiçoamento de ação governamental que acarrete aumento da despesa será acompanhado de:
I – estimativa do impacto orçamentário-financeiro no exercício em que deva entrar em vigor e nos dois subseqüentes; (...)"

vai ser gasto por particulares para atender as novas exigências. Qual o custo das horas de trabalho dos particulares com a exigência?

Lamentavelmente, para muitos persiste a mentalidade de que a razão de existir da sociedade é atender as exigências formais do seu órgão específico porque ele é o mais importante que existe, trata da matéria mais importante da humanidade e as exigência formais são sagradas; logo, pretender calcular os custos torna-se algo herético.

5.5. Problema dos Decretos não numerados e das normas ocultas

Observou-se que os destinatários das normas não conseguiam localizar nas bases de legislação os decretos *não numerados*. Além disso, havia certo artificialismo na distinção entre atos *abstratos*, numerados, e atos *de efeitos concretos*, não numerados. Mais ainda, em alguns casos práticos parecia que o critério adotado para classificar o ato como *numerado* ou *não numerado* era o interesse em dar maior ou menor divulgação para a medida.

Agora, com exceção dos atos de pessoal (*i. e.* nomeações e exonerações), todos os atos presidenciais são numerados. Não há mais no trabalho de elaboração normativa a distinção entre atos *de efeito concreto* ou *com conteúdo abstrato*.

Também na mesma linha de garantir maior publicidade *material* para as normas, foi abandonada no Governo Temer a figura da *aprovação de exposição de motivos por despacho presidencial*. Consistia em o Presidente da República despachar um lacônico *"Aprovo a Exposição de Motivos nº X, do Ministério Y"* e o constante no documento passar a, na prática, vigorar como um decreto para o âmbito interno (ou nem tão *interno*) da administração. Caso alguém pretendesse ter acesso à *"norma"* aprovada, tinha de formalizar pedido.

5.6. Problema do âmbito de aplicação

Detalhou-se no Decreto nº 9.191, de 2017, a exigência de o primeiro artigo conter o *âmbito de aplicação*.

É comum menosprezar a exigência de o primeiro artigo corresponder ao âmbito de aplicação ou se cometer o erro de confundir a *ementa* com o *âmbito de aplicação*.

A *ementa* corresponde a mera especificação dos temas abordados na norma para fins de facilitar indexação e localização. Sequer tem valor *normativo* e, salvo casos raríssimos, não se utiliza na interpretação da norma.

Ressalvado o caso de ato visando apenas alterar outra norma, a delimitação do *âmbito de aplicação* é quase sempre essencial.

Especificar o *âmbito de aplicação* significa *indicar as relações jurídicas para as quais a norma se destina*. A maioria das normas necessita de esclarecimento se sua aplicação está voltada à relações de direito público ou de direito privado, à esfera federal ou a todos os entes federativos, apenas ao Poder Executivo ou também aos outros poderes, a servidores regidos pelo Regime Jurídico Único ou também a pessoal regido pela Consolidação das Leis do Trabalho, a relações contratuais em geral ou apenas a relações de consumo, à administração direta ou à administração indireta, às empresas estatais em geral ou apenas à estatais dependentes, entre outras situações que necessitam ser aclaradas sob pena de sérias controvérsias na aplicação.

Exemplo de especificação adequada de objeto e âmbito de aplicação:

Lei nº 11.101, de 2005.

"Art. 1º Esta Lei disciplina a recuperação judicial, a recuperação extrajudicial e a falência do empresário e da sociedade empresária, doravante referidos simplesmente como devedor.

Art. 2º Esta Lei não se aplica a:
I – empresa pública e sociedade de economia mista;
II – instituição financeira pública ou privada, cooperativa de crédito, consórcio, entidade de previdência complementar, sociedade operadora de plano de assistência à saúde, sociedade seguradora, sociedade de capitalização e outras entidades legalmente equiparadas às anteriores."

Está claro o âmbito de aplicação. Pode-se concordar ou não com opção, mas é possível delimitar, de modo objetivo, os destinatários da norma.

Não foi algo fácil ou automático obter a aprovação da norma nesses termos. Durante as discussões da Lei de Falências diversas pessoas queriam "*deixar mais em aberto*" de modo a afastar controvérsias políticas.

Pensem no caos que seria se o âmbito de aplicação não tivesse sido precisado. Controvérsias sobre a aplicação, ou não, da norma a empresas estatais ou a bancos seriam os exemplos mais dramáticos.

Agora um exemplo de como não se deve iniciar norma: a Lei nº 12.007, de 2009 (aquela que estabelece a declaração anual de que os débitos do ano anterior foram pagos) começa falando em *"pessoas jurídicas prestadoras de serviços públicos ou privados"*. Não é objetivo; portanto, impossível delimitar o âmbito de aplicação da Lei.

5.7. Problema da vigência e da *vacatio legis*
A reforma no ponto foi radical.

O novo Decreto é no sentido de evitar ao máximo *a vigência imediata*. Também se alterou as fórmulas padrões utilizadas para a entrada em vigor.

Agora é a regra é:

– Para *decreto: entra em vigor numa data certa.*
– Para lei: *entra em vigor no dia 1º do 2º/3º/4º* mês após a data de sua publicação.

Tudo bem que se tenha ansiedade que a norma seja *aprovada* e *publicada*, mas é urgente que se tenha paciência quanto à *entrada em vigor* ou, em alguns casos, quanto ao *início da produção de efeitos*. De outro modo, o que se observa é que a confusão no momento inicial supera em muito eventual vantagem de aplicação imediata da norma.

Ao decidir sobre o período de *vacatio legis* da norma se precisa examinar diversas variáveis, entre as quais cabe destacar:

– o prazo necessário para amplo conhecimento pelos destinatários, tanto dentro quanto fora da administração;
– o tempo necessário à adaptação da administração pública e dos particulares aos novos procedimentos, regras e exigências, incluindo-se o tempo necessário para o mercado estar apto o fornecer o novo produto cujo uso será exigido;
– o tempo necessário para esclarecimento à sociedade do conteúdo das novas normas;
– as medidas administrativas prévias que se fazem necessárias para a aplicação da norma de modo ordenado;
– o tempo necessário para a adaptação dos sistemas utilizados pela administração pública, lembrando que a adaptação de sistemas de entes públicos costuma ser demorada; e

– o período do mês, do ano ou da semana mais adequado para a entrada em vigor.

Muito ilustrativo da importância de se ter cuidado na definição do prazo de *vacatio legis* é a análise do caso das normas brasileiras de trânsito.

O elevado número de mortes e lesões graves por acidentes de trânsito no Brasil, combinado, por outro lado, com o discurso sobre *"indústria das multas"* gera constantes proposições legislativas tentando resolver questões complexas de modo abrupto. Contudo, esclarecer as novas regras a dezenas de milhões de motoristas e a autoridades de trânsito de todos os Estados e de todos os Municípios da federação é algo que demanda tempo. Também é necessário estabelecer prazo para adaptação dos sistemas de processamento de infrações.

5.8. Problema das normas sobre desburocratização

Várias leis brasileiras contêm disposições visando restringir exigências burocráticas abusivas, colocando entre os direitos do administrado no Brasil:

– não reconhecer firma e não autenticar documentos em cartório (art. 22 da Lei nº 9.784, de 29 de janeiro de 1999, e art. 3º da Lei nº 13.726, de 8 de outubro de 2018);

– não apresentar prova de vida, residência, pobreza, dependência econômica, homonímia ou bons antecedentes (Lei nº 7.115, de 29 de agosto de 1983);

– não apresentar título de eleitor (art. 3º da Lei nº 13.726, de 2018);

– apresentar documento de identidade em substituição a certidão de nascimento (art. 3º da Lei nº 13.726, de 2018);

– não apresentar prova relativa a fato que já houver sido comprovado pela apresentação de outro documento válido (art. 3º da Lei nº 13.726, de 2018); e

– não apresentar documentos já existentes no âmbito da administração pública federal, nova prova sobre fato já comprovado perante o ente público ou documento expedido por outro órgão ou entidade do mesmo poder (art. 37 da Lei nº 9.784, de 1999, inciso XV do *caput* do art. 5º da Lei nº 13.460, de 26 de junho de 2017, e art. 3º da Lei nº 13.726, de 2018).

Além da falta de consolidação e de sistematicidade, essas leis têm em comum a completa ausência de mecanismo para a execução prática. Em tese, o administrado pode recorrer a juízo, mas na prática, obviamente, é mais simples se sujeitar à exigência em cada caso concreto do que ingressar com múltiplos processos judiciais.

Essas leis parecem ser vistas pela administração pública como meras *recomendações* que não subsistem diante de normas infralegais dispondo diversamente ou, simplesmente, diante de juízo de conveniência do burocrata. São editadas e depois esquecidas para depois surgir novo projeto de lei dispondo de modo análogo. Elas não preveem instância administrativa para a qual se possa recorrer em caso de exigência abusiva e, em muitos casos, dispõem sobre a dispensa de exigências burocráticas de modo irreal.

Nesse contexto, tudo o que se conseguiu prever no Decreto nº 9.191, de 2017, na prática, foi tentar evitar que *decretos* prevejam exigências burocráticas legalmente vedadas pelas maltratadas leis citadas.

5.9. Problema dos conselhos profissionais e da regulação profissional
Ao ler o Decreto nº 9.191, de 2017, talvez se estranhe as disposições sobre regulação profissional e criação de conselhos profissionais.

Elas decorrem da pressão nas últimas décadas para criar conselhos profissionais e regular profissões com o aparente objetivo de garantir reserva de mercado para determinadas corporações.

As diretrizes enunciadas no Anexo ao Decreto são restritivas e representam, realmente, a linha do Poder Executivo, tanto o atual quanto os anteriores, no sentido de tentar impedir limitações desnecessárias ao exercício de atividade profissional.

A medida parece insuficiente, pois a pressão de corporações para fechar o mercado é tão intensa que se cogita atualmente de emenda constitucional a respeito do direito de exercício de atividade profissional sem intromissão desnecessária de conselhos profissionais.

5.10. Questão das medidas provisórias
Até a Emenda Constitucional nº 32, de 2001, importante fator de desorganização do ordenamento jurídico eram as *reedições* de medidas provisórias. Basicamente, a medida provisória era editada, não era votada no prazo de trinta dias e era *reeditada* no dia anterior ao vencimento do prazo.

A reedição geralmente não se dava com a manutenção de texto, mas com mudanças constantes, inclusive com a inclusão de matérias estranhas ao objeto original. Até hoje as medidas provisórias do período se constituem em importante elemento de tumulto do ordenamento jurídico.

Após a Emenda Constitucional nº 32, de 2001, tem-se a vedação das reedições, mas surge o problema da inclusão no projeto de lei de conversão de multiplicidade de emendas parlamentares tratando dos mais variados assuntos. A transformação de medidas provisórias de uma página tratando de assunto específico em projeto de lei de conversão com dezenas de páginas com artigos esparsos tratando de assuntos aleatórios tornou-se algo rotineiro.

O quadro se alterou em 2015 com a decisão do Supremo Tribunal Federal na Ação Direta de Inconstitucionalidade nº 5.127/DF, na qual ficou decidido, segundo os termos da ementa, que:

> "Viola a Constituição da República, notadamente o princípio democrático e o devido processo legislativo (arts. 1º, caput, parágrafo único, 2º, caput, 5º, caput, e LIV, CRFB), a prática da inserção, mediante emenda parlamentar no processo legislativo de conversão de medida provisória em lei, de matérias de conteúdo temático estranho ao objeto originário da medida provisória."

A decisão é muito criticável por limitar o poder de emenda parlamentar sem que se identifique, de modo objetivo, dispositivo constitucional que embase a restrição. Contudo, é inegável que gerou melhoria da produção legislativa.

5.11. Avaliação posterior dos efeitos do ato normativo

Ainda não existe política de aferição dos efeitos do ato normativo após a entrada em vigor ou, muito menos, de revisão dos atos normativos que não tiveram os efeitos pretendidos. Normalmente, políticas públicas que não produzem os resultados pretendidos são, informalmente, *abandonadas*. Dificilmente há a extinção solene de programa da administração pública ou a revogação expressa dos atos normativos a respeito.

Quanto às leis que abrangem relações de direito privado, o quadro pode ser considerado muito mais grave, porque as normas não são revistas e não são esquecidas, mas se acumulam a outras sujeitas a serem invocadas em juízos.

No final do Anexo ao Decreto nº 9.191, de 2017, há uma discreta diretriz na busca da avalição de efeitos posteriores da norma, mas o caminho a ser percorrido ainda é muito longo.

6. Caso dos *colegiados*

Quando da edição do Decreto nº 9.191, de 2017, já se sabia que havia problema de excesso de *colegiados* na Administração Pública federal, o que levou à criação de regras destinadas a dificultar a criação de colegiados de modo voluntarista e sem a extinção de colegiados que tratam de matérias correlatas. Contudo, não se tinha nenhum levantamento mais consistente do número de colegiados existente.

Recente levantamento, realizado junto ao Sistema de Organização e Inovação Institucional do Governo Federal – SIORG[10], obteve o número de 2.590 colegiados na Administração Pública federal, número que inclui apenas os publicados no Diário Oficial da União nas últimas décadas. Colegiados mencionados apenas em boletim interno ou criados há muito tempo não se conseguiu incluir na contagem.

Não existe levantamento confiável de quantos desses colegiados possuem alguma existência *material, i. e.* realizaram alguma reunião nos últimos anos, mas a estimativa é de algo em torno de 1.300.

O que leva a essa obsessão pela criação de novos colegiados e pela manutenção de colegiados antigos de utilidade prática desconhecida? Num geral, motivos nada nobres, tais como:

– criar a aparência de *"debate"* em situações nas quais a conclusão já está posta de antemão, pois os membros do colegiado foram escolhidos entre pessoas com ideias uniformes;
– simular a tomada de providências visando resolver determinado problema;
– diluir responsabilidades que deveriam caber à autoridade singular;
– melhorar *o currículo* dos participantes do colegiado, que passam a citar como experiência profissional a condição de membro de colegiado federal com nome imponente; e

---

[10] Conforme constante da Exposição de Motivos nº 30/2019 CC PR.

– obtenção de viagens para Brasília com tudo pago, o que, combinado com o título de membro de colegiado oficial, facilita o trabalho de *lobby* na Capital.

Alguns consideram, equivocamente, que o problema do excesso de colegiado é, apenas, o gasto com diárias e passagens nas reuniões e as expectativas frustradas quanto aos resultados. Sem desmerecer tais problemas, o fato é que o excesso de colegiados resulta em problemas muito mais graves.

O número de servidores públicos que precisam ser alocados para constantes reuniões de colegiados, com resultados práticos desconhecidos, termina resultando em significativo gasto público indireto. Já do ponto de vista da elaboração normativa, é particularmente grave a profusão de *"diretrizes"*, *"recomendações"*, *"resoluções"* e *"políticas"* aprovadas por colegiados, normalmente com conteúdo impreciso, com sobreposição de competência à de órgãos da administração ou de outros colegiados, e, acima de tudo, gerando dúvidas sobre se possuem natureza de *recomendação* ou se *vinculam*. Essas *"normas"* muitas vezes geram problemas para particulares, mas com maior frequência são voltadas ao âmbito interno da administração e acarretam problemas para os servidores que não sabem as regras e *"diretrizes"* às quais estão vinculados.

Tem-se, ainda, o hábito de colegiados convocarem *"conferências"* com custos que superam os cinco milhões de reais.

Atentando-se para essa problemática, houve a edição do Decreto nº 9.759, de 11 de abril de 2019, no qual tentou-se estabelecer algo como uma *cláusula pôr do sol* para colegiado previstos apenas em atos infralegais (os dispostos em *lei* estimam-se como sendo menos do que 300). O Decreto obrigou que a necessidade de cada colegiado fosse revista por nova norma ou o colegiado estaria automaticamente extinto.

O resultado imediato foi forte reação política de alguns setores, principalmente à esquerda do espectro político, e o ajuizamento da Ação Direta de Inconstitucionalidade nº 6.121 pelo Partido dos Trabalhadores. A Ação foi pautada para julgamento no Plenário do Supremo Tribunal Federal numa velocidade surpreendente para algo que parecia de tão pouca importância perto de ações com impacto, econômico ou social, muito maior, ajuizadas há mais de quinze anos, e no julgamento, ocorrido nos dias 12 e 13 de junho de 2019, muitos votos tomaram rumo inesperado.

A extinção automática de colegiados foi julgada constitucional pela apertada margem de 6 a 5[11]. Muitos Ministros se pronunciaram pela inconstitucionalidade invocando *violação da proporcionalidade,* citando a importância de determinados colegiados (todos os quais não se cogitava de extinguir, inclusive porque previstos em *lei*), salientando a gravidade dos problemas sociais que os colegiados discutem e concluindo que seria possível apenas a extinção caso nominalmente identificado cada colegiado.

Para o caso específico da racionalização do número de colegiados, a decisão do Supremo Tribunal Federal não acarretou consequências expressivas. Os trabalhos persistem, com confirmação de colegiados necessários, preparação da extinção de colegiados de utilidade prática não identificada, fusão de colegiados, redução do total de membros[12] em colegiados e redução dos subcolegiados criados por ato do colegiado-mãe.

Contudo, as inesperadas posições no Supremo Tribunal Federal terão como consequência aumentar-se a cautela – ou se cancelar – novas medidas de revogação maciça de atos (*"revogaço"*, tem sido o apelido dado) que se vinha cogitando. A linha terá de ser revogar atos e extinguir atividades da administração apenas se nominalmente identificada a ação e numericamente referido o ato. *Cláusula pôr do sol*, descobriu-se, parece sofrer resistência do Poder Judiciário.

---

[11] Além disso, foi declarada inconstitucional, por unanimidade, a previsão de inclusão na extinção automática de colegiados criados e organizados por ato infralegal, mas, eventualmente, *citados* em alguma lei posterior. Aqui deixo de entrar na discussão jurídica do ponto específico, porque seria preciso se estender muito, e apenar ressalto que, na prática, a decisão foi irrelevante, pois as estimativas apontam que não chegam 10 o total de colegiados abrangidos pela hipótese quase que cerebrina.

[12] A título exemplificativo, o Conselho Nacional do Meio Ambiente – CONAMA, cuja relevância ninguém questiona, possuía 96 membros (número que inviabilizava qualquer discussão séria) e agora, com Decreto nº 9.806, de 28 de maio de 2019, teve o número de membros reduzido para 23.
Já Conselho Nacional de Política Cultural – CNPC (Decreto nº 5.520, de 24 de agosto de 2005) possui, sem considerar os membros *convidados,* 67 membros no colegiado-mãe ao quais se somam algo estimado em 400 membros de subcolegiados criados pelo colegiado-mãe. Não se identificou registro de quando ocorreu a última reunião do colegiado.
Agora, visando viabilizar o funcionamento do colegiado, trabalha-se em decreto para racionalizar a estrutura do CNPC e de seus subcolegiados.

7. Últimas tendências e conclusão

O período posterior ao *Impeachment* de Dilma Rousseff caracterizou-se pela profusão de normas e propostas de normas com o objetivo de estabelecer regras gerais para a atuação administrativa, inclusive a produção normativa.

Muitas das propostas, contudo, estão impregnadas de voluntarismo e são de constitucionalidade formal duvidosa.

Com efeito, tornou-se comum pretender editar pretensas *"normas gerais"* sobre questões de *direito administrativo* vinculando todos os entes federativos. Também se tornaram endêmicas as tentativas de dispor sobre elaboração normativa por meio de lei ordinária.

Apesar de grande parte do conteúdo dessas propostas ser meritório, tem-se problema formal: existem disposições da Constituição estabelecendo a competência da União para editar normas gerais sobre questões específicas de direito administrativo, mas não existe a previsão de a União ser competente para editar *normas gerais* (algumas nem tão *gerais*) sobre qualquer questão de direito administrativo. Também não se pode legislar por lei ordinária sobre matéria de elaboração normativa porque a Constituição (art. 59, parágrafo único) reserva a matéria para *lei complementar*.

Numa tentativa de disfarçar a inconstitucionalidade, as normas e as propostas de normas se apresentam disfarçadas de normas de hermenêutica ou, numa tendência mais recente, de normas de direito econômico.

Também foram observados movimentos no Poder Executivo no sentido da edição de *manuais* e *guias* de elaboração normativa sem uma linha muito articulada. Outra anomalia observada foi a tendência de tratar *"análise de impacto regulatório"* (*"Regulatory Impact Analysis"*) como algo dissociado das normas de elaboração normativa.

De qualquer modo, parece claro que, apesar dos vários equívocos, esforços estão sendo direcionados para o aprimoramento da produção normativa e se está num lento processo de aprimoramento de qualidade das normas.

Dentro do âmbito do Poder Executivo, o Decreto nº 9.191, de 2017, está produzindo efeitos consideráveis e já está em processo de elaboração novo decreto, com aperfeiçoamentos e com regras para a produção de atos normativos inferiores a decreto, o que hoje não existe.

Referências

ACADEMIA BRASILEIRA DE LETRAS. *Vocabulário Ortográfico da Língua Portuguesa.* Disponível em: <www.academia.org.br/nossa-lingua/busca-no-vocabulario>. Acesso em 15JUN2019.

BRASIL. Casa Civil da Presidência da República. Exposição de Motivos nº 30/2019 CC PR, referente ao Decreto nº 9.812, de 30 de maio de 2019. Ainda não disponível pela internet. Pode ser obtido por meio de requerimento formulado em http://www.casacivil.gov.br/acesso-a-informacao/servico-de-informacao-ao-cidadao-sic.

____. Casa Civil da Presidência da República. Manual de Redação da Presidência da República / Casa Civil, Subchefia de Assuntos Jurídicos ; coordenação de Gilmar Ferreira Mendes, Nestor José Forster Júnior [et al.]. –1ª ed., Brasília: Imprensa Nacional. 1991.

____. Casa Civil da Presidência da República. Manual de redação da Presidência da República / Casa Civil, Subchefia de Assuntos Jurídicos; coordenação de Gilmar Ferreira Mendes, Nestor José Forster Júnior [et al.]. –3. ed., rev., atual. e ampl. Brasília: Presidência da República, 2018. 189p. Disponível em <http://www4.planalto.gov.br/centrodeestudos/assuntos/manual-de-redacao-da-presidencia--da-republica/manual-de-redacao.pdf>.

___. Casa Civil. Nota Técnica nº 2/2019/AESP/SE/CC/PR. Secretaria-Executiva da Casa Civil da Presidência da República. 18MAI2019. Pode ser obtido por meio de requerimento formulado em http://www.casacivil.gov.br/acesso-a-informacao/servico-de-informacao-ao-cidadao-sic.

___. Ministério da Justiça. *Diagnóstico do Poder Judiciário.* Secretaria de Reforma do Judiciário do Ministério da Justiça. 2004. Não localizado o documento na página oficial do Ministério. Disponível em < https://www.migalhas.com.br/arquivo_artigo/diagnostico_web.pdf>.

_____. Supremo Tribunal Federal. Ação Direta de Inconstitucionalidade nº 5.127/DF. Julg. em 15 de outubro de 2015. Relatora Min. Rosa Weber. Redator para Acórdão Min. Edson Fachin. Disponível em <http://redir.stf.jus.br/paginadorpub/paginador.jsp?docTP=TP&docID=10931367>..

_____. Supremo Tribunal Federal. Ação Direta de Inconstitucionalidade nº 6121/DF. Relator Min. Marco Aurélio Mello. Plenário. Brasília. Julg. em 12 e 13JUN2019. Acórdão não publicado. Julgamento disponível em www.youtube.com/user/STF/videos. Acesso em 14JUN2019.

CAMPOS, Roberto. A Lanterna na Popa. 1ª Edição. Rio de Janeiro: Topbooks, 1994.

FERREIRA, Aurélio Buarque de Holanda. Dicionário Aurélio. Disponível em <www.dicionariodoaurelio.com>. Aceso em 15JUN2019.

FERREIRA FILHO, Manoel Gonçalves. Do processo legislativo. 6º ed. São Paulo: Saraiva, 2007.

Francisco J. Caldas Aulete *et alii. iDicionário Aulete.* Disponível em www.aulete.com. br. Acesso em 15JUN2019.

GUIMARÃES, André Sathler, *et alii. Legística: Inventário semântico e teste de estresse do conceito.* Revista de Informação Legislativa. Brasília a. 48 n. 191 jul./set. 2011.

HOUAISS. Antônio. *Grande Dicionário Houaiss.* Disponível em https://houaiss.uol. com.br. Acesso em 15JUN2019.

Mayer, Consultor-Geral da República. Luiz Rafael. *Parecer CGR L-066/1975..* Data da aprovação: 21JUN1975. Diário Oficial da União de 01JUL1975. p.7.906. Pareceres da CGR. V. 86. P. 40 . Data de Emissão: 03JUN1975;

MIRANDA, Pontes de. *Comentários à Constituição de 1967, com a emenda nº 1, de 1969.* v. III. p. 371. Editora RT. São Paulo. 1969.

PINHEIRO, Hesio Fernandes. *Técnica legislativa.* Rio de Janeiro: Freitas Bastos, 1962.

ROS, Luciano Da *et alii. Opening the Black Box: Three Decades of Reforms to Brazil's Judicial System.* American University School of International Service. AGO2017. Disponível em https://tinyurl.com/y2o2q6hc> . Acesso em 20JUN2019.

SOARES. Fabiana de Menezes. *Legística e Desenvolvimento: Qualidade da Lei no Quadro da Otimização de uma Melhor Legislação.* Revista da Faculdade de Direito da UFMG. Belo Horizonte, nº 50, p. 124-142, jan. – jul., 2007.

10. Técnicas inovadoras na avaliação legislativa[1]

João Tiago Valente Almeida da Silveira

1. Introdução

BLANCO DE MORAIS define a avaliação de impacto regulatório como *"um processo analítico fundado em bases científicas e técnicas que informa o decisor legislativo sobre os efeitos potenciais ou efectivos das leis, nomeadamente em termos do seus custos, benefícios, riscos e praticabilidade administrativa.".*[2] Porém, a identificação e definição do que seja avaliação legislativa não é isenta de dúvidas e, em boa medida, a dificuldade em fazê-lo resulta de esta se poder reportar a realidades muito distintas.

Com efeito, a avaliação legislativa pode ser extraordinariamente simples ou, noutras situações, muito complexa e exaustiva.

Encontramos exemplos de processos simplificados de avaliação legislativa em situações de recolha e tratamento de informação, para efeitos de avaliação legislativa, relativa ao agendamento de diplomas para aprovação. Sucede, com alguma frequência, que a propósito do agendamento de diplomas normativos seja obrigatório o preenchimento de alguns campos constantes de um formulário dirigidos à apreciação de questões

---

[1] O presente texto corresponde, essencialmente, a uma intervenção proferida pelo autor sobre *Cutting edge tools for legislative assessment*, realizada num *workshop* sobre *"Evaluation of Legislation"*, organizado pela *Pazmány Péter Katolikus Egyetem, Ereky Public Law Research Center*, Budapeste, Hungria, a 3 de maio de 2019.

[2] Morais, Carlos Blanco de – Manual de Legística, Critérios Científicos e Técnicos para Legislar Melhor, Verbo, 2007, p. 343.

específicas. Era o que sucedia com o Teste Kafka na Bélgica e com o Teste SIMPLEX em Portugal, tendo este último vigorado entre 2006 e 2009.[3-4] Trata-se, aqui, de informação que é tendencialmente recolhida num universo alargado de diplomas, mas dirigida frequentemente a um conjunto delimitado de aspetos. Já a avaliação legislativa complexa, por seu turno, é necessariamente mais densa, implica a recolha de informação num conjunto mais alargado de parâmetros e, normalmente, atua sobre diplomas específicos e selecionados em função de critérios diversificados, como a realidade da vida sobre que atuam, os problemas de aplicação prática que se colocam, a complexidade das soluções que introduzem ou o número de destinatários que abrangem.[5]

Num outro plano, a avaliação legislativa pode visar a avaliação de apenas uma matéria ou, pelo contrário, de várias. Nuns casos a avaliação legislativa destina-se à avaliação de um aspeto específico das políticas públicas (por exemplo, o impacto sobre os custos de contexto) mas, noutros casos, procura avaliar conjuntos mais amplos e variados de impactos em vários domínios de políticas públicas como, por exemplo, impactos sociais, ambientais, sobre a igualdade de género, redução de custos de contexto, etc.

---

[3] O Teste Simplex foi introduzido pela Resolução do Conselho de Ministros n.º 64/2006, de 18 de maio, que alterou a Resolução do Conselho de Ministros n.º 82/2005, de 15 de abril, a qual havia aprovado o Regimento do Conselho de Ministros do XVII Governo Constitucional. O Regimento do Conselho de Ministros do XVIII Governo Constitucional (Resolução do Conselho de Ministros n.º 77/2010, de 11 de outubro) substituiu o Teste Simplex pelo preenchimento de certos campos do formulário eletrónico para agendamento de diplomas em Conselho de Ministros (artigo 32.º-2).

[4] Sobre o Teste Simplex ver Garoupa, Nuno/Vilaça, Guilherme Vasconcelos – A prática e o discurso da avaliação legislativa em Portugal, Legislação, Cadernos de Ciência da Legislação, n.º 44 (outubro-dezembro 2006), INA, pp. 22 e segs.; Morais, Carlos Blanco de – Manual de Legística, Critérios Científicos e Técnicos para Legislar Melhor, Verbo, 2007, p. 345; Morais, Carlos Blanco de – Novas políticas no domínio da legislação: um comentário ao programa "Legislar Melhor", Legislação, Cadernos de Ciência da Legislação, n.º 44 (outubro-dezembro 2006), INA, pp. 40 e segs.

[5] Ettner, Diana/Silveira, João Tiago – Programas de Better Regulation em Portugal: o SIMPLEGIS, E-Pública, Revista Eletrónica de Direito Público, ICJP, vol. 1, n.º 1, janeiro de 2014, acessível em http://www.e-publica.pt/volumes/v1n1/pdf/Vol.1-N%C2%BA1-Art.08.pdf, pp. 233-234.

Uma outra distinção consiste em identificar separadamente a avaliação legislativa *ex ante* e *ex post*. A avaliação prévia ou *ex ante* destina-se a avaliar os impactos de um projeto de diploma normativo em preparação antes da sua aprovação, ao passo que a segunda, também conhecida por "avaliação sucessiva", visa avaliar os efeitos que o diploma provocou e se o mesmo atingiu os seus propósitos.

Finalmente, quanto às entidades responsáveis pela realização de exercícios de avaliação legislativa, encontramos, por um lado, casos em que são as próprias entidades competentes para legislar ou aprovar uma lei ou um regulamento administrativo que efetuam os exercícios de avaliação legislativa e, por outro lado, situações em que essa competência pertence a uma entidade terceira, dotada de menor ou maior grau de autonomia face à entidade competente para a aprovação das normas em questão.

O tema da avaliação legislativa tem, cada vez mais, feito parte das políticas públicas de *better regulation* e tem conhecido avanços significativos nos últimos anos, como a Organização para a Cooperação e Desenvolvimento Económico (OCDE) reconhece.[6] É, portanto, uma matéria que tem conhecido assinaláveis evoluções nos últimos anos, também em Portugal. É de referir, em especial, i) os esforços de avaliação legislativa realizados em exercícios específicos como, por exemplo, o regime do Rendimento Mínimo Garantido, a Reforma do Contencioso Administrativo, a Reforma da Ação Executiva e o Regime Processual Civil Experimental,[7] ii) a criação de testes de avaliação legislativa como o Teste SIMPLEX, iii) a formação e capacitação de funcionários públicos para a realização de estudos de

---

[6] Ver OCDE – Better Regulation parctices across the European Union, OECD Publishing, Paris, 2019, acessível em https://read.oecd-ilibrary.org/governance/better-regulation-practi ces-across-the-european-union_9789264311732-en#page4, pp. 69-123; OCDE – Regulatory Impact Analysis, A tool for political coherence, OECD Publishing, 2009, acessível em https://read.oecd-ilibrary.org/governance/regulatory-impact-analysis_9789264067110- -en#page1, p. 15.

[7] Ver Ettner, Diana/Silveira, João Tiago – Programas de Better Regulation em Portugal: o SIMPLEGIS, E-Pública, Revista Eletrónica de Direito Público, ICJP, vol. 1, n.º 1, janeiro de 2014, acessível em http://www.e-publica.pt/volumes/v1n1/pdf/Vol.1-N%C2%BA1-Art.08. pdf, pp. 207-209; Silveira João Tiago – Portuguese Trends on Better Regulation, Jorunal of Legislative Evaluation, vol. 10-1 (2016), Korean Legislative Research Institute, pp. 78-79.

avaliação legislativa no quadro do Programa SIMPLEGIS[8], iv) a utilização do formulário eletrónico para o agendamento de diplomas em Conselho de Ministros para recolha de dados e informação para exercícios de avaliação legislativa prévia e v) o programa de avaliação legislativa "Custa Quanto", atualmente em vigor (Resolução do Conselho de Ministros n.º 44/2017, de 24 de março e Resolução do Conselho de Ministros n.º 74/2018, de 8 de junho).

No quadro das mudanças registadas nos últimos anos observa-se a procura de novas metodologias, técnicas e instrumentos no âmbito da avaliação legislativa. O presente artigo visa dar conta de alguns exemplos de técnicas avançadas de avaliação legislativa que têm surgido, bem como de possíveis evoluções futuras que possam vir a surgir.

2. Técnicas inovadoras em utilização

Tal como se referiu, procuraremos nesta parte identificar, sem preocupação de exaustividade, metodologias, técnicas e instrumentos de avaliação legislativa especialmente inovadores que já se encontrem a ser utilizados. Vejamos, separadamente, i) os *fitness checks* nas práticas de avaliação legislativa vigentes na União Europeia (UE), ii) o planeamento legislativo enquanto instrumento auxiliar da avaliação legislativa, iii) o escrutínio de exercícios de avaliação legislativa por entidades terceiras, iv) a publicação e divulgação eletrónica de exercícios de avaliação legislativa e v) a realização de exercício de avaliações legislativas com um objeto mais amplo.

2.1. *Fitness checks* na União Europeia

Um primeiro exemplo a apreciar consiste nos denominados *fitness checks*, realizados no âmbito dos processos de avaliação legislativa da UE.

Estes *fitness checks* foram adotados no quadro da Agenda da UE para a *Smart Regulation*, constante das Comunicações da Comissão ao Parlamento Europeu, ao Conselho, ao Comité Económico e Social Europeu e ao Comité das Regiões, com os registos Com (2010)543 e Com (2012)746.[9]

---

[8] Ver Ettner, Diana/Silveira, João Tiago – Programas de Better Regulation em Portugal: o SIMPLEGIS, E-Pública, Revista Eletrónica de Direito Público, ICJP, vol. 1, n.º 1, janeiro de 2014, acessível em http://www.e-publica.pt/volumes/v1n1/pdf/Vol.1-N%C2%BA1-Art.08.pdf, pp. 232-234.

[9] Ambas disponíveis em https://eur-lex.europa.eu/

Consistem na realização de exercícios de avaliação globais, destinados a agregar várias intervenções normativas que tenham uma relação entre elas como, por exemplo, objetivos comuns. Assim, implicam uma avaliação mais ampla e integrada, com o propósito de verificar se um conjunto variado de intervenções numa determinada área de política pública teve como efeito a concretização dos objetivos propostos e em que medida o conseguiu. Trata-se, no fundo, de adotar um instrumento de avaliação legislativa global que supere as insuficiências de uma avaliação parcelar baseada num único diploma, o que é especialmente relevante quando a efetiva avaliação legislativa de uma política pública implique a análise não apenas de uma, mas de várias intervenções normativas com objetivos comuns.

Por exemplo, a UE levou a cabo exercícios deste tipo em matéria de qualidade do seu regime jurídico relativo à prestação pública de informações por parte das empresas, o que envolvia a avaliação de vários atos normativos da UE que integram esse regime geral, por forma a verificar se o mesmo é apto a atingir os objetivos para os quais foi elaborado e como poderia ser modernizado e atingir novas metas.[10] Foram, assim, avaliados os vários diplomas relativos a essa matéria em conjunto e não apenas um ou alguns de forma avulsa.

Trata-se sem dúvida de uma metodologia que apresenta vantagens, pois permite a avaliação legislativa global de todo um conjunto normativo e dos seus resultados, evitando exercícios de avaliação parcial e que podem não ser aptos a proporcionar uma efetiva análise dos resultados conjugados de todo um conjunto normativo com propósitos comuns ou semelhantes.

2.2. Planeamento

Nalguns ordenamentos jurídicos existem planos de atividade legislativa destinados a identificar os diplomas a preparar e, eventualmente, a aprovar, num determinado lapso temporal. O processo legislativo da UE e o processo de aprovação de diplomas normativos pelo Governo de Portugal acolhem mecanismos de planeamento legislativo.

---

[10] Ver em https://ec.europa.eu/info/consultations/finance-2018-companies-public-reporting_pt

Estes instrumentos podem assumir diferentes contornos, nomeadamente quanto ao período temporal de vigência e ao seu caráter público ou reservado. Assim, quanto ao primeiro aspeto, encontramos exercício de natureza anual, bianual e outros.[11] Já quanto ao segundo aspeto, existem obrigações de planeamento legislativo referidas na lei que se destinam apenas a organizar internamente a produção legislativa e a constituir um instrumento auxiliar das entidades competentes nesta matéria sem que, contudo, o conteúdo desse planeamento seja de conhecimento público, ao passo que, noutros casos, o mesmo é revelado publicamente.

A existência de obrigações de planeamento legislativo não está diretamente relacionada com a avaliação legislativa. Contudo, é um instrumento que se revela de grande importância para a melhoria da qualidade destes exercícios. É que, com o conhecimento antecipado dos calendários dos diplomas legislativos em preparação, a elaboração dos exercícios de avaliação legislativa *ex ante* pode ser calendarizada e preparada com antecedência, bem como a recolha de dados que se revele necessária para esse efeito e, ainda, a realização de eventuais estudos preparatórios que possam ser úteis para o efeito. Aliás, o planeamento legislativo pode ter um impacto positivo não apenas na avaliação legislativa *ex ante*, mas também na *ex post*. É que o conhecimento da existência de alterações legislativas em preparação pode levar a que exercícios desta natureza se revelem mais urgentes, por forma a que auxiliem na densificação das

---

[11] O Regimento do Conselho de Ministros do XVII Governo Constitucional (Resolução do Conselho de Ministros n.º 77/2010, de 11 de outubro) previa vários mecanismos de planeamento da atividade legislativa do Governo, nomeadamente i) a existência de um debate mensal em Reunião de Secretários de Estado sobre os diplomas ainda não agendados em preparação nos ministérios ou que estes pretendessem elaborar (artigo 35.º-4-a)), ii) um outro debate mensal sobre, também em Reunião de Secretários de Estado, sobre a programação da aprovação dos atos jurídicos da UE que carecessem de transposição para a ordem jurídica nacional (artigo 35.º-4-b)) e, ainda, iii) obrigações de informação mensal ao Gabinete do Secretário de Estado da Presidência do Conselho de Ministros quanto às iniciativas normativas em preparação pelos ministérios, tendo em vista a programação da atividade legislativa (artigo 16.º-1 e 2). O Regimento do Conselho de Ministros do XXI Governo Constitucional (Resolução do Conselho de Ministros n.º 95-A/2015, de 17 de dezembro, alterada pelas Resoluções do Conselho de Ministros n.ºs 44/2017, de 24 de março, 171/2017, de 13 de novembro, Decreto-Lei n.º 90/2018, de 9 de novembro e Resolução do Conselho de Ministros n.º 49/2019, de 4 de março) mantém uma disposição em matéria de planeamento legislativo com contornos ligeiramente diferentes (artigo 19.º).

soluções legislativas a adotar ou, pelo contrário, que os mesmos deixem se realizar, por se revelarem desnecessários face à existência de opções de política eventualmente já adotadas, assim se permitindo que os recursos disponíveis sejam canalizados para outros fins.

Um bom exemplo de planeamento legislativo consta do Acordo Interinstitucional de 13 de abril de 2016 entre o Parlamento Europeu, o Conselho da União Europeia e a Comissão Europeia sobre Legislar Melhor, o qual estabelece um programa anual de trabalhos da Comissão que deve incluir as principais propostas legislativas e não legislativas para o ano subsequente (II.8).[12] Para cada tema, o programa deve referir i) a base jurídica prevista, ii) o tipo de ato jurídico, iii) o calendário indicativo para a adoção pela Comissão e iv) outra informação de ordem proces-sual, nomeadamente relativa ao trabalho de avaliação de impacto e de análise.

De forma semelhante, o planeamento de exercícios de avaliação legislativa *ex post* é também um instrumento de grande importância, pois permite uma melhor preparação dos exercícios de avaliação legislativa, a recolha de informação de forma atempada e antecipada, uma melhor gestão e alocação dos recursos disponíveis, o conhecimento pelos *stakeholders* de que, com um certo grau de probabilidade, poderão ser chamados a pronunciar-se sobre um dado tema e, ainda, uma melhor calendarização legislativa, que assim se pode realizar de forma conjugada com os calen-dários das avaliações *ex post*.[13]

São exemplos de calendarização de avaliações legislativas *ex post* a programação de dez exercícios de avaliação legislativa complexa em 2011 no âmbito do Programa SIMPLEGIS que, infelizmente, não se chegaram a concretizar e, a nível da UE, a programação plurianual de avaliação da legislação em vigor que a Comissão planeou (III. 21 do Acordo Interinstitucional de 13 de abril de 2016 entre o Parlamento Europeu, o Conselho da União Europeia e a Comissão Europeia sobre

---

[12] Acessível em https://eur-lex.europa.eu/.
[13] Sobre o timing na realização dos exercício de avaliação legislativa ver Issalys, Pierre – Impact assessment as a means towards higher quality of legal norms: beware of blind spots, Quality of Legislation, Principals and instruments, proceedings of the ninth congress of the International Association of Legislation in Lisbon, June 24th-25th, 2010, Nomos, p. 213.

Legislar Melhor e *Better Regulation Guidelines* da Comissão Europeia de 7 de julho de 2017 (SWD (2017)350 (capítulo IV).[14]

2.3. Escrutínio de avaliações legislativas por entidades terceiras

Nalguns casos os exercícios de avaliação legislativa são, eles próprios, supervisionados, auditados ou, de alguma forma escrutinados por entidades terceiras destinadas a verificar a qualidade dos estudos de impacto e se os mesmos seguiram as melhores práticas disponíveis ou cumpriram os requisitos que devam observar.

Existem vários exemplos da utilização de entidades terceiras no âmbito do escrutínio de avaliações legislativas.

No âmbito da UE, está prevista uma análise dos estudos de impacto legislativo por um *Regulatory Scrutiny Board* (RSB), destinada a aferir a qualidade dos mesmos, depois de a avaliação legislativa ter sido preparada no âmbito da direção-geral competente (Comunicação da Comissão ao Parlamento Europeu, ao Conselho, ao Comité Económico e Social Europeu e ao Comité das Regiões Com (2015)215).[15] O RSB é uma entidade autónoma da estrutura administrativa da Comissão Europeia competente para a preparação de políticas públicas, sendo composta por um presidente e seis membros, sendo três deles recrutados fora das instituições da UE.

Existem outros exemplos de entidades independentes ou com um certo grau de autonomia que, noutros ordenamentos, têm um papel nos processos de avaliação legislativa, principalmente destinado a assegurar que os exercícios realizados se conformem com requisitos de qualidade mínimos ou que cumprem certos requisitos a que se encontram obrigados. É o caso da ACTAL que, na Holanda, enquanto entidade independente, aconselha o Parlamento e o Governo sobre formas de reduzir os encargos administrativos para os cidadãos e as empresas[16], do *Office of Best Practice Regulation*[17] que, na Austrália, se encontra integrado na estrutura de

---

[14] Ettner, Diana/Silveira, João Tiago – Programas de Better Regulation em Portugal: o SIMPLEGIS, E-Pública, Revista Eletrónica de Direito Público, ICJP, vol. 1, n.º 1, janeiro de 2014, acessível em http://www.e-publica.pt/volumes/v1n1/pdf/Vol.1-N%C2%BA1-Art.08.pdf, p. 233-234.

[15] Acessível em https://eur-lex.europa.eu/.

[16] Ver www.actal.nl.

[17] Ver em https://www.pmc.gov.au/regulation

apoio ao Primeiro-Ministro e que tem como incumbência assegurar que os estudos de impacto regulatório cumprem os seus requisitos e o *Office of Information and Regulatory Affairs* que, nos Estados Unidos da América, faz parte do *Office of Management and Budget* do gabinete executivo do Presidente e que emite orientações sobre os exercícios de avaliação legislativa preparados pelas agências.[18]

Parecendo fazer sentido que existam instâncias destinadas a verificar a qualidade dos exercícios de avaliação legislativa e que os mesmos seguem os requisitos que devem observar, existem, contudo, duas observações que merecem ponderação.

Uma primeira respeita às prioridades nesta matéria. Pergunta-se se, no atual estado de desenvolvimento dos processos de avaliação legislativa, o foco deverá ser na criação de entidades destinadas a auditar os processos de avaliação legislativa ou se, ao invés, os recursos disponíveis deverão estar alocados à generalização da avaliação legislativa enquanto processo. Claro que existem diferentes graus de evolução nos diferentes ordenamentos jurídicos, mas parece que, em geral, a prioridade deverá ser a segunda, pelo menos enquanto não existir uma prática regular de avaliação legislativa num dado ordenamento jurídico.

A segunda questão reporta-se ao caráter independente das entidades incumbidas de escrutinar os estudos de avaliação legislativa. É que não parece estar demonstrado que, por natureza, a independência de uma dada entidade signifique necessariamente um melhor exercício técnico de escrutínio da avaliação. Certamente que em certos tipos de análise (por exemplo, nos realizados pela ACTAL, na Holanda) isso poderá constituir uma mais-valia mas, noutros, não parece que o caráter independente deste tipo de estruturas seja uma absoluta necessidade.[19]

2.4. Publicação de avaliações legislativas na Internet

Parecendo algo de simples e óbvio, a verdade é que a publicitação dos estudos de avaliação legislativa não se encontra assim tão generalizada

[18] Ver em www.reginfo.gov
[19] Em defesa da realização de avaliações legislativas por entidades com um certo grau de independência, ver Uhlmann, Felix – Evaluation and Regulatory Impact Analysis – Comments from a Swiss Legal Perspective, Journal of Legislative Evaluation, vol. 10-1 (2016), Korean Legislative Research Institute, pp. 115-116.

e, sobretudo, a sua divulgação de forma simples e intuitiva para o utilizador também não. Por isso, é sem dúvida de assinalar a existência de práticas de publicitação sistemática de estudos de avaliação legislativa, principalmente quando as mesmas são efetuadas de forma a associar os estudos ao diploma produzido ou a produzir.

É especialmente interessante a divulgação de estudos de impacto legislativo com utilização para o efeito dos mesmos *websites* onde a legislação é publicada, como sucede em França (www.legifrance.fr) e no Reino Unido (www.legislation.gov.uk). Permite-se, desta forma, agregar de forma mais completa toda a informação sobre um dado ato normativo, incluindo o texto do ato, elementos preparatórios do mesmo e, ainda, estudos de avaliação sucessiva relativos à sua execução.

Por seu turno, na União Europeia, os estudos de avaliação legislativa são também publicitados na Internet (https://ec.europa.eu/transparency/regdoc/?fuseaction=ia), nos Estados Unidos da América os relatórios de avaliação de leis e regulamentos preparados pela agências são publicados num *website* (www.reginfo.gov) e, em Portugal, um resumo das avaliações legislativas *ex ante* realizadas pela Unidade Técnica de Avaliação de Impacto Legislativo no âmbito do processo legislativo do Governo são também, por vezes, divulgadas nos seus relatórios de atividade (www.jurisapp.gov.pt).

2.5. Avaliações legislativas com âmbito mais alargado

Uma outra tendência que se tem vindo a registar nos últimos anos é o alargamento do âmbito e das matérias envolvidas na avaliação legislativa.[20]

Os estudos de impacto regulatório foram, inicialmente, utilizados enquanto um instrumento ao serviço de políticas de desregulação e visavam, principalmente a avaliação do impacto de uma nova lei ou regulamento sobre a economia, no pressuposto de que essa nova regulação poderia ser desnecessária. Por isso, no início, pelo menos no mundo anglo-saxónico, onde conheceu maior divulgação e utilização inicial, a avaliação legislativa focava-se essencialmente nos custos e benefícios

---

[20] Sobre o assunto ver OCDE – Regulatory Impact Analysis, A tool for political coherence, OECD Publishing, 2009, acessível em https://read.oecd-ilibrary.org/governance/regulatory--impact-analysis_9789264067110-en#page1, pp. 29 e segs.

que diretamente um diploma legislativo poderia envolver e na análise de possíveis alternativas ao mesmo.[21]

Porém, foi-se assistindo a uma apropriação dos processos de avaliação legislativa como um instrumento ao serviço das políticas públicas e da qualidade da legislação e não apenas necessariamente de políticas destinadas a eliminar legislação que provoque efeitos adversos sobre a economia ou que crie custos de contexto adicionais.[22]

Assim, a avaliação legislativa tem vindo a incidir sobre novas áreas como, por exemplo, o impacto ambiental, os impactos sociais, a igualdade de género, os efeitos em populações nativas, os efeitos sobre crianças e jovens, impacto sobre a concorrência, etc.

Em suma, a avaliação legislativa transformou-se num instrumento de avaliação de políticas públicas e, em especial, da qualidade da legislação e tem vindo a incidir sobre diferentes domínios das mesmas, tendo sido ultrapassada a ideia inicial de que se trataria de um processo destinado a verificar apenas os "excessos regulatórios" e os seus efeitos sobre a economia.

3. Tendências futuras

A avaliação legislativa enquanto instrumento de *better regulation* é, ainda, relativamente recente. Em muitos ordenamentos a sua utilização não se encontra generalizada embora se encontre em franco crescimento e, naqueles onde já é de utilização corrente, o seu aperfeiçoamento tem conhecido avanços como os referidos no número anterior deste artigo.

A evolução registada nos últimos anos em matéria de avaliação legislativa faz-nos crer que este tipo de processos continuará em expansão nos próximos e que novos desafios serão enfrentados no futuro. Nesta parte do artigo procuraremos identificar alguns dos temas que, na área da avaliação legislativa, poderão vir a conhecer desenvolvimentos.

---

[21] Morais, Carlos Blanco de – Manual de Legística, Critérios Científicos e Técnicos para Legislar Melhor, Verbo, 2007, pp. 352-354.
[22] Morais, Carlos Blanco de – Manual de Legística, Critérios Científicos e Técnicos para Legislar Melhor, Verbo, 2007, pp. 358-362.

3.1. Inteligência artificial

Tradicionalmente, a inteligência artificial é definida como *"máquinas ou agentes capazes de observar o ambiente, aprender e, com base no conhecimento e experiência obtida, tomar decisões inteligentes ou sugerir decisões"*.[23]

É quase um lugar comum referir a inteligência artificial e a *machine learning* podem provocar uma verdadeira revolução nos nossos processos de trabalho. A elaboração de estudos em matéria de avaliação legislativa não está imune a esta possível evolução e poderá conhecer desenvolvimentos assinaláveis.

Um dos aspetos que frequentemente se refere a propósito dos processos e estudos de avaliação legislativa é o tempo que os mesmos frequentemente implicam, o atraso que podem provocar na aprovação de medidas legislativas (especialmente quanto à avaliação *ex ante*) e a dificuldade em lidar com quantidades de informação muito significativas. É que, de facto, uma avaliação legislativa completa pode implicar um lapso temporal bastante longo, pois este envolve frequentemente processos de consulta pública, audição de *stakeholders*, eventual realização de inquéritos, recolha de informação, dados estatísticos e respetivo tratamento e procuras e buscas junto de diversas fontes.

Ora, a utilização de meios de inteligência artificial pode facilitar e tornar mais célere a recolha de quantidades de informação e dados em grande dimensão, bem como identificar tendências a partir de informação não sistematizada ou organizada. De igual forma, o tratamento automatizado de processos inerentes à avaliação legislativa pode facilitar a realização destes estudos, permitindo que a sua elaboração seja mais rápida e que a sua generalização fique facilitada.

Além disto, a utilização de meios de inteligência artificial apresenta igualmente outros desafios complexos, nomeadamente o de evitar que o caráter enviesado da utilização de dados e perceções já sedimentadas não prejudique os propósitos da realização dos exercícios de avaliação. Efetivamente, já tem sido frequentemente apontada a necessidade de conhecimento e controlo de algoritmos em ferramentas que utilizem inteligência artificial devido ao risco de automatização de decisões com

---

[23] European Commission – Artificial Intelligence, A European Perspective, European Commission, Joint Research Centre, Luxemburgo, 2018, p. 19, acessível em https://ec.europa.eu/jrc/en/publication/artificial-intelligence-european-perspective.

base em "preconceitos" criados com base na informação e dados maioritariamente disponível.

Em suma, é de esperar que a utilização da inteligência artificial nos domínios da avaliação legislativa represente a possibilidade de realização de avanços significativos e, também, que provoque desafios que será necessário encarar.

3.2. Avaliações legislativas integradas

Tal como atrás se referiu, tem-se registado uma tendência para a avaliação legislativa alargar o seu âmbito, deixando de incidir apenas na análise dos impactos regulatórios sobre a economia e passando a abranger outros tópicos de impacto para a sociedade como o ambiente, impactos sociais, etc.

Sucede que existem hoje instrumentos de avaliação de políticas públicas ou de decisões que, em boa medida, se sobrepõem a exercícios de avaliação legislativa que também incidem sobre esses tópicos.

O exemplo evidente é o da avaliação de impacto ambiental, obrigatória em certos domínios na sequência de legislação da UE e que se encontra regulada em Portugal pelo Decreto-Lei n.º 151-B/2013, de 31 de outubro, subsequentemente alterado.[24] Quando esteja em causa uma das situações que origina a obrigatoriedade de realização de um procedimento de avaliação de impacte ambiental haverá um efetivo risco de sobreposição (e até de incoerência) com os exercícios de avaliação legislativa que ponderem fatores ambientais, se a política em questão envolver a elaboração de um ato normativo.

Ou seja, a manutenção de procedimentos de avaliação de impacto de políticas públicas específicas em casos onde seja necessária a elaboração de um ato legislativo ou regulamentar proporciona riscos de inconsistências que deveriam ser evitados. Além disso, a manutenção de mecanismos de avaliação de políticas públicas que apenas a permitem analisar de

---

[24] Este Decreto-Lei foi alterado pelos Decretos-Leis n.ºs 47/2014, de 24 de março, e 179/2015, de 27 de agosto, pela Lei n.º 37/2017, de 2 de junho, e pelo Decreto-Lei n.º 152-B/2017, de 11 de dezembro. O regime da avaliação de impacto ambiental vigente em Portugal visou a transposição da Diretiva n.º 2011/92/UE, do Parlamento Europeu e do Conselho, de 13 de dezembro, alterada pela Diretiva n.º 2014/52/EU, do Parlamento Europeu e do Conselho, de 16 de abril.

forma parcial uma particular matéria não permite um efetivo exercício de avaliação integrada e de ponderação global, onde os diversos fatores e aspetos do problema estejam em jogo e sejam avaliados de forma conjunta.

Note-se que este problema já começa a ser identificado como algo que necessita de ser encarado. É sintomático que o Acordo Interinstitucional de 13 de abril de 2016 entre o Parlamento Europeu, o Conselho da União Europeia e a Comissão Europeia sobre Legislar Melhor tenha estipulado que *"As avaliações de impacto deverão definir soluções alternativas e, se possível, os potenciais custos e benefícios a curto e longo prazo, determinando o seu impacto económico, ambiental e social de forma integrada e equilibrada graças a análises qualitativas e quantitativas."* (III.12) e que as *Better Regulation Guidelines* da Comissão Europeia estipulem o mesmo, no seu capítulo III.

Assim, é de esperar que o futuro traga novos mecanismos de avaliação integrada das várias dimensões e tópicos que se considerem relevantes e que se procure minimizar a avaliação avulsa. Temas como a eventual eliminação de procedimentos avulsos de avaliação de impacto quando estejam em causa medidas normativas que envolvam exercícios de avaliação legislativa ou a melhor forma de avaliar de forma integrada aspetos de políticas públicas que podem ser muito diferentes estarão certamente na ordem do dia. O número seguinte detalha, aliás, uma das dimensões deste problema.

3.3. Uma nova metodologia para avaliação legislativa conjunta em diversas matérias?

Tal como atrás se referiu, a avaliação legislativa começou por ser uma forma de avaliar a produção normativa e o seu impacto económico, na base do pressuposto de que uma maior regulação poderia implicar custos de contexto. No fundo, estava em causa verificar se uma nova lei ou regulamento administrativo tinha um impacto positivo ou negativo sobre a economia enquanto instrumento potencialmente criador de custos de contexto.

Assim, não é de espantar que as metodologias utilizadas para a avaliação legislativa tenham tido uma forte orientação para a avaliação de custos e benefícios, medidos numa base monetária. E, ainda hoje, muitas das metodologias utilizadas estão concebidas para uma avaliação dos impactos económicos de uma lei ou de um regulamento. O *Standard Cost Model*, por exemplo, destina-se fundamentalmente a medir o impacto/custo de medidas no âmbito da redução de obstáculos administrativos.[25]

Ora, com a integração de novos temas de política integrados nas avaliações legislativas (sociais, ambientais, de igualdade de género, etc), as metodologias baseadas essencialmente em aspetos e ponderações económicas têm sido criticadas por poderem revelar-se insuficientes.[26] Em concreto, os impactos em matéria de coesão social ou em matéria ambiental dificilmente poderão ser convertidos em unidades monetárias ou segundo metodologias vocacionadas para a identificação de custos. As *Better Regulation Guidelines* da Comissão Europeia reconhecem este problema, afirmando que *"When quantitative analysis is not possible or proportionate, impacts should be assessed qualitatively and the reasons for not having undertaken quantification explained in the IA report."*. Igualmente, a OCDE tem aludido especificamente a esta questão nos seus estudos e relatórios.[27]

Naturalmente que foram sendo propostos e discutidos métodos de avaliação que permitam superar as limitações de metodologias que se baseiam fundamentalmente em aspetos económicos ou em monetarizar custos.[28]-[29] Mas, além disso, um desafio adicional consiste em identificar

---

[25] Uhlmann, Felix – Evaluation and Regulatory Impact Analysis – Comments from a Swiss Legal Perspective, Journal of Legislative Evaluation, vol. 10-1 (2016), Korean Legislative Research Institute, pp. 109-110.

[26] Sobre o problema ver Adler, Matthew D. – Análise custo-benefício: novas considerações, Legislação, Cadernos de Ciência da Legislação, n.º 42/43 (janeiro-junho 2006), INA, pp. 68 e segs.; Issalys, Pierre – Impact assessment as a means towards higher quality of legal norms: beware of blind spots, Quality of Legislation, Principals and instruments, proceedings of the ninth congress of the International Association of Legislation in Lisbon, June 24th-25th, 2010, Nomos, pp. 212-213; Ogus, Anthony – Análise do impacto legislativo: a dimensão política, Legislação, Cadernos de Ciência da Legislação, n.º 42/43 (janeiro-junho 2006), INA, pp. 166-168.

[27] Por exemplo, OCDE – Regulatory Impact Analysis, A tool for political coherence, OECD Publishing, 2009, acessível em https://read.oecd-ilibrary.org/governance/regulatory-impact--analysis_9789264067110-en#page1, pp. 34-36.

[28] A análise custo-eficiência, por exemplo, pode monetarizar os custos, mas também valorar as vantagens no grau de eficácia e eficiência e, a análise custo-utilidade, permite identificar benefícios numa unidade de medida não monetária. Ver Morais, Carlos Blanco – Manual de Legística, Critérios Científicos e Técnicos para Legislar Melhor, Verbo, 2007, pp. 454 e segs.

[29] Sobre metodologias utilizadas em vários Estados para a avaliação de impactos ambientais, com referência às possibilidades de superação das insuficiências de abordagens excessivamente economicistas, ver Jacob, Klaus/ Weiland, Sabine/Ferretti, Johanna/Wascher, Dirk/

a metodologia adequada para ponderar de forma conjunta aspetos que podem ser analisados à luz de uma apreciação económica ou monetarizada e outros para os quais essa apreciação não é adequada.[30]

Por isso, um dos temas a encarar no futuro em matéria de avaliação legislativa será a de definição de uma metodologia apta a permitir uma ponderação conjunta, global e integrada de fatores de natureza económica, social, ambiental, de redução de obstáculos administrativos, de igualdade de género, etc. Por exemplo, que metodologia seria apta a medir o impacto conjunto de uma medida legislativa destinada a proibir a laboração de estabelecimentos industriais com emissões de gases com efeitos de estufa acima de um determinado nível, tendo em conta os aspetos ambientais, sociais e económicos que esta medida provocaria?

Portanto, é de esperar que, no futuro, existam esforços no sentido de criação de novas metodologias para a avaliação legislativa que permitam a ponderação conjunta de diversos fatores e aspetos de política pública e que as mesmas tentem superar ponderações excessivamente vocacionadas para a análise de custos e dimensões meramente económicas das políticas.

4. Conclusões

Nos últimos anos as práticas, metodologias e a utilização da avaliação legislativa enquanto instrumento ao serviço da melhoria da qualidade legislativa cresceu de forma significativa. Registam-se novas tendências e algumas técnicas inovadoras nestes domínios que podem contribuir para que a avaliação legislativa continue a ser mais utilizada.

É de esperar que, nos próximos anos, a utilização deste instrumento de *better regulation* se continue a desenvolver, tanto do ponto de vista quantitativo como qualitativo. Quanto a este último aspeto, os principais desafios colocam-se no âmbito da utilização das novas tecnologias, da integração das várias dimensões das políticas públicas num único exercício de avaliação legislativa e na descoberta de uma metodologia

Chodorowska, Daniela – Integrating the environment in regulatory impact assessments, 2011, OCDE, acessível em http://www.oecd.org/gov/regulatory-policy/Integrating%20 RIA%20in%20Decision%20Making.pdf.

[30] Sobre a questão ver Jacob, Klaus/ Weiland, Sabine/Ferretti, Johanna/Wascher, Dirk/ Chodorowska, Daniela – Integrating the environment in regulatory impact assessments, 2011, OCDE, acessível em http://www.oecd.org/gov/regulatory-policy/Integrating%20 RIA%20in%20Decision%20Making.pdf, pp. 9-10.

apta a ponderar fatores de natureza muito diversa num único exercício único de avaliação de impacto que permita uma ponderação integrada de vários fatores.

Referências

ADLER, Matthew D. – Análise custo-benefício: novas considerações, Legislação, Cadernos de Ciência da Legislação, n.º 42/43 (janeiro-junho 2006), INA;

Ettner, Diana/Silveira, João Tiago – Programas de Better Regulation em Portugal: o SIMPLEGIS, E-Pública, Revista Eletrónica de Direito Público, ICJP, vol. 1, n.º 1, janeiro de 2014, acessível em http://www.e-publica.pt/volumes/v1n1/pdf/Vol.1-N%C2%BA1-Art.08.pdf;

European Commission – Artificial Intelligence, A European Perspective, European Commission, Joint Research Centre, Luxemburgo, 2018, acessível em https://ec.europa.eu/jrc/en/publication/artificial-intelligence-european-perspective;

Garoupa, Nuno / Vilaça, Guilherme Vasconcelos – A prática e o discurso da avaliação legislativa em Portugal, Legislação, Cadernos de Ciência da Legislação, n.º 44 (outubro-dezembro 2006), INA;

ISSALYS, Pierre – Impact assessment as a means towards higher quality of legal norms: beware of blind spots, Quality of Legislation, Principals and instruments, proceedings of the ninth congress of the International Association of Legislation in Lisbon, June 24th-25th, 2010, Nomos;

LISTORTI G., BASYTE FERRARI E., ACS S., MUNDA G., ROSENBAUM E., PARUOLO P., SMITS P. – The debate on the EU Better Regulation Agenda: a literature review: A contribution to the Stocktaking of the Commission's Better Regulation approach, JRC Science for Political Report, European Commission, 2019

MORAIS, Carlos Blanco de (coordenador) – Guia de Avaliação de Impacto Normativo, Direção Geral de Política de Justiça do Ministério da Justiça, Almedina, Coimbra, 2010.

MORAIS, Carlos Blanco – Manual de Legística, Critérios Científicos e Técnicos para Legislar Melhor, Verbo, 2007;

MORAIS, Carlos Blanco de – Novas políticas no domínio da legislação: um comentário ao programa "Legislar Melhor", Legislação, Cadernos de Ciência da Legislação, n.º 44 (outubro-dezembro 2006), INA;

OCDE – Better Regulation parctices across the European Union, OECD Publishing, Paris, 2019, acessível em https://read.oecd-ilibrary.org/governance/better-regulation-practices-across-the-european-union_9789264311732-en#page4;

OCDE – Sustainability in Impact Assessments: A review of impact assessment systems in selected OECD countries and the European Commission, 2012, acessível em http://www.oecd.org/gov/regulatory-policy/Sustainability%20in%20impact%20 assessment%20SG-SD(2011)6-FINAL.pdf;

OCDE – Regulatory Impact Analysis, A tool for political coherence, OECD Publishing, 2009, acessível em https://read.oecd-ilibrary.org/governance/regulatory-impact-analysis_9789264067110-en#page1;

JACOB, Klaus/ WEILAND, Sabine/Ferretti, Johanna/Wascher, Dirk/Chodorowska, Daniela – Integrating the environment in regulatory impact assessments, 2011, OCDE, acessível em http://www.oecd.org/gov/regulatory-policy/Integrating%20 RIA%20in%20Decision%20Making.pdf;

OGUS, Anthony – Análise do impacto legislativo: a dimensão política, Legislação, Cadernos de Ciência da Legislação, n.º 42/43 (janeiro-junho 2006), INA;

PURNHAGEN, K. P./FEINDT, P. H. – Better Regulatory Impact Assessment', European Journal of Risk Regulation, vol. 6, n.º 3, 2015;

RADAELLI, Claudio – The diffusion of regulatory impact analysis, Best practice or lesson-drawing?, European Journal of Political Research 43, 2004;

RADAELLI, Claudio/SCHREFLER, L. – Contribution to the better regulation debate. European Journal of Risk Regulation, vol. 6, n.º 3, 2015;

SILVEIRA, João Tiago – Problemas habituais de legística na preparação e redação de leis e regulamentos, E-pública: Revista Eletrónica de Direito Público, Volume 5, n.º 3, 2018 (http://e-publica.pt);

SILVEIRA, João Tiago – Portuguese Trends on Better Regulation, Journal of Legislative Evaluation, vol. 10-1 (2016), Korean Legislative Research Institute;

UHLMANN, Felix – Evaluation and Regulatory Impact Analysis – Comments from a Swiss Legal Perspective, Journal of Legislative Evaluation, vol. 10-1 (2016), Korean Legislative Research Institute;

Xanthaki, Helen – Drafting legislation, Art and Technology of Rules for Regulation, Hart, 2014.

11. Controle Preventivo de Constitucionalidade e de Legística pelas Comissões de Constituição e Justiça: Importância, Perspectivas e Desafios

João Trindade Cavalcante Filho

1. Introdução

No âmbito da Legística material, uma das maiores preocupações com a qualidade da norma diz respeito à sua validade jurídica, isto é, à sua compatibilidade com o ordenamento jurídico. Isso porque de nada adianta redigir uma norma tecnicamente clara, direta, escorreita, sintética e bem estruturada (requisitos da Legística formal), mas que venha, por exemplo, a ser declarada inconstitucional pelas instâncias judiciais. O risco de declaração de inconstitucional é, inclusive, um custo a ser precificado (ou, quando menos, levado em conta) quando da avaliação de impacto legislativo, qualquer que seja a metodologia que se vá utilizar nessa análise.

Nos países de Língua Portuguesa, em geral, mas no Brasil, de forma mais pronunciada, temos assistido, nas últimas décadas, uma transformação do Judiciário no "centro de gravidade" do controle de constitucionalidade. Essa tendência natural ao enfoque do judicial review, quando se fala em fiscalização de constitucionalidade, tem levado, no entanto, a um "esquecimento" ou "menosprezo" dos outros mecanismos constitucionais de controle quanto à validade de normas jurídicas, em especial daqueles realizados durante a tramitação parlamentar. Nesse contexto, o intuito de nosso artigo é: a) destacar a importância do controle preventivo de constitucionalidade e de técnica legislativa pelas comissões parlamentares, especialmente aquelas especializadas nessa temática (isto é, as Comissões de Constituição e Justiça – CCJ); b) investigar os desafios e riscos ao desempenho dessa função; e c) expor as perspectivas para essa espécie de controle preventivo, assim como possíveis propostas de aperfeiçoamento.

A metodologia utilizada baseia-se na análise documental (normas jurídicas em vigor, em nível constitucional e regimental), na revisão de literatura e na análise empírica (verificação dos casos de rejeição de projetos por inconstitucionalidade, na última década, no âmbito do Senado Federal brasileiro). Em relação a esse último aspecto, precisamos justificar nosso recorte temporal e espacial. Quanto à delimitação de tempo (um década, isto é, o período completo 2008-2018), justifica-se por diversos motivos, a saber: a) não é excessivamente longo, a ponto de inviabilizar a análise e o tratamento dos dados coletados, além de permitir o cenário mais desejável numa análise estatística, é dizer, o estudo de toda a população de projetos apreciados, e não apenas por amostragem; b) não é excessivamente curto, de modo a minimizar riscos de que a análise seja enviesada pelas peculiaridades de uma legislatura específica; c) está completamente coberto por relatórios estatísticos e registros de dados informatizados, no âmbito do Senado Federal, o que permite um maior acesso e um otimizado tratamento dos dados relativos à tramitação dessas proposições. Em relação ao recorte orgânico/espacial, a delimitação ao Senado Federal explica-se por ser a instituição que dispõe de mais dados informatizados acerca do tema (a pesquisa em nível subnacional, por exemplo, encontra muitas barreiras em relação a esse aspecto); demais disso, o fato de o Senado Federal, no Brasil, atuar mais frequentemente como casa revisora do processo legislativo (CF, art. 64, *caput*) faz com que o volume de projetos seja menor, o que facilita uma análise exauriente, tal como a proposta.

Ainda no âmbito da contextualização, merece registro o fato de que, no Brasil, por expressa previsão constitucional, as comissões parlamentares têm poder de rejeitar determinadas categorias de projetos de lei, sem necessidade de deliberação plenária (CF, art. 58, § 2º, I). Esse dispositivo constitucional é utilizado pelos regimentos internos das Casas legislativas para justificar que os projetos (de lei, de resolução e de decreto legislativo) e as propostas (de emenda à Constituição) sejam definitivamente rejeitados (com ou sem recurso ao Plenário, a depender do caso) quando considerados inconstitucionais pela CCJ respectiva. No caso do

Senado Federal, por exemplo, o art. 101 do Regimento Interno do Senado Federal (RISF) prevê competir à CCJ apreciar a constitucionalidade de proposições (inciso I), sendo considerada arquivada aquela que receber parecer contrário da CCJ, por motivo de inconstitucionalidade, não sendo cabível sequer recurso ao Plenário, quando unânime o parecer (RISF, art. 101, § 1º). Assim, embora no Senado Federal nem todos as proposições sejam submetidas ao controle de constitucionalidade pela CCJ, é certo que essa comissão possui um poder bastante pronunciado, especialmente no controle da constitucionalidade das proposições.

2. Importância do controle preventivo de constitucionalidade pela CCJ

A verificação da constitucionalidade (compatibilidade formal e material da proposição com a CF) constitui uma das etapas principais da tramitação parlamentar. É certo que esse controle de constitucionalidade preventivo não é exercido apenas pela CCJ, uma vez que existem outros mecanismos típicos e atípicos de verificação da constitucionalidade formal e material. Dentre os mecanismos típicos, podemos citar a rejeição liminar pelo Presidente da Casa Legislativa de proposições flagrantemente inconstitucionais (RISF, art. 48, IX); o veto jurídico do Presidente da República, por meio do qual o Chefe do Executivo pode negar sanção a projetos de lei que considere inconstitucionais (devendo, nesse caso, o Congresso Nacional deliberar novamente sobre o assunto, só podendo contrapor-se à vontade presidencial por meio da maioria absoluta dos membros de ambas as Casas, na forma dos §§ 1º a 5º do art. 66 da CF). Já os meios atípicos que podem ser citados são: a apresentação de emenda saneadora do vício, nos casos de inconstitucionalidade parcial da proposição; a retirada do projeto pelo próprio autor, quando se percebe a inconstitucionalidade da proposição, ou o risco de que seja rejeitada por esse motivo na CCJ; a devolução de relatoria, fenômeno por meio do qual as proposições inconstitucionais vão sendo devolvidas pelos vários parlamentares incumbidos de relatá-las, até que terminem arquivadas ao final da legislatura; o fenômeno conhecido como "engavetamento", por meio do qual o relator da proposição simplesmente não se pronuncia sobre ela, deixando-a morrer à míngua, especialmente nos casos em que o projeto é inconstitucional, mas não se quer o ônus político de desagradar o autor; e a própria intervenção judicial, por meio de controle preventivo realizado pela via do mandado de segurança, por provocação de parlamentar da Casa em que tramita a proposição, com a finalidade de impedir a tramitação de PL com vício formal, ou de PEC com vício formal ou que viole cláusula pétrea[1].

Podemos resumir tais mecanismos de controle da seguinte forma:

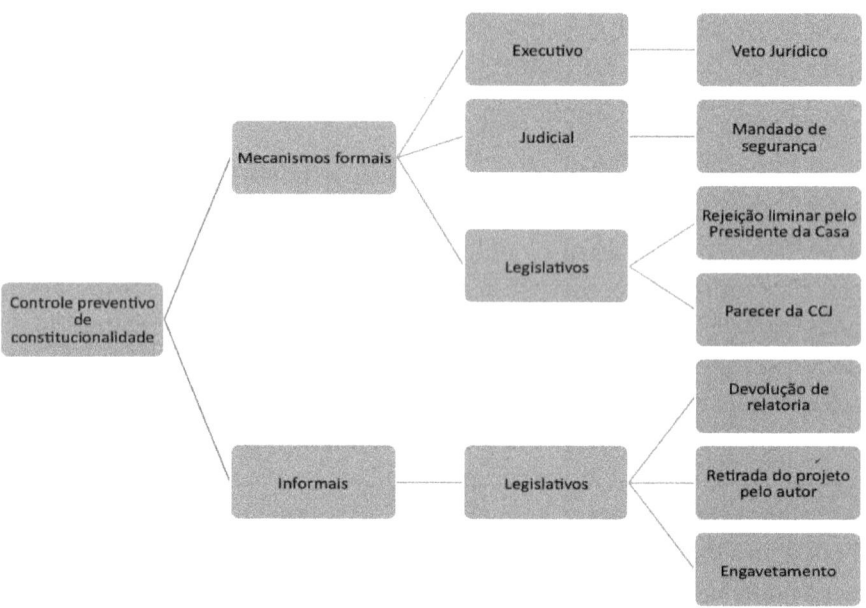

De todos esses mecanismos (formais ou informais) de controle preventivo de constitucionalidade, porém, o controle realizado pelas CCJs tem algumas notas que o destacam. É o único mecanismo de controle *formal* realizado por um órgão colegiado do Legislativo, isto é, um mecanismo formal de autocontrole da constitucionalidade. É o único controle legislativo que gera precedentes facilmente rastreáveis e replicáveis (já que a rejeição liminar da proposição pelo Presidente da Casa não chega a ter a mesma publicidade)[2].

---

[1] Conforme a tradicional jurisprudência do STF (Pleno, Mandado de Segurança – MS nº 20.257/DF), reiterada no julgamento do MS nº 32.033/DF.

[2] Na Câmara dos Deputados, inclusive, são publicadas súmulas dos entendimentos da CCJ, a fim de orientar decisões e casos futuros.

3. Desafios

Não obstante a fundamental função desempenhada pelo controle preventivo de constitucionalidade pelas CCJs, esse instituto não está, por óbvio, imune a riscos e desafios.

Um dos primeiros (e principais) riscos é a contaminação, por assim dizer, de discussões jurídico-técnicas por debates estritamente políticos. Se já é bem conhecido o fenômeno da confusão constitucionalidade-mérito (quando, por falha técnica, se considera inconstitucional um projeto, por se ser contrário ao direcionamento trazido pela norma; ou, da mesma forma, quando se defende a constitucionalidade de uma proposição por ser ela considerada relevante, quanto ao mérito), tal situação pode se tornar dramática quanto a um controle técnico (constitucionalidade) sendo exercido por um órgão político.

Não partimos de um pressuposto ingênuo que negue a impossibilidade de separação total entre análise jurídica e análise política, impossível até mesmo em relação ao controle jurisdicional de constitucionalidade[3]. Não pode, porém, partir para o outro extremo, que cinicamente nega qualquer tipo de distinção entre Direito e Política. Nosso marco teórico se baseia na Teoria dos Sistemas de Niklas Luhmann, que considera a Constituição um acoplamento estrutural entre Direito e Política; nesse sentido, o processo legislativo (e o controle de constitucionalidade preventivo pelas comissões, mais especificamente) configura o estatuto jurídico do político e o estatuto político da análise jurídica. Em outras palavras: não se pode incorrer no erro comum de qualificar como "mera" política a análise feita pelas CCJs. Apesar de formada exclusivamente por parlamentares, tais comissões possuem um certo aspecto de análise técnica, por diversos motivos: a) sua composição naturalmente atrai membros com formação jurídica, de modo que as discussões muitas vezes travadas são de natureza bastante técnica, não obstante o óbvio direcionamento político dos atores; b) os pareceres utilizam-se da linguagem jurídica, evitando a análise política das proposições, especialmente quando a função da comissão, naquela

---

[3] Cf., sobre as relações entre política e interpretação constitucional, especificamente em relação ao *hate speech*, o que escrevemos em nossa dissertação de mestrado. CAVALCANTE FILHO, João Trindade. **O Discurso do Ódio na Jurisprudência Alemã, Americana e Brasileira. Uma análise à luz da filosofia política.** São Paulo: Saraiva, 2018, especialmente a Parte 1.

proposição, é avaliar exclusivamente a admissibilidade; c) mais de 90% das minutas de pareceres são elaboradas pela Consultoria Legislativa, órgão técnico de assessoramento superior formado exclusivamente por servidores concursados e efetivos (muito embora, em contraponto, as minutas possam ser modificadas pelo parlamentar, antes da sua apresentação ou durante a discussão).

É preciso, contudo, reconhecer que a discussão jurídica feita por um órgão político está realmente mais sujeita à "contaminação" política dos debates[4]. Ainda mais quando se trata de proposições polêmicas, há uma tendência a que os parlamentares confundam sua posição favorável ou contrária ao *mérito* do projeto com a necessidade de votar pela *constitucionalidade ou inconstitucionalidade* da proposição. Esse risco é inerente a essa espécie de controle preventivo de constitucionalidade por órgão político, mas o desenho institucional pode ser realizado de forma a tentar minimizar ou atenuar esse risco. Assim, por exemplo, a paulatina conscientização dos parlamentares sobre o papel da CCJ pode ajudar bastante nessa tentativa de "imunização" da política (essa conscientização cabe cumulativamente a vários intervenientes na relação com o parlamentar: à Secretaria da Comissão, geralmente formada por servidores efetivos titulares de função comissionada; à assessoria do próprio parlamentar, formada por servidores em geral comissionados, de confiança do Deputado ou Senador, e que podem insistir com ele para o direcionamento a ser dado à análise na CCJ; à Consultoria Legislativa, especialmente na elaboração das minutas dos pareceres, evitando entrar na análise sobre o mérito da proposição – ou, quando tal não for possível, separando claramente a análise de admissibilidade (jurídica) da valoração quanto ao mérito (político); e, finalmente, à Presidência da Comissão, que pode e deve orientar os parlamentares em seus pareceres, intervenções, emendas e discussões, inclusive para delimitar o objeto de análise da comissão. Outra solução para tentar evitar essa "contaminação" de discussões jurídicas

---

[4] Não se trata, contudo, de problema exclusivamente brasileiro. Na Itália, por exemplo, a experiência do controle de constitucionalidade e de qualidade dos projetos pelo Comitato per la Legislazione da Câmera dos Deputados tem resultados controversos, inclusive em virtude da frequente "desconsideração" de argumentos técnicos constantes do parecer do Comitato pelas comissões de mérito. Cf., sobre o tema, BILLÈ, Roberta. **Qualità della legge e forme di governo. Controlli e garanzie costituzionali in prospettiva comparata.** Universidade de Bologna [Tese de Doutorado], 2008, pp. 381 e seguintes.

pelos argumentos de mérito é a progressiva transformação da CCJ numa comissão de análise exclusiva sobre a admissibilidade (tal como praticamente ocorre na Câmara dos Deputados); isso porque, quanto mais especializada é a função do colegiado, mais difícil, em tese, distanciar-se dela; quanto mais segregada for a análise entre admissibilidade (CCJ) e mérito (outras comissões), menor a tendência da CJJ a opinar sobre o mérito da proposição (até mesmo, e talvez principalmente, por temor de desagradar os membros dos outros colegiados, por invadir a competência das outras comissões)[5].

Outro risco/desafio está na pessoalidade da análise, principalmente quando o autor pertence à mesma Casa em que se faz o controle. Com efeito, em relação ao Judiciário, mesmo que demonstre respeito pela instância política deliberativa, é certo que faz o controle da produção normativa de outra instituição, com outros atores. Já na CCJ, muitas vezes cabe a um parlamentar relatar o projeto de autoria do colega, que não só o procura para pedir a aprovação, como muitas vezes comparece à reunião da Comissão, ainda que dela não seja membro. Logicamente, uma situação dessas pode não apenas ser desconfortável para o parlamentar relator, quando precisa opinar pela inconstitucionalidade da proposição; por representar também uma concorrência de riscos, já que o papel de relatar um projeto de um aliado ou de um opositor na esfera política pode contaminar a análise do parlamentar relator.

Trata-se, ademais, de um risco mais difícil de neutralizar por meio de desenho institucional. Menos mal que, de uma forma ou de outra, parecem já existir mecanismos informais de controle preventivo de constitucionalidade, a substituir o parecer explícito pela inconstitucionalidade.

É muito comum, por exemplo, o fenômeno da "devolução de relatoria". No âmbito do Legislativo brasileiro, tradicionalmente a distribuição (determinação de quem será o relator de cada matéria) cabe ao Presidente do Colegiado. Tal prerrogativa representa, aliás, um enorme poder de agenda e de direcionamento do parlamentar que comanda o colegiado,

---

[5] Nesse sentido, parece-nos mais adequado a essa finalidade o desenho institucional da Câmara dos Deputados, cuja CCJ opina sobre quase todas as proposições, mas quase que exclusivamente quanto à admissibilidade jurídica (constitucionalidade formal e material, regimentalidade, juridicidade e técnica legislativa).

que pode, por exemplo, atrasar a tramitação do projeto, ou designar um relator antipático ou simpático à tese. Não há, por exemplo, distribuição mediante sorteio, ou qualquer outro meio eletrônico ou impessoal: a designação do relator é um ato de graça pessoal do Presidente da Comissão. O relator, no entanto, pode "devolver a relatoria", solicitando que a proposição seja distribuída a outro parlamentar. Essa postura é muito comum quando o relator designado considera que o ônus político de relatar a proposição é maior que a visibilidade auferida; ou – o que mais nos interessa – quando a proposição é inconstitucional, sem possibilidade de emenda saneadora, mas o relator não quer "confrontar" o autor do projeto ou da proposta. Nesse último caso, em vez de se "indispor" com o colega autor da proposição, apresentando um relatório pela inconstitucionalidade (que, se aprovado, importará o arquivamento da proposição), prefere-se simplesmente abrir mão da relatoria, "passar o problema adiante". Claro que esse não é, em tese, o melhor mecanismo de aferição da constitucionalidade das proposições; do ponto de vista prático, no entanto, funciona relativamente bem, sendo relevante o número de projetos aparentemente inconstitucionais que têm a relatoria devolvida (muitas vezes, inclusive), até serem arquivados ao final da legislatura (RISF, art. 332), sem deliberação: apesar de não haver um pronunciamento da comissão sobre a inconstitucionalidade da proposição, a finalidade de impedir o nascimento de uma norma contrária à CF foi, afinal, alcançado.

Mais um risco – que não só precisa ser identificado, como também não pode ser minimizado – diz respeito à "confiança" da intervenção judicial, durante a tramitação ou após a aprovação parlamentar definitiva. Podem os parlamentares adotar, na CCJ, uma posição mais "ousada", de aprovar proposições de duvidosa constitucionalidade, "confiando" na existência de outras etapas de análise (sanção ou veto – mecanismo típico; e mandado de segurança ou ações de controle abstrato de constitucionalidade – mecanismos atípicos).

Por um lado, tal situação pode ter uma feição positiva, uma vez que estimula a inovação, a experimentação institucional. De outra parte, no entanto, parece demonstrar a necessidade da existência de um controle jurisdicional de constitucionalidade das leis; há, porém, quem entenda a questão de forma exatamente contrária, por considerar que a existência de mecanismos de *judicial review* termina por induzir comportamentos inconstitucionais do Legislativo[6]. Tal comportamento "judiciariocêntrico" termina por gerar, na verdade, uma atrofia dos mecanismos de controle legislativo de constitucionalidade, já que "comodamente", como diz Conrado Hubner Mendes, se defere *apenas* ao Judiciário a responsabilidade por velar pela Constituição[7].

Tal situação pode ser contornada com a conscientização dos parlamentares de que a abdicação do exercício da função de controle em sede de parlamentar tende a incentivar ainda mais o fenômeno da judicialização da política e a postura ativista do Judiciário. Em outras palavras: se se quer tanto combater o ativismo judicial, o melhor é se começar por evitar que projetos flagrantemente inconstitucionais sejam aprovados, é evitar que a intervenção judicial se faça necessária.

Trata-se de um exercício de aprendizado institucional, até mesmo porque há dados que sugerem uma correlação entre intervenção judicial de natureza preventiva (especialmente via mandado de segurança impetrado por parlamentar) e atrofia do controle preventivo de constitucionalidade, inclusive mediante a redução paulatina de proposições rejeitadas por inconstitucionalidade no âmbito da CCJ do Senado Federal na última década (redução essa ainda mais acentuada em relação às rejeições motivadas por inconstitucionalidade *material*). A relação de causalidade, contudo, ao que parece, é recíproca; isto é, os dois fenômenos se retroalimentam: o Judiciário intervém cada vez mais, de forma preventiva, porque o controle parlamentar tem falhado, e o controle parlamentar se torna cada vez mais tímido, porque se sabe que o Judiciário pode, a qualquer hora, intervir na matéria[8].

---

[6] Cf., a propósito, a crítica de Jeremy Waldron. **The Core of the Case Against Judicial Review.** The Yale Law Journal; Apr 2006; 115, 6.

[7] MENDES, Conrado Hübner. **Direitos Fundamentais, Separação de Poderes e Deliberação.** Universidade de São Paulo [tese de doutorado], 2008, p. 5.

[8] Logicamente, essa relação de causalidade recíproca precisa ser analisada com mais aprofundamento – não obstante a determinação de relações de causalidade em ciências sociais sejam algo sempre problemático. Isso porque, muitas vezes, o temor da judicialização leva o Legislativo a adotar uma postura de controle ainda maior. Não necessariamente em casos de legislação, mas no exercício da função atípica de julgamento de autoridades por crimes de responsabilidade, por exemplo (que, no Brasil, é atribuída em grande medida ao Senado Federal) leva a que se adote um procedimento extremamente rigoroso, a fim de justamente evitar a declaração de nulidade de atos pelo Judiciário.

4. Perspectivas

As perspectivas para amplificar o controle de admissibilidade, em geral, de atendimento às regras de Legística, em particular, podem ser agrupadas em duas categorias, a saber: a) alterações normativas (institucionais) no funcionamento do juízo de admissibilidade pelas CCJs; e b) modificações culturais (atitudinais) em relação aos membros que integram tais colegiados.

Em relação às alterações normativas, é preciso que as CCJs se especializem como uma comissão especializada no controle de admissibilidade. Cada vez mais nos convencemos de que misturar a análise de admissibilidade com a avaliação sobre o mérito das proposições é deletério para a necessária separação entre a análise técnica e a avaliação política. Em nosso entender, o modelo mais adequado se aproxima daquele praticado, no Brasil, na Câmara dos Deputados, casa em que a CCJ praticamente só se preocupa com a análise sobre a admissibilidade da proposição (inclusive em relação a questões de técnica legislativa). Com efeito, se levarmos a sério o risco de "contaminação" de argumentos técnicos com avaliação política, já citada, deve-se procurar, mais e mais, a especialização do juízo de admissibilidade, a fim de distingui-lo (procedimentalmente, inclusive) da análise da comissão de mérito. Urge, por exemplo, que o Regimento Interno do Senado Federal seja alterado, a fim de se compatibilizar com esse modelo de CCJ especializada (o que na Itália se designa como "comissão-filtro").

Por outro lado, é preciso reforçar (nas CCJs, inclusive) a necessidade de levar a sério a avaliação de impacto legislativo das proposições. Desde a promulgação, no Brasil, da Lei de Responsabilidade Fiscal (LRF, Lei Complementar nº 101, de 2000), faz-se necessário ao autor de qualquer proposição que tenha impacto financeiro anexar a demonstração devida. Essa exigência, porém, é reiteradamente descumprida, e as CCJs tendem a enxergar tal requisito mais como uma competência das comissões de análise econômica do que como aquilo que realmente é: um dado essencial para a análise, inclusive, da constitucionalidade e da Legística (material). Por outro lado, com a promulgação da EC nº 95, de 2016, tal exigência passou a ter sede constitucional, o que – espera-se – virá a trazer ao tema as luzes de que necessita.

Há quem sugira, ademais, a adoção de um modelo semelhante ao *Comitato per la Legislazione* da Itália (isto é, uma comissão, com composição paritária entre maioria e minoria, especializada na análise de Legística dos projetos). Em tese, tal modificação poderia ser feita por meio de resolução aprovada pela própria Casa legislativa (CF, art. 51, III, e art. 52, XII). Todavia, caso se queira mesmo dar a essa comissão uma composição que não seja baseada na proporcionalidade partidária, entendemos que seria necessária uma Proposta de Emenda à Constituição (PEC), uma vez que tal regra precisaria excepcionar o mandamento do § 1º do art. 58 da CF[9].

De outra parte, não se pode descartar a necessidade de uma mudança cultural/atitudinal por parte dos membros das comissões especializadas em admissibilidade. Em regra, questões de Legística (especialmente formal, porque a material muitas vezes sequer se coloca) são consideradas temas de menor importância, formalismo, tecnicismo. É preciso que os parlamentares que integram as CCJs se convençam (e sejam convencidos) do papel da Legística, especialmente a fim de produzir leis com maior qualidade e, dessa forma, trazer não apenas segurança jurídica, mas também limitar a intervenção judicial em matérias de legislação. Também se faz necessário

5. Conclusões

O controle da constitucionalidade e do respeito à técnica legislativa (Legística formal), no âmbito dos parlamentos, não pode ser encarado apenas com base nos mecanismos formais. Existem muitas outras maneiras, especialmente informais, de exercício dessa função de controle no âmbito das Casas Legislativas.

Isso não pode esconder, no entanto, a necessidade de se aperfeiçoarem os mecanismos *formais* dessa análise, com reforço, especialmente, do papel das comissões nesse sentido. A experiência italiana com o *Comitato per la Legislazione* e a vivência brasileira com as Comissões de Constituição e Justiça das Casas Legislativas mostram que há um horizonte favorável ao fortalecimento do controle preventivo de constitucionalidade e de Legística pelo próprio parlamento.

Logicamente, existem alguns desafios a serem enfrentados, tais como a resistência política a "amarras" jurídico-técnicas, a falta de

---

[9] "Na constituição das Mesas e de cada Comissão, é assegurada, tanto quanto possível, a representação proporcional dos partidos ou dos blocos parlamentares que participam da respectiva Casa."

institucionalização do controle, ou mesmo a falta de pessoal de apoio para a análise técnica da constitucionalidade e da adequação legística das proposições. São pontos a serem superados, caso se queira levar a sério o objetivo de obter, no âmbito legislativo, uma *better regulation*.

Referências

AZEVEDO, Luiz Henrique Cascelli de. O Controle Legislativo de Constitucionalidade. Porto Alegre: Sergio Antonio Fabris, 2001.

BARBOSA, Leonardo Augusto de Andrade. Processo Legislativo e Democracia. Belo Horizonte: Del Rey, 2010.

BILLÈ, Roberta. Qualità della legge e forme di governo. Controlli e garanzie costituzionali in prospettiva comparata. Università di Bologna [tese de doutorado], 2008.

BUENO, José Antonio Pimenta. Direito Publico Brazileiro e Análise da Constituição do Império. Rio de Janeiro: Typ. Imp. e Const. de J. Villeneuve e C., 1857.

CASSEB, Paulo Adib. Processo Legislativo. Atuação das comissões permanentes e temporárias. São Paulo: RT, 2008.

CASSEB, Paulo Adib. Processo Legislativo. Atuação das comissões permanentes e temporárias. São Paulo: RT, 2008.

CAVALCANTE FILHO, João Trindade. O Discurso do Ódio na Jurisprudência Alemã, Americana e Brasileira. Uma análise à luz da filosofia política. São Paulo: Saraiva, 2018.

FERREIRA FILHO, M. G. Do processo legislativo. 7a. ed. [S.l.]: Saraiva, 2012.

FIGUEIREDO, Patrícia Cobianchi; MONTAL, Zélia Maria Cardoso. Controle Preventivo de Constitucionalidade no Brasil e em Portugal: alguns apontamentos. *In*: Revista de Direito Constitucional e Internacional, vol. 64/2008, p. 258-282. Jul – Set/2008.

LUPO, Nicola. Algunas Reflexiones sobre las Funciones de los Prlamentos Contemporáneos, entre la Crísis de la Función Legislativa y la Multifuncionalidad de los Procedimentos Parlamentarios. *In*: VAU, Frances Pau i (org.).

_____. Il Comitato per la Legislazione tra le Norme e le Prassi. Università di Macerata [seminário], 2001.

MENDES, Conrado Hübner. Direitos Fundamentais, Separação de Poderes e Deliberação. Universidade de São Paulo [tese de doutorado], 2008.

PIÇARRA, Nuno. A Separação dos Poderes como Doutrina e Princípio Constitucional. Um contributo para o estudo das suas origens e evolução. Coimbra: Coimbra Editora, 1989.

RIBEIRO, Cláudia; MONTECID, Nélia. As Comissões Parlamentares. *In*: VARGAS, Ana; VALENTE, Pedro (coord.). O Parlamento na Prática. Lisboa: Assembleia da República, 2008.

WALDRON, Jeremy. The Core of the Case Against Judicial Review. The Yale Law Journal; Apr 2006; 115, 6.

_____. A dignidade da legislação. Tradução: Luís Carlos Borges. São Paulo: Martins Fontes, 2003.

12. A Responsabilidade Civil do Estado Legislador

Juliana Cristina Luvizotto

1. Introdução e colocação do tema

Legislar, além se constituir em atividade que, naturalmente, mostra-se apta a gerar despesas para a sociedade[1], como as decorrentes dos custos de implantação das obrigações para adequação a uma nova disciplina normativa, ou, ainda, os dispêndios provenientes da instauração de litígios judiciais, resultantes, muitas vezes, da discrepância interpretativa dos dispositivos legais, tem também, hodiernamente, a aptidão para gerar a responsabilização civil extracontratual do Estado.

Num mundo complexo e em constante mudança, marcado por um modelo de Estado Regulador, que não atua mais sob a lei, mas sim pela

---

[1] João Grandino Rodas no artigo "Uma Lei não custa barato e esse fator não pode ser ignorado" fez uma análise do custo de implantação do Novo Código Comercial, que era objeto do Projeto de Lei na Câmara dos Deputados sob o número 1.572/2011, posteriormente arquivado em 31 de janeiro de 2019. A análise, baseando-se no trabalho realizado pela professora de economia e pesquisadora Luciana Yeung, não considerou eventuais méritos ou deméritos do conteúdo do projeto, pois visou apenas estimar o número de processos que poderiam ser gerados em razão da implantação do novo Código, considerando o grau de abrangência desta proposta legislativa, em comparação com o número de processos gerados pela Lei de Falências n. 11.101/05, de menor amplitude. Cf. RODAS, João Grandino. Uma lei não custa barato e esse fator não pode ser ignorado. Revista Consultor Jurídico, 24 de setembro de 2015. Disponível em: https://www.conjur.com.br/2015-set-24/olhar-economico-lei-nao-custa-barato-fator-nao-ignorado#sdfootnote1sym. Último acesso em 20 de junho de 2019.

lei, o aumento do influxo legislativo[2], reforçado pela contínua subdivisão e tecnicidade do conhecimento, a exigir a multiplicação de diferentes fontes normativas, tem levado, no mais das vezes, a dificuldade de conhecer e compreender o direito vigente, ao aumento de antinomias, a maior transitoriedade e especialidade do ato normativo, ao desencantamento ou desconsideração das leis, com consequente falta de efetividade, e, além disso, a possibilidade cada vez maior dos atos legislativos atingirem a esfera constitucionalmente protegida dos cidadãos e gerarem danos.

A solidificação progressiva desse cenário no Brasil vem modificando as linhas de pensamento habitualmente adotadas pela doutrina jurídica, que eram voltadas primordialmente aos processos de decisão e interpretação da norma e passaram a contemplar e retratar a importância do desenvolvimento de uma teoria da legislação, tendente ao aperfeiçoamento do processo de elaboração de instrumentos normativos, ao incremento da qualidade da norma, com foco, ainda, na avaliação do impacto *ex ante* e *ex post* de entrada do ato normativo em vigor[3].

[2] Marcelo Guedes Nunes aponta que não se sabe ao certo quantas normas jurídicas existem no Brasil, mas estima-se o montante de 4,5 milhões, com um aumento de oito novas normas por dia incluindo desde emendas constitucionais até regulações infralegais. Cf. NUNES, Marcelo Guedes. RAMOS, André Luiz Santa Cruz. Estratégias para um ordenamento jurídico mais inteligível, barato e eficaz. Disponível em: https://www.jota.info/especiais/estrategias-para-um-ordenamento-juridico-mais-inteligivel-barato-e-eficaz-04122018. Último acesso em 20 de junho de 2019. Fábio Medina Osório, por sua vez, também ressalta que um dos elementos mais perturbadores da atualidade é a proliferação de normas em meio a uma verdadeira cultura da regulamentação, sendo que o Brasil não somente possui uma volumosa Constituição, mas também é conhecido pela abundância de leis, decretos, portarias, regulamentos e regras jurídicas e administrativas que emanam dos níveis federal, estadual e municipal. Cf. OSÓRIO, Fabio Medina. A ciência do Direito e a proliferação de normas. Disponível em: https://www.fabiomedinaosorio.com.br/fabio-medina-osorio-para-a-zero-hora-a-ciencia-do-direito-e-a-proliferacao-de-normas/. Último acesso em 5 de julho de 2019.

[3] Nesse sentido há trabalhos e artigos recentes que tratam da avaliação de impacto legislativo e também da análise de impacto regulatório. Cf. PAULA, Felipe de. *Avaliação Legislativa no Brasil*: limites e possibilidades. Tese (Doutorado em Direito) – Faculdade de Direito, Universidade de São Paulo, São Paulo, 2016. PAULA, Felipe de. Análise de Impacto Regulatório. Parte I. Disponível em: https://www.jota.info/opiniao-e-analise/artigos/analise-de-impacto-regulatorio-11102017. Último acesso em 23 de junho de 2019. PAULA, Felipe de. Análise de Impacto Regulatório. Parte II. Disponível em: https://www.jota.info/opiniao-e-analise/

Nessa conjuntura, estudos que envolvem a Legística ganham cada vez mais espaço, posto se tratar do emprego de técnicas voltadas ao aprimoramento da elaboração legislativa, tanto em seus aspectos formais, como de redação, acesso, compreensibilidade dos textos, modalidades para sua simplificação; quanto materiais, que concernem a escolha dos instrumentos adotados pela lei para atingir os objetivos almejados, incluindo a avaliação dos efeitos dessa escolha.

Especialmente em sua feição material[4] a Legística granjeia importância ao permitir a avaliação do possível impacto da lei – ou dos demais atos normativos – sobre o sistema jurídico, apontando instrumentos que permitam tanto realizar diagnósticos, prognósticos, mas também verificar o nível de concretude dos objetivos que justificaram o impulso para legislar e os resultados obtidos a partir de entrada em vigor do ato[5].

Nesse campo é oportuno destacar as investigações jurídicas realizadas pelo Professor Carlos Blanco de Morais para o desenvolvimento da Legística em Portugal, pois a maior parte de sua atividade letiva e de produção científica teve por finalidade aprofundar o estudo sobre determinadas categorias legais previstas no ordenamento português e, igualmente, aperfeiçoar esta ciência da legislação, com vistas a identificar soluções que promovessem e garantissem a validade e a qualidade das

---

artigos/analise-de-impacto-regulatorio-2-19102017. Último acesso em 23 de junho de 2019. PAULA, Felipe de. Análise de Impacto Regulatório. Parte III. Disponível em: https://www.jota.info/opiniao-e-analise/artigos/analise-de-impacto-regulatorio-3-25102017. Último acesso em 23 de junho de 2019. ALBUQUERQUE, Kelvia Frota de. GUARANYS, Marcelo Pacheco dos. Análise de impacto regulatório e decisões baseadas em evidências. Disponível em: https://www.jota.info/tributos-e-empresas/regulacao/analise-de-impacto--regulatorio-e-decisoes-baseadas-em-evidencias-26042018. Último acesso em 23 de junho de 2019.

[4] Para isso ela dispõe de técnicas e metodologias para a racionalização da produção do direito, como a análise de custo-benefício, análise custo-efetividade, análise multi-critérios. Cf. PAULA, Felipe de. *Avaliação Legislativa no Brasil*: limites e possibilidades. Tese (Doutorado em Direito) – Faculdade de Direito, Universidade de São Paulo, São Paulo, 2016, p. 111, e 234 e seguintes.

[5] Em síntese, ao ensejar a investigação da situação, a Legística permite verificar quais são as leis existentes e as possíveis soluções, as vantagens e inconvenientes de cada uma dessas soluções possíveis, conforme a identificação das implicações financeiras, dos interessados, dos grupos atingidos e da população atendida.

normas[6], razão pela qual lhe são devidas as homenagens materializadas nesta obra.

Considerando, assim, a relação entre a Legística e os possíveis prognósticos do atuar (ou não atuar) legislativo, pode-se afirmar com certa tranquilidade, por ser decorrência lógica, que se trata de importante ação de cuidado, voltada para evitar prejuízos e fatores de instabilidade social, ou seja, ela tem por objetivo, entre outros aspectos, evitar a concretização de hipóteses que possam levar a responsabilização do Estado pelo ato de legislar.

Estas breves noções gerais permitem situar o tema a ser enfrentado neste trabalho de acordo com o escopo da presente obra. Pontua-se aqui que o objetivo deste estudo volta-se a esmiuçar as hipóteses em que os resultados de uma decisão tomada na esfera legislativa podem ser sancionados pelo Poder Judiciário por meio da aplicação do instituto da responsabilidade civil do Estado.

O objetivo é, portanto, abordar e problematizar à respeito da possibilidade e das consequências patrimoniais atribuídas pelo Poder Judiciário aos atos legislativos, especialmente nos casos de leis inconstitucionais e constitucionais, indicando quais são os pressupostos que justificam a aplicação do instituto, os fundamentos que devem ser levados em consideração para que ocorra a responsabilização e as possíveis obrigações que podem ser atribuídas ao legislador para evitar a responsabilização quando da elaboração do ato legislativo.

2. A evolução do reconhecimento da responsabilidade civil do Estado Legislador

A responsabilidade civil do Estado Legislador foi a que por último surgiu na escala da evolução do instituto da responsabilidade civil estatal, sendo, ainda hoje, assunto sensível e intrincado, dada a sua natureza impactante (responsabilizar o legislador pode provocar um desequilíbrio nas finanças públicas, dado o grande número de pessoas que podem ser atingidas pelo ato) e a própria dificuldade que ela impõe em equilibrar a necessária liberdade de atuação legislativa com a limitação provocada por meio da responsabilidade civil.

---

[6] Nesse sentido destaca-se a sua obra *Manual de Legística*: critérios científicos e técnicos para legislar melhor, publicada em Portugal pela Editora Verbo, em 2007.

Pugnou-se, durante muito tempo na História dos países ocidentais de tradição jurídica de *civil law*, especialmente na França, pois somente mais recentemente este país passou a admitir o controle judicial dos atos legislativos[7], que o Estado não poderia ser responsabilizado em decorrência da atividade legislativa, pois subsistiam noções que resultavam na ideia intangibilidade da lei e na impossibilidade desta criar prejuízos.

No Brasil, por vezes ainda encontram-se argumentos que tangenciam essa ideia da impossibilidade da lei causar danos, como o constante no voto da Ministra Carmen Lúcia, no julgamento do Recurso Extraordinário n. 486.825/RJ[8], quando afirma que "Os danos a que se refere essa norma de responsabilização objetiva do Estado (artigo 37, parágrafo 6° da Constituição Federal) são os decorrentes de ato ilícito e, na espécie vertente, trata-se de lei" ou, ainda, quando diz que "A promulgação de lei que altera ou revoga outro ato normativo e extingue benefícios conferidos a essa ou àquela categoria de servidores não consubstancia ato ilícito, mas atividade típica do Poder Legislativo"[9].

Certo é que concepções prevalentes acerca da lei e do Estado levaram a esse "estado de irresponsabilidade do Legislador". A consagração da supremacia do parlamento e da lei após as revoluções burguesas do século XIX, amparadas em construções teóricas do século XVIII, concretizaram uma determinada roupagem conceitual de que o Estado de Direito

---

[7] Conforme estudo histórico constitucional realizado por Milton Fernando Lamanauskas, somente com a promulgação da Constituição de 1958 e a criação, neste mesmo ano, do Conselho Constitucional, representando o início da existência da justiça constitucional francesa, alterou-se o ideário de supremacia das leis, que se sobrepunha a própria ideia de supremacia da Constituição. Buscou-se, com a promulgação da referida Constituição, controlar os avanços indevidos do Parlamento. Somente em 2008, com a introdução via reforma constitucional da denominada *Question Prioritaire de Constitutionnalité – QPC*, possibilitou-se a efetivação do controle de constitucionalidade concreto dos atos legislativos a qualquer cidadão. Cf. LAMANAUSKAS, Milton Fernando. Evolução histórica do controle de constitucionalidade na França. *In:* ALMEIDA, Fernando Dias Menezes de. ZAGO, Marina Fontão. *Direito Público Francês*: temas polêmicos. São Paulo: Quartier Latin, 2018, p.

[8] STF, Recurso Extraordinário n. 486.825/RJ, 1ª Turma, Relator Ministro Ayres Britto, julgado em 6 de setembro de 2011.

[9] Ou mesmo admitindo a existência do controle da lei perante a Constituição, a Ministra entende, conforme voto constante do referido julgado, que a ausência de declaração formal dessa inconstitucionalidade, ou seja, na hipótese de uma lei lícita, que promove uma alteração permitida pela ordem jurídica, esta não poderia gerar prejuízos indenizáveis.

se confundia com a legalidade, ou seja, era a lei, editada pelo próprio povo, por meio dos representantes presentes no Poder Legislativo, que formava o Estado de Direito, já que aos demais Poderes caberia apenas dar-lhe fiel cumprimento (Poder Executivo) ou aplicá-la mecanicamente aos casos concretos (Poder Judiciário)[10].

Tomava-se também por fundamento da irresponsabilidade o conceito de que a lei era o meio pelo qual se instrumentalizava a soberania estatal. Por ser ela o mecanismo que expressava a preeminência do grupo político (Estado) sobre os demais grupos sociais internos e externos, entendia-se que o ato legislativo não poderia causar danos. Sendo próprio da soberania se impor a todos, de forma suprema, independente e definitiva, não haveria como reclamar-se qualquer compensação pelos efeitos gerados, sob pena de se desconstituir a própria finalidade da entidade estatal.

Da mesma forma, a concepção de lei como ato criador de direitos impedia admitir que ela pudesse gerar um prejuízo ressarcível em termos jurídicos. Ponderava-se que se não havia nenhum direito pré-existente a lei, logo não sucederia algo a ser protegido e não haveria que se cogitar de qualquer hipótese que gerasse o direito ao ressarcimento.

Igualmente, a concepção formal de lei, entendida como ato proveniente do Parlamento, representando a vontade popular, obstaculizava o reconhecimento da responsabilização estatal, pois, em última instância, ela refletiria um ato de vontade da própria sociedade e, assim, não se cogitaria de um prejuízo gerado para o seu próprio autor.

Ainda, a percepção material de lei, no sentido de ato dotado de generalidade e abstração, não permitia assentir com a ideia de que ela pudesse incidir apenas sobre um particular ou grupo deles, gerando um prejuízo especial a estes em relação aos demais encargos suportados pela sociedade. Similarmente, não se anuía com a existência de leis-medida ou leis específicas, que se destinavam a regular determinadas situações e, por isso, poderiam gerar malefícios a apenas alguns indivíduos.

Todavia, o declínio da supremacia do Poder Legislativo, tanto em razão da incapacidade dos Parlamentos atenderem a necessidades legislativas de

---

[10] Sobre as concepções teóricas prevalentes no século XVIII e que moldaram a concepção de tripartição de poderes e de protagonismo da lei e do Poder Legislativo conferir BARCELLOS, Ana Paula de. Separação de poderes, maioria democrática e legitimidade do controle de constitucionalidade. *Revista Trimestral de Direito Público*, n. 32, p. 184-206, Malheiros, 2000.

atualização do ordenamento, como pelo reconhecimento da sua crise de legitimidade (o Legislativo passa a ser reconhecido como um sistema de embate de interesses individuais mais do que uma ágora voltada ao acordo em torno de interesses públicos); a dessacralização da lei, decorrente do reconhecimento da supremacia constitucional e, por isso, da sua sujeição ao controle de constitucionalidade que permite aferir seus defeitos; a constatação da perda das características tradicionalmente atribuídas ao ato legislativo como generalidade e abstração e, ainda, a verificação da sua inaptidão para realizar a regulação da vida em sociedade, uma vez que os textos legislativos acabam se tornando vazios de conteúdo decisório (fato que também pode ser atribuído a dificuldade de construção de acordos morais razoáveis à respeito de determinadas matérias no âmbito do debate legislativo); o reconhecimento da legitimidade da justiça constitucional, pois representante da guarda da vontade geral e não apenas da vontade majoritária, levam a quebra de tais formulações que impediam o reconhecimento da possibilidade de responsabilização do Estado Legislador.

Arraiga-se, atualmente, a consciência de que direitos ou interesses legítimos constituídos sob a égide de lei anterior, por encontrarem proteção constitucional, não são passíveis de serem desembaraçadamente extintos pela lei nova. Percebe-se a falibilidade do ato legislativo e têm-se claro discernimento de que mesmo a lei geral e abstrata pode, quando de sua aplicação, atingir direitos ou interesses constitucionalmente protegidos dos particulares, incidindo sobre pequeno grupo de pessoas (efeito especial) e com encargos além do que seriam exigíveis à convivência em sociedade (impacto anormal), a permitir a atuação da responsabilização estatal.

3. Os fundamentos legais para a responsabilização civil do Estado Legislador

No direito brasileiro, a responsabilização do Estado tem por fundamento o disposto no artigo 37, parágrafo 6° da Constituição Federal, cuja redação é dotada grande generalidade, sem especificação das circunstâncias que devem ser consideradas, por exemplo, para identificar o nexo causal entre a conduta estatal e o dano ou as particularidades de determinada situação que permitam aferir de forma mais segura quando se tem uma violação ao princípio da igualdade de todos perante os encargos públicos.

O dispositivo limita-se a dispor que as pessoas jurídicas de público e as de direito privado prestadoras de serviços públicos responderão pelos danos que seus agentes, nessa qualidade, causarem a terceiros, assegurado o direito de regresso contra o responsável nos casos de dolo ou culpa. O texto revela, portanto, de forma excludente, que a responsabilidade estatal em nosso ordenamento é desenhada de modo objetivo, pois exige-se culpa ou dolo apenas para o direito de regresso contra o agente público.

No âmbito infraconstitucional não há uma robusta disciplina legal sobre a responsabilidade civil do Estado, havendo apenas menção no Código Civil de 2002, em redação próxima a da Constituição, de que as pessoas jurídicas de direito público interno são civilmente responsáveis por atos dos seus agentes, quando estes, nessa qualidade, causem danos a terceiros, assegurado o direito de regresso contra os causadores, nos casos de dolo ou culpa[11].

Assim, pode-se afirmar, diante da lacunosa legislação, que os contornos do tema têm, na prática, sido definidos pela evolução jurisprudencial[12] na análise dos casos concretos e pela interpretação conferida pela doutrina, o que será abordado adiante.

De outra parte, observa-se que no direito estrangeiro, a responsabilidade civil do Estado decorrente do exercício da função legislativa ou de sua omissão, tem, recentemente, sido objeto tanto de atuais pronunciamentos judiciais, quanto da novel regulamentação legislativa.

Nesse sentido, decisões proferidas pelo Tribunal de Justiça da União Europeia – TJUE, por exemplo, imputaram a responsabilidade civil aos Estados-Membros da União Europeia ao reconhecerem o comportamento

---

[11] Código Civil. Art. 43. As pessoas jurídicas de direito público interno são civilmente responsáveis por atos dos seus agentes que nessa qualidade causem danos a terceiros, ressalvado direito regressivo contra os causadores do dano, se houver, por parte destes, culpa ou dolo.

[12] Nesse sentido afirma Irene Patrícia Nohara que o tema da responsabilidade do Estado sofreu inúmeras transformações no Brasil, conforme os Tribunais Superiores foram delimitando o sentido e o alcance de cada um dos elementos que compõem o art. 37, §6°, da Constituição de 1988, que coroou o rumo dado pela Constituição de 1946 em direção à responsabilidade objetiva do Estado. Cf. NORAHA, Irene Patrícia. Transformações e delimitações do sentido da responsabilidade do Estado nos 30 anos da Constituição. *In:* DI PIETRO, Maria Sylvia Zanella. MOTTA, Fabrício (Coord.). *O Direito Administrativo nos 30 anos da Constituição.* Belo Horizonte: Fórum, 2018, p. 335.

omissivo do Poder Legislativo em realizar a transposição de uma Diretiva para o direito interno de cada país[13].

Também de forma exemplificativa, vale notar que Portugal, em 31 de dezembro de 2007, aprovou a Lei n. 67, doravante denominada RRCEE – Regime da Responsabilidade Civil Extracontratual do Estado e demais Entidades Públicas –, delimitando de modo específico determinados aspectos aptos para caracterizar o regime de responsabilização estatal, inclusive por atos e omissões legislativas.

Nesse seguimento cabe enfatizar o disposto no artigo 15 desse diploma legislativo, que estabelece a responsabilidade estatal no exercício da função político-legislativa na hipótese desta gerar um dano anormal aos direitos ou interesses legalmente protegidos dos cidadãos. Indo mais além, o artigo 15.4 do mesmo documento precisa as condições que devem ser levadas em consideração pelo juiz para definir a existência e a extensão dessa responsabilidade, prescrevendo que será determinada a responsabilização e sua extensão atendendo as circunstâncias concretas de cada caso e, designadamente, ao grau de clareza e precisão da norma violada, ao tipo de inconstitucionalidade (se material ou formal) e ao fato de terem sido adotadas ou omitidas diligências suscetíveis de evitar a situação de ilicitude.

Dado o grau impactante do reconhecimento da referida responsabilização, a lei também estipula uma interessante e adequada causa atenuante no art. 15.6, o qual estatui que, quando os lesados forem em tal número que razões de interesse público de excepcional revelo justifiquem a limitação do âmbito da obrigação de indenizar, esta pode ser fixada equitativamente em montante inferior ao que corresponderia à reparação integral dos danos causados.

Nessa perspectiva, é oportuno destacar que, hodiernamente, no Brasil, está em trâmite no Senado Federal o Projeto de Lei da Câmara n. 126 de 2015, que visa sistematizar a matéria do ponto de vista legislativo, sem dispor, inicialmente, a respeito da possibilidade de responsabilização do Estado pelo ato de legislar ou deixar de legislar.

---

[13] OLIVEIRA, Heloísa. Jurisprudência comunitária e Regime Jurídico da Responsabilidade Extracontratual do Estado e demais Entidades Públicas: influência, omissão e desconformidade. Disponível em: http://www.icjp.pt/sites/default/files/media/645-963.pdf. Último acesso em 22 de junho de 2019.

Apesar disso, houve a proposta de substitutivo feita pelo Senador Antonio Anastasia para regulamentar a responsabilização decorrente da atuação legislativa que, segundo o artigo 13, ocorre nas hipóteses de: (i) lei que atinja pessoas ou grupos determinados e que seja posteriormente declarada inconstitucional; (ii) lei que, embora constitucional, atinja pessoas ou grupos determinados, impondo-lhes sacrifícios maiores que os razoavelmente exigíveis; (iii) ocorrência do descumprimento do dever constitucional de legislar, assim reconhecido em ação direta de inconstitucionalidade por omissão ou outra ação de controle concentrado de constitucionalidade ou, em se tratando de mandado de injunção ou qualquer outra ação de controle difuso, sempre após o trânsito em julgado.

Os incisos do referido artigo 13 abordam os três eventos já comumente destacadas pela doutrina para gerar a responsabilização civil do Estado pelo desempenho da atividade legislativa: (i) lei inconstitucional; (ii) lei constitucional que atinge grupos de pessoas determinados, impondo-lhes danos anormais; (iii) omissão legislativa inconstitucional.

Sem adentrar nos pormenores da redação proposta no referido projeto, passa-se a seguir a tratar das hipóteses para gerar a responsabilização de lei inconstitucional e de lei constitucional danosa, nos termos delineados pela doutrina e jurisprudência pátrias.

4. Hipóteses de responsabilidade civil do Estado Legislador
4.1. A lei inconstitucional

A responsabilização do Estado Legislador pode decorrer de atos legislativos material ou formalmente inconstitucionais, de atos legislativos constitucionais e das hipóteses de omissão legislativa inconstitucional, sendo que essa última, contudo, será objeto de análise em trabalho diverso.

Tal como se configura a responsabilidade civil do Estado por atos administrativos, a doutrina e a jurisprudência delinearam que são pressupostos para incidir a responsabilidade civil do Estado Legislador a ocorrência de ato ou omissão legislativa; a existência do dano certo, atual ou futuro, e, no caso de atos lícitos, que o malefício seja anormal e especial, caracterizando uma violação ao princípio da igualdade de todos perante os encargos públicos; a existência de nexo causal entre a conduta ou omissão estatal e o agravo sofrido pelo cidadão (relação de causa e efeito, em que o autor da ação deve provar que o comportamento do Estado é causa eficiente do dano) e, ainda, a ausência de qualquer acontecimento que inviabilize o estabelecimento desse liame, como a culpa da própria vítima ou de terceiro.

Não há grande inquietação ou dificuldade para o reconhecimento da responsabilidade civil do Estado por atos legislativos quando a lei é declarada inconstitucional, posto que, nesse caso, a situação assemelha-se a gerada por ato administrativo ilícito. As decisões do Supremo Tribunal Federal também prestigiam essa inteligência, conforme se infere dos seguintes casos:

a) hipótese em que a exigência legal de pagamento por uma licença para permitir o tráfego de veículos coletivos no Estado de São Paulo resultou na suspensão da atividade por parte da empresa que prestava o serviço, como forma de resistência a essa imposição. A declaração de inconstitucionalidade posterior desta obrigação legal culminou na responsabilização estatal, com fundamento na inconstitucionalidade da lei, pelos danos provocados pela cessação temporária da atividade do particular[14];

b) caso em que o Governo do Estado de Pernambuco promulgou lei determinando que a Prefeitura de Recife promovesse a revisão de seu contrato de concessão para exploração dos serviços de transporte de passageiros em auto-ônibus, o qual já havia sido firmado entre o Município e a Companhia Pernambuco Autoviária Ltda. O reconhecimento posterior da inconstitucionalidade formal da lei, já que não cabe ao Estado fazer modificações naquilo que é da orbita municipal, levou, contudo, não a responsabilização do Estado, mas da Prefeitura que obedeceu ao referido diploma legal, já que ela não poderia abalar as garantias dos contratos regularmente firmados. Consta, contudo, como fundamento para a decisão, a ideia de que "Uma vez praticado pelo poder público um ato prejudicial que se baseou em lei que não é lei, responde ele

---

[14] RESPONSABILIDADE CIVIL DO ESTADO – DECLARAÇÃO DE INCONSTITUCIONALIDADE. O Estado responde civilmente pelo dano causado em virtude de ato praticado com fundamento em lei declarada inconstitucional (STF, Recurso Extraordinário nº 8.889. Relator: Ministro Castro Nunes. J. 19.06.1948. *Revista de Direito Administrativo*, Rio de Janeiro, v. 20, p. 42-45, 1950).

por suas consequências"[15], sendo, portanto, o fundamento último da responsabilidade a obediência de lei inconstitucional;

c) dois julgamentos em que consta extenso arrazoado no voto do Ministro Relator Celso de Mello reconhecendo a responsabilidade do Estado pelo desempenho inconstitucional da função de legislar integram as decisões proferidas nos Recursos Extraordinários nº 158.962[16] e 153.464[17], em que o pedido era de indenização pelo bloqueio de cruzados novos determinado pela Lei Federal n. 8.024/90. Todavia, o julgamento não se concretizou conforme essa argumentação, pois restaram prejudicados os recursos, ante a restituição dos valores pecuniários retidos antes do julgamento.

A ideia que sustenta a responsabilização, nesses casos, conforme muito bem exposta por Júlio Cesar dos Santos Esteves, é de que a intangibilidade da Constituição não se garante com a mera supressão do diploma normativo da ordem jurídica, pois a repulsa só se fará de modo completo se restabelecidos os direitos individuais afetados pela lei inconstitucional[18].

Todavia, ainda que assente a possibilidade de responsabilização, discute-se se é possível o seu reconhecimento quando o controle de constitucionalidade é realizado por meio difuso, ou seja, na hipótese em que o cidadão propõe diretamente a ação de indenização requerendo, incidentalmente, a declaração de inconstitucionalidade da lei. Parte da

---

[15] Uma vez praticado pelo poder público um ato prejudicial que se baseou em lei que não é lei, responde ele por suas consequências. (STF, Recurso Extraordinário 21.504, Relator Cândido Mota Filho, Julgado em 15.05.1957. *Revista Trimestral de Jurisprudência*, Brasília, v. 2, pp. 121-123, jul./set.1957).

[16] RESPONSABILIDADE CIVIL DO ESTADO – LEI INCONSTITUCIONAL – INDENIZAÇÃO. O Estado responde civilmente por danos causados aos particulares pelo desempenho inconstitucional da função de legislar. (STF, Recurso Extraordinário nº 158.962. Relator: Ministro Celso de Mello, J. 04.12.1992. Brasília, 18 de dezembro de 1992. *Revista de Direito Administrativo*, Rio de Janeiro, v. 191, p. 175-177, 1993).

[17] ATO LEGISLATIVO – INCONSTITUCIONALIDADE – RESPONSABILIDADE CIVIL DO ESTADO. Cabe responsabilidade civil pelo desempenho inconstitucional da função de legislar. (STF, Recurso Extraordinário nº 153.464. Relator: Ministro Celso de Mello, Julgado em 02. 09.1992. Brasília, 16 de setembro de 1992. *Revista de Direito Administrativo*, Rio de Janeiro, v. 189, pp. 305-306, 1992).

[18] ESTEVES, Júlio César dos Santos. *Responsabilidade Civil do Estado por Ato Legislativo*. Belo Horizonte: Del Rey, 2003, pp. 218-219.

doutrina apresenta resistência em admitir essa possibilidade, posto que seria uma forma de, na fase de conhecimento, substituir a ação declaratória de inconstitucionalidade da lei.

Sobre o tema, pode-se dizer o Superior Tribunal de Justiça entende ser regra que a declaração de inconstitucionalidade da lei seja reconhecida pelo STF em ação direta para gerar a eventual responsabilização estatal[19].

No entanto, pondera-se que, sendo próprio do sistema de controle de constitucionalidade brasileiro a existência concomitante das vias concentrada e difusa, não se verifica justificativa jurídica suficiente, especialmente diante do direito do indivíduo de acesso à tutela jurisdicional, nos termos dispostos no artigo 5°, inciso XXXV da CF, para se opor a possibilidade de que o particular proponha diretamente a ação de indenização, requerendo, incidentalmente, a declaração de inconstitucionalidade da lei.

Nessa perspectiva observa-se que o Tribunal de Justiça do Estado de São Paulo não tem inviabilizado ou mesmo extinto o processo sem julgamento do mérito quando se depara com ações que contém pedido de indenização fundadas em lei inconstitucional, mesmo que ausente a declaração prévia de inconstitucionalidade em sede de controle concentrado pelo STF. Os vários casos que envolvem o pedido de indenização com fundamento na suposta inconstitucionalidade da Lei Cidade Limpa do Município de São Paulo[20] e que foram amplamente analisados quanto

---

[19] (...) O Estado só responde (em forma de indenização, ao indivíduo prejudicado) por atos legislativos quando inconstitucionais, assim declarados pelo Supremo Tribunal Federal. (...) Recurso especial conhecido e provido parcialmente. Decisão unânime. (STJ, Recurso Especial n. 201.972/RS. Relator: Ministro Demócrito Reinaldo, Primeira Turma, julgado em 17/06/1999, DJ 30/08/1999, p. 41)

[20] Nesse sentido a Apelação Cível 0015737-34.2009.8.26.0000, 10ª Câmara de Direito Público, Relator. Marcelo Semer, julgado em 17 de fevereiro de 2014. Apelação Cível no 0133120 04.2007.8.26.0000, 4ª Câmara de Direito Público, Relator Rui Stocco, julgado 13 de junho de 2011. Apelação Cível 0035110-86.2009.8.26.0053, 6ª Câmara de Direito Público, Relator Sidney Romano dos Reis, julgado em 25 de fevereiro de 2013. Destaca-se que, nestes casos, todavia, foi declarada a constitucionalidade da Lei n. 14.223 de 2006 via controle difuso pelo Órgão Especial do Tribunal de Justiça do Estado de São Paulo, conforme Incidente de Inconstitucionalidade de lei n. 163.152-00/13-00, Relator Ivan Sartori, julgado em 31 de julho de 2008. E também foi declarada a constitucionalidade da referida lei perante a Constituição do Estado de São Paulo, na ADIN 146.794-0/88-00, Órgão Especial do TJSP, Relator Ivan Sartori, julgada em 2 de julho de 2008.

ao mérito das restrições impostas pela lei para gerar (ou não) a indenização são exemplos do entendimento de que não subsiste como imperiosa a necessidade de declaração prévia de inconstitucionalidade da lei pelo STF para se ingressar com ação pleiteando a responsabilização estatal.

Questão importante a enfatizar nesta matéria, ainda, refere-se à possibilidade dos vícios da atividade legislativa, especialmente nas hipóteses de fraude ocorrida durante o processo de sua elaboração, gerarem a responsabilização estatal.

José Levi Mello do Amaral Júnior, em artigo que abordou a possibilidade de responsabilização do Estado por vícios do processo legislativo constatados quando do julgamento da Ação Penal n. 470, na qual se reconheceu que houve compra de apoio parlamentar (mediante corrupção ativa, passiva e formação de quadrilha, além de outros crimes), pondera que até seria possível a indenização nesse caso, se demonstrada a incompatibilidade do prejuízo sofrido pelo cidadão com os preceitos constitucionais, mas não como decorrência direta do fato de existirem vícios no processo legislativo, já que, conforme ressalta o autor, tendo como base excerto do voto do Ministro Gilmar Mendes na referida ação, a validade ou a eficácia de uma lei em face da Constituição não dependem nem podem depender de modo algum, dos motivos ou considerações que levaram a legislatura a elaborá-la (as alterações promovidas pela lei podem encontrar respaldo no ordenamento jurídico). Também nesse sentido, como salienta o autor, manifestou-se o Ministro Luiz Fux, fazendo analogia com a validade dos atos praticados por funcionários de fato[21].

Sobre esse aspecto, pode-se ter em mente, ainda, conforme já amplamente reconhecido na doutrina e na jurisprudência para os casos de responsabilidade por atos administrativos, que as falhas de um ato – ou de um processo para sua elaboração – não são suficientes para gerar a responsabilização estatal, sendo necessário a configuração do prejuízo antijurídico como pressuposto para aplicação do instituto. Essa mesma lógica permeia a responsabilização civil do Estado Legislador, pois, ainda

---

[21] AMARAL JÚNIOR, José Levi Mello do. Responsabilidade civil do Estado por atos legislativos decorrentes de eventual vício de vontade de parlamentares. *In:* ALMEIDA, Fernando dias Menezes de; MARQUES NETO, Floriano de Azevedo; MIGUEL, Luiz Felipe Hadlich; SCHIRATO, Vitor Rhein (Coord.). *Direito Público em evolução:* estudos em homenagem à Professora Odete Medauar. Belo Horizonte: Fórum, 2013, p. 773.

que ocorram irregularidades que maculem o processo legislativo, deve-se apurar eventual incompatibilidade do texto normativo e dos seus efeitos em face da Constituição para que se possa aplicar a responsabilização, ou seja, cabe a demonstração do agravo ilegal sofrido pelo cidadão, além da inconstitucionalidade do ato.

Desta maneira, embora reste assumida que a inconstitucionalidade da lei possa gerar a responsabilização estatal, é necessário afirmar que o sol que ilumina esse instituto não é o da ilicitude do ato ou, mais especificamente, da existência de um vício na lei ou no processo legislativo, mas sim o do prejuízo, valorável em termos jurídicos, que não é acolhido pelo ordenamento como razoável e, por isso, enseja a responsabilização.

4.2. A lei constitucional

Outra hipótese que pode levar à responsabilização civil do Estado pelo desempenho da atividade legislativa refere-se às "leis constitucionais danosas" ou seja, as que, embora promovam alterações no ordenamento que resultem no atendimento ao interesse público, conforme aspectos formais e materiais da Constituição, geram prejuízos anormais e especiais aos particulares. O fundamento para a responsabilização neste caso não é o descumprimento de um dever jurídico, mas sim o desequilíbrio provocado pela lei nos encargos públicos suportados pelos destinatários, que perpassam aqueles ordinariamente admitidos para a vida em sociedade.

Trata-se de situação, contudo, que é objeto de maior dificuldade para acolhimento, se comparada ao caso da lei inconstitucional, posto defender-se que é próprio da função legislativa realizar a modificação de situações anteriormente constituídas, não podendo a atividade ser engessada pela eventual condenação ao ressarcimento.

Nessas circunstâncias, tem-se que a lei produz uma alteração normativa válida e aceita pela ordem constitucional, mas questiona-se se há limites impostos pela Constituição para que o Estado possa realizá-las. Haveria direitos ou interesses legítimos dos particulares que, quando extintos ou restringidos, teriam consistência jurídica suficiente para merecerem tutela reparatória? Ou então, indaga-se: quais critérios e limites devem ser observados pelo Estado, no exercício da função legislativa, para modificar uma determinada situação jurídica, de modo a impedir a ocorrência de prejuízos além dos normalmente compartilhados por todos na sociedade?

Um primeiro aspecto a ser considerado como diretriz para reagir a tais problematizações refere-se à ideia de que a imutabilidade das situações jurídicas face à lei revela-se contrária a um ordenamento jurídico moderno e a uma sociedade em constante mutação. Cabe ao Legislador, atualmente, especialmente após as revoluções democráticas ocorridas ao longo da História, justamente inovar o Direito, já que, por um princípio democrático, não se pode sujeitar uma geração futura às leis ditadas por outras gerações. Assim, inviabilizar ou dificultar alterações no ordenamento são características de ordens jurídicas antigas ou pré-modernas, em que predominava a compreensão de que a lei nada mais era do que a tradução do Direito já existente, sendo um atentado contra a comunidade a tentativa de alterar os seus velhos costumes[22].

Por outro lado, também se deve ter como critério as dimensões objetivas e subjetivas do princípio da segurança jurídica, que já são amplamente reconhecidos como implícitas ao nosso ordenamento jurídico, tanto pelo Supremo Tribunal Federal, como pela doutrina pátria[23]. O direito adquirido e seus correlatos ato jurídico perfeito e coisa julgada, e os interesses legítimos dos cidadãos decorrentes da aplicação do princípio da confiança, implicam em restrições a essas alterações legislativas, obrigando o legislador a respeitá-los ou por meio da previsão de indenização no próprio ato legislativo ou pela adoção de medidas de transição que considerem a situação jurídica até então reputada legítima.

A previsão de correspondente indenização, por se traduzir em respeito a tais aspectos de segurança jurídica, para mais do que um privilégio concedido pelo legislador, torna-se um dever jurídico resultante do reconhecimento da própria força normativa do Constituição. Por conseguinte, alterações legislativas, ainda que constitucionalmente e razoavelmente motivadas e benquistas, quando destinadas a realizarem sacrifícios de direitos (atos legislativos destinados diretamente ao aniquilamento de um direito ou de um interesse legítimo), já deveriam desde logo prever a

---

[22] ENTERRÍA, Eduardo García de. *La responsabilidad patrimonial del Estado Legislador en el Derecho español*. 2. ed. Navarra: Civitas, 2007, p. 41 e seguintes.

[23] Nesse sentido, por todos, pode-se referir ao seguinte artigo: ALMEIDA, Fernando Dias Menezes de. Princípios da Administração Pública e Segurança Jurídica. *In*: VALIM, Rafael. OLIVEIRA, José Roberto Pimenta. DAL POZZO, Augusto Neves (Coord.). *Tratado sobre o princípio da segurança jurídica no direito administrativo*. Belo Horizonte: Fórum, 2013, p. 47-63.

correspondente indenização para receberem a chancela de constitucionais. Para além disso, essa indenização deveria ser prevista de forma a observar o rito estabelecido constitucionalmente para a via expropriatória. Isso porque disposições normativas que implicam no esvaziamento de um direito que foi incorporado ao patrimônio de determinada pessoa física ou jurídica (direito adquirido), atingem, fundamentalmente, o direito de propriedade em sua ampla concepção[24], razão pela qual somente podem ocorrer de forma lícita mediante justa e prévia indenização em dinheiro.

Nessa perspectiva, destaca Eduardo Garcia de Enterría[25] que as leis de natureza expropriatória devem prenunciar em seu próprio texto a correspondente indenização, definindo o direito ao recebimento e os critérios para fixação de seu montante. Essa baliza, contudo, não deverá ser feita de modo taxativo e fechado, sob pena de incidir em inconstitucionalidade. Para a validade desses critérios de indenização, como destaca o autor, eles devem ser genéricos e não podem exceder a uma regra geral de proporcional equilíbrio, que deverá ser concretizada e modulada pelo agente que aplicará a norma, em atenção às circunstâncias particulares de cada caso.

Cabe enfatizar que, para a ocorrência da referida previsão de indenização nestes casos, há que se caracterizar o agravo anormal, de modo a tornar justa a correspondente reparação.

A ausência de previsão de indenização em tais condições transmuda, no entanto, a categoria de alteração feita pela lei de "constitucional" para "inconstitucional", já que essa previsão em hipótese de lei com legítima natureza expropriatória não decorre da benevolência do legislador, mas,

---

[24] Há que se salientar que Carlos Ari Sundfeld refere-se explicitamente ao direito de propriedade quando trata das hipóteses de sacrifícios de direito, desenvolvendo o estudo do regime jurídico dos sacrifícios somente em relação a esse direito, uma vez que compreende que os demais direitos não admitem tal vulneração estatal, sob pena de inconstitucionalidade – com exceção das hipóteses de supressão a título de sanção previstas na própria Constituição e na lei, tais como a prisão pela prática de crimes, bem como nas situações de estado de defesa e estado de sítio. Para os demais direitos, segundo o autor, aceita-se apenas uma interferência estatal no âmbito do lícito, ou seja, da determinação das condições em que devem ser adquiridos e exercidos pelos indivíduos. Cf. SUNDFELD, Carlos Ari. *Direito Administrativo Ordenador*. São Paulo: Malheiros, 2003, p. 86.
[25] ENTERRÍA, Eduardo García de. *La responsabilidad patrimonial del Estado Legislador en el Derecho español*. 2. ed. Navarra: Civitas, 2007, p. 206-209.

como destacado, de imposição jurídica constitucional, sendo passível de ser controlada judicialmente.

Outro critério a ser levado em consideração, até para aferir a necessidade de previsão de indenização, refere-se à previsão de medidas que impeçam ou atenuem a ocorrência de um prejuízo prenunciado na lei, como meio tendente a respeitar o direito adquirido, o ato jurídico perfeito, a coisa julgada e a confiança legítima do cidadão. Esse parâmetro, como mencionado anteriormente, está disposto no final do artigo 15.4 da Lei 67 de 2007 em Portugal (RRCEE), o qual permite ao juiz levar em consideração para definir a existência e a extensão da responsabilidade o fato de terem sido adotadas ou omitidas diligências suscetíveis de evitar a situação de ilicitude (dano antijurídico).

O regime de transição previsto em lei pode permitir melhor acomodação das alterações propostas, diminuindo a eclosão de prejuízos. Nesse seguimento, encontram-se hipóteses em que a lei, por exemplo, ao proibir ou limitar o exercício de determinada atividade empresarial, mesmo tendo por finalidade atingir um outro bem jurídico, como a preservação ambiental, prevê um regime de transição que afasta a ocorrência de ônus excessivos a uma pessoa ou a determinado grupo que exerce a referida atividade, impedindo uma modificação abrupta e, por isso, extremamente adversa, de situações jurídicas até então reconhecidas como regulares.

Um exemplo dessa situação ocorreu com a Lei Cidade Limpa editada no Município de São Paulo – Lei Municipal n. 14.233 de 2006 –, que previu uma regra de transição por meio da fixação de um prazo para adequação dos anúncios publicitários ao novo regime por ela estabelecido[26], de modo a não inviabilizar subitamente a atividade empresarial na Cidade e, especificamente, não arrasar direitos e interesses legitimamente construídos por longo período de tempo.

Diferentemente passou-se, no entanto, com a Lei Municipal de São Paulo n. 16.897, de 2018, que, a partir de sua entrada em vigor, proibiu o manuseio, a utilização, a queima e a soltura de fogos de estampidos e

---

[26] Art. 45. Todos os anúncios especiais autorizados e indicativos já licenciados deverão se adequar ao disposto nesta lei até 31 de dezembro de 2006. § 1º. O prazo previsto no "caput" deste artigo poderá ser prorrogado por mais 90 (noventa) dias, caso os responsáveis pelo anúncio justifiquem a impossibilidade de seu atendimento, mediante requerimento ao órgão competente do Executivo.

de artifícios, assim como de quaisquer artefatos pirotécnicos de efeito sonoro ruidoso no Município, deixando de estabelecer qualquer prazo para adaptação dos fabricantes dos produtos às novas exigências legais. A ausência de qualquer previsão para tanto resultou no questionamento da constitucionalidade da lei perante o STF por parte da Associação Brasileira de Pirotecnia que, dentre outros argumentos, defendeu que houve a imposição de sacrifício de forma desproporcional a um interesse legítimo de amplo segmento social, implicando óbice injustificado ao desenvolvimento de atividade econômica. Por meio de decisão exarada pelo Ministro Alexandre de Moraes, a lei foi provisoriamente suspensa diante dos prejuízos que poderia ocasionar[27].

Por fim, ainda é necessário destacar, dentre as dificuldades para reconhecer a responsabilidade do Estado por atos legislativos, àquela referente a falta de consenso e limites precisos sobre quais são as situações jurídicas que, quando atingidas, implicam a ocorrência de um sacrifício de direito, sendo também questão delicada e complexa a identificação e avaliação dos efeitos decorrentes da entrada em vigor do ato legislativo.

Todavia, a imprevisibilidade das consequências do ato legislativo, como mencionado anteriormente, pode ser evitada pela adoção de práticas materiais de Legística, como a de análise impacto legislativo *ex ante*. Mas é certo que nem mesmo essa técnica pode prever todos os efeitos prejudiciais a serem materializados pela vigência da lei, já que o legislador não alcança a onisciência de todas as situações que serão disciplinadas ou afetadas pelo ato. É possível que desponte, nesses casos, um dano antijurídico, que somente pode ser reconhecido posteriormente a entrada em vigor do diploma legal.

De qualquer modo, o controle judicial incidirá, em tais situações, para reconhecer o direito do cidadão ao ressarcimento.

Ocasião em que a edição de ato legislativo promoveu alteração reputada legítima sobre a esfera jurídica de direitos dos particulares, mas, avaliados os danos provocados posteriormente, reconheceu-se se tratar de hipótese que levava a responsabilidade do Estado, ocorreu no julgamento, pelo

---

[27] STF, Medida Cautelar na ADPF 567/SP. Ministro Relator Alexandre de Moraes, decisão proferida em 20 de março de 2019. Disponível em: http://www.stf.jus.br/arquivo/cms/noticiaNoticiaStf/anexo/ADPF567.pdf. Último acesso em 22 de junho de 2019.

STF, do Recurso Extraordinário nº 571.969/DF[28]. Trata-se de caso em que o Plenário da Corte, nos termos do voto da Ministra Relatora Carmen Lúcia, reputou como lícitos os atos administrativos e legislativos que restringiram direitos patrimoniais para implantação do Plano Cruzado, entre outubro de 1985 e janeiro de 1992, com vistas a combater a inflação e resguardar a ordem econômica e financeira em benefício de toda a coletividade. A Corte, deliberou, contudo, que incidia a responsabilidade da União pelos prejuízos anormais e especiais causados a empresa Varig, concessionária de transporte aéreo, que foi atingida pelas medidas de forma desproporcional. Isso porque a empresa teve o valor da tarifa de transporte que possibilitava a sua remuneração congelada pelo referido plano, o que ocasionou um ônus maior a ela que aos demais cidadãos, posto que impossibilitou o reequilíbrio econômico-financeiro do contrato de concessão (o que não ocorreu com os demais indivíduos e empresas da época), resultando em prejuízos que comprometeram os seus deveres perante funcionários, aposentados e pensionistas, cujos direitos não puderam ser honrados. Por isso, restou reconhecida a responsabilidade civil do Estado pelo desempenho constitucional da atividade legislativa.

Outra situação que também configura o reconhecimento da responsabilidade do Estado pelo desempenho constitucional da atividade legislativa consubstanciou-se no julgamento do Recurso Extraordinário n. 486.825/ /RJ, apreciado pela 1ª Turma do STF em 6 de julho de 2011, no qual, por maioria, vencedor o voto do Ministro Relator Ayres Britto, aplicou-se a responsabilização pela violação ao ato jurídico perfeito e expectativa legítima[29]. Nesse caso, lei editada pelo Estado do Rio de Janeiro extinguiu o plano de pensão complementar facultativo dos membros do Poder Judiciário, do Ministério Público e de outros agentes do Estado do Rio de Janeiro, após longo período de contribuição realizada pelos aderentes, sem que determinados beneficiários pudessem ter recebido o benefício então previsto pela inocorrência do sinistro (morte). A lei, ainda, não propôs qualquer medida para promover a restituição ou indenização pelas

---

[28] STF, Recurso Extraordinário 571.969/DF, Plenário, Relatora Ministra Carmen Lúcia, j. 12/03/2014. Disponível em: http://redir.stf.jus.br/paginadorpub/paginador.jsp?docTP= TP&docID=6761677. Último acesso em 22 de junho de 2019.

[29] STF, Recurso Extraordinário n. 486.825/RJ, 1ª Turma, Relator Ministro Ayres Britto, julgado em 6 de setembro de 2011.

contribuições pagas até então, o que resultou, ao final, na constatação de que teria havido ofensa a legítima expectativa de recebimento da pensão.

Esses últimos casos concretos citados permitem inferir que é possível o reconhecimento da responsabilidade civil do Estado por leis reputadas como constitucionais, face à ausência de declaração prévia de inconstitucionalidade. Essa responsabilização poderá decorrer tanto em razão da má apreciação das opções disponíveis ao legislador para evitar a ocorrência de danos (o que resvala para uma hipótese de inconstitucionalidade da lei) ou, ainda, pela inviabilidade da sua previsão *ex ante*. São situações que, embora diversas na origem, não afastam a conclusão pela necessidade de reparação pelo resultado alcançado por meio do ato legislativo.

5. Conclusões

Como a responsabilização do Estado Legislador é um efeito que pode decorrer de diversas situações (leis formal ou materialmente inconstitucionais, leis constitucionais danosas ou, ainda, de omissões legislativas inconstitucionais), a aplicação dos instrumentos da Legística, que permitem o aperfeiçoamento do processo e do ato legislativo, podem evitar a instauração de processos judiciais e, consequentemente, a condenação do Estado brasileiro à responsabilidade, na forma do §6° do artigo 37 da Constituição.

Trata-se, por isso, de medida de grande importância para o cenário pátrio, dado que a responsabilidade civil do Estado Legislador é admitida no ordenamento jurídico brasileiro por força da interpretação doutrinária e jurisprudencial do citado dispositivo constitucional, ainda que não haja legislação específica que defina as hipóteses e os critérios para seu reconhecimento ou a delimitação da sua extensão, as causas de exclusão ou as situações atenuantes.

Com efeito, tanto a doutrina quanto a jurisprudência esmeram-se em defender, de forma majoritária, que os supostos indenizatórios imputáveis ao Estado legislador são os derivados dos danos provocados por leis declaradas inconstitucionais por meio do controle concentrado, ainda que haja exemplos concretos de ações judiciais com pedido de indenização tendo como fundamento a declaração incidental de inconstitucionalidade dos atos legislativos.

Mas não se desconsidera que leis que promovem alterações ou restrições à direitos ou interesses legítimos, embora possam atender a interesses públicos que encontrem respaldo constitucional, são também limitadas pelos aspectos objetivos e subjetivos do princípio da segurança jurídica, e podem, por isso, ensejar a aplicação da responsabilização estatal.

Nesse aspecto, a previsão de medidas de transição na própria lei, além de constituírem uma opção plausível e de menor complexidade, podem permitir que se afastem ou atenuem prejuízos, impedindo a aplicação do instituto da responsabilidade.

É possível – e em determinados configura-se um dever – que a lei também fixe critérios genéricos para a concessão de indenizações prévias, justas e em dinheiro, nos termos do regime constitucional expropriatório. Em leis que evidentemente destinem-se ao sacrifício de direitos para uma pessoa ou determinado grupo, a previsão dessa indenização se faz indispensável para atender ao regime constitucional.

Todavia, não se desconsidera que reside grande dificuldade para equacionamento adequado do tema, especialmente em relação ao modo pelo qual se deve ativar o dever de indenizar do legislador a partir do agravo que a sua atividade produz. Nos casos em que residir dúvida razoável para legitimar o pagamento de indenização, a ausência de previsão legislativa poderá relegar para o momento posterior essa avaliação, com a aplicação, neste caso, do instituto da responsabilização civil do Estado pelo Poder Judiciário.

Referências

ALMEIDA, Fernando Dias Menezes de. Princípios da Administração Pública e Segurança Jurídica. *In*: VALIM, Rafael. OLIVEIRA, José Roberto Pimenta. DAL POZZO, Augusto Neves (Coord.). *Tratado sobre o princípio da segurança jurídica no direito administrativo*. Belo Horizonte: Fórum, 2013, p. 47-63.

AMARAL JÚNIOR, José Levi Mello do. Responsabilidade civil do Estado por atos legislativos decorrentes de eventual vício de vontade de parlamentares. *In*: ALMEIDA, Fernando dias Menezes de; MARQUES NETO, Floriano de Azevedo; MIGUEL, Luiz Felipe Hadlich; SCHIRATO, Vitor Rhein (Coord.). *Direito Público em evolução*: estudos em homenagem à Professora Odete Medauar. Belo Horizonte: Fórum, 2013, p. 771-775.

BARCELLOS, Ana Paula de. Separação de poderes, maioria democrática e legitimidade do controle de constitucionalidade. *Revista Trimestral de Direito Público*, n. 32, p. 184-206, Malheiros, 2000.

ENTERRÍA, Eduardo García de. *La responsabilidad patrimonial del Estado Legislador en el Derecho español*. 2. ed. Navarra: Civitas, 2007.

ESTEVES, Júlio César dos Santos. *Responsabilidade civil do Estado por ato legislativo*. Belo Horizonte: Del Rey, 2003.

LAMANAUSKAS, Milton Fernando. Evolução histórica do controle de constitucionalidade na França. *In*: ALMEIDA, Fernando Dias Menezes de. ZAGO, Marina Fontão. *Direito Público Francês*: temas polêmicos. São Paulo: Quartier Latin, 2018, p. 283-296.

LUVIZOTTO, Juliana Cristina. *A Responsabilidade civil do Estado Legislador*: atos legislativos inconstitucionais e constitucionais. São Paulo: Almedina, 2015.

NORAHA, Irene Patrícia. Transformações e delimitações do sentido da responsabilidade do Estado nos 30 anos da Constituição. *In*: DI PIETRO, Maria Sylvia Zanella. MOTTA, Fabrício (Coord.). *O Direito Administrativo nos 30 anos da Constituição*. Belo Horizonte: Fórum, 2018, p. 335-348.

NUNES, Marcelo Guedes. RAMOS, André Luiz Santa Cruz. Estratégias para um ordenamento jurídico mais inteligível, barato e eficaz. Disponível em: https://www.jota.info/especiais/estrategias-para-um-ordenamento-juridico-mais-inteligivel--barato-e-eficaz-04122018. Último acesso em 20 de junho de 2019.

OLIVEIRA, Heloísa. Jurisprudência comunitária e Regime Jurídico da Responsabilidade Extracontratual do Estado e demais Entidades Públicas: influência, omissão e desconformidade. Disponível em: http://www.icjp.pt/sites/default/files/media/645-963.pdf. Último acesso em 22 de junho de 2019.

OSÓRIO, Fabio Medina. A ciência do Direito e a proliferação de normas. Disponível em: https://www.fabiomedinaosorio.com.br/fabio-medina-osorio-para--a-zero-hora-a-ciencia-do-direito-e-a-proliferacao-de-normas/. Último acesso em 5 de julho de 2019.

PAULA, Felipe de. *Avaliação Legislativa no Brasil*: limites e possibilidades. Tese (Doutorado em Direito) – Faculdade de Direito, Universidade de São Paulo, São Paulo, 2016.

RODAS, João Grandino. Uma lei não custa barato e esse fator não pode ser ignorado. *Revista Consultor Jurídico*, 24 de setembro de 2015. Disponível em: https://www.conjur.com.br/2015-set-24/olhar-economico-lei-nao-custa-barato-fator-nao--ignorado#sdfootnote1sym. Último acesso em 20 de junho de 2019.

SOARES, Fabiana de. Legística e Desenvolvimento: a qualidade da Lei no quadro da otimização de uma melhor legislação. *Revista da Faculdade de Direito da UFMG*, n. 50, p. 124-142, jan.-jul., 2007.

SUNDFELD, Carlos Ari. *Direito Administrativo Ordenador*. São Paulo: Malheiros, 2003.

13. Blanco de Morais e a Legística no Brasil

Manoel Gonçalves Ferreira Filho

Observações iniciais

Das muitas e importantes contribuições do eminente Professor Catedrático da Universidade de Lisboa, Carlos Blanco de Morais, para a ciência do Direito, muito relevante é tratamento que ele dá à Legística. Pode-se dizer que, ao menos no mundo lusófono, o seu livro *Manual de Legística* é a obra clássica sobre esse tema.[1] Na verdade, já reconheci esse mérito em conferência proferida em 2008.[2]

1. O impacto no Brasil

No Brasil, o seu livro provocou a tomada de consciência de que o valor das leis – valor no sentido de consecução dos objetivos por elas mirados – não depende exclusivamente do procedimento pelo qual as propostas são apreciadas pelo legislador.

A preocupação se restringia ao processo legislativo que, em Constituições como a brasileira, é pormenorizadamente regulado. Mesmo a apreciação pelas comissões parlamentares ditas temáticas somente passou a merecer a atenção quando o direito constitucional passou a vê-las como eventualmente terminativas do processo de elaboração das leis. Veja-se que a literatura sobre o processo legislativo mal aludia à elaboração dos

---

[1] Ed. Verbo, 2007.

[2] ″″″

projetos, como se vê de meu livro **Do processo legislativo**.[3] E, quanto às comissões, apenas houve uma abordagem a fundo, com o excelente livro de Paulo Adib Casseb.[4]

Quanto à elaboração dos projetos, ninguém com isso se preocupava. Supunha-se que todo parlamentar, ou todo corpo administrativo a prepará-los para o Executivo, estava apto a fazê-lo adequadamente. Se falhas houvesse, presumia-se que o debate parlamentar serviria para corrigi-las. Ignorava-se, outrossim, a eventual interferência interesseira dos grupos de pressão.

O **Manual**, assim modestamente designado pelo eminente Professor chamou atenção para o fato de que a qualidade dos projetos condicionava – como é óbvio, mas não era apercebido – a qualidade das leis e, em conseqüência, a sua eficácia e a sua efetividade. É a tardia percepção de que, se leis há que não "pegam", ou seja, não ganham efetividade, ou não produzem os efeitos almejados, às vezes, pelo contrário possuem efeitos perversos, isto deriva de sua própria estrutura normativa. Por isso, tomou--se consciência da importância da preparação dos projetos, e, também, embora com menos freqüência, a aferição de seus resultados, a fim de ser levada a cabo a sua correção ou aprimoramento.

Esta conscientização tornou-se mais premente, eis que, em todo o mundo, de modo aberto ou disfarçado, o Executivo, além de ser o autor da maioria dos projetos discutidos no Legislativo, também legifera. Assim, inexiste quanto aos projetos que edita, seja como leis delegadas, seja como decretos-leis, seja como medidas provisórias, seja como pseudo--regulamentos, a virtude aprimoradora do crivo parlamentar.

2. O desenvolvimento da *Legística*

Fruto desta conscientização foi o desenvolvimento de estudos sobre a elaboração dos projetos, com a prescrição de passos a serem seguidos, de precauções a serem observadas. Estes estudos, a princípio meramente empíricos, vieram a interessar as universidades e o meio científico. Disto, procede o surgimento de uma arte ou ciência – pois a questão é

---

[3] Saraiva, São Paulo, 6ª Ed., 2007.
[4] *Processo legislativo – Atuação das comissões permanentes e temporárias*, Revista dos Tribunais, São Paulo, 2008. Foi originariamente tese de doutorado que tive a honra de orientar.

controversa – da *Legística*. Quer dizer, das diretrizes para a elaboração de (bons) projetos.

Até então, prevalecia no Brasil uma visão meramente pragmática da questão como arte. Esta se inspirava no exemplo norte-americano. Com efeito, mormente a partir da Segunda Guerra, este aparece no desenvolvimento, sobretudo em universidades, de agências especializadas na elaboração de projetos para uso de membros do Congresso e das Assembléias estaduais, e, mais raramente, para os Governos federal e estaduais.

Este trabalho de *"drafting"* implicou a indagação sobre os aspectos a analisar e os procedimentos a seguir. Entretanto, a perquirição não procurou a elaboração de uma ciência, mas contentou-se com o empirismo. Ou seja, a *Legística* (termo não empregado pelos norte-americanos) se estabeleceu a nível de arte.

O ensino dessa arte em universidades provocou, como era de esperar, o aparecimento de manuais didáticos sobre essa arte. Um dos mais conhecidos é o publicado por Julius Cohen, ***Materials and Problems on Legislation***, cuja primeira edição é de 1949.[5] Cohen era professor de direito na *Rutgers – State University*.

O livro distribui-se por seis capítulos.

O primeiro intitula-se *"Gauging the efficacy of proposed legislation"*, *"Medindo a eficácia da legislação proposta"*. Examina aí a "predição" dos efeitos e propõe que, evidentemente tempos depois da sua entrada em vigor, seja aferida a acurácia de tal predição.

O segundo, *"Ascertaining the 'meaning' of legislation language"*, "aferindo o 'sentido' da linguagem da lei". Nele, o trabalho se enriquece, com a citação de um texto do famoso *Justice* Felix Frankfurter, *"Some reflections on the readings of statutes"*, publicado na prestigiosa ***Columbia Law Review.***

O terceiro, *"The integration of public policy: statutes as principles"*, *"A integração da política pública: as leis como princípios"*.

O quarto volta-se para o ponto crucial: *"The drafting of Legislation"*, *"A redação dos projetos"*. Neste, ele inclui o manual em uso no Estado de Nova Jersey, de 1965, bem como um relatório de comissão interministerial publicado em 1936, afora o artigo de Alfred F. Conard, *"New ways to write laws"*, publicado na *Yale Law Review*.

---

[5] Lido na 2ª Ed., Bobbs-Merrill, Indianapolis, 1967.

O quinto aborda *"The legislative lawyer: lobbyst, strategist anda advocate"*, *"O advogado legislativo: o lobista, o estrategista e o advogado"*. Trata nesse capítulo, além do que sugere o título, de procedimentos como os *"hearings"* e de aspectos do que se chama no Brasil de processo legislativo.

No último, analisa *"Problems relating to investigations under Legislative authority"*, *"Problemas relativos a investigações pelo Legislativo"*, tratando dos limites constitucionais a essas investigações, bem como dos controles sobre as comissões que as realizam.

Como se vê, o escopo da obra de Julius Cohen transcende o campo da Legística, mas o inclui como um dos aspectos da atuação parlamentar.

Na Europa, a questão da boa redação das leis também veio a despertar a atenção, após a Segunda Guerra. Isto certamente é um reflexo da preocupação com a "qualidade da lei", com a "crise da lei" e com a "inflação legislativa" que veio a ocorrer por força do Estado social.

Entretanto, deve-se apontar um precedente. Na Grã-Bretanha, já em 1835, o *First Report of the Statute law commissioners* já denunciava a "frouxidão" (*"laxity"*) e a "ambigüidade" (*"ambiguity"*) dos textos legais escritos, como registra Allen.[6]

Sem dúvida, noutros países, vários juristas exprimiram queixas semelhantes.

Não ficando na lamentação, juristas contemporâneos se têm debruçado sobre a questão do aprimoramento da "qualidade" da legislação. Destacam-se a propósito autores europeus, como os suíços, alemães e portugueses. Neles, todavia, reponta um elemento ausente dos autores norte-americanos, qual seja, uma preocupação em tratar a Legística como ciência.

3. A contribuição do Professor Carlos Blanco de Morais

Como já apontei, foi o professor Carlos Blanco de Morais que, no mundo lusófono, sobretudo no Brasil, deu impulso ao estudo da Legística. Fê-lo por meio de um verdadeiro tratado sobre o assunto, já mencionado, modestamente denominado de *Manual de Legística*.[7]

---

[6] *Law in the making*, 7ª Ed., Clarendon Press, Oxford, 1966, p. 484.
[7] Ed. Verbo, 2007.

Vale assinalar, como o douto mestre o faz, a contribuição a esse propósito de Gomes Canotilho, em Relatório de 1987[8], e de Jorge Miranda, que ministrou, no curso de pós-graduação na Universidade de Lisboa em 1997/1998, a disciplina "*Teoria da Lei*" que abordava vários dos temas da *Legística*.[9]

Foi, todavia, o ilustre Carlos Blanco de Morais que deu feição definitiva a este curso, ministrando-o em 1998/1999, 1999/2000, já com o título "*Teoria da Lei e Ciência da Legislação*".

O grande mérito do Prof. Blanco de Morais é exatamente o tratar a matéria, não como mera arte, mas como ciência. Nisto, ele é um inovador, é o fundador da Ciência da legislação.

Vale retraçar a sua lição.

Para ele, a *Ciência da legislação* consiste em "domínio científico do conhecimento, auxiliar da Ciência jurídica, cujo objeto radica no estudo praxiologicamente orientado dos componentes estática e dinâmica do fenômeno normativo público, tendo por fim a sua compreensão e a identificação de soluções que promovam e garantam a validade e a qualidade dos atos normativos".[10]

Desdobra-se ela em três ramos: 1) a *Teoria da Lei*; 2) a *Teoria da decisão pública*; e 3) a Legística.[11] O primeiro inscreve-se na dogmática jurídica e estuda, como quer Canotilho, temas como: 1) a lei como norma jurídica; 2) a acepção de lei; 3) as formas de lei; 4) o valor de lei; 5) as relações da lei no plano da validade e da eficácia; 6) o órgão legiferante e o processo legislativo; 7) os procedimentos legislativos; 8) a concretização administrativa da lei; e 9) os fatores da crise da lei.[12]

O segundo é a aplicação da teoria da decisão à Ciência da Legislação. Por isso, há de abordar temas como 1) as concepções de decisão – intervencionista, clausurada, registral; 2) a acepção de decisão legislativa; 3) isto no contexto das políticas públicas; 4) as condições subjetivas – perfis do decisor; 5) as condições objetivas da decisão – composição do órgão, relações de liderança, etc.

---

[8] Ob. cit., p. 32.
[9] *Id., ibid.*, p. 74.
[10] *Id.*, p. 58.
[11] *Id.*, p. 66.
[12] *Id.*, p. 67.

O último, a Legística que interessa mais de perto a esta palestra, é, numa acepção ampla, o "ramo da Ciência da Legislação que se ocupa do estudo dos conhecimentos, dos métodos e das técnicas destinadas a assegurar, em sede de concepção, elaboração e controlo dos efeitos normativos, a qualidade, validade e praticabilidade do texto e do conteúdo prescritivo da lei".[13]

Apresenta a seu turno três ramos. A Legística material, a Legística formal e a Legística organizativa.

A Legística material "(domínio metódico e procedimental interno) procura assegurar que a concepção da lei observe requisitos de qualidade e de validade que lhe permitam preencher, adequadamente e com eficiência, os seus objetivos operacionais".[14]

A Legística formal "(domínio técnico e sistemático) estuda os critérios de comunicação legislativa, de modo a melhorar a compreensão e identificação da normação legal vigente, através de uma adequada redação, sistematização, simplificação e acesso aos textos legais".[15]

A Legística organizativa "(domínio da 'governance' normativa) ocupa-se do estudo do modelo de gestão pública da qualidade dos programas legislativos, passível de ser adotado pelos órgãos legiferantes".[16]

Acrescente-se que o Mestre português não deixa de enfatizar aspectos, como o da linguagem dos projetos que deve ser simples, clara, adequada e precisa, além da indispensável coerência do texto.[17] Aponta igualmente a importância da avaliação prospectiva do impacto das normas[18], bem como da aferição retrospectiva dos efeitos produzidos[19], esta para a correção de eventuais defeitos do diploma normativo.

Relata Blanco de Morais, por outro lado, que o Regimento do Conselho de Ministros lusitano, aprovado pela Resolução nº 64/2006,[20] dedica um capítulo ao "Procedimento legislativo", no qual se integra uma seção sobre

---

[13] *Id.*, p. 70.
[14] Id., p. 70.
[15] *Id.*, p. 70.
[16] *Id.*, p. 70.
[17] *Id.*, p. 527 e s.
[18] *Id.*, p. 342 e s.
[19] *Id.*, p. 463 e s.
[20] *Id.*, p. 463 e s.

a "Elaboração de projetos" e outra sobre a "Avaliação prévia de impacto".[21] A este Regimento segue-se um Anexo sobre as regras de Legística a serem observadas na elaboração de atos normativos.[22] Nele, integra-se um capítulo sobre a Legística formal em que são apontadas normas quanto à linguagem (que, como já se apontou, há de ser simples, clara e concisa, evitando-se, a bem da precisão, os conceitos indeterminados).[23] Enfim, ele aponta haver em Portugal um *Programa "Legislar melhor"*, o que indica a preocupação com a (boa) legislação.[24] Neste, inscreve-se um questionário para preparar a decisão quanto a elaboração do ato normativo, sua forma e alcance.

4. A Legística no Brasil

No Brasil, eram raros, antes do impacto da obra do Professor Blanco de Morais os estudos sobre a disciplina científica da *legiferação*.

Deve-se citar como pioneiro o trabalho de Carlos Coelho de Miranda Freire, ***Teoria da Legislação – aspectos materiais***[25]***,*** originalmente tese de doutorado que tive o prazer de orientar na Faculdade de Direito da USP. Este desenvolve temas originais na doutrina brasileira, como uma "teoria da legislação e controle social"[26] e "a criação de uma nova teoria dogmática do direito: a teoria dogmática retroalimentativa".[27]

O impacto da obra do Mestre português, na verdade, se começou a acentuar em fins de 2008, em razão de seminário promovida pela Procuradoria do Município de São Paulo, e, sobretudo, depois da tese de doutorado, de 2009, devida a Rubens Rizek, intitulada "***O processo de consolidação e organização legislativa***", orientada pela Profª Fernanda Dias Menezes de Almeida.

Também é de justiça mencionar a contribuição para o equacionamento legal do tema do homem público paulista, José Henrique Turner, que como chefe da Casa Civil do Governo de São Paulo, primeiro, depois como Deputado Federal, muito se bateu pela adoção de normas visando

---

[21] Id., p. 646.
[22] *Id.*, p. 651 e s.
[23] *Id.*, p. 653 e s.
[24] *Id.*, p. 657 e s.
[25] João Pessoa, Ed. União, 1982.
[26] P. 59 e s.
[27] P. 89 e s.

ao aprimoramento da "qualidade das leis". É ele um dos inspiradores, senão o principal de todos, da inclusão no texto constitucional de 1988 do parágrafo único do art. 59, preceito este que impôs no país o desenvolvimento da Legística.

Está, com efeito, nesse parágrafo único do art. 59:

> "Lei complementar disporá sobre a elaboração, redação, alteração e consolidação das leis".

Constitui ela a base legal de toda a Legística brasileira. Sim, porque, dada a jurisprudência do Supremo Tribunal Federal sobre a simetria na organização dos entes federativos, aí incluído o processo legislativo ela não se aplica apenas ao plano federal, mas também ao estadual e municipal.

A lei prevista já foi editada. É a Lei complementar nº 95/1998, que hoje vigora com alterações introduzidas pela Lei complementar nº 107/2001.

Dela, alguns pontos merecem ser destacados, por concernirem a aspectos capitais da Legística.

O primeiro ponto, numa ordem de importância, está no art. 7º, onde é determinado, entre outros, que, "excetuadas as codificações, cada lei tratará de um único objeto"; que, também, "a lei não conterá matéria estranha a seu objeto ou a este não vinculada por afinidade, pertinência ou conexão;", bem como "o mesmo assunto não (possa) ser disciplinado por mais de uma lei, exceto quando a subseqüente se destine a complementar lei considerada básica, vinculando-se a esta por remissão expressa".

Lamentavelmente, é esse ponto freqüentemente contrariado pela legislação, sem que isto acarrete qualquer conseqüência, salvo dificuldades para o operador do direito... Com efeito, a jurisprudência a considera a referida Lei Complementar nº 95 uma *lex imperfecta*, portanto, sem sanção.

O segundo inscreve-se nas técnicas de elaboração. É a determinação de que a lei seja estruturada em três partes básicas: parte preliminar, parte normativa e parte final (art. 3º). A parte preliminar compreende "a epígrafe, a ementa, o preâmbulo, o enunciado do objeto e a indicação do âmbito de aplicação das disposições normativas". Trata-se, pois, como que de uma introdução aos comandos normativos. Estes constituem a segunda das partes mencionadas. Aí é que está, materialmente falando, a lei propriamente dita. A última é de caráter complementar. Nela, inserem-se "as disposições pertinentes às medidas necessárias à implementação das normas de conteúdo substantivo, as disposições transitórias, se for o caso, a cláusula de vigência e a cláusula de revogação, quando couber."

Outro ponto a salientar consiste em prescrições acerca do texto do projeto. Reclama uma redação "com clareza, precisão e ordem lógica" (art. 11). Explicita a esse propósito recomendações, que merecem ser transcritas:

I – para a obtenção de clareza:

a) usar as palavras e as expressões em seu sentido comum, salvo quando a norma versar sobre assunto técnico, hipótese em que se empregará a nomenclatura própria da área em que se esteja legislando; b) usar frases curtas e concisas; c) construir as orações na ordem direta, evitando preciosismo, neologismo e adjetivações dispensáveis; d) buscar a uniformidade do tempo verbal em todo o texto das normas legais, dando preferência ao tempo presente ou ao futuro simples do presente; e) usar os recursos de pontuação de forma judiciosa, evitando os abusos de caráter estilístico;

II – para a obtenção de precisão:

a) articular a linguagem, técnica ou comum, de modo a ensejar perfeita compreensão do objetivo da lei e a permitir que seu texto evidencie com clareza o conteúdo e o alcance que o legislador pretende dar à norma; b) expressar a idéia, quando repetida no texto, por meio das mesmas palavras, evitando o emprego de sinonímia com propósito meramente estilístico; c) evitar o emprego de expressão ou palavra que confira duplo sentido ao texto; d) escolher termos que tenham o mesmo sentido e significado na maior parte do território nacional, evitando o uso de expressões locais ou regionais; e) usar apenas siglas consagradas pelo uso, observado o princípio de que a primeira referência no texto seja acompanhada de explicitação de seu significado; f) grafar por extenso quaisquer referências a números e percentuais, exceto data, número de lei e nos casos em que houver prejuízo para a compreensão do texto (redação dada pela lei Complementar nº 107/2001); g) indicar, expressamente o dispositivo objeto de remissão, em vez de usar as expressões 'anterior', 'seguinte' ou equivalentes (redação dada pela Lei Complementar nº 107/2001);

III – para a obtenção de ordem lógica:

a) reunir sob as categorias de agregação – subseção, seção, capítulo, título e livro – apenas as disposições relacionadas com o objeto da lei; b) restringir o conteúdo de cada artigo da lei a um único assunto ou princípio; c) expressar por meio dos parágrafos os aspectos complementares à norma enunciada no *caput* do artigo e as exceções à regra por este estabelecida; d) promover as discriminações e enumerações por meio dos incisos, alíneas e itens."

No plano federal, a Lei complementar citada foi regulamentada pelo primeiro pelo Decreto nº 2.954/1999, depois pelo Decreto nº 4.176/2002, e, mais recentemente pelo Decreto nº 9.191/2017. Este recebeu algumas alterações em decorrência do Decreto nº 9.588/2018.

A regulamentação vigente visa especificamente a estabelecer "normas e diretrizes para elaboração, redação, alteração, consolidação e encaminhamento de propostas de atos normativos ao Presidente da República pelos Ministros de Estado". ´

Claro está não afastar-se das normas previstas na Lei Complementar. Contém, todavia, algumas "recomendações" quanto a projetos de lei penal e de lei tributária. Disciplina o papel da Casa Civil da Presidência da República e das Subchefias desse órgão na análise das propostas, definindo competências. Nisto, estipula pontos a serem detidamente examinados nos vários pareceres que deverão ser formulados. Ressalva, também, a obrigatória obediência ao Manual de Redação da Presidência da República.

Enfim, visando à racionalidade na elaboração legislativa, edita, num anexo, um longo rol de "questões a serem analisadas quando da elaboração de atos normativos no âmbito do Poder Executivo Federal".

Por meio dele, fica muito claro o propósito de evitar propostas desnecessárias, inconvenientes, prejudiciais, bem aponta aspectos jurídicos a serem considerados, mormente questões relativas à repartição de competências. Igualmente, manda seja tido em consideração se as normas propostas afetam os direitos fundamentais, bem como explicita indagações pertinentes a matérias específicas, como direito penal, direito tributário, etc. E não dispensa a indagação sobre o eventual aumento das despesas públicas.

Como já se apercebeu, esta regulamentação coexiste com o *Manual de Redação da Presidência da República*. Tem este raiz em texto elaborado sob a direção de Gilmar Ferreira Mendes e Nestor José Forster Júnior.[28] Entretanto, seu alcance não chegava ao nível ciência.

Depreende-se do que foi exposto, haver no Brasil, no plano federal, uma Legística "legal" que, se não é ainda completa como seria desejável cientificamente falando, já é desenvolvida.

Preocupa-se ela, inclusive, com a avaliação prospectiva do impacto das normas, por meio do questionário mencionado. Neste ponto, entretanto, o sistema mereceria ser aprimorado, adotando-se uma aferição objetiva de caráter retrospectivo. O modelo desenhado a este propósito pelo Prof. Blanco de Morais serviria para tanto.

Observações finais

A exposição certamente confirma a importância da obra do Prof. Blanco de Morais para a Legística como ciência.

Não é ela, todavia, meritória apenas por esse aspecto. Ela o é principalmente como contribuição para o Estado de Direito, instituição fundamental do constitucionalismo

Com efeito, é preciso ter presente que o Estado de Direito depende de boas leis, portanto, de sua qualidade. Desta se incumbe a Legística de modo imprescindível

Ora, o caminho para a qualidade das leis, está apontado nas lições do Prof. Blanco de Morais, o grande mestre da Legística lusófona.

[28] 2ª. ed. rev. e atual. – Brasília : Presidência da República, 2002.

14. Legislar Melhor e a Avaliação de Impacto Legislativo em Portugal: Caminho Percorrido e Estado da Arte

Manuel Cabugueira[1]

1. Introdução

Os programas "Legislar Melhor" que têm sido promovidos em diferentes países desenvolvidos e em desenvolvimento constituem, simultaneamente, um objetivo e um processo[2]: um objetivo de promoção de uma intervenção pública que adote medidas que garantam máxima eficiência e eficácia na persecução dos interesses públicos; um processo, porque integra na sua própria construção as metodologias para a identificação, desenho e implementação dessas medidas.

Enquanto objetivo, o programa "Legislar Melhor" concorre para aumentar a credibilidade do processo legislativo e contribui para o bem-estar dos cidadãos, das empresas e para o bom funcionamento da economia, assumindo as características de bem-público[3] (relatório do

---

[1] Todas as opiniões expressa neste artigo são da exclusiva responsabilidade do autor e não representam uma opinião ou posição institucional, nem, tão pouco, podem ser imputadas a uma instituição.

[2] O conceito de que partimos, em que propõem que a agenda "Legislar Melhor" seja entendida enquanto "objetivo e processo", é exposto em textos do "European Parlimentary Research Service" (ver Hiller 2017). Desenvolvemo-lo de forma distinta.

[3] Em linguagem da economia pública, pode afirmar-se que se está perante um bem público, porque se trata de um benefício "não exclusivo" (um benefício que não é apropriável), e "não-rival" (um benefício cujo aproveitamento por um não diminui a dimensão do benefício disponível a outros). Nesta perspetiva, "Legislar Melhor" apresenta-se como um objetivo de

grupo Mandelkern, *European Comission*, 2001, pag. i). É um programa ambiciona promover formas de intervenção pública de maior qualidade, garantindo: eficácia na persecução dos objetivos de interesse público; eficácia na comunicação e exposição junto da sociedade; eficácia na forma como o próprio processo de decisão pública se desenrola; e eficiência na utilização dos recursos da sociedade, sejam aqueles sobre o qual tem controlo direto, seja aqueles cuja utilização é decidida pelos cidadãos e empresas. Esta intervenção pública contribui de forma transversal (não exclusiva e não egoísta), para o bem-estar, promovendo a competitividade e o desenvolvimento sustentado.

Enquanto metodologia, o programa "Legislar Melhor" constitui um esforço de implementação de um conjunto de mecanismos que acompanham o ciclo legislativo e que promovem a qualidade da intervenção pública. No centro deste esforço, está a ambição de fazer acompanhar o processo de decisão política, por um lado, de práticas que melhorem o próprio procedimento legislativo e, por outro, de instrumentos que permitam suportar a decisão em evidência sobre os impactos esperados daquela intervenção. Este programa assume-se, assim, como a aplicação prática da denominada "regulação com base na evidência", que aproxima a intervenção pública da realidade sobre a qual se pretende intervir, impondo que o processo de escolha do método de intervenção seja acompanhado por um esforço de análise ou previsão dos impactos no terreno.

Para concretizar esta ambição de decidir com base na evidência, desenvolveu-se o exercício de avaliação de impacto (AI), orientado para a criação de informação de apoio ao processo de decisão política, relativa aos impactos esperados de uma intervenção pública na economia, na sociedade e no ambiente. Quando levado à prática em toda a sua complexidade, este exercício impõe uma reflexão sobre a necessidade da intervenção e um confronto das medidas alternativas que permitam atingir o mesmo objetivo de interesse público. Este confronto, terá por base a identificação e, sempre que possível, a estimação, dos impactos esperados de cada alternativa nas três dimensões: económica, social e ambiental (Blanco de Morais, C, 2012). Como sempre se reforça quando se discute esto método de intervenção, não se pretende por em causa o

política pública (para uma exposição sobre o conceito de bem público, que aqui adaptamos ao conceito de "benefício" público, ver, por exemplo, Musgrave, R e Musgrave, P, 1989).

processo de decisão política ou substituí-lo com um exercício técnico de análise, mas antes, contribuir para esse processo gerando informação útil para o decisor.

Em Portugal, o esforço de implementação do programa "Legislar Melhor" nasce com o início do século e tem sido reforçada por diferentes iniciativas legislativas ao longo dos últimos anos. Fortemente influenciado pelas iniciativas europeias e, em particular, pelo programa "*Better Regulation*", promovido pelo trio institucional europeu – Parlamento, Conselho e Comissão Europeia, no advento do Tratado de Lisboa e dos desafios que coloca na promoção da competitividade e do desenvolvimento sustentado, o programa português prossegue uma ambição ampla a que Ettner e Silveira (2014, pág. 206) se referem como:

> "de procurar legislar melhor, não só do ponto de vista da observância de regras de legística e de procedimento legislativo, mas igualmente no que se refere a garantir que a lei serve da melhor forma possível, seja quanto às opções que toma, seja quanto ao modo como é escrita, comunicada e aplicada, os seus propósitos, assegurando os interesses dos seus destinatários."

Esta ambição concretiza-se, até hoje, na implementação progressiva de metodologias de melhoria das práticas e do processo legislativo, bem como de introdução de processos de avaliação de impacto. O esfoço mais recente foi assumido pelo XXI Governo Constitucional, que assume como prioridade o reforço da qualidade da intervenção legislativa, concentrando-se em seis pilares que foram sendo desenvolvidos desde 2014: legislar menos, legislar completo, legislar a tempo, legislar claro, legislar com rigor e legislar para todos. O exercício de AI associa-se ao esforço de "legislar com rigor" e concretizou-se pela implementação de um programa específico denominado: "Custa Quanto?".

Neste texto apresentamos o programa "Custa Quanto?", explorando o quadro legal de implementação, a estrutura institucional de suporte, bem como a metodologia de análise. Para que melhor se compreendam as opções e os desafios envolvidos na implementação deste programa, começamos por fazer uma breve reflexão sobre o conceito de "Legislar Melhor" e os seus desafios (ponto 2.) para depois resumirmos o esforço de implementação deste conceito em Portugal ao longo das últimas décadas (ponto 3.), concentrando os dois pontos seguintes no programa atual e na medida "Custa Quanto?" (ponto 4. e 5). Concluímos com uma reflexão sobre as opções adotadas (ponto 6).

2. Legislar melhor e a avaliação de impacto: os desafios da implementação

Se assumirmos como ponto de partida que o Estado atua na economia e na sociedade com o objetivo de promover o bem-estar e, nesse sentido, com uma trilogia de preocupações interrelacionadas – de resposta às insuficiências e falhas do mercado; de promoção da competitividade da economia; e de garantia de um desenvolvimento sustentável[4]; a discussão sobre políticas públicas e a regulação deixa de se centrar na questão ortodoxa sobre o papel e a necessidade de intervenção do Estado, para se desviar para a qualidade dessa intervenção e para a escolha entre os diferentes formatos da regulação (entendida como incluindo a globalidade das opções de intervenção, seja pública, de auto-regulação ou de co-regulação).

O movimento "Legislar Melhor" adequa-se a esta preocupação mais real sobre a qualidade da intervenção e, nesse sentido, aponta e cria as condições para o desenho de intervenções públicas que respondam às necessidades da sociedade e da economia. A regulação é vista como:

> "um instrumento para apresentar políticas e responder às expectativas dos cidadãos. No desenho das políticas, leis e regulamentos, os governos estão a tentar fazer melhor – procuram garantir que estão a utilizar os instrumentos certos para atingir os objetivos; que os benefícios são maximizados, enquanto os efeitos negativos são minimizados; que as vozes daqueles afetados são ouvidas" (Comissão Europeia, 2006, tradução nossa).

É neste sentido que a Comissão Europeia esclarece que os objetivos do programa Europeu " *Better Regulation*" passam por garantir:

---

[4] Renunciando a discussão sobre os modelos e motivações para a intervenção pública, coloca-se a discussão no quadro da moderna perspectiva que se centra no Estado Regulador (ver Moreira, Vital 2012 e Micklethwait, J e Wooldridg, A, 2014). Para uma discussão sobre as teorias intervenção do Estado, ver Noll, R., 1981; Ogus, 2004; Baldwin, R. et al, 2012. Para um resumo técnico ver Biggar, 2011, para um resumo introdutório, Den Hertog, J, 2000 e para uma visão crítica, Priest, G , 1993.

- a abertura e transparência do processo de decisão;
- a participação dos cidadãos e das partes interessadas em todas as fases do processo legislativo e de definição de políticas;
- a adoção de medidas com base em dados concretos e uma boa compreensão do impacto dessas medidas;
- a redução ao mínimo possível dos encargos administrativos a que estão sujeitas as empresas, os cidadãos e as administrações públicas".[5]

Para prosseguir estes objetivos e garantir a qualidade legislativa, a Comissão Europeia promove o acompanhamento de todo o ciclo legislativo com um conjunto de instrumentos relevantes ao processo de decisão política e que se concentram na criação de evidência: as avaliações de impacto prévio e sucessivo, bem como as avaliações de eficácia da intervenção.

O desenvolvimento deste programa pela Comissão Europeia, que remonta ao início do século e que procura contribuir para uma resposta aos desafios colocados pelo Tratado de Lisboa, no que se refere à defesa de um desenvolvimento sustentável e da competitividade da economia europeia, não é indiferente às iniciativas semelhantes de promoção de uma intervenção pública de maior qualidade que foram sendo promovidas desde o último quarto do século passado em diversas económicas desenvolvidas – EUA, Canadá, Reino Unido, Austrália, entre outras.[6]

Esta tendência internacional para a melhoria da qualidade regulatória foi bem resumida na "Recomendação do Conselho sobre Política Regulatória e Governança" da OCDE (2012), Neste documento elenca-se um conjunto medidas que se consideram essenciais para garantir uma "boa regulação" capaz de promover um funcionamento eficiente da economia atendendo a metas sociais e ambientais (dada a sua relevância apresentamos estas medidas em anexo). Sem querer retirar relevância ao texto proposto pelo Conselho da OCDE em políticas regulatórias, para

---

[5] Ver https://ec.europa.eu/info/law/law-making-process/planning-and-proposing-law/better-regulation-why-and-how_pt

[6] Para uma exposição sobre as experiencias de implementação de programas de Better Regulation ver os diferentes relatorios e documentos de trabalhos disponibilizados pela OCDE (http://www.oecd.org/gov/regulatory-policy/ria.htm); Renda, A.; 2006, Golberg, E. 2018 e Randealli, C e Schrefler, L, 2015. Para uma prespectiva critica sobre a implementação da metodologia ver Readealli, C. 2004.

efeitos de uma reflexão própria, retiramos daquele conjunto de medidas as seguintes orientações para o desenvolvimento de um "bom programa" de "legislar melhor":

1. Compromisso político com o programa e com um processo transparente de produção legislativa;
2. Transparência e proximidade aos cidadãos e empresas;
3. Promover a qualidade regulatória em todo o circuito de decisão política;
4. Integrar a Avaliação de Impacto desde uma fase inicial do processo legislativo;
5. Promover uma revisão sistemática do *stock* regulatório;
6. Publicar relatórios sobre o desempenho da política regulatória;
7. Promover as agências reguladoras;
8. Promover sistemas de revisão da legalidade e imparcialidade processual das regulações;
9. Aplicar uma avaliação de riscos, gestão de riscos e estratégias de comunicação de risco para a conceção e implementação das regulações;
10. Promover a coerência regulatória através de mecanismos de coordenação entre os níveis supranacional, nacional e sub-nacional do Governo;
11. Capacitar a estrutura pública para melhorar o desempenho regulatório;
12. Atender às melhores práticas internacionais.

Este conjunto de medidas correspondem a uma versão mais maturada dos dez princípios que resumem as melhores práticas para a avaliação de impacto, apresentadas pela mesma instituição em 1997:

1. Maximizar o comprometimento político;
2. Distribuir, cuidadosamente, a responsabilidade pela elaboração do RIA (*Regulatory Impact Assessment*);
3. Formar os reguladores;
4. Utilizar uma metodologia analítica consistente e flexível;
5. Desenvolver e implementar estratégias de recolha de dados;
6. Focar os recursos esforços do RIA;

7. Integrar o RIA no processo de elaboração de políticas, iniciar o mais cedo possível;
8. Comunicar os resultados;
9. Procurar um maior envolvimento do público;
10. Aplicar o RIA à regulação existente e à nova regulação.

Tendo presente estas listagens de indicadores de qualidade da intervenção regulatória e dos processos de melhoria legislativa, tendo ainda presente todo o manancial de manuais, relatórios, artigos, orientações políticas sobre como se fez, como se faz e quais as melhores práticas para "Legislar Melhor", a tendência natural para um país que começou na última década a dar os primeiros passos seria a de prosseguir, sem mais, estas orientações. Veremos, nos próximos pontos, que Portugal não foi imune ao que melhor se fez e aos processos de aprendizagem externos, mas também não tem sido um importador cego de "melhores práticas". Seguindo a proposta de Redaelli, C (2004), as "melhores práticas" devem ser abordadas como elementos de um processo de aprendizagem num cuidado de contextualização no momento e características socioculturais e políticas da geografia em que são aplicada. O sucesso dos programas para "Legislar Melhor" são "sensíveis ao contexto" e, por esse motivo devem ser implementados numa "aproximação com base na aprendizagem".[7]

3. Legislar Melhor em Portugal primeiros esforços e a evolução

A agenda para "Legislar Melhor" em Portugal tem origem no início do século e, tal como sucede nos restantes espaços económicos, constitui uma história que conjuga objetivos de eficiência legislativa e a implementação de melhores práticas legislativas com a implementação de processos de avaliação de impacto.

A primeira[8] iniciativa de promoção da qualidade legislativa acontece, em 2000, com a criação do Gabinete de Política Legislativa e Planeamento (GPLP), pelo Decreto-Lei n.º 146/2000, de 18 de julho, e consequente

---

[7] Sobre os perigos da utilização cega de "melhores práticas" Readelli, C (2004, pag. 728), sublinha que "political models of herding add other obstacles to learning".

[8] Este capitulo na sua organização e principais ideias, suporta-se em dois artigos que abordam a implementação dos programas "legislar melhor em Portugal": Silveira, J.T. 2014, e Ettner, D. e Silveira, J.T. 2014.

lei orgânica aprovada pelo Decreto-Lei n.º 89/2001, de 23 de março. Ao GPLP é atribuída a responsabilidade "pela promoção e desenvolvimento da investigação jurídica, informação estatística do sector e preparação, acompanhamento e avaliação de políticas legislativas e pelo enquadramento social e económico da política de justiça." (Artigo 1, Decreto-Lei n.º 89/2001). Este gabinete transforma, de modo significativo, o processo legislativo introduzindo um "novo paradigma, assente na avaliação legislativa prévia, na utilização de ciências auxiliares na elaboração de propostas legislativas, no estudo e análise com base em dados estatísticos e informação quantitativa e na realização debates públicos alargados, com ampla divulgação de informação" (Ettner, D. e Silveira, J.T., 2014, pág. 208). Introduzem-se, desta forma, dois princípios fundamentais dos programas para legislar melhor: a regulação com base na evidência: e o aumento da transparência e aproximação aos interessados externos aos processos legislativos.

Este Gabinete é responsável pela elaboração do primeiro guião com diretrizes de legística – o "Legística – Perspetivas sobre a Conceção e Redação de Atos Normativos", e já na configuração da atual, enquanto Direção-Geral de Política da Justiça[9], o primeiro Manual de Avaliação de Impacto Normativo, coordenado pelo Professor Doutor Carlos Blanco de Morais (Blanco de Morais, C. 2010).

Em 2001, o esforço de conceção de um modelo de programa para "Legislar Melhor" em Portugal, tem uma evolução significativa com a criação da Comissão para a Simplificação Legislativa, pela Resolução do Conselho de Ministros n.º 29/2001, de 15 de fevereiro. A Resolução que cria esta Comissão começa por destacar o impacto da produção legislativa "sobre o quotidiano de todos os cidadãos e sobre a atividade das empresas" e a necessidade de garantir a estabilidade do sistema normativo face às exigências que se colocam de intervenção do Estado na economia. Perante estas questões, coloca-se a necessidade de adoção de um modelo de melhoria da prática legislativa que tenha em conta a experiência das "democracias europeias", consciente que nos diferentes modelos implementados os esforços passam "pela sistematização dos estudos de impacte, pela transparência dos processos de audição e concertação,

---

[9] Criado pelo Decreto-Lei n.º 123/2011, de 29 de dezembro, e cujo regime orgânico consta do Decreto-Lei n.º 163/2012, de 31 de julho.

pela simplificação dos textos adotados e, eventualmente, por soluções de codificação ou compilação dos diploma legais e pela sua divulgação e acesso aberto por intermédio dos novos meios tecnológicos" (RCM 29/2001). Neste quadro, atribui-se à Comissão Simplificação Legislativa a competência para desenvolver propostas de simplificação e melhoria da qualidade da legislação e regulamentação. Sobre o trabalho desta Comissão, Ettner, D. e Silveiro, S.T., (2014, pág 209 e 210) destacam não se terem concretizado medidas efetivas, mas antes a identificação de boas práticas e a definição de linhas de orientação que foram, posteriormente, utilizadas em outras iniciativas de simplificação legislativa.

Em 2006, concretiza-se a aprovação do programa Legislar Melhor pela Resolução de Conselho de Ministros 63/2006, de 18 de maio. Esta iniciativa assume acompanhar as melhores práticas europeias e as orientações de outras organizações internacionais no âmbito da *"Better Regulation"* e tem por objetivo legislar:

> "com mais justificação, adequação e qualidade dos atos normativos, com mais preocupação pela simplificação e transparência dos procedimentos, de forma a desburocratizar o Estado e a facilitar a vida dos cidadãos e das empresas num ambiente amigo da concretização eficiente dos direitos e dos interesses legítimos."

Este programa integra medidas de desmaterialização do procedimento legislativo e simplificação dos atos normativos; a reforma do Diário da República e a modernização e abertura de acesso ao direito pelo cidadão; o controlo da qualidade da produção normativa do Governo e o controlo da eficácia das normas jurídicas, bem como a possibilidade de implementação de processos de avaliação prévia e sucessiva do impacto dos atos normativos.

No que se refere à avaliação prévia dos atos normativos, a que se refere o ponto 3 (4.1.), prevê-se: (a) a fundamentação da decisão de legislar tendo em conta critérios de necessidade, de eficiência e de simplificação, exercida pelo membro do Governo competente em razão da matéria; (b) a obrigatoriedade da avaliação prévia do impacto dos principais atos normativos, com base num exercício denominado de teste SIMPLEX, que acompanha o processo e cujas conclusões são integradas na nota justificativa de cada diploma; (c) a revisão do Regimento do Conselho de Ministros, que "passa a integrar, em anexo, o modelo tipo do teste SIMPLEX e a prever a possibilidade de utilização de outros tipos de teste de avaliação do impacto dos atos normativos do Governo" (alínea c).

O teste SIMPLEX de avaliação prévia de encargos administrativos introduz a intenção de facilitar a "vida dos cidadãos e das empresas, de controlo e de diminuição de custos, de desburocratização, de transparência, de valorização do princípio da responsabilidade tanto no sector público como no sector privado" (ponto 8, a) do preâmbulo).

Relativamente à avaliação sucessiva do impacto dos atos normativos, ponto 3 (4.2)., adota-se a possibilidade de se desencadearem modalidades de avaliação com recurso a formas diversificadas de avaliação de impacto, com a cooperação de organismos públicos, estabelecimentos de ensino superior e organizações da sociedade civil.

A responsabilidade de apoio ao procedimento legislativo, bem como as incumbências nas áreas da formação, estudo, análise e elaboração de projetos e de avaliação regular do funcionamento do sistema de avaliação do impacto dos atos normativos, é atribuída ao Centro Jurídico da Presidência do Conselho de Ministros (CEJUR), colocado sob tutela da Presidência do Concelho de Ministros[10].

Este desenvolvimento do programa "Legislar Melhor" constitui uma medida do Programa SIMPLEX 2006 e aproveita os contributos dados pela Comissão técnica que preparou o Programa Estratégico para a Qualidade e Eficiência dos Atos Normativos do Governo. Esta Comissão, criada pelo Despacho n.º 12017/2003, de 15 de Abril, e cujos trabalhos foram posteriormente prorrogados pelo Despacho n.º 26748/2005, de 19 de Dezembro, foi liderada pelo Professor Doutor Carlos Blanco de Morais (como consta do n.º 3, do Despacho n.º 12017/2003, e do 2 do Despacho n.º 26748/2005), e apresentou diferentes propostas nas seguintes áreas (Ettner, D. e Silveiro, S.T., 2014, pág 2010):

"i) Avaliação legislativa, incluindo a regulação da decisão de proceder à avaliação prévia de impacto e respetivas entidades operadoras, regime da avaliação obrigatória e facultativa, tipos de avaliação comum e simplificada e modelos e relatórios de avaliação legislativa; ii) Propostas de

---

[10] Centro juridico que é substituiso pelo Centro de competências Jurídicas do estado – JurisAPP, pelo Deecreto-Lei n.º 149/2017, 6 de dezembro.

governance para a produção legislativa; iii) Metodologia a seguir para a transposição de diretivas; iv) Compilação e consolidação legislativa; v) Elaboração de um anexo de legística a integrar no Regimento do Conselho de Ministros, a partir das regras concebidas no âmbito do GPLP e que atrás se referiram."

Em 2014, o esforço de implementação de mecanismos de melhor legislação altera-se por pressão do quadro legislativo europeu e pelo Memorando de Entendimento celebrado no âmbito do Programa de Assistência Económica e Financeira entre o Estado Português, o Fundo Monetário Internacional, a Comissão Europeia e o Banco Central Europeu.

O Decreto-Lei n.º 72/2014 reanima a Rede Interministerial para a Modernização Administrativa (RIMA), criada em 1997 pelo Decreto-Lei n.º 4/97, de 9 de janeiro, para coordenar as "tarefas de modernização e simplificação administrativas, incluindo nomeadamente mecanismos de avaliação dos custos regulatórios para a atividade económica e para os cidadãos". Esta rede fica com a incumbência, não efetivada em medidas específicas, de implementação de dois novos desafios associados à avaliação e impacto: o "Teste PME" ("SME-Test") e a regra da "Comporta Regulatória" ("one-in, one-out").

O Teste PME transporta para o quadro do processo legislativo português o princípio proposto pela da Comunicação da Comissão ao Parlamento Europeu, ao Conselho, ao Comité Económico e Social Europeu e ao Comité das Regiões, *"Think Small First»*. Note-se que este principio se relaciona com o *"Small Business Act"* para a Europa (COM (2008 394 final), cuja implementação era condição *ex-ante* para a atribuição de fundos, por parte da União Europeia, no âmbito do Quadro Comunitário de Apoio para o período 2014-2020, e ao qual Portugal se encontra, por isso, vinculado.

"A regra da Comporta Regulatória obriga, sempre que se proceda à aprovação de atos normativos que criem custos de contexto sobre cidadãos e empresas, à apresentação de proposta de redução de custos de contexto equivalentes, através da alteração de outros atos normativos que tenham idêntico impacto" (preâmbulo do Decreto-Lei 72/2014). A adoção desta regra estava prevista no Memorando de Entendimento celebrado no âmbito do Programa de Assistência Económica e Financeira.

4. O projeto Legislar Melhor em Portugal – evolução recente

Com o XXI Governo Constitucional, o projeto "Legislar Melhor" ganhou novo fôlego, assumindo um conjunto vasto de medidas que se resumem em seis objetivos concretos: legislar menos, legislar completo, legislar a tempo, legislar com rigor, legislar claro e legislar para todos[11].

Este conjunto de iniciativas compõe um esforço único que responde às diferentes componentes fundamentais dos processos de melhoria regulatória.

O objetivo "legislar menos" concretizou-se, por um lado, na "redução do fluxo legislativo" e, por outro, na implementação da medida "revoga +" pela qual se propõem proceder à "limpeza do ordenamento jurídico de leis desnecessárias" (SEPCM, 2019) e consequente "redução do *stock* legislativo". Relativamente ao objetivo de contenção legislativa, e como se pode verificar na Figura 1., o XXI Governo foi o que menos legislou ao longo dos primeiros três anos de governação. No decurso do mesmo período de três anos, foram ainda revogados 1623 decretos-leis[12]que confrontam com a criação de 20 novos decretos-leis (SEPCM, 2019). Ainda neste âmbito, importa destacar a iniciativa de melhoria da qualidade do processo legislativo, com o estabelecimento de um único Conselhos de Ministros deliberativos por mês, o que contribui para a transparência e segurança jurídica (SEPCM, 2018).

[11] A exposição e estatísticas que se apresentam abaixo, para as iniciativas legislar menos, legislar completo, legislar a tempo, tem os balanços de atividades apresentados anualmente pelo Sr. Secretário de Estado da Modernização Administrativa, Prof. Doutor Tiago Antunes e que estão disponíveis publicamente disponíveis: Balanço da Atividade Legislativa 2017 – https://www.portugal.gov.pt/download-ficheiros/ficheiro.aspx?v=04e6eed4-e4b1-4cce-9ebe-ed1114cb82e9; Balanço da Atividade Legislativa 2018 – https://www.portugal.gov.pt/download-ficheiros/ficheiro.aspx?v=69600fb9-2055-450d-8f4a-469ed3360715 e a nota à comunicação social relativa ao Balanço da atividade legislativa de 2018, https://www.portugal.gov.pt/download-ficheiros/ficheiro.aspx?v=7716bcb7-0727-46dc-bb99-50445114ab1b.

[12] Sobretudo através da iniciativa Revoga +, que revogou expressamente 1449 decretos-leis obsoletos do período 1975-80 e propôs à Assembleia da República a revogação de outros 821 do mesmo período (SEPCM, 2019).

FIGURA 1 – **Decretos-Leis publicados nos primeiros três anos de Governo**

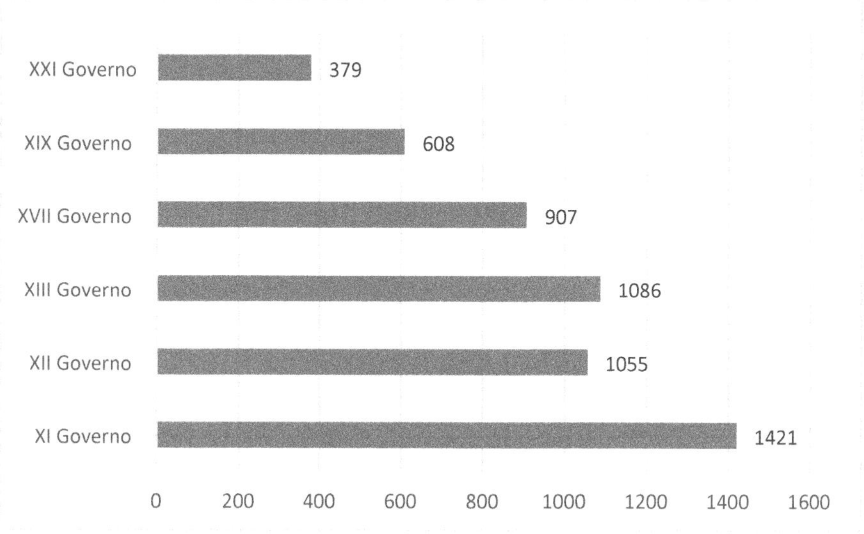

Nota. São considerados os Governos com legislaturas de quatro anos.

"Legislar a tempo", concentrou-se no exercício de transposição das diretivas europeias para o quadro jurídico nacional. Sobre esta iniciativa, o "painel de avaliação do mercado único de 2019[13] destaca que Portugal "supervisiona bastante bem a transposição atempada das diretivas relativas ao mercado único".

A ambição por "Legislar completo" refere-se a intenção de aprovar a legislação acompanhada pela aprovação de todos os regulamentos que a concretizam e implementam. Neste sentido, estabeleceram-se processos de monitorização dos prazos de regulamentação (também de leis da Assembleia da República) (SEPCM, 2018).

O esforço por "Legislar Claro" concretizou-se no empenho por tornar a legislação mais compreensível e acessível aos cidadãos. Um primeiro passo na persecução deste objetivo acontece com uma alteração no acesso ao Diário da Republica, que se torna universal e gratuito, permitindo a consulta e pesquisa por via eletrónica (e disponível através de uma aplicação

---

[13] https://ec.europa.eu/internal_market/scoreboard/_docs/2019/member-states/pt_pt.pdf

para dispositivos móveis). Adotou-se, ainda, um conjunto de medidas de clarificação da legislação de entre as quais se destaca: a publicação de resumos de diplomas em linguagem clara (em inglês e português), 131 em 2017 e 141 em 2018; disponibilização de diplomas em versões consolidadas, mais de 2450 em 2017 e 2018; criação de um dicionário de conceitos jurídicos (*Lexionário*) que já contem mais de 280 entradas.

"Legislar para todos", refere-se à medida cuja implementação é mais recente e representa uma evolução muito significativa num dos pilares fundamentais de qualquer programa de "Legislar Melhor", a aproximação aos cidadãos e interessados da comunidade empresarial e associativa. Para contribuir para este esforço, foi disponibilizado, em julho de 2019, um novo portal de consultas públicas, que constitui uma plataforma *online* (Consultalex.gov.pt) que divulga e informa sobre os processos de consulta, promovendo e facilitando a participação dos cidadãos e empresas.

Por último, o objetivo de "Legislar com Rigor" refere-se, especificamente, à implementação de um processo de avaliação de impacto de apoio ao circuito legislativo português. Este propósito consta do programa do XXI Governo Constitucional, no qual se inscreve que a avaliação prévia e subsequentemente do impacto da legislação estruturante, em especial daquela que comporte custos para as PME, constitui uma ação fundamental para a melhoria da qualidade da legislação. É neste sentido que o Regimento do Conselho de Ministros, aprovado pela "Resolução do Conselho de Ministros n.º 95-A/2015, de 17 de dezembro, consagra a avaliação prévia e o controlo da introdução de novos custos administrativos para as pessoas e para as empresas, prevendo a emissão de parecer obrigatório e vinculativo da Ministra da Presidência e da Modernização Administrativa quando estejam em causa projetos legislativos que envolvam o aumento de encargos ou outros custos de contexto" (JurisAPP-UTAIL, 2018). O exercício de avaliação de impacto é, posteriormente, concretizado numa medida SIMPLEX+ 2016, denominada "Custa Quanto?".

5. A medida "Custa Quanto?" – a avaliação prévia económica de impacto legislativo

A Resolução do Conselho de Ministros n.º 44/2017, de 24 de março (RCM n.º 44/2017), aprova um modelo de avaliação prévia económica de impacto legislativo (AIL), que se concretiza na media "Custa Quanto?" (medida do programa Simplex+2016).

Com a medida "Custa Quanto?" implementa-se um modelo de avaliação prévia de impacto legislativo, através do qual se pretende medir o impacto das iniciativas legislativas na vida dos cidadãos e na atividade das empresas. Com a concretização desta medida prosseguem-se os seguintes objectivos[14]:

- Eliminar, reduzir e/ou mitigar encargos criados por legislação e que não são considerados necessários e/ou justificados, possibilitando a ponderação de medidas alternativas que atinjam o mesmo resultado de forma menos onerosa para os destinatários das normas;
- Aumentar a eficiência e racionalidade económica dos atos legislativos;
- Consolidar uma cultura de avaliação e simplificação, bem como promover a modernização administrativa;
- Melhorar as práticas legislativas e a qualidade dos atos legislativos;
- Apoiar o processo de decisão política; e
- Reforçar a comunicação das iniciativas aprovadas pelo Governo.

Como se referiu, o modelo é inicialmente implementado pela RCM nº44/2017, que integra um conjunto de opções sobre o processo de avaliação de impacto legislativo cuja relevância técnica deve ser destacada.

Primeiro, atribui a coordenação da AIL à Presidência do Conselho de Ministros. Esta opção é relevante porquanto estabelece uma relação directa entre o exercício de avaliação de impacto e o processo legislativo, colocando-o numa posição central a todo o circuito de decisão política. Neste sentido, a AIL é assumida como uma componente do procedimento legislativo e o resultado desta avaliação é observado como eminentemente técnico, sem se conotar com uma área governativa específica, o que poderia acontecer caso o exercicio estivesse sob a tutela de uma área política em particular.

Segundo, cria a Unidade Técnica de Avaliação de Impacto Legislativo (UTAIL), que integra o Centro de Competências Jurídicas do Estado

---

[14] Para informação sobre a medida "Custa Qunto?" visitar: https://www.jurisapp.gov.pt/custa-quanto/o-que-%C3%A9-o-custa-quanto/.

– JurisAPP[15]. À UTAIL é atribuída a responsabilidade pelo desenvolvimento, implementação e execução de AIL. Em concreto, esta unidade deve assegurar: o desenvolvimento metodológico do exercício de AIL; a disseminação daquela metodologia pela rede de organismos públicos que está envolvida em todo o exercício; a capacitação dos elementos daquela rede que executam o exercício; a verificação da qualidade e completude dos dados utilizados para avaliação e a, consequente, confirmação da efetiva execução da AIL, assumindo a responsabilidade pela execução do relatório final (o Relatório de Avaliação de Impacto Legislativo – RAIL).

Terceiro, estabelece que os procedimentos necessários à AIL são assegurados por uma rede de pontos de contacto nas diferentes áreas governativas, envolvendo os gabinetes ministeriais e os serviços e organismos sob sua tutela. Define-se assim que a responsabilidade pela recolha de informação, tratamento de dados e efetiva execução da AIL é atribuída a cada área governamental sob liderança do gabinete ministerial respetivo, com o apoio dos organismos públicos sectoriais que estão mais próximos do terreno e da efetiva implementação de normas legais e respetiva regulamentação. Esta opção justifica-se por duas ordens de razão: por um lado, são estes organismos que detêm o conhecimento específico (teórico e prático) e a informação necessária ao exercício (ou que podem aceder e sabem a esta); por outro, estando em causa a criação de informação de apoio à decisão politica, o exercício só faz sentido se desenvolvido perto de quem toma essa decisão (é o decisor que tem que ser informado e tem que observar o impacto das suas decisões antes de propor uma intervenção específica). A AIL deve ser o mais completa possível para ser útil à decisão política e permitir ao decisor que avalie e compare as medidas de intervenção alternativas que lhe permitem atingir um determinado objetivo de interesse público. Justifica-se, assim, que a AIL seja desenvolvida na esfera do decisor, com o apoio direto daqueles que, estando mais próximos do terreno, têm melhor perceção dos efetivos impactos, e que o exercício acompanho todo o processo de criação, desenvolvimento e elaboração da proposta legislativa (devendo o

---

[15] Na altura da criação da UTAIL, o apoio jurídico ao Estado era garantido pelo Centro Jurídico – CEJUR, que o JurisAPP veio substituir.

exercício ter inicio o mais cedo possível no âmbito do processo de criação legislativa).

A UTAIL é envolvida numa fase final, de elaboração de um relatório (RAIL) que agrega a informação recolhida e tratada pelas áreas governamentais. Este RAIL acompanha a Nota Justificava anexa à proposta de diploma a apresentar nas Reuniões de Secretários de Estado e Reuniões de Conselhos de Ministros. (a Figura 2., retirada de UTAIL, apresentação, 2019, replica o fluxo de avaliação de impacto)

FIGURA 2 – **O processo de Avaliação de Impacto Legislativo**

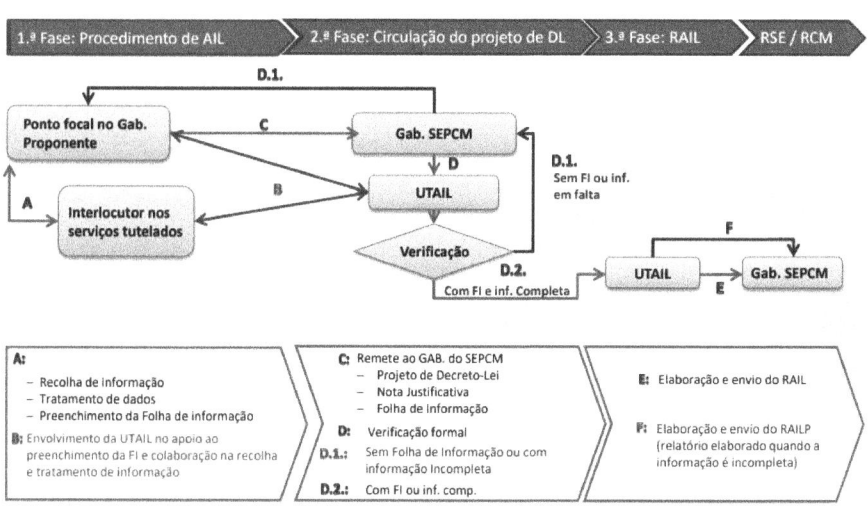

Estabelece-se ainda que o RAIL é submetido ao Gabinete da Ministra da Presidência e da Modernização Administrativa, clarificando-se que a falta do envio deste relatório não prejudica a emissão de parecer necessário ao desenrolar do procedimento legislativo. Esta norma responde a uma das principais discussões sobre o exercício prático da avaliação de impacto que se refere à eventual vinculação da decisão política. Note-se que esta vinculação não faz sentido por uma razão que é suficiente: sendo o poder político democraticamente eleito para executar um programa sufragado, não se pode vincular a sua execução a um exercício técnico.

Diferente é argumentar que aquela execução deve ser sustentada num processo de decisão rigoroso de análise e avaliação do impacto das medidas que executam os objetivos políticos, i.e., diferente é argumentar que a intervenção deva ser ponderada por critérios de eficiência e baseada em exigências de sustentação e responsabilização. Neste sentido, aceita-se que a avaliação de impacto deva ser imposta a todos os atos de decisão política, mesmo quando se cinja a um simples relatório que reconhece a inexistência de impactos ou identifica impactos diminutos. O exercício de AIL impõe maior rigor e a necessidade de melhor sustentação da decisão política, aumenta a responsabilização, racionalidade e eficiência. Reforça-se, assim, que se trata de um exercício de apoio ao processo legislativo, pela criação de informação relevante à decisão e não – porque não pode ser –, um entrave à intervenção pública.

Define-se, por último, que a AIL foi implementada, no ano de 2017, como um exercício piloto, centrado na estimação dos impactos dos decretos-lei sob as empresas, atribuindo uma particular atenção aos impactos sobre as PME (Teste PME) e é completando com uma avaliação de impacto na concorrência. Na execução da avaliação de impacto, pretende-se estimar a criação ou variação de encargos a suportar pelas empresas e que resultem de obrigações que lhe sejam legalmente impostas. A estimação daqueles encargos segue o denominado *Standard Cost Model*, que desenvolve para que sejam considerados, não só os custos administrativos, como também os custos diretos e outros custos financeiros suportados no cumprimento das obrigações definidas nos diplomas legislativos.[16]

---

[16] Para mais informação sobre o exercício efetivo de estimação de encargos, ver o Guia de AIL (UTAIL, 2019).
O *Standard Cost Model* (SCM), é a metodologia utilizada por grande pate dos países para a estimação dos encargos associados às obrigações legais impostas sobre cidadãos e empresas (custos administrativos). Esta metodologia foi desenvolvida por uma rede de países que integram: a Holanda (o país pioneiro), a Dinamarca, a Suécia, a Bélgica e o Reino Unido. Para melhor conhecer o SCM, ver os dois manuais apresentados por aquela rede: SCM network 2004 e 2009 ou a Ferramenta 60 das "Ferramentas para legislar melhor" da Comissão Europeia: https://ec.europa.eu/info/law/law-making-process/planning-and-proposing-law/better-regulation-why-and-how/better-regulation-guidelines-and-toolbox/better-regulation-toolbox_pt.

Ultrapassado o ano de 2017, foi submetido à avaliação do Conselho de Ministros um relatório de execução do primeiro ano[17], que, tendo merecido uma avaliação positiva, justificou o desenvolvimento do processo de avaliação de impacto, consagrado na Resolução de Conselho de Ministros n.º 74/2018, de 8 de junho (RCM n.º 74/2018).

Esta nova RCM n.º 74/2018 estabelece como definitivo o modelo de avaliação prévia de impacto legislativo, implementado pela medida "Custa Quanto?" em todo o processo legislativo. São adotadas novas opções que merecem destaque dada a sua relevância técnica:

Primeiro, consolida-se o modelo em que a coordenação é atribuída ao gabinete do Secretário de Estado da Presidência do Conselho de Ministros, a UTAIL – integrada no JurisAPP – mantém as mesmas atribuições e a rede que integra os gabinetes ministeriais das diferentes áreas governativas e os serviços e organismos públicos tutelados continua a estar no centro do exercício de AIL.

Segundo, o exercício expande-se para integrar todas as iniciativas legislativas do Governo, sejam propostas de lei ou projetos de decretos-leis; bem como, para incluir a avaliação e impacto sobre os cidadãos. Neste sentido, a AIL passa a integrar: a estimação dos impactos sobre cidadãos e empresas, o teste PME (que continua a refletir o especial cuidado na avaliação e impacto sobre as PME) e a avaliação de impacto concorrencial.

Terceiro, olha-se para o futuro, com ambição, e admite-se a possibilidade de desenvolvimento do exercício de avaliação de impacto, tanto em termos mateológicos como de abrangência, perspetivando-se que passe a incluir: a avaliação dos impactos sobre os encargos suportados pela Administração Pública e a quantificação dos benefícios com a implementação de uma análise custo-benefício.

Admite-se, por fim, a possibilidade de elaboração de avaliações de impacto sucessivas e expande-se a intervenção da UTAIL à dimensão do processo legislativo da União Europeia, permitindo o apoio ao longo das fases de elaboração, negociação e transposição das normas europeias.

---

[17] Disponível em https://www.jurisapp.gov.pt/, em que se pode encontrar, igualmente, o relatório independene elaborado pela OCDE.

5. A medida "Custa Quanto?" – execução

A AIL em Portugal tem apenas dois anos e meio, mas já apresenta números de execução que são bastantes significativos. Assim, e tendo por referência os dois relatórios de atividade apresentados pela UTAIL, para os anos de 2017 (JurisAPP-UTAIL, 2018) e 2018 (JurisAPP-UTAIL, 2019), é possível fazer uma primeira fotografia da atividade nos dois primeiros anos do exercício.

Entre 2017 e 2018, foram submetidos a avaliação 450 diplomas e produzidos 297 RAIL. A estes relatórios, acrescem oito pareceres de avaliação de impacto, que se referem a avaliações sucessivas ou a pedidos remetidos à UTAIL para avaliações de iniciativas legislativas do Parlamento (Figura 3).

FIGURA 3 – A AIL nos anos de 2017 e 2018

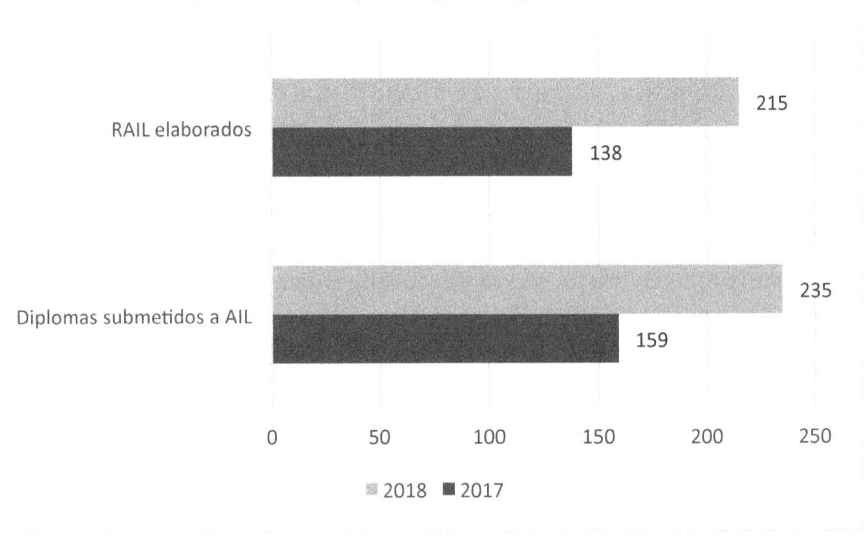

Foi possível verificar que os diplomas incidem, fundamentalmente, sobre as empresas, sendo significativa a evolução da incidência sobre a Administração Pública, entre 2017 e 2018 (Figura 4).

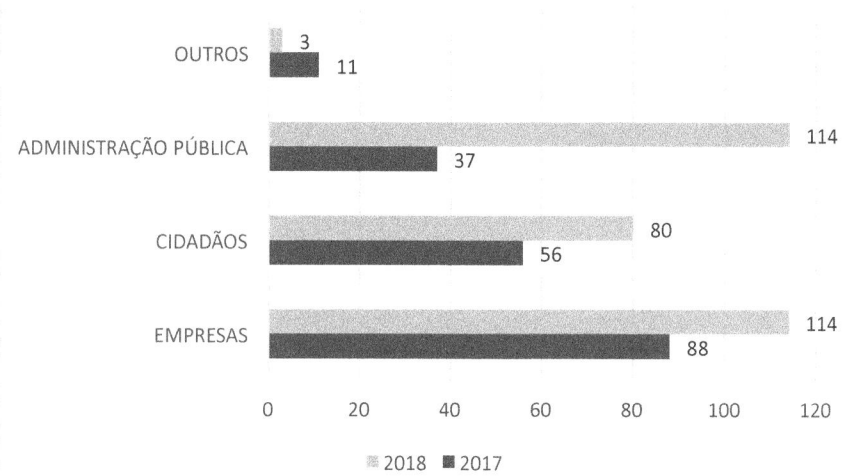

FIGURA 4 – **Incidência das iniciativas legislativas em 2017 e 2018**

Já relativamente à atividade de cada área governativa, verifica-se uma alteração significativa na atividade legislativa entre 2017 e 2018. Em 2017, as áreas governativas mais ativas foram as da Economia, a Saúde, o Trabalho, Segurança e Solidariedade Social, e as Finanças. Já, em 2018, os dois ministérios mais ativos foram a Administração Interna e a Justiça (Figura 5).

Por último, destaca-se a atividade de capacitação para a elaboração do RIA. Uma das principais funções da UTAIL é a de capacitar toda a rede de organismos públicos para que possam desempenhar o exercício de avaliação e impacto (Figura 6). No decurso de 2017, foram promovidas mais de 30 sessões de capacitação para toda a rede de organismos públicos envolvidos na AIL, gabinetes ministeriais, serviços e organismos públicos. Estiveram presentam mais de 500 pessoas. Em 2018, foram promovidas nove sessões com mais de 140 participantes. No ano de 2018, foram ainda realizados três *workshops* e oito reuniões de trabalho, que envolveram mais de 400 participantes.

Figura 5 – Atividade de AIL por área governativa em 2017 e 2018

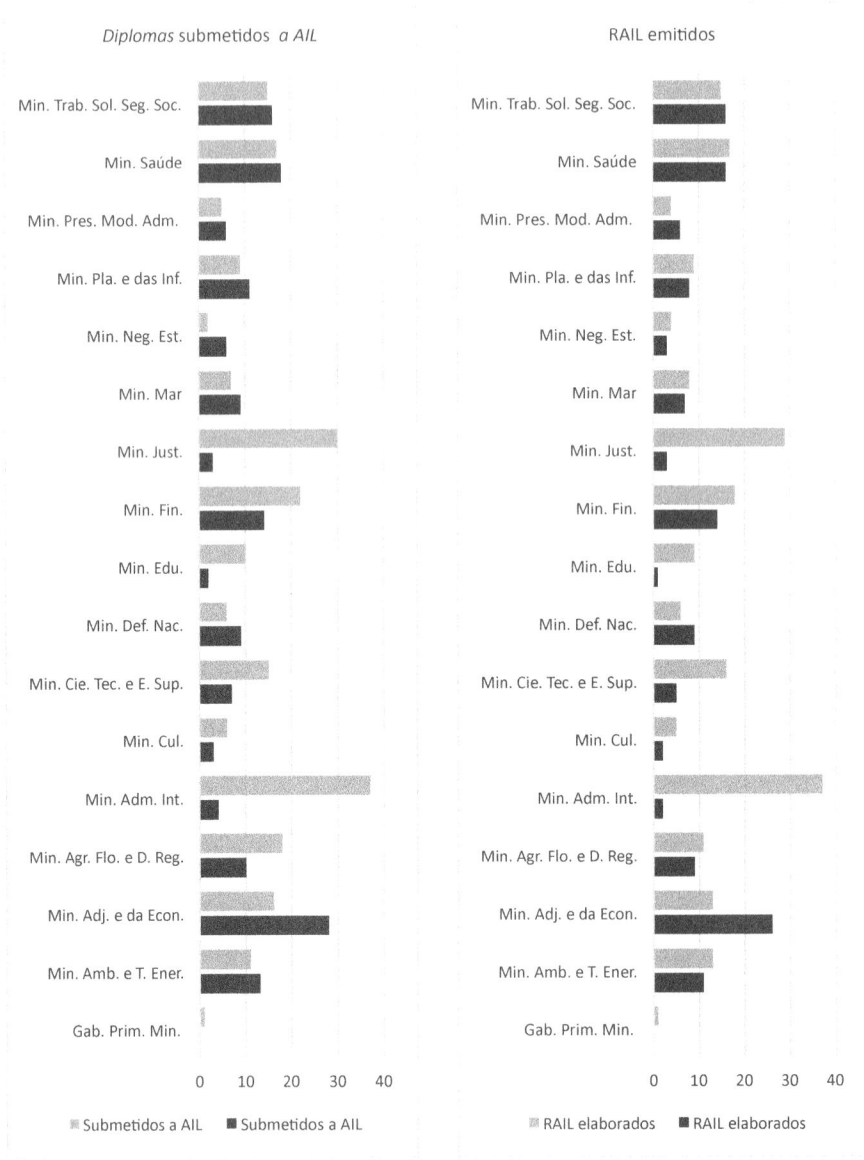

FIGURA 6 – **Capacitação para a AIL em 2017 e 2018**

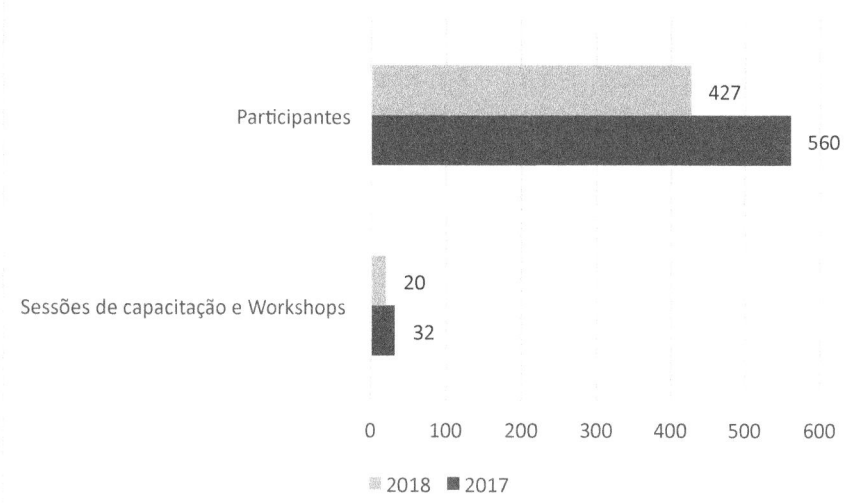

5. Conclusões

Neste texto abordámos a implementação do programa "Legislar Melhor" numa perspetiva histórica, atribuindo maior atenção à experiencia atual e à implementação da medida "Custa Quanto?".

O exercício de alteração das práticas legislativas, que tem raízes de décadas, constitui um desafio significativo a que a estrutura governativa portuguesa tem respondido desde o início do século com a implementação de diferentes iniciativas, que, mesmo quando sem efeitos práticos, não deixaram de marcar o processo legislativo, introduzindo conceitos e propondo novas formas de fazer com impactos metodológicos relevantes.

Todo o programa "Legislar Melhor", que foi recentemente implementado e que integra os desafios de legislar menos, completo, a tempo, claro, com rigor e para todos, constitui um passo muito significativo no esforço de adoção de práticas legislativas mais eficientes. Em particular, vimos que existe evidência estatística sobre a dinâmica na implementação da medida "Custa Quanto?", o que se vai refletir numa alteração das práticas e hábitos associados ao processo legislativo.

Retomando o segundo ponto em que se deixaram algumas indicações sobre os desafios, que, genericamente, se colocam à implementação de melhores práticas legislativas, podemos fazer agora um exercício académico de confronto das opções adotadas por Portugal contra aqueles critérios de "qualidade". Assim, considerando as 12 recomendações para a qualidade regulatória, do Conselho da OCDE para a Política Regulatória e Governança, verifica-se uma adesão significativa das medidas adotadas face às orientações apresentadas:

- ✓ Sim, o programa Legislar Melhor" tem sido desenvolvido e implementado com o esforço de Governos sucessivos.
- ✓ Sim, há um esforço de maior transparência e aproximação à sociedade com as alterações no Diário da República e melhoria do portal das consultas públicas.
- ✓ Sim, desenvolveu-se, ao longo das últimas décadas, o conceito de avaliação de impacto e implementou-se uma medida concreta, "Custa Quanto?", que propõe uma metodologia efetiva para a AIL e que integra o procedimento legislativo.
  - ✗ É necessário garantir a conclusão do desenvolvimento metodológico.
  - ✗ É necessário garantir uma inclusão da AIL em todo o ciclo legislativo, desde a criação/desenho da intervenção, no decurso da escolha das medidas, no processo de avaliação da implementação (avaliação legislativa) e na preparação de alterações (AIL sucessivo).
- ✓ A medida "legislar menos", gerou uma dinâmica de redução do fluxo e do *stock* legislativo.
- ✓ São publicados relatórios anuais relativos ao exercício de AIL com informação por área governamental.
  - ✗ É importante garantir que o esforço de melhoria regulatório se reflete em toda a cadeia de intervenção pública e a diferentes níveis de intervenção (para além da administração central, incluindo a administração local e a regulação independente). É fundamental a harmonização de procedimentos para que possam existir ganhos de escala na recolha e utilização de informação e, principalmente, garantir a utilização e comparabilidade de resultados.

✓ O esforço de divulgação e capacitação para a avaliação de impacto tem sido constante desde 2016. Este esforço chegou aos diferentes participantes da rede que desenvolve a AIL e abriu-se ao exterior com *workshops* que envolveram os interessados, a sociedade e a academia;

✗ O esforço de capacitação tem que continuar e tem que se concretizar na criação de unidades capazes de desenvolver o exercício de AIL nas áreas governativas respetivas.

✓ As melhores práticas internacionais continuaram a ser elementos relevantes ao processo de aprendizagem, desenvolvimento e implementação da AIL em Portugal.

Referências

BALDWIN, R. & CAVE, M. & Lodge, M.. Understanding Regulation (2.º Edition), Oxford University Press. 2012

BIGGAR, D.. The Fifty Most Important Papers in the Economics of Regulation. ACCC/AER WORKING PAPER SERIES. Working Paper No. 3. May. 2011

BLANCO de MORAIS, C. Guia de Avaliação de Impacto Normativo. Almedina. 2012

ETTNER, D., & SILVEIRA, J.T.. Programas de *Better Regulation* em portugal: o simplegis. e-Pública Revista Electrónica de Direito Público. 1. 2014

EUROPEAM COMISSION. Mandelkern Group on *Better Regulation*. November. 2001

EUROPEAM COMISSION. *Better Regulation*-simply explained. 2006

GOLBERG, E.. ' *Better Regulation*': European Union Style European Union Style. M-RCBG Associate Working Paper Series. No. 98. Harvard Kennedy School. 2018

Den HERTOG, J.. General theories of regulation. Encyclopedia of Law and Economics. vol: I pp: 223-27. 2000

HILLER, W.. Impact Assessment and European Added Value work during the eighth legislative term, 2014-2019. European Parliamentary Research Service – briefing. 2019

JurisAPP-UTAIL. Relatório de Atividades de 2017 – Relatório nos termos do disposto no n.º 6 da RCM n.º 44/2017, de 24 de março. 2018

JurisAPP-UTAIL. Guia de apoio à estimação de encargos para cidadãos e empresas, avaliação qualitativa de benefícios, teste PME e avaliação de impacto concorrencial. 2019

JurisAPP-UTAIL. Relatório de Atividades de 2018. 2019

MOREIRA, V.. Provas de agregação: 2. Programa da disciplina de "Direito público da regulação. Universidade de Coimbra. Coimbra. 2012

MUSGRAVE, R., & MUSGRAVE, P.. Public finance in theory and practice (5th ed.). New York McGraw-Hill Book Co.. 1989

RADAELLI, C.. The diffusion of regulatory impact analysis-Best practice or lesson-drawing?. European Journal of Political Research 43. 723–747. 2004

RADAELLI, C., & SCHREFLER, L.. Contribution to the *Better Regulation* debate. European Journal of Risk Regulation. 6(3). 357-358, 2015

RENDA, A.. Impact assessment in the EU the state of the art and the art of the state. Centre for European Policy Studies, Ed. Brussels. 2006

SCM Network. The Standard Cost Model: A framework for defining and quantifying administrative burdens for businesses. International SCM Network to reduce administrative burdens. 2004

SCM Network. International Standard Cost Model Manual Measuring and reducing administrative burdens for businesses. International SCM Network to reduce administrative burdens. 2006

SEPCM – Secretario de Estado da Presidência do Conselho de Ministros. *Balanço da Atividade Legislativa 2017.* 2018

SEPCM – Secretario de Estado da Presidência do Conselho de Ministros. *Balanço da Atividade Legislativa 2018.* 2019

SEPCM – Secretario de Estado da Presidência do Conselho de Ministros. *Nota à comunicação social relativa ao Balanço da atividade legislativa de 2018*, 2019

SILVEIRA, J.. Problemas habituais de legística na preparação e redação de leis e regulamentos. e-Pública Revista Electrónica de Direito Público. 5(3). 2018

MICKLETHWAIT, J. & WOOLDRIDG, A.. The Fourth Revolution: The Global Race to Reinvent the State. Penguin. 2015

NOLL, R., Economic perspectives on the politics of regulation. Handbook of Industrial Organization. Vol. 2. Chapter: 22. pp: 1253-1287. Editors: Schmalense R, Elsevier, 1989

OECD. *Recommendation of the Council on Regulatory Policy and Governance.* 2012

PRIEST, G.. The origins of utility regulation and the "Theories of regulation". Journal of Law and Economics. Vol. 36. No. 1. Part 2. pp: 289-323. 1993

Anexo
RECOMENDAÇÃO DO CONSELHO DA OCDE SOBRE POLÍTICA REGULATÓRIA E GOVERNANÇA (OCDE, 2012)

1. Assumir o compromisso no mais alto nível político com uma política explícita de qualidade regulatória para o governo como um todo. A política deve ter objetivos claros e estruturas para a implementação que assegurem que, se a regulação for usada, os benefícios econômicos, sociais e ambientais justifiquem os custos, os efeitos distributivos sejam considerados e os benefícios líquidos maximizados.

2. Respeitar os princípios de um governo aberto, incluindo transparência e participação no processo regulatório para garantir que a regulação sirva ao interesse público e para que seja informado das necessidades legítimas dos interessados e das partes afetadas pela regulação. [...]. Os governos devem assegurar que regulações sejam compreensíveis e claras e que as partes possam facilmente compreender seus direitos e obrigações.

3. Estabelecer mecanismos e instituições para supervisionar ativamente os procedimentos da política regulatória e seus objetivos, apoiar e implementar a política regulatória, e, assim, promover a qualidade regulatória.

4. Integrar a Avaliação do Impacto Regulatório (AIR) desde os estágios iniciais do processo de políticas para a formulação de novas propostas de regulação. Identificar claramente os objetivos da política, e avaliar se a regulação é necessária e como ela pode ser mais efetiva e eficiente na consecução desses objetivos. Considerar outros meios de regulação e identificar os *trade offs* das diferentes abordagens analisadas para escolher a melhor alternativa.

5. Conduzir programas sistemáticos de revisão do *stock* regulatório em relação a objetivos que sejam claramente definidos pela política, incluindo considerações de custos e benefícios, para assegurar que as regulações estejam atualizadas, seus custos justificados, efetivos e consistentes, e almejem os objetivos pretendidos.

6. Publicar regularmente relatórios sobre o desempenho da política regulatória, dos programas de reforma, bem como das autoridades públicas responsáveis pela aplicação das regulações. Esses relatórios devem incluir

informações sobre como instrumentos regulatórios, tais como a Análise de Impacto Regulatório (AIR), práticas de consulta pública e revisões de regulações existentes funcionam na prática.

7. Desenvolver uma política consistente capaz de abranger o papel e as funções das agências reguladoras, a fim de proporcionar maior confiança de que as decisões regulatórias sejam tomadas de maneira objetiva, imparcial e consistente, sem conflito de interesse ou influência indevida.

8. Assegurar a efetividade dos sistemas de revisão da legalidade e imparcialidade processual das regulações, bem como das decisões tomadas pelos órgãos competentes na aplicação de sanções regulatórias. Garantir que os cidadãos e as empresas tenham acesso a estes sistemas de revisão a um custo razoável e recebam as decisões tempestivamente.

9. Aplicar conforme apropriado, a avaliação de riscos, gestão de riscos e estratégias de comunicação de risco para a conceção e implementação das regulações para garantir que a regulação seja direcionada e efetiva. Os reguladores devem avaliar os efeitos da regulação e devem elaborar estratégias para implementação responsiva e *enforcement*.

10. Promover sempre que necessário a coerência regulatória através de mecanismos de coordenação entre os níveis supranacional, nacional e subnacional do governo. Identificar questões regulatórias transversais em todos os níveis do governo, para promover a coerência entre as abordagens regulatórias e evitar a duplicação ou conflito de normas.

11. Fomentar o desenvolvimento da capacidade de gestão e desempenho regulatório nos níveis subnacionais de governo.

12. Considerar no desenvolvimento de medidas regulatórias, todos os padrões internacionais relevantes e as estruturas de cooperação na mesma área e, quando apropriado, seus possíveis efeitos sobre as partes que estejam fora da sua jurisdição.

15. Processo Legislativo Digital e Acesso à Legislação: o Caso da Câmara Municipal de São Paulo

Maria Nazaré Lins Barbosa

1. Introdução

A Câmara Municipal de São Paulo promoveu em março de 2019 o *I Congresso Luso Brasileiro de Legística em homenagem ao Professor Carlos Blanco de Morais*. O evento contribuiu para impulsionar os esforços da Câmara Municipal de São Paulo no sentido de legislar melhor.

Tais esforços se iniciaram com a criação, no ano anterior, sem ônus aos cofres públicos, de um Centro de Estudos Legislativos e de uma Equipe de Sistematização de Assuntos Legislativos, ambos no âmbito da Procuradoria da Câmara. No breve espaço de um ano, destacam-se, como resultados, a implantação do processo legislativo digital e a oferta de um serviço de atualização legislativa, que permite ao cidadão o acesso à legislação vigente de forma clara e direta.

Para dar a conhecer esse percurso, apresentamos brevemente as funções desempenhadas pela Procuradoria Legislativa da Câmara Municipal, um panorama da legislação produzida no Município de São Paulo, a introdução do processo legislativo digital na dinâmica de produção de leis de menor impacto, e a criação de um Portal da legislação paulistana remodelado, de modo a permitir ao cidadão o fácil acesso à legislação produzida.

Com essas inovações, a cidade de São Paulo, por seu destaque no cenário nacional, oferece subsídios para qualificar o debate sobre a dinâmica da produção legislativa em todos os níveis da Federação, com o apoio das ferramentas de tecnologia disponíveis. Somos gratos ao Professor Carlos Blanco de Morais por inspirar os enormes horizontes que se abrem diante do desafio de legislar melhor.

2. A Procuradoria Legislativa da Câmara Municipal de São Paulo

A Procuradoria Legislativa da Câmara Municipal de São Paulo é o órgão de representação judicial e de consultoria jurídica do Legislativo Paulistano, sendo composto somente por servidores concursados.

Cabe à Procuradoria representar a Câmara em juízo, defendendo as prerrogativas do Legislativo em ações diretas de inconstitucionalidade, mandados de segurança, ações populares e quaisquer outras ações em que a Câmara seja parte. Além disso, exerce a consultoria jurídica tanto no suporte à atividade parlamentar como no apoio jurídico à administração da Casa.

No âmbito legislativo, a Procuradoria oferece apoio técnico à elaboração legislativa, assessora diretamente a Comissão de Constituição, Justiça e Legislação Participativa na análise da legalidade ou constitucionalidade de todos os projetos apresentados pelos parlamentares ou pelo Poder Executivo, e faz a análise prévia das proposituras – projetos de leis, decretos legislativos, resoluções –, de modo a indicar sua correlação com as demais normas vigentes acerca de cada matéria.

Em 2018, a Procuradoria foi acionada para tratar de temas afetos à consolidação de leis municipais em matérias tão complexas e abrangentes como meio ambiente e lixo. No mesmo ano, a Comissão de Administração Pública da Câmara Municipal de São Paulo requereu a criação de uma Subcomissão temporária para apresentar um estudo sobre leis paulistanas que nas últimas duas décadas não foram regulamentadas. O estudo preliminar realizado pela Procuradoria em conjunto com o Setor de Documentação concluiu que 8% da legislação paulistana produzida entre 2000 e 2018 não foi regulamentada (318 de um total de 3702 leis).

Diante dos desafios propostos, iniciamos estudos tendentes a subsidiar políticas de simplificação e de eficiência normativa na cidade de São Paulo.

3. A produção legislativa do município de São Paulo

O Brasil é uma República Federativa, de vasta extensão territorial, na qual União, Estados e Municípios detêm competências legislativas e administrativas, sendo abundante a produção legislativa nas três esferas de governo.

O princípio geral que norteia a repartição de competência entre as entidades componentes do Estado Federal é predominância do interesse (MORAES, 2008). A partir da Constituição de 1988 houve uma relevante ampliação das competências legislativas e administrativas do Município, que detém prerrogativas em assuntos de interesse local. Assim, diversas áreas que envolvem políticas sociais – urbanismo, meio ambiente, educação, habitação, tributos municipais – passaram a ser amplamente reguladas em nível local.

O Município de São Paulo destaca-se no cenário nacional por ser o mais populoso – com mais de 12 (doze) milhões de habitantes. Desde 1993, a Câmara Municipal de São Paulo conta com 55 vereadores a cada legislatura, número máximo admitido pela Constituição para cidades com mais de 8 (oito) milhões de habitantes.

A cidade de São Paulo estende-se por 1.521 quilômetros, e sua administração é descentralizada em 32 subprefeituras, com imensos desafios sociais, urbanos e ambientais.

Economicamente, São Paulo é a cidade mais pujante do país. Responde, isoladamente, por 11% do PIB nacional e 34 % do PIB estadual. Seu orçamento é de R$ 56 bilhões (dados de 2018). É o quinto orçamento público do país, inferior tão somente ao da União, e ao dos Estados de São Paulo, Rio de Janeiro e Paraná.

Nesse contexto, a cidade de São Paulo tem sido pioneira em iniciativas legislativas que repercutem posteriormente em todo o território nacional. A título de exemplo, mencione-se a lei que obrigou à utilização do cinto de segurança em veículos. Julgada inconstitucional por invadir competência da União e por advir de iniciativa parlamentar, a ideia foi posteriormente adotada em lei federal[1].

Outras leis – também de iniciativa parlamentar – que ganharam visibilidade nacional foi a que proibiu o uso de sacolinhas plásticas no

---

[1] Lei nº 11.659, de 4 de novembro de 1994, julgada incidentalmente inconstitucional pelo Supremo Tribunal Federal em 17 de junho de 2002, no Recurso Extraordinário 227.384-8/SP, e suspensa sua execução pela Resolução do Senado Federal nº 44/2005. O Código de Trânsito Brasileiro, Lei federal nº 9.503, de 23 de setembro de 1997, instituiu a obrigatoriedade do uso do cinto de segurança.

comércio[2]; bem como a lei que, recentemente, vedou a utilização de canudos plásticos[3]; ou a que coibiu, em âmbito local, a utilização de fogos de artifício ruidosos[4] .

Em que pese tais exemplos – leis municipais de grande impacto – é de se notar que cerca de 70% da produção legislativa paulistana (incluindo decretos legislativos) referem-se à denominação de logradouros, concessão de honrarias ou fixação de datas comemorativas. Isto é, observa-se uma prevalência quantitativa de leis de baixo impacto, especialmente em se tratando de leis de iniciativa parlamentar. Examinaremos esse aspecto no item a seguir.

4. A produção legislativa do Município de São Paulo e a iniciativa parlamentar

A Constituição Federal é clara quanto a matérias que não competem à iniciativa parlamentar: tudo o que diz respeito à administração pública e atos concretos de administração. A jurisprudência é também pacífica no que tange à inconstitucionalidade de leis de iniciativa parlamentar "autorizativas", isto é, que autorizariam o Poder Executivo a tal ou qual providência administrativa.

Assim, os projetos de iniciativa de vereador, no âmbito local, limitam-se, de modo geral, a matérias de menor impacto na administração pública.

Cabe notar, porém, que a Tese de Repercussão Geral nº 917, editada pelo Supremo Tribunal Federal em 2016, assentou que a reserva de iniciativa de lei ao chefe do Poder Executivo deve ser interpretada restritivamente. Desde então, defendeu-se com êxito – apenas para citar exemplos paulistanos – a constitucionalidade da lei de iniciativa parlamentar de combate à pichação e a lei de iniciativa parlamentar conhecida como "Cidade Linda", que instituía uma certificação conferida pela Administração Pública Municipal a pessoas jurídicas de direito privado, legalmente constituídas, que colaborassem com a limpeza, manutenção e revitalização urbana por meio de ações concentradas de zeladoria urbana.

Paralelamente, a doutrina aponta para as disfunções ou patologias que a intensa produção legislativa no âmbito nacional, estadual ou municipal

---

[2] Lei nº 15.374, de 18 de maio de 2011.
[3] Lei nº 17.123, de 25 de junho de 2019.
[4] Lei nº 16.897, de 23 de maio de 2018.

acarreta, em compasso com a crise histórica, política e jurídica da lei. Há um déficit generalizado, segundo os estudiosos, de qualidade e de eficiência na produção legislativa nacional, regional e local (OSÓRIO, 2019).

Rubens Rizek Jr. assinala:

> *A preocupação em acelerar a edição de normas novas para regular as constantes situações inovadoras de um mundo globalizado acabou direcionando o foco da atividade legiferante brasileira para a quantidade e não para a qualidade. O ambiente político nacional acaba incentivando a "criação legislativa" em detrimento da "organização legislativa".*
>
> *[...]*
>
> *Ainda na realidade brasileira, como já se observou, são raros os casos em que as assessorias legislativas montadas nos Executivos (federal, estaduais e municipais) sigam métodos de sistematização, organização e integração do ordenamento jurídico com a rigidez mínima, capaz de evitar a "babel".*
>
> *O resultado da falta de cultura em manter os projetos rigidamente atrelados a protocolos técnicos é o abismo entre fabricação legislativa e aplicação da lei. (2009, pp. 272 e 273).*

Sob tal perspectiva, a ampliação do reconhecimento da prerrogativa de iniciativa de leis por parte dos parlamentares tende a tornar o cenário legislativo ainda mais prolixo e confuso.

Nesse passo, as ferramentas digitais aplicadas ao processo legislativo merecem ser apresentadas como um contraponto a essa tendência potencialmente desagregadora.

5. A implantação do processo legislativo digital

Em 2019, a Câmara Municipal de São Paulo alterou seu Regimento Interno para admitir que, em algumas matérias, todo o processo legislativo se dê exclusivamente em meio digital. Significa dizer que não apenas o protocolo da propositura há de ser feito eletronicamente, mas também todo o processo de discussão e de votação, sob a forma de um autêntico "Plenário Virtual".

As ferramentas de informática necessárias para essa pequena revolução foram desenvolvidas por servidores efetivos do Centro de Tecnologia e Informação da Câmara Municipal de São Paulo, que desenvolveram o Sistema de Processo Legislativo – SPLegis.

Com a demanda da Presidência no sentido de avançar progressivamente na implementação do processo legislativo digital, o Centro de Tecnologia ofereceu, em 2019, o Módulo do Processo Legislativo Digital, incorporado ao sistema SPLegis. Tal módulo contempla a possibilidade de elaboração, acompanhamento, discussão e votação de qualquer tipo de propositura legislativa em formato exclusivamente digital.

Porém, a Resolução nº 1, de 3 de abril de 2019, que alterou o Regimento Interno da Câmara, limita a utilização dessa ferramenta apenas às proposituras relativas à denominação de logradouros, datas comemorativas e concessão de honrarias. E, já no primeiro semestre deste ano, foram votadas 41 (quarenta e uma) proposituras, entre projetos de lei e projetos de decretos legislativos, em meio exclusivamente eletrônico.

Até o momento, mesmo nessas matérias, o número de processos físicos (em papel) ainda é superior, visto que não há obrigatoriedade de sua apresentação apenas em meio digital.

Todavia, entendemos que as vantagens do processo exclusivamente digital – celeridade, segurança, transparência, sustentabilidade – acenam para a progressiva utilização e preferência por esse formato.

Cabe notar que tanto na Câmara dos Deputados como no Senado federal tramitam projetos de Resolução tendentes à implantação de processo legislativo digital em matérias análogas.

Mediante a implantação do Plenário Virtual, a Câmara Municipal de São Paulo permite que as proposituras de menor impacto sejam tratadas com menor custo, maior celeridade e absoluta transparência.

Nesse passo, parece-nos oportuno ressaltar que a atividade parlamentar não se reduz a legislar, e, menos ainda, a propor projetos de lei, tanto mais, por assim dizer, de baixo impacto. É o ponto que passamos a comentar.

6. A atividade parlamentar e a função de legislar

O senso comum associa ao parlamentar o papel principal, senão único, de "legislar". Nessa visão redutiva, o bom desempenho do parlamentar estaria associado ao número de projetos de lei apresentados e/ou que chegam a ser sancionados.

De modo coerente com essa percepção, observa-se um considerável número de proposituras parlamentares que nunca chegarão a se tornar leis, por versarem matérias de iniciativa do Poder Executivo. No ano de 2019, 800 projetos concernentes à administração pública ou a atos concretos de administração foram apresentados na Câmara Municipal de São Paulo por parlamentares. Trata-se de matérias cuja iniciativa é reservada constitucionalmente ao Prefeito e por isso os pareceres da Comissão de Constituição de Justiça e Legislação Participativa – CCJLP foram pela ilegalidade ou inconstitucionalidade. Todavia, os parlamentares os apresentam, usualmente, para demonstrar a seus eleitores sua sensibilidade em relação a tais assuntos.

A nosso ver, o excesso de proposituras de iniciativa parlamentar sabidamente inviáveis juridicamente, relaciona-se, por contraste, a uma percepção deficiente, pela população em geral, de outras funções parlamentares muitíssimo relevantes para o regime democrático.

Com efeito, a atividade parlamentar não se reduz à proposição de leis, ou à sua discussão e votação – ainda que estas sejam, evidentemente, funções relevantíssimas. Ao propor "Indicadores de Desempenho" para o Poder Legislativo, estudo promovido pelo Instituto Insper, a partir de uma demanda da Câmara Municipal de São Paulo, apontou que, ao lado da óbvia função de legislar, devem-se destacar para o Legislativo as funções de fiscalização, cooperação com o Poder Executivo e ampliação da transparência (YEUNG & DANTAS, 2013).

Registre-se que a Câmara Municipal de São Paulo tem tido atuações relevantes em relação a todas essas funções.

No âmbito de sua função fiscalizadora, a Câmara Municipal de São Paulo tem se destacado por instaurar Comissões Parlamentares de Inquérito com reflexos positivos, imediatos e relevantes aos cofres públicos. A título de exemplo, mencionamos a CPI da Dívida Ativa[5] e a CPI da Sonegação Tributária[6].

---

[5] Comissão Parlamentar de Inquérito com a finalidade de investigar grandes devedores da Dívida Ativa Tributária no Município de São Paulo (Processo RDP nº 08-00002/2017), teve início em 01/02/17, tendo seu relatório final publicado em 24/11/17.

[6] Comissão Parlamentar de Inquérito com o intento de apurar eventuais práticas ilegais cometidas contra a fazenda municipal por prestadores de serviços na cidade de São Paulo, especialmente no que tange a possível sonegação tributária relativa a agenciamento, corretagem ou intermediação de contratos de arrendamento mercantil (leasing), de franquia (franchising) e de faturização (factoring); arrendamento mercantil (leasing) de quaisquer bens, inclusive cessão de direitos e obrigações, substituição de garantia, alteração, cancelamento e registro de contrato, e demais serviços relacionados ao arrendamento mercantil (leasing) (Processo RDP Nº 08-0055/2017).

No que tange à função de cooperação com o Executivo, verifica-se que, muitas vezes, os projetos de interesse prioritário do Executivo, com impacto na sua agenda de gestão pública, são amplamente discutidos no Poder Legislativo, com maior ou menor agilidade de tramitação, conforme acordos políticos envolvidos.

No que diz respeito à função de promover a transparência, a Câmara Municipal de São Paulo destaca-se por oferecer em seu site as informações legais obrigatórias de modo acessível e amigável. É possível acessar com facilidade todos os pareceres jurídicos emanados pelo órgão, todas as licitações em andamento, os contratos firmados e respectivos valores, os dados da execução orçamentária do órgão, e, no que diz respeito a pessoal, a remuneração de todos os servidores de modo individualizado.

Ou seja: quer-me parecer que a visão – frequentemente difundida – de que o desempenho do parlamentar deve ser mensurado pelo "número" de projetos de leis que apresenta, ou mesmo às matérias apresentadas, não condiz com a complexidade, o sentido e o alcance da atuação parlamentar. Ao contrário: legislar melhor, em muitos casos, equivale a legislar menos.

Pois bem: o processo legislativo digital tornou mais transparente e acessível o conhecimento da tramitação dos projetos, e avançou com a implantação do Plenário Virtual para a proposição, discussão e votação de leis de menor impacto.

Por outro lado, uma vez já editada – fosse uma lei de maior ou de menor alcance –, não havia na Câmara Municipal um sistema que permitisse consulta direta ao texto vigente atualizado. Em busca de inovação, e com o impulso da Presidência, a Procuradoria da Câmara Municipal iniciou estudos e diligências para avaliar a possibilidade de implantar no âmbito da Edilidade, uma sistematização, compilação e disponibilização de Leis, Resoluções, Atos da Mesa e demais normas emanadas do Poder Legislativo, bem como Decretos, de modo análogo ao que hoje é disponibilizado, no que diz respeito à legislação federal, no site do Planalto (http://www4. planalto.gov.br/legislacao/). Com esse objetivo criou-se uma Equipe de Sistematização de Assuntos Legislativos. É o quanto passamos a descrever.

7. Sistematização de Assuntos Legislativos e consulta facilitada à legislação produzida

No Brasil, a legislação federal é disponibilizada no site do Planalto de modo a permitir que o usuário obtenha a informação e a visualização da legislação federal em vigor de modo imediato: o texto legal – que não substituiu a publicação oficial – fica disponibilizado com a redação dada pela última alteração, remissão à norma que a promoveu, além da indicação "tachada" das redações anteriores. Além disso, leis muito alteradas são apresentadas de modo já compilado – isto é, sem o histórico das alterações –, facilitando a apreensão imediata do texto vigente.

Diversamente, a Câmara Municipal de São Paulo oferece em seu site, há vários anos, o acesso às leis publicadas acompanhadas de uma valiosa "ficha técnica", onde se indicam suas alterações e a legislação correlata ou regulamentar. Na ficha técnica, rigorosamente elaborada pelo Setor de Documentação da Casa, apresenta-se o link correspondente a cada uma dessas alterações e correlações. Esta informação é em si mesma de inestimável utilidade.

Todavia, o passo a mais que, como apontando, também há vários anos, se oferece em nível federal, é a possibilidade de o usuário obter a informação acerca da situação de vigência da norma em um único documento (artigos derrogados; legislação correlata, etc.). Tal possibilidade, se implantada no âmbito municipal, tornaria ainda mais ágil o acesso à informação, na esteira do quanto preceituado na Lei federal nº 12.527, de 18 de Novembro de 2011, conhecida como a Lei de Acesso à Informação, que assim dispõe em ser art. 7º, IV.

> *"Art. 7° O acesso à informação de que trata esta Lei compreende, entre outros, os direitos de obter:*
>
> *...*
>
> *IV – informação primária, íntegra, autêntica e atualizada;"*

Por outro lado, a Lei Federal nº 13.460 de 26 de junho de 2017, relativa aos direitos dos usuários dos serviços públicos, entrou em vigor em 26 de junho de 2018 e se aplica a municípios com mais de quinhentos mil habitantes, como é o Município de São Paulo. No art. 2º, inc. II, a Lei 13.460/17 descreve serviço público como *"a atividade administrativa ou de prestação direta ou indireta de bens ou serviços à população, exercida por órgão ou entidade da administração pública"*. E a mesma lei dispõe que *"com periodicidade mínima anual, cada Poder e esfera de Governo publicará quadro geral dos serviços públicos prestados"* (art. 3º).

Parece-nos que entre os serviços prestados pelo Poder Legislativo destaca-se precisamente a produção legislativa, e contribuir para o fácil acesso da população à sua visualização e compreensão vem ao encontro, precisamente, dos direitos dos usuários dos serviços públicos.

Deste modo, o Centro de Estudos Legislativos da Procuradoria da Câmara tomou a iniciativa de verificar como e com quais recursos a Sub –Chefia de Assuntos Jurídicos, vinculada à Casa Civil do Palácio do Planalto, divulga o Portal da Legislação Federal, uma vez que não existia algo à altura no âmbito municipal. Constatou-se que o principal *software* utilizado para o serviço de disponibilização da legislação federal atualizada no Planalto foi desenvolvido pelo seu próprio Centro de Tecnologia, associado a um *software livre*, e apenas 6 (seis) pessoas são responsáveis por todo o trabalho.

Mutatis mutandis, em um processo de *benchmarking*, a Câmara Municipal adotou esse modelo: 4 (quatro) pessoas foram alocadas nesse projeto, com o suporte do Centro de Tecnologia e Informação da Casa. Não houve contratações adicionais de pessoal ou de softwares. E, no prazo 1 (um) ano, foi possível apresentar ao cidadão o *Portal da Legislação Paulistana*. Nele, todas as normas legais, resoluções, decretos, decretos legislativos e Atos da Mesa editados a partir de 2019 podem ser acessados com a imediata remissão às normas porventura alteradas ou às normas correlatas. Como um *plus*, oferece-se ainda a remissão direta: a) à pagina do diário oficial em que publicada a norma correspondente; b) a todo o processo legislativo – digital ou digitalizado – do qual resultou a norma; e c) a remissão a eventual ação de inconstitucionalidade julgada procedente em relação à legislação de que se trate.

Finalmente, com o apoio da equipe de Comunicação Institucional da Câmara, buscou-se verificar quais leis do Município de São Paulo são mais procuradas pelos cidadãos nos sites de busca da *web*. Entre outras, estão o Plano Diretor da cidade, as normas relativas à vizinhança, à ordenação da paisagem urbana, com restrições à publicidade, o estatuto dos servidores públicos, etc. Essa verificação orientou o trabalho da Equipe de Sistematização de Assuntos Legislativos, que, além de assumir a atualização direta das normas diuturnamente publicadas, propôs-se atualizar as leis mais consultadas pelo público em geral.

Registra-se, com efeito, a enorme dificuldade dos leigos para compreender o ordenamento jurídico local. Constatamos que a profusão de leis municipais em matérias tão vastas – urbanismo, meio ambiente, tributação – justifica a existência de empresas comerciais especializadas em vender o serviço de atualização de leis, já que, para o cidadão ou usuário, não é simples discernir as normas vigentes, sua correlação com outras, eventuais revogações parciais, etc..

Deste modo, o serviço que passou a ser oferecido a partir de 2019 pela Câmara Municipal de São Paulo por meio da Equipe de Assuntos Legislativos de sua Procuradoria responde diretamente ao interesse público primordial de acesso gratuito, claro e direto à legislação vigente, com a confiabilidade e a precisão necessárias.

8. Considerações finais

A intensa produção legislativa paulistana revela-se uma fonte primária e qualificada de estudos que visem inspirar políticas de simplificação normativa e de eficiência normativa. É patente a enorme dificuldade dos leigos para compreender o conjunto de normas vigentes, inclusive o que está ou não em vigor.

A questão revela-se bastante atual, e afeta diretamente as principais atividades desempenhadas pela Procuradoria da Câmara Municipal de São Paulo no que tange à atividade-fim do Poder Legislativo.

A Procuradoria, por meio de seus setores de Pesquisa e Análise Prévia de Proposituras, Elaboração Legislativa e de assessoria ao Processo Legislativo, já vinha realizando sistematicamente a tarefa de subsidiar tecnicamente a qualidade formal e material da legislação produzida. Porém, em face de novos e instigantes desafios propostos pelas lideranças políticas, pôde avançar em estudos e projetos afetos à Legística, com a criação do Centro de Estudos Legislativos e da Equipe de Sistematização de Assuntos Legislativos.

Por iniciativa da Presidência e com o apoio do Centro de Tecnologia da Informação, a implantação do processo legislativo digital e do Plenário Virtual tornou mais célere e transparente o curso da maior parte das proposituras em trâmite na Câmara Municipal. Por outro lado, o Portal da Legislação Paulistana passou a disponibilizar a legislação municipal em vigor, de modo semelhante à disponibilização existente no âmbito federal, favorecendo a melhor sistematização das informações jurídicas em geral, em abono à lei de acesso à informação e da lei de proteção aos direitos dos usuários dos serviços públicos.

Com essas e outras iniciativas, a Câmara Municipal de São Paulo espera contribuir para impulsionar o estudo sobre Ciência da Legislação e Legística no país, com a inspiração inigualável que nos oferecem os estudos e projetos conduzidos pioneiramente pelo eminente professor Carlos Blanco de Morais, a quem rendemos nossa homenagem e gratidão.

Referências

INSPER, Relatório Final Indicadores de Desempenho para a Câmara Legislativa Municipal de São Paulo, 2012. Disponível em http://docplayer.com. br/27308585Relatorio-final-indicadores-de-desempenho-para-a-camara-legislativa-municipal-desao-paulo.html, acesso em 13 de outubro de 2017.

MORAES, Alexandre de. *Direito Constitucional*; 23ª ed. atual. Até a EC 56/07, São Paulo: Atlas S.A., 2008, p. 293.

MORAIS, Carlos Blanco de. *Manual de Legística. Critérios Científicos e Técnicos para Legislar Melhor*. Portugal: Verbo, 2007.

OSORIO, Fabio Medina. A Ciência do Direito e a proliferação de Normas. Zero Hora, 5 de julho de 2019. Acesso em 06 de julho de 2019 www.fabiomedinaosorio.com.br

YEUNG, Luciana; DANTAS, Humberto. Indicadores de Desempenho para Parlamentos Municipais – uma proposta a partir do caso de São Paulo. Encontro Internacional Participação, Democracia e Políticas Públicas: aproximando agendas e agentes. 23 a 25 de abril de 2013, UNESP, Araraquara (SP).

16. A Crise de Lei, a Ciência da Legislação – Legística

Monica Herman Caggiano

1. A Legalidade: O governo das leis e não dos homens

Em todas as épocas e em todos os momentos da longa história da humanidade vislumbra-se a acentuada preocupação dos homens com a liberdade individual, o ir e vir, o livre pensar, a livre manifestação das idéias, enfim com a possibilidade de o ser humano ser ele mesmo, na sua essência e, notadamente, no tocante às amplas possibilidades de manifestar sua presença no mundo. Sintetizando este pensamento a célebre ponderação de MONTESQUIEU, no sentido de que *"a liberdade é o bem do qual depende a fruição de todos os outros"*.[1] Ao longo deste percurso, pois, *fórmulas*, receitas e mecanismos para a preservação da liberdade individual diante do poder, da autoridade, tem se apresentado como um exercício do cotidiano dos filósofos, cientistas, políticos, enfim da humanidade.

Reflexo desta intensa e perseverante inquietação, emerge **o princípio da legalidade** repousando exatamente sobre a contraposição entre **o governo dos homens** – em que os governados se encontrariam desprotegidos e totalmente subjugados ao arbítrio dos governados – e **o governo das leis**, panorama que, ao invés, viria a subordinar o poder, os governantes, à lei. Esta ofereceria o suporte a legitimar a titularidade do poder e, concomitantemente, limitar o poder dos governantes, que,

---

[1] Montesquieu anotou nos seus *"Cahiers"* a qualificação da liberdade como *"ce bien qui fait jouir des autres biens"*. (edition Grasset, 1940)

nessa moldura, atuariam cingidos a um conjunto de normas, sempre com fundamento e motivação no Direito. A par disso, o enunciado da **legalidade asseguraria** aos governados, i.é, à sociedade, o conhecimento prévio da extensão e dos limites impostos à autoridade, aos órgãos governantes.

A fórmula da **legalidade**, pois, tem a sua origem e evolução pautada na impositiva necessidade de um determinado nível de **certeza e de segurança jurídica** para a vida na comunidade social. Mais ainda, na sua composição, detecta-se a idéia de **igualdade perante a lei**, tese que não era ignorada na antiguidade. É na antiga Grécia, que Heródoto lança os conceitos de *isonomia* (**o tratamento igualitário a ser outorgado pela lei**), da *isogoria* (**a participação isonômica nos negócios públicos**) e da *isocratia* (**participação de todos no pólo do poder**)[2].

Pois bem, preordenado a restringir, mediante normas, condutas arbitrárias e abusivas dos governantes, o **conceito de legalidade expandiu-se**, ampliando o seu espectro. Passou a incorporar outras receitas de limitação do poder político, servindo, inclusive, de núcleo central na composição dos diferentes mecanismos. Nessa linha, cumpre lembrar o modelo inglês, a ostentar a célebre concepção da *"rule of law"* e, mais tarde, o advento do modelo germânico do *"Rechtstaat"* que conquistou o mundo sob o rótulo de **Estado de Direito.**

Contudo, não é qualquer lei a atender ao **imperativo de legalidade**. Há requisitos e estes demandam um corpo normativo legitimado para a sua criação; um procedimento previamente estabelecido e conhecido para a sua confecção; o caráter geral e abstrato, rejeitando-se a norma direcionada a grupos e classes determinadas, o que violaria, inclusive, a isonomia tão decantada pelos gregos. Um conteúdo de fácil compreensão e aclimatado às expectativas da sociedade a que se dirige. **A lei**, na sua concepção clássica, ensina Manoel Gonçalves Ferreira Filho, deve ser produto *"do Poder Legislativo, que é pelo menos, parcialmente, de caráter representativo"* e *"em sua substância, é a expressão da vontade nacional,*

---

[2] No denominado século de Péricles (495-429 a.c.), Hérodoto, conhecido como pai da história e da política.

manifestada pelos representantes, que se identifica com a vontade geral[3], ou seja, com os imperativos da Razão".[4]

Sob o impacto dos ensinamentos de Locke e diante da obra de Montesquieu que procedeu a um **esforço de sistematização**, oferecendo ao mundo uma nova **concepção do poder**, por intermédio da teoria da separação de poderes, e reorientando a sua **organização**, com fundamento na idéia de soberania, **a lei** passa a ser produto exclusivo do Parlamento, do Poder Legislativo, a Casa de representação popular, porquanto, adverte, ainda, FERREIRA FILHO, *"...os homens, por serem livres, deveriam governar--se a si próprios.." como um "imperativo da natureza das coisas".[5]*

A legalidade alastra-se, avançando até o começo do século XX com forte evidência da **postura de supremacia** do Parlamento. E o Poder Legislativo, constituído por representantes do povo, como *"**poder supremo**"[6]*, passa a dominar este panorama, soprepujança que – o próprio

---

[3] A *vontade geral* é conceito delineado por Jean Jacques Rousseau, no seu *Contrato Social*, livro II, Capítulo IV, onde o ilustre genebrino expõe o seu conceito de lei que deveria corresponder à vontade geral e versar matéria geral, in verbis: *"...a matéria sobre a qual se estatui é geral como a vontade que estatui. É este ato que eu chamo de lei".*

[4] FERREIRA FILHO, Manoel Gonçalves, Do *Processo Legislativo*, São Paulo, Saraiva, 5ª ed., 2002. p. 70.

[5] Id., p. 63. Ver ainda a teoria de **John Locke**, exposta no Tratado do Governo Civil, para quem a lei vem a ser identificada pelo **órgão emissor** (Poder Legislativo) cuja ausência implicaria na falta de um elemento necessário a sua configuração, qual seja, o consentimento dos governados, e **pelo seu conteúdo** (a subordinação ao Direito natural e à razão) e invalidava qualquer norma que não atendesse esta exigência. No magistério de Locke (que preconizava a partilha do poder entre Legislativo, Executivo e Federativo), o Poder Legislativo emerge como **poder supremo**, o principal dos poderes, pois cabe a ele assegurar a todos a possibilidade de usufruir *"dos próprios bens em paz e segurança"*. E isto só seria alcançável por força da lei. Decorrência natural, a recomendação de que este Poder Legislativo não se confundisse com o Poder Executivo e nem com o Federativo, podendo estes dois últimos encontrarem-se reunidos num só órgão. **Já a fórmula de** *Montesquieu propõe a* partilhava **entre três diferentes órgãos,** ponderando: *"Quando na mesma pessoa ou no mesmo corpo de magistratura, o poder legislativo está reunido ao poder executivo, não existe liberdade, pois, pode-se temer que o mesmo monarca ou o mesmo senado apenas estabeleçam leis tirânicas* **para executa-las tiranicamente"**(*Do Espírito das Leis*, Tradução de Fernando Henrique Cardoso e Leôncio Martins Rodrigues, São Paulo, Difusão Européia do Livro, 1962, p. 181.)

[6] Nesse sentido, o magistério de John Locke (v. nota 5) que é apontada na percuciente análise de FERREIRA FILHO, Manoel Gonçalves, no seu Do *Processo Legislativo*, São Paulo, Saraiva, 2001, p. 149.

Barão de La Brède et de Montesquieu já preconizava – se elevada a uma potência exagerada, poderia tornar-se lesiva. Nessa esteira a observação de *Carré de Malberg, Este,* ao comentar a teoria de Montesquieu – que influenciou todo o pensamento revolucionário e concebeu a idéia que passou a comandar como princípio o direito público moderno francês, isto é, a *preponderância e a supremacia da lei e do poder legislativo,* adverte para a realidade constitucional a dominar o século XVIII: *"os constituintes de 1791 não se deram conta da contradição ao declarar, de uma parte, a igualdade dos três poderes e sua independência e, de outra, subordinando ao poder legislativo o executivo e o judiciário"*[7]

No seu movimento expansionista, a noção de legalidade atinge novas dimensões. A par de afastar sua conotação de mera propriedade do Direito, inerente a qualquer ordem jurídica, pois nem todo Estado opera por via de uma ordem jurídica positiva que atenda ao modelo de Estado de direito, a **concepção da legalidade** passa a **incorporar o elemento democrático**, impondo que a produção normativa se realize a partir da livre manifestação e participação dos povo – dos governados – expressa por intermédio de eleições livres e competitivas dos representantes/ /governantes.[8]

2. Os Parlamentos: Crise do Legislativo

No entanto, esse quadro em que o Parlamento desponta como superpotência em cenário político, o conduz, paradoxalmente, a uma flagrante fase de decadência; isto, a partir do agravamento das crises econômicas e políticas, em períodos agudos como os identificados pelos dois conflitos bélicos mundiais e diante do avanço da ideologia de nuanças comunistas, principalmente na Europa leste, que imprimiu um clima crônico de tensão no mundo com a histórica etapa identificada como a da *"guerra fria"*. Neste panorama, as assembléias representativas perdem gradativamente

[7] CARRÉ DE MALBERG, R., *Teoría General Del Estado*, México, Fondo de Cultura Económica, 2000, p. 783. Neste sentido, é de se lembrar que três são as constituições que adotaram de forma pura a teoria da separação de poderes: as Constituições francesas de 1791 e do ano III (25 de agosto de 1795) e a Constituição norte-americana, de 1787.
[8] Ver neste sentido DIAZ, Elias, *Estado de derecho: exigências internas*, dimensiones sociales, Espanha, Sistema, 1995.

o prestígio e vêem-se despojadas da sua tarefa de maior relevância – a de produzir a lei.

Para o estágio de senilidade e, até mesmo, pré-falimentar que atingiu os Parlamentos diversos e diversificados fatores colaboraram. De forma particular, no entanto, pode-se afirmar a contribuição expressiva do próprio **sistema parlamentar de trabalho** que lhe é peculiar, envolvendo discussões e debates infindáveis entre correntes, agora de difícil conciliação. Esta receita não mais atendia às exigências de uma sociedade conturbada pelas guerras, crises econômicas e permanente estado de alerta entre os Estados. E, a essas novas demandas, o Parlamento não lograva atender de forma satisfatória.

Passa o Legislativo, destarte – quase como espectador – a observar suas funções sendo transportadas para um Executivo dinâmico, tecnicamente de elevado preparo e extremamente ágil no oferecimento de medidas sanatórias[9]. Impacta o mundo a emergência do **Bloco Executivo/ /Legislativo**, uma verdadeira **sutura a vincular o Poder Legislativo ao Executivo**, independentemente da estrutura constitucional conferida ao poder político no âmbito do Estado, com exacerbada preponderância do Poder Executivo a dominar o cenário da tomada das decisões políticas e reconduzindo o Legislativo a um estado de letargia, um estágio pré-falimentar.

---

[9] Reflexo deste estágio de dormência a própria expulsão da disciplina "Direito Parlamentar" dos currículos universitários. Ao longo do século XX, esta passa a ser encarada como um campo de menor interesse no tocante ao seu exame por juristas, políticos e analistas. E, mais que isto, a própria confecção das constituições denota, quanto à posição geográfica da matéria, a preponderância do Executivo sobre o Parlamento. Este, na primeira das constituições francesas vinha cuidado nos primeiros capítulos. A Constituição de 3 de setembro de 1791 lhe dedicava o Primeiro e o Terceiro dos Capítulos do seu Título III *(Dos Poderes Públicos)*, reservando o Segundo ao Reino e ao Rei, sendo que a atual, promulgada em 4 de outubro de 1958, cuida num primeiro plano da figura do Presidente da República – Título II – para vir a tratar do Parlamento apenas no seu Título IV. No panorama doméstico, brasileiro, todavia, embora presente e bastante acentuada a fase crepuscular do Legislativo, na topografia constitucional este ocupou sempre posição precedente ao tratamento do Executivo (Examinadas as Constituições brasileiras (1824, 1891, 1934, 1937, 1946, 1967 com a sua Emenda n. 1 de 1969, a atual de 1988) verifica-se, efetivamente o posicionamento do Poder Legislativo antes do Executivo, o que, na realidade, não significa que entre nós não tenha sido constatado o fenômeno do declínio da figura do Parlamento). Ver o nosso *Direito Eleitoral e Direito Parlamentar*, Barueri, Manole, 2004.

Esta *paralisia* parlamentar – como vem a ser denominado, por *Manoel Gonçalves Ferreira Filho*[10], este estágio de inanição – foi, entretanto, o fator que, a partir dos anos 60, do século passado, orientou políticos e juristas, sensibilizados ante à fragilidade desse órgão – que já ocupou a posição de superpotência a que fora erigido pelos revolucionários franceses – a buscar um reposicionamento do papel e das atribuições do Parlamento no Estado contemporâneo[11].

Enfim, é no território deste estudo comparativo que, de maneira muito lúcida, coloca-se a indagação, a inquietar os juristas desde os anos 60, acerca da espécie de remodelação que se impõe para a retomada, pelo parlamento, de uma posição de destaque no cenário político e para o aprimoramento da democracia representativa. Qual a função a priorizar? **Robustecer a atividade de controle sobre a atuação governamental? Remodelar o processo legislativo?** São preocupações que passaram a impor uma análise cautelosa, tendente a preordenar o lugar e o papel das assembléias representativas no panorama dos sistemas políticos contemporâneos.

Superado o período de letargia, há um novo foco de luz a envolver a atividade parlamentar e a ressuscitar a imposição de um debruçar mais atento sobre a sua atuação. Quer nos sistemas parlamentaristas, quer em ambientes presidenciais ou, ainda, nos quadros híbridos, o Parlamento, hoje, é presença constante no mundo da política, **em razão da sua natureza representativa**, de suas atividades de controle, financeiras e orçamentárias ou, até mesmo, da produção legislativa. Não merece ser ignorado ou marginalizado. É instituição importante e de relevo na atmosfera estatal, reconquistando o seu espaço, como denota, **até mesmo, o processo de redemocratização** presente no território africano e no leste europeu, que tem sido iniciado sempre com a convocação de eleições para a composição do respectivo Parlamento e a este tem se oferecido uma estrutura e organização atendendo aos mais modernos figurinos.

[10] *Do Processo Legislativo*, op. cit., fls. 123.
[11] Assim é que, em 1961, a Union Interparlementaire publica *"Parlements"* – um estudo comparativo de *Michel Ameller,* com prefácio de *André de Blonay,* Secretário Geral da Union Interparlementaire e *G. Codacci-Pisanelli,* Presidente do Centro Internacional de Documentação Parlamentar, onde vem espelhada a preocupação com o futuro dessa instituição e sua aclimatação a um mundo de aceleradas transformações e sempre renovadas demandas.

Note-se, todavia, que este desenvolvimento e o ressurgir dos Parlamentos em cenário político não trouxeram qualquer espécie de melhora no tocante à **imagem do político que continua em franco desprestígio**. No Brasil, pesquisa realizada pelo IBOPE, a pedido da Confederação Nacional das Indústrias, **revelava o baixo índice de interesse da população pelo cenário eleitoral**. Esse **estado de apatia** afigura-se mais preocupante ainda diante da questão lançada quanto ao candidato que o eleitor tinha sufragado no último pleito, indagação a que 75% dos entrevistados não conseguiu responder.[12]

De outra parte, as duas últimas décadas do século XX apontam um extraordinário avanço do teorema democrático, trazendo embutida a remodelação da velha e clássica teoria da separação de poderes. Penetra-se no mágico mundo da **justiça constitucional.** Isto porque a **ideia do controle de constitucionalidade** vêm se apresentar como meio hábil à **manutenção do equilíbrio nas inter-relações sociais e para a preservação da segurança jurídica**[13].

Surpreendentemente, talvez efeito colateral desta paralisia do Poder Legislativo, inaugura-se o século XXI sob o impacto do fenômeno da **politização da Justiça** ou a **juridicização da política,** que se materializa pelo deslocamento da decisão política para a sede do Poder Judiciário, este vindo, inclusive, a assumir, na sua plenitude, *"la faculté d'empêcher"* e, mais recentemente no Brasil a própria *"faculté de statuer"*, reservada na doutrina clássica ao Legislativo.

O Poder Judiciário, nesta nova missão, assume, de certo, papel diferenciado. Uma outra perspectiva, uma outra dimensão. Como tarefa passa a incorporar, a **função de orientação**. De uma **justiça constitucional defensiva** aporta, no século XXI, na configuração de uma **justiça constitucional de orientação**[14]. Reflexo direto do avanço e da expansão da

---

[12] Conforme pesquisa publicada no jornal *O Estado de São Paulo*, edição de 5.08.1998, p. A 4.

[13] A **doutrina da segurança jurídica** se fortalece sob o impacto da *"jurisdição constitucional"*. Ademais, essa teoria ganha novos contornos e nova consistência no panorama europeu, tema tratado no nosso *Legislação Eleitoral e Hermenêutica Política X Segurança Jurídica*, Barueri, SP, Manole e Centro de Estudos Políticos e Sociais – CEPES, 2006.

[14] Não é outra, nos parece, a posição do Ministro Gilmar Ferreira Mendes, em pronunciamento sobre *Os Efeitos das Decisões de Inconstitucionalidade:Técnicas de decisão em sede de Controle de Constitucionalidade*, palestra proferida no dia 03 de junho de 2005, na Escola Superior de

doutrina do controle de constitucionalidade e sua presença nos textos Constituição, até como **arma de defesa e preservação da qualidade democrática, o Poder Judiciário se investe de uma função normativa estendida, que, se sob o comando do Bloco Executivo/Legislativo, era praticada pelo Executivo, e que passa, agora a se integrar nas tarefas do Judiciário.** Esta realidade foi dado ao espectador verificar **no espectro eleitoral**, campo que se testemunhou uma efetiva revolução, a exemplo da mítica **Reforma Política** – que, diante da postura de letargia do Poder Legislativo – **foi parcialmente cumprida pela interveniência do Judiciário**[15].

Daí o interesse em examinar as facetas de maior vulnerabilidade desta instituição, o Parlamento, e em desvendar instrumentos que possam vir a assegurar operabilidade e credibilidade ao representante do *"demos"*, ao titular de assento parlamentar ou aos que ocupam postos decisórios, aos *decision maker bodies*, porque deles dependerá a estabilidade governamental e a realização da democracia.

3. O Processo Legislativo e Legística

Em verdade, um dos pontos de maior dramaticidade na feitura da lei aloja-se exatamente na fórmula utilizada para a sua elaboração. Ilustrativa, nesse sentido, a nota do general de Gaulle sobre o **esfacelamento da Assembléia** francesa, que atribuía a *"uma espécie de moroso mecanismo que agora rege as assembléias".*[16]

Ora, este *moroso mecanismo* de confecção consiste justamente no sensível, prolongado e complexo **processo legislativo**, ou – como o define Carlos Blanco de Morais – o *"itinerário de produção de uma lei"*(...) *"a sucessão encadeada de actos ou fases tidos como juridicamente necessários para a produção e revelação de uma norma legal, por parte de um órgão competente para o*

Direito Constitucional – in Revista Brasileira de DIREITO CONSTITUCIONAL, janeiro/ junho 2005, n. 5, p. 443-464. Nesta ocasião é que o Ministro Gilmar Mendes refere-se à experiência brasileira, rotulando o nosso tradicional modelo de controle de constitucionalidade como *binário*.

[15] Ver o nosso *A emergência do Poder Judiciário como contraponto ao bloco monocolor Legislativo/ Executivo*.

[16] Charles de Gaulle, *Mémoires d'espoir"*, apud AVRIL, Pierre et GICQUEL, Jean, *Droit Parlementaire*, 2nd ed., Paris, Montchrestien, 1996, p. V.

efeito".[17] E, neste segmente, adverte o Prof. Manoel Gonçalves Ferreira Filho, a receita de *"elaboração das leis permanece hoje em suas linhas gerais o que era o processo clássico"*. Aduz, ainda, que se modificações foram adotadas para, em especial, acelerar a sua produção, essas indicam um peculiar relevo outorgado ao Executivo *(poder governamental)* *"que aparece como mola mestra que impulsiona o trabalho parlamentar, como também, num grande número de casos, surge como o próprio legislador"*.[18]

De fato, identifica-se ao longo deste percurso **uma série de etapas e atos indispensáveis para a instauração, o desenvolvimento e a finalização do processo que, se bem sucedido, deverá culminar com a edição da lei**. Carlos Blanco de Morais inova no tema, introduzindo a idéia de *"Faseologia"* da lei que compreende os *"actos de iniciação processual (o impulso legislativo), actos de instructórios de consulta, actos aprobatórios, actos de controlo de mérito e actos de publicação"*.[19] Este pretensioso roteiro é acrescido da exigência de exame por parte de um rol considerável de Comissões que intervém ao longo de todo o processo legislativo e por ocuparem papel de relevância foram contempladas com primoroso exame na obra de Paulo Adib Casseb, que analisa sua participação *"segundo o texto constitucional brasileiro,(...) na formação das Emendas à Constituição, leis complementares e ordinárias, leis delegadas, medidas provisórias, decretros legislativos e resoluções"*[20].

A Constituição, de 5 de outubro de 1988, cuida da matéria na seção VIII, do Capítulo I, do seu Título IV, e lhe dedica três subseções, tratando na primeira das Disposições Gerais, na segunda da elaboração de Emendas à Constituição e termina por disciplinar, na terceira, o processo de feitura das leis **(leis ordinárias, complementares, leis delegadas, leis de conversão e as decorrentes de iniciativa popular)**. Depreende-se do mais perfunctório exame destes dispositivos **os nódulos presentes para a superação dos diversos e diferenciados segmentos que comparecem no trajeto de confecção legislativa**. É certo que a Constituição impõe

---

[17] MORAIS, Carlos Blanco, *Curso de Direito Constitucional, Tomo I, A Lei e os Actos Normativos no Ordenamento Jurídico Português*, Coimbra Editora, 2008, p. 393.

[18] FERREIRA FILHO, Manoel Gonçalves, no seu *Do Processo Legislativo*, São Paulo, Saraiva, 2001, p. 131.

[19] Op. cit. supra, p. 394.

[20] CASSEB, Paulo Adib, *Processo Legislativo. Atuação das comissões permanentes e temporárias*, São Paulo, Editora Revista dos Tribunais, 2008, p 21.

quorum especial apenas em relação às Emendas **(art. 60, § 2º)**[21] e às leis complementares **(art. 69)**[22] Contudo, **não há como ignorar o jogo** que se estabelece entre as Casas Legislativas na evolução da fase de **deliberação, a sua etapa constitutiva,** integrada pela **discussão e votação,** período em que, a par da interveniência das Comissões parlamentares, das consultas e audiências públicas[23], a propositura realiza verdadeiro turismo entre a Câmara dos Deputados e Senado[24]. E mais sob o impacto da recente introdução das denominadas leis de conversão, decorrentes de medidas provisórias **(art. 62)**, emerge um novo instrumento de obstrução do regular curso de apreciação dos projetos de lei: a sobrestação de todas as deliberações legislativas para o exame da medida provisória que supere o prazo previsto para a sua apreciação, fixado em 45 **(quarenta e cinco)** dias da data de sua publicação[25].

Considerando que o Brasil, já a partir da primeira Constituição republicana, de 1891, adota o modelo federal, contando cada um dos entes que integram a nossa Federação com uma autonomia que o texto fundamental de 1988 buscou ampliar e assegurar, interessante verificar se tais nódulos do processo legislativo marcam presença também em esferas regional e local, cada uma delas detentora de um Parlamento – Assembléias Legislativas, no âmbito dos Estados- membros e Câmaras Municipais em esfera municipal. Assim é que, desde logo, se constata a vinculação do roteiro para a feitura das leis, em especial as de natureza ordinária, ao Regimento da Casa de Leis, documento que, a seu turno, cria uma intrincada rota de tramitação, com largas possibilidades de obstrução. Isto apesar da composição unicameral destes corpos legislativos.

---

[21] Art. 60, § 2º *"A proposta será discutida e votada em cada Casa do Congresso Nacional, em dois turnos, considerando-se aprovada seobtiver, em ambos, três quintos dos votos dos respectivos membros"* – Constituição Federal de 5.10.1988.

[22] Art. 69 *"As leis complementares serão aprovadas por maioria absoluta".*

[23] A Lei Orgânica do Município de São Paulo oferece privilegiado tratamento às audiências públicas, nos termos do art. 41, que expande e intensifica sua participação no processo de elaboração das leis.

[24] Ver o art. 65 da Constituição Federal.

[25] Ver art. 62, § 6º: *" Se a medida provisória não for apreciada em até quarenta e cinco dias contados de sua publicação, entrará em regime de urgência, subsequentemente, em cada uma das Casas do Congresso Nacional, ficando sobrestadas, até que se ultime a votação, todas as demais deliberações legislativas da Casa em que estiver tramitando."*

Oportuno lembrar que é da tradição do moderno processo legislativo a previsão de **trâmites de urgência**, introduzindo elementos diferenciais, a exemplo da abreviação de prazos e expurgo de formalidades. Na expressão de Carlos Blanco de Morais, há um *quid minus* inserido na receita[26]. Este ingrediente encontra-se previsto, entre nós, nos três níveis de governo. Assim, a Constituição Federal, no seu art. 64, § 1º, preconiza o procedimento de urgência para os projetos de iniciativa do Poder Executivo, regra também presente na Constituição do Estado de São Paulo **(art. 26)** e na Lei Orgânica do Município de São Paulo **(art. 38).** No entanto, revela-se este instrumento de prejudicial efeito colateral, porquanto implica, de sua parte, no **sobrestamento** das atividades regulares de deliberação acerca das proposições em tramitação, enquanto não apreciada a matéria etiquetada "*de urgência*"[27]. A par disso, nas três esferas legislativas, o veto e sua apreciação podem gerar sérias obstruções que impeçam de modo abusivo o linear encaminhamento da etapa de deliberação.

Mais grave que o lento e nodular percurso evolutivo das proposituras legislativas, passa a reclamar cada vez mais a atenção dos juristas e operadores do direito de modo geral **o seu conteúdo**. É que na contemporaneidade, o processo de construção da lei assumiu uma postura descompromissada com o macro-princípio da **segurança jurídica**[28]. O *standard*, revela como um de seus principais pilares **a impositiva presença de indicadores da qualidade do direito** na produção legislativa. Desse sentir o registro de Bertrand Mathieu a explicitar: *"A segurança jurídica exprime, pois, um certo número de exigências as quais deve atender o direito enquanto instrumento. Ela condiciona a realização da "proeminência do direito"*[29].

---

[26] Op. cit., supra, p. 394.

[27] Vejam se os dispositivos: C.F. art.art. 64, § 2º; Constituição do Estado de São Paulo – art. 26, parágrafo único; Lei Orgânica do Município de São Paulo – art. 38, § 1º e 2º.

[28] Exsurge na trajetória evolutiva da idéia de **Estado de Direito**, buscando assegurar-lhe reforço. Produzido em esfera germânica, onde se encontra constitucionalmente protegido, rapidamente conquistou a simpatia da doutrina e da jurisprudência no panorama europeu. Na França, se instalou como reflexo do direito comunitário em expansão e, embora ainda não tenha sido contemplado de forma expressa em nível constitucional, vai se robustecendo ganhando espaço próprio em textos legais, no âmbito da doutrina e da jurisprudência.

[29] *"Constitution et Securité Juridique"*, relatório apresentado na Xve Table Ronde Internationale, Aix en Provence, setembro de 1999, pelo Prof. Bertrand Mathieu , da Universidade de

Extraído do direito comunitário europeu[30], o princípio da segurança jurídica repousa sobre a idéia do **prévio conhecimento da lei** e do tratamento ao qual essa será submetida na sua aplicação. Aloja no seu bojo outros princípios, a exemplo **da confiança legítima** e da **previsibilidade do direito.**

Interessante, pois, o arranjo estrutural a compor o princípio maior da segurança jurídica, nos moldes da doutrina em ascensão. No desenho produzido por Mathieu, vislumbram-se duas grandes categorias principiológicas, ambas se complementando, edificando fórmula vocacionada a combater a insegurança e a incerteza que podem advir das imperfeições da norma legal:

O Princípio da Segurança Jurídica[31]

Princípios atinentes à qualidade do direito	Princípios atinentes à exigência de previsibilidade do direito
1. Princípio da claridade da lei	1. Princípio da irretroatividade
2. Princípio da acessibilidade	2. Principio da proteção dos direitos adquiridos
3. Princípio da eficácia	3. Princípio da confiança legítima[32]
4. Princípio da efetividade	4. Princípio da estabilidade das relações contratuais

Paris I, Panthéon Sorbonne, com o auxílio de Anne Laure Velembois, monitora da Faculdade de Direito e de Ciências Políticas de Dijon.

[30] Esse *standard,* que implica na proteção da confiança jurídica foi inserido de forma implícita na ordem jurídica da Comunidade européia pela decisão da Comissão C. Conseil de 5.06.1973, confirmada de modo expresso pela decisão Töpfer, de 3.05.1978, onde restou assente que a ignorância dessa máxima constitui violação de tratado ou de qualquer regra de direito no tocante a sua aplicação. In Recueil de Jurisprudence Constitutionnelle, p. 575 e 1019.

[31] Ver o nosso *Legislação Eleitoral e Hermenêutica Política X Segurança Jurídica*, Barueri, CEPES/ Manole/ Minha Editora, 2006.

[32] A expressão inglesa para o princípio da confiança legítima – "legitimate expectation"- é reveladora do conteúdo desse cânone, impondo a idéia da manutenção da ordem jurídica e das situações juridicamente definidas por essa ordem.

Nesse cenário, não só a qualidade do direito, a autorizar um controle sobre os elementos estruturais da lei, assume contornos de exigência constitucional, mas, a seu turno, **a questão da previsibilidade e da confiança** de que deve ser merecedor o legislador passam a assumir o *status* de elementos imprescindíveis para a correta análise da conformização de ato ou norma do Poder Público aos preceitos maiores da Constituição. **Isto no sentido de extirpar a ação corrosiva do *álea* e garantir um ambiente de segurança jurídica.**

A **Legística**, ou a Ciência da Legislação, dirige seus esforços exatamente ao **estudo sistematizado de fórmulas e mecanismos voltados a atender ao princípio da segurança jurídica, a priorizar a idéia da qualidade do direito, a confiança legítima e a sua previsibilidade**. No magistério de Carlos Blanco de Morais, a **legística** dimana da preocupação *"com as conseqüências produzidas pelos actos legislativos e os meios passíveis de potenciar a sua qualidade, simplificação e eficiência"*[33] Em Portugal, inclusive, o Ministério da Justiça editou em 2002 um *manual prático* de Legística, com a colaboração de docentes da Universidade de Lisboa. E, num esforço de aprimoramento da produção normativa, adotou-se o Programa "**Legislar Melhor**", documento pioneiro e *"estratégico para a promoção da qualidade e eficiência dos actos legislativos"*.[34]

A plataforma operatória da Legística importa num **FATOR (AVI)**, correspondente à **avaliação técnica do impacto** que a propositura do novo direito produzirá no ambiente social após a sua promulgação. E pretende – por intermédio de meios técnicos – apurar de forma precisa os efeitos desta proposta legislativa, apresentando o quadro de vantagens e desvantagens, uma projeção das possibilidades de sucesso, os riscos potenciais, o custo benefício e o custo-utilidade, o ônus que acarretará à sociedade, à empresa, ao mercado.

Esse *standard*, que implica na proteção da confiança jurídica foi inserido de forma implícita na ordem jurídica da Comunidade européia pela decisão da Comissão c. Conseil de 5. 06. 1973, confirmada de modo expresso pela decisão Töpfer, de 3.05.1978, onde restou assente que a ignorância dessa máxima constitui violação de tratado ou de qualquer regra de direito no tocante a sua aplicação. In Recueil de Jurisprudence Constitutionnelle, p. 575 e 1019.

[33] MORAIS, Carlos Blanco, *Manual de Legística, Critérios científicos e técnicos para Legislar Melhor"*, Portugal, Verbo, 2007, p. 30.

[34] Cf. MORAIS, Carlos Blanco, *Manual de Legística, Critérios científicos e técnicos para Legislar Melhor"*, Portugal, Verbo, 2007, p. 33.

Enfim, **LEGISLAR MELHOR**, consubstancia-se na **ideia força da Legística** e a expectativa de aperfeiçoar o mais precioso produto dos Parlamentos – a LEI – vem descortinar um novo campo de atuação para o operador do direito, um setor árduo, polêmico e essencialmente desbravador – a ciência da legislação.

4. Por que aderir à Legística?

As deficiências e falhas de que as leis, não raras vezes, são portadoras podem, de fato, dificultar a sua aplicação, prejudicar sua compreensão, inviabilizarem-se pelo seu conteúdo normativo, conflitante com regras e princípios superiores, enfim, a par da inaptidão para a produção dos efeitos desejados, importam em **num custo exacerbado, inútil e demasiadamente elevado para a comunidade**, envolvendo na sua invalidação toda uma máquina estatal que, ao invés, poderia despender essa energia na concretização de demandas sociais condizentes com a realidade.

Há uma variada gama de decisões judiciais a extrair do universo jurídico textos legais que, exatamente, extrapolam a competência do órgão emissor, apresentam defeitos quanto à sua elaboração, ou ainda pecam pela inadequação à perspectiva de previsibilidade. Nesta específica vala, aliás, a Emenda Constitucional n. 52/2006, que restaurou a autonomia dos partidos políticos quanto às deliberações sobre coligação partidária. O texto, no entanto, não se aplicou ao pleito daquele ano de 2006, porquanto decidiu o Tribunal Superior Eleitoral que sua incidência viria lesar o princípio de anterioridade constante do art. 16 da Constituição.

Fato é que há um arquivo gigantesco de normas invalidadas ou com sua eficácia suspensa em razão dos vícios que as atingem. Entre nós, uma federação com forte tendência à centralização, até em razão da nossa história de Estado unitário que artificialmente aderiu à receita federativa, os exemplos de leis que acabam no necrotério legislativo por invadirem competência de outra esfera governamental estão presentes no cotidiano do jurista. Recentes as decisões do Supremo Tribunal Federal que declararam a inconstitucionalidade e, portanto, a invalidez das **Leis paulistas: a) de nº 12.519/07,** que proíbe a instalação, utilização e locação de máquinas caça-níqueis, videobingo e videopôquer em bares e restaurantes do Estado, por se inserir esta tarefa na esfera da União, na conformidade do disposto na Constituição Federal, art. 22, XX[35], e **b)** de **nº 11819/05**, que estabelece a possibilidade da utilização do sistema de videoconferência[36] no estado de São Paulo. Esta, a seu turno, foi declarada formalmente inconstitucional pela maioria dos ministros **(9x1)** do Supremo Tribunal Federal, consoante entendimento firmado no *Habeas Corpus* **(HC 90900).** Os ministros entenderam que cabe somente à União legislar sobre matéria relativa a processo penal[37].

É verdade que a lei é dotada de acentuado conteúdo político. Geneticamente, lei, produto do Poder Legislativo, deriva da política normativa que preside sua feitura. Sua elaboração, no entanto, não pode e não deve se refugiar à busca tão só do atendimento de meros interesses circunstanciais ou ignorar requisitos de qualidade e de validade que lhe permitam atingir as finalidades que motivaram a apresentação da propositura.

Desabrigada, distante dos requisitos de qualidade e confiabilidade, essa não logrará alcançar os objetivos operacionais pretendidos. Remanescerão o ônus e os prejuízos resultantes do seu processo de formação. E estes, basta o singelo exame da Constituição do Estado de São Paulo – apenas a título ilustrativo – são consideráveis, pois que nada menos do que 35 preceitos sofreram suspensão de eficácia ou nulificação por inconstitucionalidade[38]. No Estado de São Paulo, devido à pretensão do legislador constituinte, não há impeachment contra o Governador. O capítulo

---

[35] O ministro Menezes Direito, relator da ação (ADI 3895), lembrou a existência de precedentes da Corte entendendo que a expressão "sistema de sorteios" constante do artigo 22, XX, da Constituição Federal "alcança os jogos de azar, loterias e similares dando interpretação que veda a edição de legislação estadual sobre a matéria".

[36] FALTA TEXTO DA NOTA

[37] O ministro Menezes Direito abriu divergência, votando pela concessão do *habea corpuss*, *ponderando:* "Entendo que a lei estadual viola flagrantemente a disciplina do artigo 22, inciso I, da Constituição da República". Registrou, ainda, que a hipótese não se refere à procedimento, mas à processo, ressaltando que a matéria está explicitamente regulada no artigo 185, do Código de Processo Penal. "Com isso, a matéria é de processo e sendo de processo a União detém o monopólio, a exclusividade para estabelecer a disciplina legal na matéria".

[38] São os arts. 9º, § 2º; 10, § 2º; 14, § 9º; 16, VI; 20, VI, 29, 31, § 1º; 47, III; 48, caput e seus parágrafos; 49, §§ 1º, 2º , 5º e 6ºe item 2, do § 3º (o capítulo referente a crimes de responsabilidade do Governador do Estado); 50; 52, 62; 74; 101; 109; 126, § 6º e 8º; 133; 151; 174, § 9º; 190; 204; 287; 293; 1º (ADCT); 11 (ADCT); 41 (ADCT).

está por completo suspenso. Mas, em esfera local, a Lei Orgânica deste Município de São Paulo sofreu menos investidas, contando com apenas 7 **(sete)** dispositivos impugnados, dos quais 6 foram declarados inconstitucionais e um confirmado[39].

Parece-nos, pois, que a Legística, técnica em expansão a partir dos anos noventa, não mais pode ser ignorada. Preordenada a desenvolver métodos para o controle de **qualidade do Direito** e para o **bom desempenho da lei**, perseguindo instrumentos a tornar a lei apta a produzir os efeitos almejados, o seu domínio se consolida, convertendo-se em verdadeiro padrão de legislação de boa qualidade.

---

[39] Trata-se dos artigos 32, § 2º, IV; 33; 48, II e XII; 51; 54; 55 e 26 (este foi validado, sendo a ação julgada improcedente. Prevê mandato de um ano para a Mesa Diretora da Câmara Municipal, permitindo a reeleição).

17. Consolidação das Leis Brasileiras: Paradigma para o Desenvolvimento[1]

Rubens Naman Rizek Junior

Ricardo Pedro Guazzelli Rosario

O tema da organização legislativa vem adquirindo relevância nos fóruns acadêmicos e políticos em várias partes do mundo, sobretudo como reação terapêutica à crise da lei, que se explica, dentre outras razões, pelas graves mazelas do processo de elaboração legislativa. Contudo, no Brasil, os estudos sobre a simplificação do Direito não atingiram, ainda, a densidade que a importância do tema demanda e merece.

Este artigo é uma contribuição para o debate sobre as técnicas de saneamento do complexo normativo, sobretudo como meio para o aperfeiçoamento da democracia, incentivo ao progresso e melhoria do bem-estar social. Procurou-se, assim, relacionar as mazelas do processo legislativo (processo em crise), com a falta de qualidade, individual e sistêmica, do conjunto legal vigente (lei em crise). Procurou-se, também, analisar parte das causas da chamada crise da lei para, em seguida, apontar possíveis soluções.

Ao pesquisar sobre o processo legislativo ao longo da história constitucional brasileira o autor Rubens Rizek apresentou dissertação de Mestrado

---

[1] Este artigo é uma parte alterada da tese do primeiro autor: RIZEK JUNIOR, RUBENS NAMAN. O processo de consolidação e organização legislativa. Tese de Doutorado. Faculdade Direito. Universidade de São Paulo. 2009. Disponível em: file:///C:/Users/d853375/Downloads/Rubens_Naman_Rizek_Junior_Tese.pdf

na Universidade de São Paulo com o seguinte título: "OS PARLAMENTOS FRENTE ÀS INOVAÇÕES DO PROCESSO LEGISLATIVO". Naquela monografia, o candidato concluiu: "a necessidade premente do Brasil atual é a de acelerar a adequação legislativa."[2].

Em continuidade à mesma linha de pesquisa, Rubens Rizek desenvolveu Tese[3] inspirada na necessidade do aprofundamento dos estudos sobre a "Organização Legislativa".[4] Este artigo é uma pequena parte da tese que teve como objetivo contribuir, de maneira efetiva, útil e original, para o debate sobre a depuração e melhor sistematização do ordenamento jurídico vigente no Brasil, tendo como pressuposto que a racionalização da legislação é também uma forma de aprimoramento da democracia. Assim, o presente artigo é praticamente um aperitivo ao trabalho, trazendo um vislumbre da situação atual do problema.

Logo no início das pesquisas, ficou patente uma grave tendência contemporânea à multiplicação desorganizada de diplomas legais esparsos, de técnica legislativa defeituosa e de propósitos casuísticos. Por conta desse fenômeno (a sobreposição acelerada e desorganizada de uma produção legislativa de varejo), nas palavras do eminente professor MANOEL GONÇALVES FERREIRA FILHO, "o mundo jurídico se torna uma babel."[5] Essa "*babel*" jurídica, por uma série de razões, é altamente prejudicial à saúde da democracia. Foi essa constatação preliminar que inspirou o candidato a estudar métodos de combate à confusão jurídica.

Embora o tema venha ganhando importância nos meios doutrinários, ainda é pouco explorado[6]. Como destaca o Professor CARLOS BLANCO

---

[2] RIZEK JUNIOR, RUBENS NAMAN. Os parlamentos frente às inovações do processo legislativo. Dissertação de Mestrado. Faculdade de Direito. Universidade de São Paulo, São Paulo, 2001.

[3] RIZEK JUNIOR, RUBENS NAMAN. O processo de consolidação e organização legislativa. Tese de Doutorado. Faculdade Direito. Universidade de São Paulo. 2009. Disponível em: file:///C:/Users/d853375/Downloads/Rubens_Naman_Rizek_Junior_Tese.pdf

[4] Ou profilaxia, simplificação, saneamento, enxugamento, racionalização etc., da legislação.

[5] *Do processo legislativo*. 6. ed. São Paulo: Saraiva, 2007. p. 13.

[6] A relação entre desorganização legislativa e vulnerabilidade da democracia vem sendo tema tratado com crescente preocupação nos debates jurídico-constitucionais mundo afora. Mas parece que os debates se concentram muito mais no problema do que nas possíveis soluções.

DEMORAIS, "a temática é quase virgem"[7] e há muito espaço para o desenvolvimento de doutrina nova a esse respeito.

Por outro lado, desenvolver um trabalho acadêmico sobre o processo de organização e consolidação da legislação pode parecer, num primeiro momento, desimportante. Sim, porque consolidar, compilar, organizar, nada disso é criar. Trata- se de ação que atinge a forma e não a substância do ordenamento. O processo de consolidação das leis, visto de um ângulo mais simplista, derivaria mais de um processo administrativo do que propriamente de um processo legislativo. No entanto, ao enfrentar--se essa reflexão, concluiu-se que a pobreza doutrinária sobre a matéria não pode ser confundida com a pobreza do tema em si. Ao contrário: contribuir para a definição de um modelo de processo de organização legislativa como instrumento de colaboração da saúde democrática de uma nação exigi o desenvolvimento de um trabalho complexo, eivado de subtemas e análises relevantes para o constitucionalismo.

O estudo das técnicas de organização legislativa inclui o desenvolvimento concomitante de uma série de questões fundamentais do direito político. Há elementos de várias disciplinas do constitucionalismo nos estudos da relação entre uma boa técnica legislativa e segurança jurídica ou entre um processo contínuo de adequação legislativa e a saúde democrática de uma nação. Nesse contexto, parece que é indicativo comum a todas as Constituições contemporâneas direcionar a atividade legiferante à racionalização das leis como princípio democrático de administração do poder político-jurídico. Para MENELICK DE CARVALHO NETTO, a fragilidade técnico-burocrática na manutenção do ordenamento jurídico de base constitucional, seja por deficiência técnica, seja por deficiência de legitimidade, seja por má-fé ou, ainda, pela conjunção desses três fatores, representa, de certa maneira, a negação do próprio constitucionalismo e, nas suas próprias palavras, "aprendemos dolorosamente que a democracia só é democracia se for constitucional. Do mesmo modo, não menos dolorosamente, aprendemos que o constitucionalismo só é constitucional se for democrático".[8]

[7] CARLOS BLANCO DE MORAIS, *Manual de legística*: critérios científicos e técnicos para legislar melhor. Lisboa: Verbo, 2007. p. 36.
[8] Racionalização do ordenamento jurídico e democracia. In: ASSEMBLÉIA LEGISLATIVA DO ESTADO DE MINAS GERAIS. *A consolidação das leis e o aperfeiçoamento da democracia*. Belo Horizonte, 2003. p. 5.

Esse ilustre professor da Universidade Federal de Minas Gerais nos desafia a responder à seguinte pergunta: "Qual relação existiria entre o exercício de nossos direitos fundamentais e a racionalização técnica do ordenamento?".[9] Trata-se de questionamento fundamental que inspirou este trabalho e principalmente a tese de Rubens Rizek. O estudo das técnicas de racionalização do ordenamento jurídico tem sentido na medida em que esse tema atinge diretamente o ambiente político-jurídico-democrático, que, ainda, exige do cidadão que paute sua conduta conforme os mandamentos da Lei, que é suprema, imperativa, soberana e corolário da igualdade. Mas essa Lei, cujo cumprimento se exige, é apresentada ao pobre cidadão na forma de centenas de milhares de textos legais, semeados randomicamente, por milhares de agentes políticos, espalhados por milhares de organismos autônomos, distribuídos dentre as várias esferas da federação brasileira, num carnaval alucinante de espasmos legislativos descoordenados, atabalhoados, desprovidos de lógica integrativa e desprezo pelo princípio da unicidade sistêmica do conjunto jurídico, que se pressupõe ordenado.

No Brasil (e em outras partes) está diagnosticada uma séria crise, apontada pela unanimidade dos estudiosos e pelo conjunto da população. Trata-se da crise gerada pela "**confusão legislativa**". A indignação é geral. O tema é recorrente. Mas seu enfrentamento acadêmico é disperso, aparentemente perdido e ainda insuficiente. São muitos os trabalhos que apontam o problema, mas poucos os estudos que enfrentam as possíveis soluções.

Quanto à constatação da crise na adequação legislativa, passa a ser até divertido passar os olhos sobre as toneladas de comentários que, nas últimas décadas, se produziram. ANTÃO DE MORAES reproduz a história do Rei que ordenou aos seus estudiosos que fosse condensada, no menor número de volumes possível, toda a sabedoria, *in verbis*:

> Quinze anos mais tarde retornaram eles com camelos trazendo apenas quinhentos volumes... Contudo, bem excessivo ainda era este número; por isso o rei mandou se pusessem à obra novamente. Mais dez anos se volveram, quando reapareceram, já agora exibindo somente cinqüenta volumes. O Rei, no entanto, já estava velho e exausto. Tempo não tinha ele para ler nem

---

[9] Id., loc. cit.

mesmo esses poucos volumes. Determinou, assim, que reduzissem ainda o número de tomos... Voltaram ao término de mais cinco anos. Anciãos já eram quando, nessa última vez, depuseram, em mãos do rei, o resultado de seu labor. Acontece, entretanto, que o monarca, moribundo, não teve tempo de ler o que lhe trouxeram. Esse era o livro por cujo encontro suspirava SOMERSET MAUGHAM; e pelo qual suspiram todos quantos percorrem a via forense."[10]

De fato, como diz JOSÉ MANUEL DA SILVA,

"o que mais preocupa o homem de empresa, hoje, é a instabilidade ou descontinuidade do processo legislativo... O fenômeno da turbulência legislativa acaba por gerar um estado de espírito negativo, não só entre os chamados especialistas ou estudiosos da ciência do direito, como também no meio dos que, por imposição profissional ou empresarial, se colocam no dever de comando ou direção."[11]

Mas não são só aqueles que profissionalmente precisam decidir que padecem do grave mal da "babel jurídica". Todo cidadão sofre, toda a sociedade esmorece, a democracia se fragiliza e o mais forte, no ambiente de confusão, tende a levar vantagem sobre o mais fraco (ou menos instruído). A confusão legislativa é um cancro, é deletéria, é um terreno fértil para injustiça e pressuposto de práticas totalitárias, constitucionalmente indesejáveis.

Os números espantam e falam por si. No Brasil, estima-se que existam mais de 40 mil textos legais em vigor, apenas em âmbito federal[12]. Essa

---

[10] A má redação das nossas leis. *Revista dos Tribunais*, São Paulo, n. 762, p. 778, abr. 1999.

[11] Leis mal redigidas, Leis sem finalidade. *LTr:* legislação do trabalho. Suplemento tributário, São Paulo, v. 30, n. 29, p. 175-178, 1994.

[12] *"Como se pode verificar do traçado normativo de nosso ordenamento jurídico de cunho federal descrito e quantificado neste estudo, a variedade de instrumentos normativos (mais de 20 formas), somada à quantidade exorbitante de normas (cerca de 200.000 documentos, dos quais mais de 45.000 em vigor) e à ausência de univocidade da natureza jurídica de instrumentos que recebem o mesmo designativo (decretos de natureza regulamentar e de natureza legislativa), deixa claro que um trabalho de racionalização, consolidação e clarificação do sistema é tarefa que se apresenta de fundamental importância para a melhor compreensão das leis que regem a vida do cidadão brasileiro."* – MARTINS FILHO, Ives Gandra da Silva. Ordenamento jurídico brasileiro. *Revista Jurídica Virtual*,

brutal inflação de leis já assusta, mas o fato ainda mais grave é que toda essa produção legislativa não guarda, necessariamente, as precauções de integração ao restante do ordenamento. A verdade é que, até mesmo para os assessores técnicos das casas legislativas, já se tornou praticamente impossível conhecer razoavelmente bem o ordenamento jurídico nacional.

A constatação dessa crise é antiga. Em 1968, na terceira conferência nacional da OAB, já se tratava do assunto. Em relatório apresentado pelo advogado ARNOLDO WALD foi destacado que

> "o verdadeiro labirinto legislativo criado com a inflação de diplomas aprovados nos últimos anos tem transformado o direito brasileiro vigente numa colcha de retalhos, na qual a simples atualização legislativa aparece como uma tortura cotidiana para o advogado e o juiz..."[13]

Pode-se destacar, na linha do tempo, inúmeras tentativas de início de um processo legislativo de consolidação. O Professor GILMAR FERREIRA MENDES, um estudioso da "**teoria da legislação**", foi uma das lideranças principais nas tentativas recentes de organizar e racionalizar o ordenamento pátrio. O eminente mestre, antes de tomar posse e depois como Ministro do STF e Advogado-Geral da União, ainda como chefe jurídico da Casa Civil[14] no período da presidência de FERNANDO HENRIQUE CARDOSO, liderou um trabalho sério na tentativa de iniciar, no Brasil, um processo amplo de consolidação legislativa. Em suas palavras:

> "não tenho a menor dúvida de que a revogação expressa de um número elevado de leis seria extremamente benéfica. Hoje, segundo dados levantados por Ives Gandra Filho em uma primeira reflexão sobre o quadro de consolidação, teríamos em vigor cerca de 10 mil leis ainda não expressamente revogadas.

v. 1, n. 3, jul. 1999. Disponível em: <http://www.planalto.gov.br/ccivil_03/revista/Rev_03/ordenamento%20jur%20brasil.htm>.

[13] Relatório publicado pela *Revista de Direito da Procuradoria-Geral do Estado da Guanabara*, v. 21, p. 167, 1969.

[14] O Professor GILMAR FERREIRA MENDES liderou grupo de estudos sobre os processos de consolidação em seu período na Presidência da República. Nesse grupo, vale destacar o trabalho do procurador da república IVES GANDRA MARTINS FILHO e do sucessor de GILMAR FERREIRA MENDES, JOSÉ BONIFÁCIO BORGES DE ANDRADA.

Se somarmos a isso toda a produção legislativa, inclusive das agências, vamos chegar a um universo muito expressivo, também de disposições contraditórias, que se anulam e que geram perplexidade."[15]

Se são patentes os problemas cotidianos gerados pela "confusão legislativa", também parece ser unânime a constatação de que existe uma grave deficiência técnica do legislador brasileiro, bem como uma deficiência crônica (por uma série de razões) do apoio dos órgãos técnico-jurídicos das casas legislativas, na revisão dos diplomas legais que são promulgados.

A qualidade da elaboração legislativa vem piorando. As leis são elaboradas de afogadilho, de acordo com circunstâncias e não precedidas de qualquer estudo de integração ou completude. Pior, muitas vezes, os interesses políticos circunstanciais acabam forçando a distorção, em grau absurdo, de um diploma legal. Destinados originalmente a regular determinada matéria, invariavelmente, os projetos são bombardeados por emendas esparsas e acabam sendo promulgados como um retalho franquisteiniano, abordando temas diversos, de forma incompleta, ambígua, contraditória e desintegrada do restante do ordenamento. Tudo isso sem falar na enxurrada de medidas provisórias, umas convertidas em lei, outras não, outras ainda "devolvidas" (com insegurança sobre sua vigência)[16], mas quase todas editadas às pressas, muitas vezes sem o necessário pré-estudo de integração.

---

[15] GILMAR FERREIRA MENDES, O ordenamento jurídico brasileiro e o instituto da consolidação. In: ASSEMBLÉIA LEGISLATIVA DO ESTADO DE MINAS GERAIS. *A consolidação das leis e o aperfeiçoamento da democracia*. Belo Horizonte, 2003. p. 66-67.

[16] Vide a devolução da medida provisória (MP) 446 à Presidência da República, em novembro de 2008, pelo então Presidente do Senado, Garibaldi Alves Filho (PMDB/RN). A MP das Filantrópicas, que prorroga automaticamente a concessão de instituições filantrópicas, causou polêmica no Congresso e não foi bem recebida pelos partidos aliados. O senador Garibaldi afirmou que o melhor caminho para tratar a matéria seria a apresentação de um projeto de lei. Ele acrescentou que, como presidente do Senado e do Congresso, procurava defender a instituição. Há algum tempo, o senador vinha se manifestando contra o excesso de medidas provisórias encaminhadas ao Parlamento. O objetivo seria evitar o tratamento abusivo dispensado às MPs. Ver CHAGAS, Marcos. Devolução da MP das Filantrópicas não é retaliação ao governo, afirma Garibaldi. *Agencia Brasil*, 21 nov. 2008. Disponível em: <http://www.agenciabrasil.gov.br/noticias/2008/11/21/ materia.2008-11-21.8113113331/ view>. Acesso em: 26 fev. 2009.

Se para CARLOS BLANCO DE MORAIS o tema das técnicas da elaboração legislativa (ou legística, ou teoria da legislação etc.) é ainda virgem, as consequências dessa virgindade, no mundo real, são incontáveis, os desdobramentos para a ciência jurídica como um todo são importantes e as consequências para a comunidade são ruins: os prejuízos da falta de enfrentamento cabal dessa "babel jurídica" são notórios para a tranquilidade social. Nesse contexto, este trabalho tem a pretensão, antes de tudo, de trazer mais engajamento para o fronte de combate ao **caos legislativo**, contribuir para o alerta sobre a importância da organização legislativa para a saúde democrática e lançar mais luzes sobre uma parcela ainda pouco clara da atividade política brasileira, que é a da produção das leis.

Ainda reproduzindo comentários irônicos de ANTÃO DE MORAES, o retrato da crise na produção legislativa chega a ter elementos de humor negro:

> "... por um destino fatal a marcha de legislação é semelhante à do homem que corre sempre para frente sem olhar um só instante para trás. O legislador teme as conseqüências de ser leal para com a nação. Se for muito positivo, pode matar o que está vivo e reviver o que morreu. Acovardado ante esse apuro, cobre-se com a fórmula vaga e imprecisa, deixando ao intérprete e ao Juiz a tarefa que era dele: dizer o que vigora e o que já não vige... Via de regra, o legislador não se afasta de sua timidez habitual. Prefere comodamente pairar na região das generalidades. Temendo deixar de fora algum possível problema, alarga tanto o círculo de sua previsão, que cai no feio vício de que falava o padre Antonio Vieira: abarcar muito e apertar pouco. Resultado: a jurisprudência às voltas com o tremendo problema de saber onde enquadrar devidamente a hipótese. Quando não peca por demasia, é por curtez de visão que erra. Dizendo menos do que deveria, melhor seria nada ter dito. Ficava, assim, o intérprete livre de procurar a solução fora desse leito de Procusto."[17]

Mas o que, na visão de ANTÃO DE MORAES, pode parecer pura displicência ou mesmo simples imperícia de um Legislativo irresponsável, na verdade, se confrontado com uma análise mais sofisticada do processo, mostra uma deficiência crônica do sistema jurídico-político de

---

[17] ANTÃO DE MORAES. A má redação das nossas leis, cit., p. 780.

produção de leis. Mostra a falta de um modelo sedimentado culturalmente de adequação legislativa. Mostra a ausência de um processo contínuo, não de criação de direito novo, mas de organização do direito antigo. Mostra, afinal, um certo desprezo político (quase uma repugnância) por uma espécie de "passivo legislativo", um entulho jurídico que vai sendo deixado para trás, abarrotando os escaninhos dos operadores do direito, obstruindo os caminhos do progresso e afetando a serenidade jurídica da vida cotidiana. Enquanto isso, os detentores da legitimidade para o exercício das atividades legiferantes, concentram suas preocupações na fabricação de novas proposições, empregam seus esforços na bitola da linha de produção da lei inédita, contribuindo para a geração frenética de novos "**ativos legislativos**", necessários para promoção pessoal, num ambiente de corrida eleitoral permanente, que exige do legislador individual que marque presença no batismo de uma nova norma, se não em seu todo, ao menos com uma "emenda".

Mas a observação empírica mostra que, também, o legislador é refém de um sistema político decisório que impele à imprecisão. No atual ambiente legislativo brasileiro, é a ambiguidade que resolve os impasses políticos. Esses, se não resolvidos, impedem qualquer proposição de prosperar. Na verdade, como pode ser observado na tese, o processo legislativo constitucional é muito tolerante com a possibilidade de obstrução de poucos descontentes. A força efetiva da obstrução de um pequeno grupo, em um ambiente de quase 600 congressistas, com visões de mundo, origens e pretensões contraditórias, torna a urgência da produção legislativa inimiga da precisão. Qual a única saída possível? A ambiguidade! Regula-se, imprecisamente, determinada matéria e deixa-se aos costumes e à jurisprudência a tarefa de pacificar conflitos advindos da imprecisão e dos defeitos da lei.[18]

Como resultado desta prática deletéria e da "confusão legislativa", impõem-se como mais poderosos aqueles cidadãos (ou grupos, ou

---

[18] O Ministro NELSON JOBIM, em palestra no 6º Encontro Nacional de Direito Constitucional promovido pelo Instituto Pimenta Bueno no Salão Nobre da Faculdade de Direito da USP, afirmou que, na atualidade, só é possível a aprovação de leis ambíguas, tendo em vista a quantidade de interesses conflitantes envolvidos na aprovação de qualquer legislação e a necessidade dos acordos que são celebrados para evitar as penosas obstruções. (Palestra proferida no dia 20 de setembro de 1997).

corporações) que têm melhores condições de fazer valer suas vontades durante o processo de execução da lei. Se a lei é imprecisa e está inserida num ambiente de confusão legislativa, abre- se margem para pressões no direcionamento de sua interpretação dentro de um contexto confuso. Nesta confusão toda, ganham os *lobbys* poderosos e os interesses das elites articuladas.

No mundo das ambiguidades, no mundo da imprecisão e da incerteza, os fortes ficam mais fortes e os fracos mais vulneráveis, prostrados, esperando que os conflitos acabem sendo resolvidos fora dos fóruns legislativos, que foram eleitos e que apenas teoricamente seriam os legítimos para escrever o direito. Tudo isso golpeia, fortemente, a democracia.

Neste contexto, as técnicas de organização legislativa surgem como mais um foco de preocupação daqueles que se preocupam com os estudos da teoria democrática. Mais do que isso, um ordenamento jurídico bem sistematizado e organizado é um dos pressupostos ou quesitos de um sistema verdadeiramente igualitário. É com esta amplitude e importância que devemos buscar a "consolidação e organização das leis" em nosso país, para que esse entrave atual não seja um entrave, ou uma pedra, para nosso desenvolvimento.

Referências

MORAES, Antão De. A má redação das nossas leis. *Revista dos Tribunais*, São Paulo, n. 762, p. 778, abr. 1999.

CHAGAS, Marcos. Devolução da MP das Filantrópicas não é retaliação ao governo, afirma Garibaldi. *Agencia Brasil*, 21 nov. 2008. Disponível em: <http://www.agenciabrasil.gov.br/noticias/2008/11/21/ materia.2008-11-21.8113113331/view>. Acesso em: 26 fev. 2009.

FERREIRA FILHO, Manoel Gonçalves. *Do processo legislativo*. 6. ed. São Paulo: Saraiva, 2007.

JOBIM, Nelson, em palestra no 6º Encontro Nacional de Direito Constitucional promovido pelo Instituto Pimenta Bueno no Salão Nobre da Faculdade de Direito da USP, (Palestra proferida no dia 20 de setembro de 1997).

MARTINS FILHO, Ives Gandra da Silva. Ordenamento jurídico brasileiro. *Revista Jurídica Virtual*, v. 1, n. 3, jul. 1999. Disponível em: <http://www.planalto.gov.br/ ccivil_03/revista/Rev_03/ ordenamento%20jur%20brasil.htm>.

MENDES, Gilmar Ferreira, O ordenamento jurídico brasileiro e o instituto da consolidação. In: ASSEMBLÉIA LEGISLATIVA DO ESTADO DE MINAS GERAIS. *A consolidação das leis e o aperfeiçoamento da democracia*. Belo Horizonte, 2003. p. 66-67.

MORAIS, Carlos Blanco De, *Manual de legística*: critérios científicos e técnicos para legislar melhor. Lisboa: Verbo, 2007. p. 36.

NETTO, Menelick De Carvalho. Racionalização do ordenamento jurídico e democracia. In: ASSEMBLÉIA LEGISLATIVA DO ESTADO DE MINAS GERAIS. *A consolidação das leis e o aperfeiçoamento da democracia*. Belo Horizonte, 2003.

RIZEK JUNIOR, Rubens Naman. Os parlamentos frente às inovações do processo legislativo. Dissertação de Mestrado. Faculdade de Direito. Universidade de São Paulo, São Paulo, 2001.

RIZEK JUNIOR, Rubens Naman. O processo de consolidação e organização legislativa. Tese de Doutorado. Faculdade Direito. Universidade de São Paulo. 2009. Disponível em: file:///C:/Users/d853375/Downloads/Rubens_Naman_Rizek_Junior_Tese.pdf

SILVA, José Manuel Da. Leis mal redigidas, Leis sem finalidade. *LTr*: legislação do trabalho. Suplemento tributário, São Paulo, v. 30, n. 29, p. 175-178, 1994.

WALD, Arnoldo. Relatório publicado pela *Revista de Direito da Procuradoria-Geral do Estado da Guanabara*, v. 21, p. 167, 1969.

18. A Utilização das Tecnologias da Informação e Comunicação na Produção Legística Nacional: Enfoque a Partir a Formação da Lei n. 12.965/14 (Marco Civil da Internet)

Rubens Beçak

João Victor Rozatti Longhi

Introdução

O Marco Civil da Internet (MCI – Lei n. 12.965/14), juntamente com a Lei Geral de Proteção de Dados Pessoais (LGPD – Lei n. 13.709/18), são os principais diplomas legislativos que regem as relações jurídicas perpetradas com recurso às tecnologias da informação e comunicação no Brasil.

Aqui, neste capítulo, tendo em vista a importância do Marco Civil para o próprio desenvolvimento da Internet nacional, tem-se por objeto a compreensão deste diploma como um produto da participação da cidadania, analisando-o sob a ótica da deliberação democrática no processo de propositura e elaboração legislativa

Para tal, primeiramente, narra-se a experiência do Marco Civil desde sua origem, com enfoque no papel da sociedade civil – universidades, grupos de interesse, pressão etc. – que organizaram, com o apoio à época do Executivo Nacional, plataforma digital interativa integrada com redes sociais para o fomento da participação.

A experiência do Marco servirá de ponto de partida para o aprofundamento de reflexões atinentes à possibilidade de recurso à tecnologia para aprofundamento da participatividade democrática em paralelo com uma técnica legislativa eficiente, segura e que tenha por objetivo não somente legislar melhor, mas propiciar maior participação antes e durante o processo legislativo.

1. Marco civil da Internet no Brasil: um exemplo de processo legislativo interativo

Durante muito tempo se clamou pela necessidade de regulamentação da Internet no Brasil, haja vista a gama de situações jurídicas novas propiciadas pelo alargamento em seu uso sem nenhum norteamento normativo, dificultando a vida do intérprete.

Hoje, o chamado Marco Civil da Internet (MCI, Lei n. 12.965/14) brasileira faz parte do chamado microssistema de proteção do usuário da Rede, completando-se especialmente pela mais recente Lei Geral de Proteção de Dados (LGPD, Lei n. 13.709/18).

Gize-se aqui que que o referido diploma legislativo não merece relevância como objeto acadêmico apenas pela matéria que regulamenta, mas sim e mormente o processo deliberativo verificado em sua elaboração, antes e durante o trâmite Legislativo, concretizando certos postulados da denominada e-democracia.

Já na elaboração do anteprojeto da lei, iniciativa conjunta do Executivo Federal com a Escola de Direito do Rio de Janeiro da Fundação Getúlio Vargas (FGV-DIREITO RIO), lançou-se consulta pública no portal "Cultura Digital.", com ampla divulgação na sociedade civil.[1]

Esta primeira etapa do processo ocorreu em duas fases, sendo a primeira delas aquela de discussões em um canal em linguagem *blog*, então criado, visando-se a expressão dos diversos pontos de vista acerca de tópicos predeterminados: direitos individuais e coletivos (privacidade, liberdade de expressão e direito de acesso etc.), responsabilidade civil de provedores e usuários na Internet, e as políticas públicas acerca da Internet. Já ao final da primeira etapa, apresentou-se um texto em formato legal, mais próximo, portanto, do que seria a proposta de um anteprojeto de lei "tradicional", sintetizando-se os debates realizados.

---

[1] Ver CULTURA DIGITAL. Disponível em: http://culturadigital.br/marcocivil/sobre/. Acesso em: 3 jan. 2020.

A segunda fase ocorreu da mesma forma, desta vez tendo como base a minuta do anteprojeto de lei supra mencionado. Cada momento teve a duração de 45 dias, onde puderam ser expressas as opiniões de todos os interessados, com seus diversos pontos de vista.

Verificou-se no processo todo um nível significativo de participação *online*, com milhares de *posts* publicados no *blog,* todos catalogados e sintetizados pelos organizadores.[2] Para maior compreensão, veja-se o organograma do procedimento adotado nas etapas que descrevemos:

FIGURA 1 – **Marco Civil– Anteprojeto de lei**

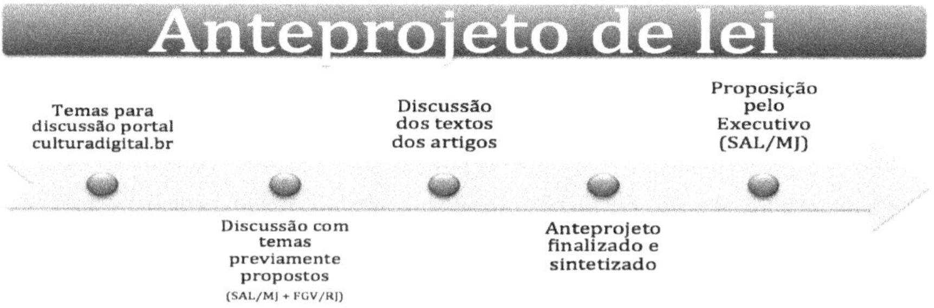

Ultrapassado o momento preliminar referido, foi projeto proposto pelo Executivo, seguindo-se o trâmite regular de um projeto de Lei ordinária. Após algum tempo parado pela falta de impulso legiferante, o processo foi finalmente retomado.[3-4]

---

[2] BRASIL. Ministério da Justiça – Secretaria de Assuntos Legislativos. Relatório: compilação de comentários apresentados na primeira etapa do Marco Civil da Internet. Brasília, 2010. Disponível em: http://culturadigital.br/marcocivil. Acesso em: 5 jan. 2020.

[3] Em suma, no caso do Marco, o impulso Legislativo surgiu anteriormente à sua própria iniciativa e a ideia de tornar pública a discussão sobre um possível anteprojeto de Lei acabou por fazer do próprio exercício da iniciativa legislativa o resultado de processo deliberativo, ou um procedimento dentro de um processo maior que seria posteriormente iniciado paralelamente ao processo legislativo. Aceito o requerimento, a Comissão foi criada tendo sido designado como Relator o Deputado Alessandro Molon. Após isso, destaque para o lançamento, no portal "edemocracia.camara.gov.br", das discussões públicas sobre a então emenda substitutiva proposta pelo relator, consolidando as proposições amealhadas em

Desse momento em diante, a atuação das comissões também foi decisiva, a firmar a participatividade, tanto considerando-se a realização de audiências públicas, como o fomento ao debate pela *Internet*.

Considerando-se a designação de algumas comissões permanentes temáticas (Defesa do Consumidor; Ciência e Tecnologia, Comunicação e Informática e Constituição e Justiça e de Cidadania, Cf. art. 54 do Regimento Interno da Câmara) para a tramitação na Câmara dos Deputados, criou-se comissão temporária especial, nos termos do inciso II e do § 1º do art. 34 do Regimento Interno.[5-6]

---

debates públicos e a realização de inúmeros seminários regionais e audiências públicas em praticamente todas as regiões do Brasil para aprimoramento de seu texto. Passava-se, então, tempo significante e muitos diziam que o projeto do Marco Civil havia naufragado, estava esquecido na Câmara dos Deputados quando o Executivo solicitou regime de urgência, prontamente recebida pela mesa da casa, que fez com que tramitasse em regime de urgência constitucional, na forma do art. 64, §1º, da Constituição. Giovanni Pitruzzella e Roberto Bin questionam se haveria alguma obrigação por parte do Parlamento de deliberar e votar projetos de lei. Entretanto, em qualquer sistema Legislativo – e não somente no italiano, objeto de análise dos autores –, a conclusão é no sentido de que o popular "jogar areia" (no Brasil, "engavetamento") não se trata de qualquer patologia do Legislativo, mas sim de um resultado da vontade política naquele momento. *No original: "L'iniziativa legislativa non crea mai un obbligo per la Camera di deliberare. Il progetto di legge presentato è stampato e distribuito ai membri della Camera, a cui il presidente dà notizia: ma che la sua discussione sia inserita nei programmi di lavoro della Camera dipende dalla valutazione politica della Conferenza dei capigruppo, cui spetta il potere di selezionare gli argomenti da trattare. La pratica del c.d. insabbiamento non è quindi un fenomeno patologico della vita parlamentare, ma il risultato del disinteresse che i gruppi parlamentari dimostrano nei confronti della proposta."* PITRUZZELLA, Giovanni; BIN, Roberto. *Diritto Costituzionale.* 9. ed. Torino: G. Giappichelli Editore, 2008. p. 331. E, ilustrativo ou não, o "desengavetamento" do Marco Civil ou, nos termos da doutrina portuguesa, seu impulso Legislativo ou legiferante, veio exatamente das mãos do Executivo que o exerceu formalmente através do requerimento de urgência constitucional mas poderia tê-lo feito por intermédio de parlamentares da base na Comissão especial, que detém prerrogativas legais e regimentais para solicitá-lo.

[4] Cf. CÂMARA DOS DEPUTADOS. Projeto de Lei n 2.126/2011. Disponível em: http://www.camara.gov.br/proposicoesWeb/fichadetramitacao?idProposicao=517255. Acesso em: 6 jan. 2020.

[5] Foi incluída posteriormente a Comissão de Segurança Pública e Combate ao Crime Organizado como tentativa de se inserir também disposições penais, ideia abandonada posteriormente especialmente após a manifestação dos grupos de pressão pró regulamentação civil.

Bem deliberado o Projeto na Câmara, seguiu para o Senado Federal, tendo sido devolvido sem emendas. Aprovado – lembrando-se que o quórum aqui é o da maioria simples por se tratar de Lei ordinária – recebeu o autógrafo e foi encaminhado para sanção presidencial, o que se deu sem vetos. Como um todo, a tramitação pode ser representada pelo seguinte organograma:

FIGURA 2 – **Marco Civil– organograma completo**

[6] Art. 34. As Comissões Especiais serão constituídas para dar parecer sobre: I – proposta de emenda à Constituição e projeto de código, casos em que sua organização e funcionamento obedecerão às normas fixadas nos Capítulos I e III, respectivamente, do Título VI; II – proposições que versarem matéria de competência de mais de três Comissões que devam pronunciar-se quanto ao mérito, por iniciativa do Presidente da Câmara, ou a requerimento de Líder ou de Presidente de Comissão interessada. § 1º Pelo menos metade dos membros titulares da Comissão Especial referida no inciso II será constituída por membros titulares das Comissões Permanentes que deveriam ser chamadas a opinar sobre a proposição em causa. § 2º Caberá à Comissão Especial o exame de admissibilidade e do mérito da proposição principal e das emendas que lhe forem apresentadas, observado o disposto no art. 49 e no § 1º do art. 24.

É de se realçar a especialidade e particularidade na tramitação do Marco Civil, confrontada com o "regular" e "tradicional" processo legislativo. De acordo com o então Relator do projeto na Comissão Especial da Casa, Deputado Alessandro Molon, funcionários da casa afirmaram que nunca se verificou tanta participação e interesse da sociedade civil em um projeto de lei.[7][8]

Mesclando as classificações dos modelos de democracia revelados nos processos legislativos, Bernardo Gonçalves Ferreira os distingue aqueles que em que o povo não participa em nenhum momento da tomada de decisão política; os chamados processo legislativo diretos, em que não há representantes no processo de formação e elaboração do ato normativo primário; o processo legislativo indireto, regra em nossa sistemática constitucional, sendo o processo legislativo por excelência e, finalmente; os semidiretos, como aquele em que as normas são produzidas por representantes populares e posteriormente encaminhadas a referendo ou são fruto de decisão previamente tomada em plebiscito.[9]

O exemplo do Marco Civil demostra que, mesmo em um processo legislativo indireto ou tradicional, é possível promover o aprofundamento da democracia deliberativa sem alterar sua forma.

Logo, o caso sob análise faz concluir que o processo legislativo pode ser um procedimento democrático deliberativo, que envolve vários atores da sociedade e, por intermédio do recurso à participação dos cidadãos por meio das tecnologias, pode ajudar a concretizar os postulados de uma *e-democracia* deliberativa.

E outro ponto que demonstra essa possibilidade também na experiência do Marco Civil diz respeito não apenas ao prisma do processo legislativo em seus aspectos técnicos, ou da relação institucional entre Executivo e

---

[7] A informação pode ser confirmada pelo número de membros, visualizações e comentários no portal e-democracia. BRASIL. Câmara dos deputados. Portal E-democracia. http://edemocracia.camara.gov.br/web/marco-civil-da-Internet/inicio#.VmYUQUuc_bg. Acesso em 7 dez. 2019. Para maiores aprofundamentos V. BEÇAK, Rubens; LONGHI, João Victor Rozatti. Democracia deliberativa e ciberdemocracia: riscos e desafios para sua implementação. in Anais do XXII Encontro Nacional do CONPEDI / UNINOVE .13 a 16 de novembro de 2013. Universidade Nove de Julho – UNINOVE / São Paulo – SP

[8] Sem modificação estrutural do procedimento legislativo ordinário, note-se.

[9] Cf. FERNANDES, Bernardo Gonçalves. Curso de direito constitucional. 3. ed. Rio de Janeiro: Lúmen juris, 2011. p. 648.

Legislativo, mas também de sua compreensão como um fenômeno político, cujo desenrolar revela uma amostra da correlação de forças existente na realidade democrática contemporânea.

Como se sabe, há diversos países que contemporaneamente regulamentam práticas de *lobby,* o que, segundo Claudio Lembo, deveria ocorrer no Brasil. Conforme salienta o autor, ao invés de se adotar um discurso público de proibição das formas mais diversas de advocacia de interesses, algo que a seu ver já ocorre inclusive no sistema brasileiro contemporâneo.[10]

Afinal, nenhuma delas necessariamente deve e nem pode ser confundida com práticas ilícitas e imorais realizadas durante o exercício da pressão política perante as instituições (Executivo, Parlamento, Funções essenciais à Justiça, Judiciário, opinião pública, etc.),[11] algo, frise-se, legítimo e esperável em um sistema democrático.[12]

Nesta linha também Mark Tushnet. Dissertando sobre o sistema norte--americano, exemplo sempre citado pelos defensores da regulamentação, assevera que se trata de uma prática guarnecida como legítimo exercício da liberdade de expressão. E, embora a opinião pública distinga entre grupos ligados a interesses privados, de empresas, etc. e os de interesse público, na prática, afirma que a atividade dos lobistas não seria o único fator determinante na tomada de decisões por congressistas.[13]

---

[10] "Na história, o direito de petição nasceu na Inglaterra com o *Bill of Rights* de 13 de fevereiro de 1689, e tinha como destinatário o soberano, daí ser conhecido historicamente como direito de petição ao rei ou um *right of petition*, [...] No direito norte-americano, o direito de petição estendeu-se para o direito ao *lobby*, como aponta Corwin. O lobista (do inglês *lobbyist*) é a pessoa que busca persuadir legisladores para aprovar leis que são favoráveis a seus clientes ou rejeitar as que forem desfavoráveis. O lobista é, portanto, o profissional do lobby. Inicialmente, o lobby era a prática de patrocínio de interesses junto aos Parlamentos. A denominação, como se viu, deriva da palavra inglesa *lobby*. Essa identifica o espaço destinado ao ingresso nos edifícios, particularmente públicos, ou seja, o saguão, a sala de entrada ou ainda o vestíbulo." LEMBO, Cláudio. A pessoa: seus direitos. Barueri: Manole, 2007. p. 206.

[11] Sanson colaciona as estratégias da atuação dos grupos de pressão em todas as esferas, inclusive a judicial, que passa desde o exercício do direito individual de petição até a expansão da judicialização de interesses transindividuais e "politização" da jurisdição constitucional. Cf. SANSON, Alexandre. Op. Cit. p. 202 et seq.

[12] Cf. Idem. p. 120 et seq.

[13] Cf. TUSHNET, Mark. The constitution of the United States of America: a contextual analysis. Hart Publishing: Portland, 2009. p. 68-69.

Embora com opiniões doutrinárias em contrário,[14] a regulamentação da prática da atuação de grupos de pressão no Brasil talvez seja uma saída viável, haja vista sua existência e persistência no jogo político contemporâneo, especialmente o democrático representativo adotado no Brasil.Desde que, ressalte-se, atue-se a partir de estratégias lícitas e, acima de tudo, com transparência tanto por parte do grupo de pressão como daqueles com quem tais agrupamentos dialogam dentro das instituições, como governos, parlamentares, dentre outros. Enquanto não ocorre, porém, a transparência e possibilidade de documentação oriunda da participação *online* pode ajudar a dar regras mais claras à atividade de *lobbying*.[15]

Conforme visto anteriormente, é fato que a democracia deliberativa contemporânea é um conceito de múltiplas acepções e desdobramentos, mas, ao traçar uma tipologia dos modelos normativos de democracia, J. J. Gomes Canotilho elenca como "democracia corporativista" aquela que "pretende recortar um modelo pluralista-cooperativo ou negociador". Assim, ao passo que o modelo representativo se centra na figura do Parlamento e outros órgãos de representação, o modelo corporativista reconhece no Estado o papel de mediador ou árbitro entre grupos de interesses econômicos.E, embora se saiba que os interesses em jogo não são apenas os econômicos, é válida a menção de Canotilho, que vê no modelo corporativista um indicativo do papel dos grupos de pressão hoje.[16]

Em igual medida, Jorge Miranda, que vê como desdobramento do princípio constitucional da democracia participativa as regras que preveem a necessidade de participação de determinados grupos e

---

[14] Problematizando o tema, FERREIRA FILHO, Manoel Gonçalves. Do processo legislativo. 7. ed. rev. e atual. São Paulo: Saraiva, 2012. p. 121 e ss.

[15] "Os lobistas exercem a atividade de persuasão sobre os legisladores ou quaisquer agentes públicos. A atividade é regulada, nos Estados Unidos da América, pelo *Lobbying Regulation Acts*, 2 USC §§ 261-270. A presença do lobista é inerente a uma sociedade pluralista em que cada segmento utiliza-se de porta-vozes junto às autoridades. Em passado recente, o *lobby* era prática considerada imoral, hoje, contudo, com sua regulamentação em vários países, tornou-se profissão regular, subordinada a códigos éticos especiais. Ainda assim, o *lobby* é considerado por muitos como prática perniciosa e fonte de corrupção e de atividades ilegais. No Brasil, a profissão ainda não mereceu regulamentação, apesar de projeto em curso no Parlamento nacional de autoria do Senador Marco Maciel (Projeto de Lei n. 203, de 1989)." LEMBO, Cláudio. *Op. cit.* p. 207.

[16] Cf. CANOTILHO, J. J. Gomes. Direito Constitucional e Teoria da Constituição. 7. ed. Coimbra: Almedina, 2003. p. 1.417.

organizações da sociedade civil na elaboração de certas normas, sob pena de inconstitucionalidade.[17]

Embora ressalte que a democracia participativa no sistema constitucional português seja setorial e que somente o sufrágio universal seja capaz possa atribuir legitimamente aos representantes o papel de tomada de decisões, pois "o princípio da maioria não é absoluto, mas, em último termo, deve prevalecer",[18] destaca o autor sobre o papel dos grupos de pressão na democracia contemporânea:

A democracia participativa imbrica-se, aliás, com determinados dados das sociedades contemporâneas: a inelutabilidade dos grupos de interesses; a necessidade de lhe dar voz e de os conciliar, a irrupção de formas ditas corporativas ou neocorporativas; a consequente inserção no processo legislativo, formal ou informalmente, de elementos de concertação, negociação e auxiliariedade, o diálogo dentro e fora do Parlamento.[19]

Dessa forma, a experiência do Marco Civil da Internet no Brasil, no que concerne à participação democrática, além de contar com um processo marcante no que concerne à elaboração do anteprojeto e uma participação maciça durante o trâmite Legislativo, deve ser visto como um episódio em que se deu mais transparência à atuação dos grupos de pressão e seus respectivos interesses, documentando suas pretensões na atuação *online* de seus prepostos, permitindo ao intérprete compreender finalisticamente determinados aspectos da legislação.

Portanto, é a partir dessa experiência que se pode bem visualizar a possiblidade de um processo legislativo que incorpore certos aspectos

---

[17] O autor elenca vários dispositivos constitucionais que decorrem do princípio da democracia participativa, presente expressamente na parte final do artigo 2º da Constituição da República Portuguesa. São exemplos: as comissões de trabalhadores e das associações sindicais na legislação do trabalho (art. 54º, n. 5, alínea "d" e 56º, nº 1, alínea "a"); organizações representativas de trabalhadores na elaboração de planos, através do Conselho Econômico e Social (art. 92º, n.º 2); participação de consumidores (art. 60º, n. 3); organizações representativas de trabalhadores das associações de beneficiários da segurança social (art. 63º, n. 2); associações representativas das famílias (art. 67º, n. 2, alínea "f"), associações de professores, pais e alunos, das comunidades e das instituições de caráter científico (art. 77º, n. 2) em definições e políticas públicas setoriais. Cf. MIRANDA, Jorge. Manual de Direito Constitucional. Volume III. Tomo V. Coimbra: Coimbra Editora, 2014. p. 205-206.

[18] Idem. p. 205-206.

[19] Idem. p. 206.

das Tecnologias da Informação e Comunicação e promova a deliberação democrática em seus múltiplos aspectos. Algo que somente é possível com a compreensão da necessidade de uma técnica legislativa adequada, estruturada a partir de conhecimentos científicos e institucionalizada através do recurso à legística.

2. Legística e tecnologia: ideias para o aprimoramento do processo legislativo através da participação via TICs.

O Marco Civil da Internet e seu histórico procedimental serve como caso a ser tido em ente quando se trata de uma possível nova racionalização do processo legislativo rumo ao aprofundamento da democracia. Para uma reestruturação do processo legislativo a partir da necessidade de se promover maior participação através das tecnologias da informação e comunicação, mister se avançar no sentido de que sejam delimitadas quais seriam tais transformações pontuais ao longo do processo legiferante.

Deve-se frisar, preliminarmente, que não se propõe aqui que todo e qualquer processo legislativo, nas três esferas da federação e em suas substancialidades, sejam objeto destas alterações. Nem tampouco se preconiza que todos os procedimentos legislativos, ou seja, aqueles atinentes a todas as espécies normativas, deveriam ser reestruturados para propiciar tal nível de interatividade. Embora seja possível e desejável que, à medida que forem sendo paulatinamente incorporados ao cotidiano da democracia brasileira, passem a ser regra e não apenas mecanismos isolados, tomando as rédeas da agenda legislativa.

Ademais, deixa-se claro que os instrumentos propostos poderão ser usados individual ou conjuntamente, podendo ser combinados e adaptados de acordo com o procedimento Legislativo *sub examen*, antes mesmo da fase de iniciativa ou estando já o processo em curso. Por último, frisa-se também que não se trata de um rol taxativo de medidas a serem adotadas para transformar a regra do processo legislativo a ser sempre sujeito à interatividade.

O escopo deste momento do trabalho é o de compartilhar certas ideias que poderão se materializar desde em um simples ato administrativo, até em alterações legislativas e constitucionais, mas, grife-se, sem a necessidade de se afetarem as bases do regime democrático ou causar qualquer ruptura institucional.

Afinal, em que pese haja movimentos que buscam sempre alterar a forma de Estado, regime político, sistema de governo, etc. como resposta a momentos de crise, a promoção de um aprofundamento do modelo democrático de maneira a aproveitar o atual e futuro estado das tecnologias comunicativas, interessando especialmente neste ponto o processo legislativo, pode ocorrer de maneira gradual, abrindo-se canais de comunicação entre povo e instituições de modo a canalizar a vontade popular.

Assim, são algumas as sugestões para um repensar do processo legislativo através de mudanças: 1. anteprojeto deliberativo, promovendo-se uma verdadeira fase pré-legislativa de debates abertos, como no caso do Marco Civil; 2. iniciativa popular interativa, que poderá ocorrer pela simples aceitação da assinatura digital para fins de contagem dos eleitores; 3. possibilidade de determinação, pela vontade popular, de aceleração do procedimento Legislativo, transmutando-se em ritos sumários, sumaríssimos e abreviados quando houver clamor popular, a ser realizado através de petição ou outro mecanismo de interposição *online*, fortalecendo-se o impulso legiferante na esfera digital; 4. promoção das deliberações nas plataformas públicas virtuais, portais públicos mantidos pelos Parlamentos, especialmente; 5. atuação maciça das comissões de legislação participativa, podendo-se aprovar leis independente da remessa ao plenário uma vez realizados debates através dos portais virtuais dos Legislativos.

3. Fase pré-legislativa: anteprojeto deliberativo e iniciativa popular interativa

Inicia-se com o estudo da fase pré-legislativa. Trata-se aqui de se estabelecer o seguinte problema: como se faz e para que serve um anteprojeto de lei? Para enfrentar a questão, ganham relevância os estudos sobre o conjunto de métodos e técnicas para se legislar melhor, objeto da legística.

Carlos Blanco de Morais considera que o objeto de estudo da disciplina, que guarda desenvolvimento histórico e científico peculiar especialmente pós Estado de direito, abrange não só o estudo da Lei, mas também o de todos os atos normativos com eficácia externa produzidos pelas autoridades públicas. Embora, por opção metodológica, entenda o autor que o objeto principal a ser estudado é a formação do ato jurídico complexo denominado lei.[20]

---

[20] Cf. BLANCO DE MORAIS, Carlos. Manual de legística: critérios científicos para legislar melhor. Lisboa: Verbo, 2007. p. 34-35.

Por seu turno, destaca Manuel Atienza que há inúmeros estudos e pesquisas que buscam compreender e aprimorar o processo de elaboração das leis de um ponto exógeno à mecânica parlamentar. O autor, em diálogo com outros, traz interessante sistematização: 1) teoria da legislação (conceito, evolução e análise comparada de leis); 2) analítica da legislação (a Lei como fonte de direito); 3) tática da legislação (procedimento externo da legislação, ou seja, estudos sobre os órgãos e o procedimento de elaboração das leis); 4) metódica da legislação (procedimento interno da legislação: conteúdos, fins e meios das leis) 5) técnica da legislação (articulação, configuração e linguagem). A partir daí conclui que a metodologia da legislação é um processo de decisão que engloba uma série de esquemas procedimentais.[21]

Blanco de Morais, por seu turno, parte do gênero ciência da legislação para estabelecer uma subdivisão trinária entre: teoria da lei, abrangendo aspectos conceituais iniciais sobre a própria Lei e seu processo de formação; a teoria da decisão pública, matéria considerada secundariamente instrumental mas determinante, levando em conta aspectos políticos sobre a aplicação da legislação, tais como as políticas e o perfil sociopolítico dos legisladores e, finalmente, a legística, que corresponde em grande parte à metódica da legislação.[22]

Ao final, conceitua legística como "o ramo da ciência da legislação que se ocupa dos conhecimentos, dos métodos, das técnicas destinados a assegurar, em sede de concepção, elaboração, controle dos efeitos normativos, a qualidade, validade, e praticabilidade do texto e do conteúdo prescritivo das leis."[23] Distingue, ainda, os três sub-ramos da disciplina em: legística material, que diz respeito à aferição da melhor forma procedimental e conceitual para se legislar; legística formal, que abrange

---

[21] Cf. ATIENZA, Manuel. *Contribución para una teoría de la legislación.* in CARBONELL, Miguel; PEDROZA DE LA LLAVE, Susana Thalía (coord.) *Elementos de técnica legislativa.* México: Instituto de investigaciones jurídicas de la Universidad Nacional Autónoma de México, 2000. p. 27. O autor atribui a enumeração a KARPEN, U. (1986), *"Zum gegenwärtigen Stand der Gesetzgebungslehre der Bundesrepublik Deutschland"*, Zeitschrift für Gesetzgebung, 1, pp. 5-32. Dos esquemas cidatos por Atienza, destacam-se os de Noll e Wrobleswki. NOLL, P. (1973), *Gesetzgebungslehre*, Hamburg, Rowohlt, 1973 e WRÓBLESWKI, J. (1979), *A model of Rational Law-Marking.* ARSP, t. LXV/2, pp. 187-201. apud Idem.

[22] Cf. BLANCO DE MORAIS, Carlos. *Op. cit.* p. 66-68.

[23] Idem. p. 70.

as técnicas de compilação e redação de normas de modo a otimizar sua aplicação e execução e; legística organizativa, que se ocupa da *"governance"* e dos modos de estruturação institucional de modo a melhor se executarem os programas Legislativos.[24]

Não é a pretensão deste trabalho realizar um aprofundado estudo acerca das consequências da adoção de todos os conceitos e técnicas de legística ao processo legislativo, mas sim uma breve compreensão da matéria como um conjunto de procedimentos que sejam capazes de propiciar um aprofundamento maior da democracia deliberativa, por meio das tecnologias.

Estes conjuntos de esquemas são compreendidos e compilados por Cecília Mora-Donatto. Tendo-se em vista o sistema mexicano – mas podendo ser aplicado ao Brasil –, a autora disserta sobre o procedimento de elaboração da Lei desde o início, ou seja, procurando encontrar um *iter* procedimental para a tomada de decisão de legislar. São quatro fases. A primeira começa com um diagnóstico, isto é, por uma série de impulsos ou motivações, detectando-se o problema ou fato legislável, para posteriormente se averiguar as alternativas possíveis. A segunda etapa, por sua vez, consiste em uma fase de elaboração pré-legislativa, impondo a escolha entre os dois sistemas de redação de leis, anglo-saxão ou continental, para se desenvolverem os elementos necessários a um texto de lei.[25] A terceira corresponde ao processo legislativo em si, em perspectiva trifásica –iniciativa, deliberação, integração de eficácia – e a quarta à verificação dos impactos pretendidos inicialmente pela intervenção legislativa.[26]

A fase pré-legislativa é uma etapa significativa da técnica legislativa. A autora enumera quais seriam os motivos da decisão de legislar: 1) normativos – que se subdividem segundo a origem da norma em: (a) constitucionais, (b) tratados internacionais e (c) legais, geralmente em cumprimento a normas programáticas – ; 2) de órgãos do Estado, ou

---

[24] Cf. Ibidem.

[25] Cf. MORA-DONATTO, Cecília. Primera parte: teoria de la legislación. in MORA-DONATTO, Cecília; SÁNCHEZ GÓMEZ, Elia. Teoría de la legislación y técnica legislativa (una forma nueva de entender y ejercer la función legislativa). México: Instituto de investigaciones jurídicas de la Universidad Nacional Autónoma de México, 2012. p. 13 et seq.

[26] Cf. Idem. p. 43-66.

seja, aqueles que derivam da (i) forma de Estado (Ex.: Lei federal determinou que aos entes federados que legislem sobre determinada matéria) e (ii) determinação de órgãos constitucionais (Ex.: STF em julgamento de ADI por omissão, não assumida a hipótese de mutação constitucional art. 52, X, CF/88); 3) parlamentares, os quais, por seu turno, podem ser (A) de partidos e grupos parlamentares, (B) de comissões parlamentares de estudo, de investigação ou de especialistas ("*experts*"), (C) de acordos parlamentares; 4) sociais, oriundos da vontade popular, externa ao Parlamento e ligada à sociedade civil organizada.[27]

Havendo um ou mais deles, as etapas seguintes dizem respeito tanto à detecção do problema ou fato legislável como à necessidade ou não de se legislar para solucionar a questão.[28] Posteriormente, a autora assevera ser necessária, após a detecção da necessidade de regulamentação ou proibição de condutas, a verificação se o problema não poderia ser solucionado por outras leis ou outras regras de comportamento, que denomina de alternativas. Daí porque ser possível o recurso a normas não necessariamente estatais, desde que submetidas aos princípios do ordenamento.[29]

Posto isto, inaugura-se a segunda fase, de elaboração de um anteprojeto, que conflui diretamente com o conceito de anteprojeto deliberativo. Tomada a decisão de se propor a criação de um texto legal, assevera Mora-Donatto que há dois métodos possíveis de redação legislativa: 1) o modelo britânico ou anglo-saxão, e 2) o sistema continental. Leciona ainda que o sistema britânico, também prática em países da *Commonwealth*, baseia-se no princípio da profissionalização da tarefa de elaborar as leis e se dá pela concentração da redação da proposta legislativa a uma agência

---

[27] Cf. Idem. p. 14-17. Com adaptações à normativa brasileira.

[28] Para detectar se o fato é ou não legislável, a autora propõe inclusive um questionário, segundo consta, largamente utilizado na Alemanha e Grã Bretanha: "*¿quien dice que hay un problema?, ¿se trata de un problema real o ficticio?, ¿quién define el problema tiene intereses particulares?, ¿es el momento indicado para exponer el problema?, ¿hay posibilidades de acuerdo para solucionarlo?, ¿conocemos exactamente las causas que provocan tal problema?, ¿cuáles son las alternativas al problema? Si las hubiera, entonces hay que listarlas.*"Idem. p. 19.

[29] No tocante às alterativas, ou seja, passada a detecção do fato legislável, Mora-Donatto destaca que são as seguintes: 1. estatais, que se subdividem em: a) informação e transparência, b) utilização de bens ou serviços públicos já disponíveis, c) concessão de subsídios ou isenções fiscais. Já as não estatais mas aceitas pelo Estado são: leis de mercado e solução por mecanismos de autorregulação. Cf. Idem. p. 19-25.

exclusiva e especializada dentro do Parlamento. Por outro lado, o sistema continental baseia-se no princípio da descentralização, não havendo um órgão especializado na matéria.[30]

Jorge Miranda, entretanto, leciona sobre a fase pré-legislativa em Portugal. Embora assevere que o momento preparatório, ou seja, de formulação da iniciativa legislativa não tenha relevo quando se trata de projeto de Lei de deputado ou deputados, destaca que há um procedimento prévio relevante nas demais hipóteses. Quando se trata de iniciativa por grupos parlamentares ou partidos, embora não haja disposição constitucional, afirma que devem se encontrar em suas normas internas, extraindo tal conclusão do princípio da democraticidade.

Já em se tratando de iniciativa advinda das assembleias legislativas regionais, a formação da proposta de Lei "postula aí um verdadeiro processo – um processo pré-Legislativo" interno. Por derradeiro, quando a iniciativa é exercida pelo governo, a proposta de Lei tem sempre de ser aprovada em Conselho de Ministros (art. 200º, n. 1, alínea c, da Constituição portuguesa), observadas aí as normas regimentais do conselho aplicáveis, e, a depender do caso, a aprovação tem de ser precedida de uma intervenção – "não vinculativa, naturalmente" – dos partidos de oposição. Não obstante, o autor deixa claro que sua inobservância acarreta mera "irregularidade",[31] podendo-se concluir que não acarreta inconstitucionalidade.

O aparte é importante para esclarecer que o sistema anglo-saxão acaba por se revelar algo além de um procedimento redacional, já que indica a existência de um rito pré-Legislativo próprio de deliberação sobre o projeto ou proposta de Lei a ser posteriormente submetido às discussões no Parlamento. O qual não é adotado apenas nas casas do Parlamento britânico. Além de Portugal, são exemplos a Itália, que conta com a passagem obrigatória pela comissão de redação legislativa, como analisado anteriormente,e a Alemanha, sistema descrito com riqueza de detalhes por Mora-Donatto, que conta inclusive com normativas internas sobre as subfases procedimentais no campo ministerial para a elaboração de um anteprojeto.[32]

---

[30] Idem. p. 27.
[31] Cf. MIRANDA, Jorge. *Op. cit*. V. III. t. V. p. 281-282.
[32] Cf. MORA-DONATTO, Cecília. *Op. cit*. p. 20-25.

Tendo-se em vista o sistema português, Carlos Blanco de Morais elenca inclusive as subfases que compõem a elaboração do anteprojeto: i) redação preliminar do anteprojeto; ii) elaborar a nota justificativa (exposição de motivos) que acompanha o diploma; iii) consulta formal a entidades interessadas; iv) atividades de controle endoprocedimental; v) redação do diploma final e exposição de motivos.[33]

Mas Mora-Donatto destaca que, embora seja possível realizar-se tal tarefa por via legislativa, é certo que o Poder Executivo é quem goza de maior estrutura para empreender tais tarefas,[34] havendo que se questionar, no caso brasileiro, se a hipertrofia do Executivo já visível no caso do largo uso das Medidas Provisórias não tornaria inócua qualquer tentativa de se incluir a obrigatoriedade de respeito a tais regras, que poderiam ser vistas como sem utilidade prática.

Não obstante, o que é pouco dito neste e em outros estudos sobre a técnica legislativa diz respeito ao procedimento de captação, compreensão e promoção de um diálogo construtivo com a sociedade civil quando o motivo e o fato legislável advêm de pleitos exógenos às instituições. Eis a razão pela qual o estabelecimento de um procedimento prévio de consulta pública, de debates abertos, anterior à regulação, poderia vir a ser adotada como regra, e não somente como exceção. Há até menção à manifestação dos interessados durante a feitura de um anteprojeto oriundo do governo, mas tal etapa é vista como facultativa.[35]

Campo em que a Internet pode ter papel preponderante. A título de exemplo, as recentes controvérsias quanto à regulamentação do aplicativo de transportes. Fruto de grande resistência por parte dos grupos de interesses ligados a taxistas e empresas do setor, a chegada dos aplicativos no Brasil gerou inúmeras polêmicas e é alvo de um sem número de intervenções administrativas, legislativas e judiciais. Ao passo que o município de Belo Horizonte, com apoio do Executivo municipal, proibiu expressamente o aplicativo sem maiores debates, a de São Paulo abriu

---

[33] Cf. BLANCO DE MORAIS, Carlos. *Op. cit.* p. 320. Os procedimentos internos estão previstos na legislação que rege o governo – Regimento do Conselho de Ministros. Cf. idem. p. 321 et seq.

[34] Cf. MORA-DONATTO, Cecília. *Op. cit.* p. 43.

[35] Cf. BLANCO DE MORAIS, Carlos. *Op. cit.* p. 320.

consulta pública pela Internet por 30 dias para discussão do modelo que futuramente será adotado.[36]

Retornando-se a experiência do Marco Civil, nada obsta que seja replicada e venha a se tornar regra. A fórmula da consulta pública pela Internet em duas rodadas de 45 dias, sendo a primeira a propor os temas principais a serem regulados e a segunda já em formato com redação de artigos, em grande medida reflete os passos esboçados pelo organograma apresentado. Embora aquela experiência possa ser vista como uma forma de expressão da e-democracia de natureza institucional e não permanente, as múltiplas esferas públicas possíveis hoje com tecnologias comunicacionais poderiam dar cabo de enriquecer o debate público.

Ainda que o Marco Civil tenha sido fruto de empreendimento político do Executivo nacional à época, ganhou vida própria, fortalecendo-se em muito com a participação dos interessados pela Internet, além da parceria com o terceiro setor, representado por uma fundação pública, a FGV-Rio. Mas, frise-se novamente, nada impede que tais debates ocorram em portais públicos e privados, empreendidos por grupos parlamentares, entidades da sociedade civil, ou mesmo os próprios Parlamentos, que poderão atuar como grandes aglutinadores e promotores destas espécies de debates. Transformações que podem ser realizadas por meros atos administrativos e sem grandes custos aparentes.

Posto o primeiro elemento, que diz respeito à fase pré-legislativa, passa-se à análise do segundo, já alocado na porta de entrada do processo legislativo propriamente dito. Trata-se da chamada iniciativa popular interativa ou digital.

Inicia-se asseverando que a interação entre a vontade popular e a dos órgãos constituídos está diretamente ligada, no plano constitucional, à disciplina do exercício dos direitos políticos, embora nela não se exaure.

---

[36] Contudo, o modelo de consulta pública da Prefeitura é menos transparente que o do Marco Civil da Internet, pois não é possível visualizar quem realiza os comentários, não havendo a possibilidade de comentários artigo or artigo, dentre outras ausências sentidas. Não obstante, em que pese a questão formal, a iniciativa é muito mais democrática do que a opção por um dos lados na disputa de interesses sem maiores fundamentações. Cf. MUNICÍPIO DE SÃO PAULO, Consulta Pública: Uso Intensivo do Transporte Viário. Disponível em: http://consultausointensivoviario.prefeitura.sp.gov.br. Acesso em: 10 jan. 2020. Sobre o município de Belo Horizonte, apenas o registro de que a Lei municipal sancionada é a de número 10.900/2016.

Jorge Miranda enumera uma série do que denomina de direitos políticos "menores", ou seja, diversos do já analisado direito de sufrágio. Interessa diretamente neste ponto o que denomina de "direito político de iniciativa", que se subdivide, por seu turno, nos direitos de ação popular, de iniciativa em sentido estrito, ou seja, perante o Parlamento, e iniciativa referendária, seja com vista à sujeição de proposta ou projeto de Lei de referendo, à não entrada em vigor ou cessação de vigência de lei, ou à revogação de titular de cargo eletivo (*recall*).[37]

Em sentido diverso, restringindo-se ao modelo brasileiro e excluindo direitos como os de ação popular (art. 5º, LXXIII, CF) e o de formar partidos políticos (art. 17, caput, CF), considerados como genuínas formas de exercício da soberania popular, porém, secundárias, Uadi Lâmego Bulos é restritivo: "A essência dos direitos políticos positivos apenas compreende o direito de sufrágio, os sistemas eleitorais e o procedimento eleitoral."[38]

Mas a questão da participação não se exaure no âmbito dos direitos políticos. Afinal, é certo que há diversas formas de manifestação da soberania popular, ou seja, o art. 14 da Constituição de 1988 enumera o que considera seu núcleo. Não obstante, as formas ali previstas, além de não se exaurirem no mandamento constitucional referido, têm sido consideradas como insuficientes na prática para dar efetividade social ao princípio da soberania popular. E, mais do que isso, plebiscito e referendo, corolários constitucionais expressos da soberania popular, acabam por assumir um formato dependente do aparato eleitoral, com altos custos para sua realização.

Com a iniciativa popular, em grande medida, não é diferente. Como já se observou, as regras para seu exercício acabam por aniquilar sobremaneira sua incidência prática. Razão pela qual, não conte com grande repercussão no Brasil. Mesmo assim, leciona Jorge Bacelar Gouveia que o Estado pós-social representa uma alteração paradigmática no Século XXI e, no que concerne à estrutura da democracia participativa,

---

[37] Além do direito de sufrágio, são os direitos de: petição; informação política; participação em atividades subordinadas de Estado; iniciativa, com várias subespécies, acima analisadas; candidatura; acesso a cargos políticos, direito de eleger ou ser eleitos; participação em assembleia popular ou de governo direto – art. 169º, CRP – pequenas freguesias, menos de 150 eleitores. Cf. MIRANDA, Jorge. Manual de direito constitucional. V. III. Coimbra: Coimbra editora, 2014. T. VII. Estrutura Constitucional da Democracia. 2007. p. 108-09.

[38] BULOS, Uadi Lâmego. *Op. cit.* p. 863.

"que sem colocar em causa a formalmente condiciona: uso de sondagens, assinalando as diversas etapas da decisão política; na sua abertura permanente aos contributos dos grupos de interesses; na possibilidade de os cidadãos, pela petição e pela iniciativa legislativa popular, poderem impulsionar o processo legislativo."[39]

Tal lição se ajusta aos dois próximos elementos, os quais, com o auxílio das tecnologias da informação e comunicação, podem dar o tom dos trabalhos Legislativos, canalizando a vontade popular para dentro do Parlamento. No tocante à iniciativa popular no Brasil, já se asseverou que sua regulamentação, em nível federal, goza apenas dos artigos 12 e 13 da Lei n. 9.709/98, que se limitam a facilitar seu trâmite no Parlamento, desconsiderando-se aspectos formais.

Não obstante, a dificuldade se dá especialmente pelo número de assinaturas e pela necessidade de que sua verificação se dê em cruzamento de dados com a justiça eleitoral, já que se exige a assinatura de eleitores. Outrossim, e aqui a pedra de toque no que concerne às TICs, ao fato de que são necessárias assinaturas tradicionais, demandando-se a presença física dos eleitores. Algo que, em tempos de Internet, soa anacrônico.

Neste ponto, o Estado de Santa Catarina parece ter realizado interessante *aggiornamento*, ao passar a aceitar projetos de iniciativa popular com assinatura eletrônica. Trata-se da Lei estadual nº 16.585/15. Ao disciplinar o § 1º do artigo 50 da Constituição Estadual, dispõe no artigo 2º da Lei sobre as regras da iniciativa popular por meio eletrônico, destacando-se a possibilidade de fornecimento gratuito de meios de certificação digital, em cadastro específico mantido pela Assembleia Legislativa do Estado – ALESC –, com proteção à privacidade dos cidadãos.[40]

---

[39] GOUVEIA, Jorge Bacelar. Manual de direito constitucional. 5. ed. V. I. Coimbra: Almedina, 2013. p. 212.

[40] "Art. 2º A subscrição de proposição de iniciativa popular poderá ser feita por meio eletrônico com a certificação de autenticidade da assinatura digital do eleitor ou, na impossibilidade de fornecimento gratuito dos meios de certificação digital a toda a população do Estado, mediante a inserção de dados do eleitor em cadastro específico, mantido em meio eletrônico e administrado pela Assembleia Legislativa do Estado de Santa Catarina (ALESC). § 1º No cadastro referido no *caput* deste artigo constarão os seguintes dados do eleitor: I – nome completo; II – nome da mãe ou do pai; e III – número do título de eleitor. § 2º Os dados cadastrais são sigilosos, admitida apenas a publicação do nome do eleitor associado à proposição subscrita. § 3º É proibida a inserção de dados cadastrais sem

Além disso, os dispositivos subsequentes regulamentam a iniciativa popular estadual, consagrando o princípio da não rejeição por vícios formais (Art. 3º), o caráter imediato do trâmite Legislativo uma vez alcançado o número de assinaturas (art. 5º) e o poder de voz, na ALESC, ao primeiro signatário da proposta, quem (provavelmente) lançou a iniciativa ao público (art. 6º).

No plano federal, como dito, ainda não há previsão de recurso eletrônico na colheita de assinaturas. Mas a verificação deverá ser feita pela Mesa da Câmara dos Deputados, conforme dispõe o art. 252 do Regimento Interno, determinando ainda que a assinatura do eleitor "deverá ser acompanhada de seu nome completo e legível, endereço e dados identificadores de seu título eleitoral" (inciso I), que as listas serão organizadas por "Município, Estado, Território e Distrito" (II), que o grupos de interesse (sociedade civil) poderão patrocinar os projetos (III) e, finalmente, que cabe ao postulante a comprovação do preenchimento dos requisitos, instruindo-se o projeto de iniciativa popular com "documento hábil da Justiça Eleitoral quanto ao contingente de eleitores alistados em cada unidade da federação, aceitando-se, para esse fim, os dados referentes ao ano anterior, se não disponíveis outros mais recentes" (inciso IV).

Há, contudo, projetos de Lei que visam alterar a Lei n. 9.709/98[41], bem como do regimento interno da Câmara, almejando propiciar tal possibilidade.[42] Não obstante, deve-se ter em mente que, hoje, em sede eleitoral, a Lei adota o critério de autenticidade da assinatura a certidão expedida por cartório eleitoral, ao menos no que tange à Lei dos partidos

autorização do eleitor. § 4º A violação das regras estabelecidas nesta Lei sujeitará os responsáveis a sanções administrativas, cíveis e criminais." Por sua vez, o dispositivo posterior regulamenta a organização de tal banco de dados: "Art. 3º O cadastro será organizado em listas por Município, e a proposição será instruída com documentação da Justiça Eleitoral que comprove a correspondência entre os nomes dos signatários e o contingente de eleitorado em cada um dos respectivos Municípios." SANTA CATARINA (Estado). Lei estadual n 16.585/15. Disponível em: http://200.192.66.20/alesc/docs/2015/16585_2015_Lei.doc Acesso em: 5 jan. 2020.

[41] BRASIL. Câmara dos Deputados. Projeto de Lei nº 2024/2011 – Autor: Dep. Felipe Maia DEM/RN. Disponível em: http://www2.camara.leg.br/proposicoesWeb/prop_mostrarinte gra?codteor=908714&filename=PL+2024/201. Acesso em: 3 jan. 2020

[42] BRASIL. Câmara dos Deputados. Projeto de Resolução nº 1/2015 – Autora: Dep. Carmen Zanotto PPS/SC. Disponível em: http://www2.camara.leg.br/proposicoesWeb/prop_mostr arintegra?codteor=1296782&filename=PRC+1/2015. Acesso em: 3 jan. 2020

políticos (art. 9º, III, Lei n. 9.096/95). Tal solução recentemente parece ter tido outro indicativo pela Justiça Eleitoral, que aceitou a assinatura eletrônica na criação de partido político.[43]

O que dá dimensão de quão hercúlea é a tarefa de se cumprir este requisito à Mesa da Câmara no caso da iniciativa popular legislativa. Mas, saliente-se que o reconhecimento puro e simples da assinatura digital não seria um avanço por completo. Afinal, o tema da autenticidade da firma digital é regulamentado no Brasil pela MP n. 2.200-2/01 – assim numerada devido à E.C. n. 32/01 – que cria também a Infraestrutura de Chaves Públicas brasileira (ICP-Brasil). Manter-se uma assinatura digital incorre em custos que não podem ser transferidos ao cidadão como condição ao exercício da soberania popular via iniciativa popular. Porém, continuar a se adotar a exigência de assinaturas físicas aos projetos mostra-se cada dia mais sem sentido em um ambiente onde as tecnologias da comunicação avançam dia a dia, especialmente no Brasil, país conhecido como pioneiro na adoção da urna eletrônica e do voto eletrônico *off-line* em pleitos eleitorais. Daí porque a concentração das funções no TSE parece indicar a solução mais adequada.

A paulatina digitalização das bases de dados e o avanço da biometria como forma e identificação poderá abrir portas para a digitalização da iniciativa popular por meio eletrônico, ou simplesmente interativa. O exemplo do Estado de Santa Catarina parece indicar o caminho, mas muito deverá ser feito no tocante à proteção da privacidade do eleitor, algo possível, desde que o cruzamento de bases de dados do TSE com a do Legislativo siga padrões avançados de segurança digital. Mas, frise-se, a incorporação destas tecnologias na administração (seja em sede da Justiça eleitoral, seja do próprio Legislativo) poderá ser feita mediante um simples ato administrativo, nada obstando que ocorra por alteração legislativa para dar-lhe mais segurança.

---

[43] Cf. ANGELO, Tiago. Resultado apertado: TSE autoriza assinatura eletrônica para criação de partido político. 3 de dezembro de 2019, 21h59. Disponível em: https://www.conjur.com.br/2019-dez-05/registro-partido-bolsonaro-oficializado-brasilia. Acesso em: 20 jan. 2020.

4. Fase constitutiva da Lei e participação: impulso legiferante digital, plataformas públicas virtuais e comissões de legislação participativa

Inaugurando-se as discussões acerca da participatividade, deve-se estabelecer o questionamento acerca da importância política dada a projetos oriundos de manifestações e organizações externas ao Parlamento. Ou, mais especificamente, deve-se perquirir: mesmo após toda a mobilização popular, um projeto de iniciativa popular pode ser "engavetado"?

Retomando-se a distinção esboçada pela doutrina portuguesa entre iniciativa legislativa e impulso legiferante, salienta Jorge Bacelar Gouveia que "os impulsos Legislativos representam decisões dos órgãos jurídico-públicos que apontam ou apelam para a conveniência ou a necessidade da tomada de decisões legislativas, mas elas próprias não constituem por si só, o início de qualquer procedimento Legislativo."[44]Dessa maneira, a iniciativa diz respeito ao elemento formal, ao determinar quais as hipóteses e quem pode dar início ao processo legislativo. Impulso legiferante, por seu turno, diz respeito à vontade política por detrás do processo ou proposta de lei, o que faz com que seja empreendido até o fim, tornando-se regra jurídica.

Porém, deve-se ter em mente que o impulso legiferante não é um ato isolado, mas uma atividade a ser realizada para que a decisão política de legislar seja levada a cabo até o fim. Entretanto, sabe-se que há inúmeros projetos de Lei que não fazem parte inicialmente da agenda das forças políticas dominantes na legislatura, sendo deixados de lado. E, de fato, levando-se em conta que a noção clássica de independência das

---

[44] Cf. GOUVEIA, Jorge Bacelar. Manual de direito constitucional. V. II. 5. ed. Almedina: Coimbra, 2013. p. 1.143. O autor se vale das lições de Canotilho e Jorge Miranda sobre o conceito de impulso legiferante, destacando que são três as situações frente ao ordenamento português: "– a decisão positiva do Tribunal Constitucional de verificação da inconstitucionalidade por omissão, no sentido de ser necessário produzir, por parte do órgão Legislativo competente, ato Legislativo para fazer cessar a omissão legislativa em causa; – a decisão de declaração do Estado de Guerra pelo Presidente da República, quando relativa à tomada da decisão de declaração do Estado de Exceção por haver coincidência de pressupostos e no caso de ser necessária, para a melhor efetivação daquele, a suspensão de direitos, liberdades e garantias; – a decisão referendária vinculativa, por referência ao ato Legislativo ou convencional que se imponha em conformidade com os deveres que dali emergem." Idem. p. 1.144.

instituições, autonomia do Parlamento e não vinculação do mandato, não haveria o que obrigasse o Legislativo a legislar.

Soma-se a isto a influência do poder Executivo, já que a prática demonstra que é o qual tem tomado as rédeas e determinado a dinâmica legislativa, e geralmente os interesses predominantes correspondem à execução de seu programa de governo. Em outros termos, de todos os impulsos legiferantes, aquele que tem de força para ir do início ao fim do processo legislativo tem sido o que advém e se submete à vontade do Executivo.

Ainda que não haja certeza de que tal conjuntura possa ser alterada na atual situação das instituições democráticas, o impulso legiferante digital poderia vir a ser um meio de se evitar o "engavetamento" de projetos de Lei quando se mostrar necessário para a(s) opiniões(s) pública(s) na sociedade civil organizada. Frise-se que não há necessidade inclusive que o projeto seja oriundo de iniciativa popular, à medida que poderia vir a ser encampado ao longo de seu trâmite. Mas a lógica é a mesma: falta um instrumento jurídico capaz de garantir aos cidadãos que um projeto de Lei não seja abandonado.

Razão pela qual o problema reside sobre a estratégia procedimental a se tomar neste caso. Ou seja, não havendo mecanismo jurídico apto a vincular o Parlamento a legislar e tentando-se evitar a judicialização na busca da declaração de inconstitucionalidade por omissão – seja no plano individual do mandado de injunção seja pela via da ADI por omissão – a ideia é provocar o Legislativo a se manifestar por meio de uma transformação estrutural do próprio processo legislativo.

Ganha vulto neste momento o recurso à sumarização do processo, ou seja, às técnicas de abreviação do procedimento Legislativo de modo a estabelecer prazo para a apreciação da proposição legislativa. Conforme salientado, há três maneiras de se "acelerar o trâmite Legislativo" hodiernamente no Brasil. No plano do procedimento Legislativo comum, há a solicitação de urgência por parlamentar, que depende da decisão da Mesa da Casa. As outras duas sujeitam-se à vontade do Executivo, o qual pode solicitar urgência nos termos do art. 62, §§1º e 2º ou baixar uma Medida Provisória, a qual, embora possa perder a eficácia pelo decurso do prazo constitucional, acaba por pressionar o Congresso a se pronunciar, sob pena de trancamento da pauta – algo que deveria ser exceção, mas acabou por se tornar regra na práxis constitucional brasileira.

Não há, portanto, qualquer mecanismo que, durante o trâmite do processo legislativo, que permita aos cidadãos decidirem por impor sua urgência. Ou seja, se a iniciativa popular já carrega consigo de uma série de regras que fazem dela um instituto de difícil incidência prática, a estrutura normativa da democracia representativa brasileira contemporânea dá ao Parlamento todas as condições para deixar de apreciar projetos de Lei nos quais não haja vontade política de sua parte. Trata-se, dessa forma, de situação confortável, haja vista que pode deixar de apreciar projetos de Lei mesmo sabendo serem contrários à opinião pública e à sociedade civil, esquivando-se da responsabilidade política em caso de rejeição de determinadas pautas.

Embora tal crítica se dirija em maior medida ao sistema normativo e não propriamente à tecnologia utilizada, neste campo as Tecnologias da Informação e comunicação também poderiam ser úteis. Uma vez propiciados mecanismos técnicos e jurídicos que facilitem o uso da inciativa popular legislativa, deveria haver, ao seu lado, a obrigatoriedade de apreciação dos projetos. Bem como a possibilidade de que, por intermédio de petições dirigidas à Casa respectiva por onde tramita e sob as mesmas exigências formais, a sociedade civil possa solicitar ao Legislativo que se manifeste.

Não se pretende aqui obrigar o Legislativo a aprovar o projeto de lei, como se houvesse um plebiscito constante a ser realizado pelo próprio povo automaticamente, instituto cuja convocação cabe, no plano federal, ao Congresso, por decreto legislativo (art. 49, XV, CF). Almeja-se que tal mecanismo seja um corolário do direito de petição, o qual, ganhando corpo com um número determinados de assinaturas – que pode ser, na falta de critério específico, o mesmo da iniciativa popular, sejam elas digitais ou não – pressione-se o Legislativo a apreciar tal proposta.

Outro ponto a ser destacado no que concerne a uma possível retomada da iniciativa popular por meio eletrônico diz respeito à atuação de grupos de pressão e aos custos a ela referentes. Tal questionamento ganha vulto à medida que, onde a iniciativa popular de leis é prática mais corriqueira, os custos com campanhas propagandísticas em favor de um ou outro interesse é crescente.[45]

---

[45] Nesse sentido, constatam Michael Alvarez e Rosado Buenfil Welmar, destacando que, no Estado americano da Califórnia, onde é comum o recurso à iniciativa popular, os gastos com campanha têm subido substancialmente. ALVAREZ, R. Michael WELMAR, Rosado

Embora possa se tornar um problema para o futuro, já que a disparidade entre os que podem investir em propaganda de seus pleitos e os que não tende a privilegiar interesses mais próximos do poderio econômico, uma vez que se asseverou que a defesa desses interesses é um desdobramento do próprio sistema democrático, razão pela qual, fortalecendo-se a iniciativa popular, o debate público ganha mais transparência. Especialmente pela Internet, onde tende a ganhar corpo, especialmente se a iniciativa popular de leis tiver regras que a promovam e facilitem, como o caso daquelas que aceitam a assinatura eletrônica.

E, para facilitar ainda mais a existência deste e outros mecanismos, ganha importância a análise do elemento subsequente, os portais interativos dos Parlamentos no processo de aprofundamento da participação democrática via TICs.

Conforme dito anteriormente, a evolução da e-democracia brasileira tem em grande medida atingido a administração em todos os setores nas três esferas do Estado. No poder Legislativo, não é diferente, gozando o Brasil de certo nível de transparência no fornecimento de informações pela Internet – graças especialmente às normativas sobre transparência – e, em casos específicos, de algum grau de participatividade dos cidadãos.

Entretanto, antes que se disserte mais sobre tais mecanismos em âmbito nacional, deve-se ter em mente que o desenvolvimento de plataformas interativas para o aprofundamento do diálogo entre cidadãos e instituições é um fenômeno mundial. Assim, o aprofundamento da democracia deliberativa não é um movimento que parte apenas dos Parlamentos, Executivos e Judiciários, mas algo que paulatinamente chega até eles em processo de crescimento e consolidação de graus mais avançados de democracia digital.

O Senado Italiano emitiu um relatório sobre a situação contemporânea desses mecanismos, onde se analisou o diálogo entre cidadãos e, especificamente, Parlamentos, através da Internet. O documento, publicado em 2.013, revela que há várias plataformas conhecidas e já utilizadas em

Buenfil. *Democracia direta, passado, presente y futuro.* in AYALA SÁNCHEZ, Alfonso (coord.). *Nuevas avenidas de la democracia contemporánea.* Disponível em: http://biblio.juridicas.unam. mx/libros/libro.htm?l=3677. Acesso em: 18 jan. 2020.

várias esferas das instituições públicas. Porém, de maneira atomizada e (ainda) sem um norte único.[46]

Em linhas gerais, parte-se inicialmente da distinção entre redes cívicas, redes sociais e mídias civis. Quanto às primeiras, sua dimensão geográfica é local, seus objetivos são promover certa coesão social, informar os cidadãos, fomentar sua formação política e reforçar a democracia no âmbito territorial respectivo. Seus objetivos específicos são facilitar a realização de discussões entre pessoas e publicar informações sobre a administração pública e a prestação de serviços públicos, promovendo uma inovação que melhore a ação dentro de determinada comunidade.

Por seu turno, as mídias sociais têm uma dimensão não somente local. Seus objetivos gerais são promover um aumento maior dos usuários e o incremento do conteúdo e os específicos são permitir que usuários produzam conteúdos úteis uns aos outros, inovando-se na realização de novas ideias.

Por derradeiro, as mídias civis tratam de um grau mais avançado, que geram consequências locais e supralocais. Seus objetivos gerais são a promoção de um reforço dos laços sociais e da participação democrática e os específicos são permitir-se que os usuários produzam conteúdos que possam ser úteis à comunidade local, bem como com consequências territoriais mais abrangentes. Sua inovação é a promoção de novas ideias e melhorias fáticas das ações das comunidades.[47]

Por óbvio, a análise mais detida dos marcos teóricos em que se baseiam a distinção a aclaram melhor os conceitos trabalhados no relatório.[48]

---

[46] ITALIA. *Senato della Repubblica*; AHREF *Foundation. Dossier: I Media Civici in ambito parlamentare Strumenti disponibili e possibili scenari d'uso*. Roma: Maio de 2013. Disponível em: https://www.senato.it/service/PDF/PDFServer/ BGT/00739736.pdf. Acesso em: 19 jan. 2020.

[47] Idem. p. 17.

[48] Não é o propósito deste trabalho aprofundar-se mais na teoria da comunicação, ciência mormente utilizada pelos subscritores do relatório sob análise. Não obstante, faz-se necessário salientar que os três conceitos apresentados atendem a uma sequência também cronológica, que se inicia com as primeiras mídias cívicas (inclusive anteriores à própria Internet), descritas por Douglas Schuler. Cf. SCHULER, Douglas. *Community Network: Building a New Participatory Medium*," *Communications of the ACM 37:1* (*January* 1994). Em obra posterior, o autor coordena compilações de ideias que demonstram se estar diante da possibilidade de construção de uma nova democracia deliberativa, com a multiplicidade de espaços públicos e inclusivos de deliberação pela Rede. Ou seja, ultrapassa-se a ideia de localidade para a de globalismo, onde as forças e seus contrapontos são globais, mas os agentes

O ponto a ser desenvolvido hoje e futuramente, no que tange aos portais virtuais dos Parlamentos, é que devem fazer com que as informações se alastrem e o debate cresça de modo qualificado, fortalecendo-se as esferas públicas digitais, além de fazer transparecer os interesses em jogo, para, finalmente, produzir decisões políticas com mais participação e maior expectativa de legitimidade.

Retornando-se ao relatório do Senado italiano, o texto elenca exemplificativamente uma série de portais virtuais deste jaez, os quais não se restringem a Parlamentos. Os raios de ação de tais plataformas, sejam públicas ou privadas, desenvolvida em softwares com licença de uso pagas ou não,[49] foram subdivididos em aplicações de mobilização; informação; consultas; e envolvimento ativos dos cidadãos nas deliberações, abrangendo-se estes últimos a legislação participativa ou "co-legislação", de orçamento participativo e outros processos deliberativos, podendo atingir deliberações de outros centros de normatividade, ou seja, não necessariamente pertencente à administração pública.[50]

locais. Cf. SCHULER, Douglas; DAY, Peter. *Shaping the Network Society: Opportunities and Challenges. in Shaping the Network Society: The New Role of Civil Society in Cyberspace.* Cambridge (MA): MIT Press, 2004. p. 1-17. Sobre o conceito trabalhado de Mídias Sociais, o relatório recorre a Kaplan e Haenlein Cf. KAPLAN, Andreas. M.; HAENLEIN, Michael. *Users of the world, unite! The challenges and opportunities of Social Media. Business Horizons,* 53(1), 2010. p. 59–68. Os autores não são os únicos a tratar das potencialidades das mídias sociais, sendo necessário salientar que estas vão além das mídias sociais privadas como Facebook, Youtube, etc., as quais só trabalham com conteúdo, não promovendo uma interação real e efetiva dos usuários. No que concerne a mídias civis, finalmente, o marco teórico mencionado é o de Henry Jenkins. Conhecido pela coordenação de trabalhos sobre mídias digitais a frente do *Massachusetts Institute of Technology,* Jenkins tem desenvolvido uma série de conceitos com base na convergência de mídias e alastramento de conteúdo como forma de sobrevivência especial e temporal na *Web.* Cf. JENKINS, Harry; THORBURN, David. *Introduction: The Digital Revolution, the Informed Citizen, and the Culture of Democracy. in* JENKINS, Harry; THORBURN, David (ed.). *Democracy and New Media.* Cambridge (MA): MIT Press, 2003. p. 1-21. V. também JENKINS, Harry. *Convergence Culture: where old and new media collide.* New York: NYU Press, 2006. p. 205 et seq.

[49] Em abrangente tabela sobre as ferramentas analisadas, os autores do relatório trazem as principais características de cada uma deles. Cf. Idem. p. 70-71.

[50] Acerca da mobilização, há sites como o norte-americano *Nation Builder* (Disponível em: http://nationbuilder.com. Acesso em: 20 jan. 2020). A rede social *Meetup* (Disponível em: http://www.meetup.com/pt-BR/. Acesso em: 20 jan. 2020.) ou o site mantido para interposição de petições ou compartilhamento de causas com o presidente norte-americano,

Destacam-se, além dos *sites* dos Parlamentos, as plataformas de deliberação e votação, que envolvem não somente a discussão de temas, mas também a colheita de opiniões, consultas e sistemas complexos de compilações em deliberações, ou seja, envolvendo o cômputo dos votos dos usuários de acordo com várias posições disponíveis.[51]

o *site My Barack Obama* (Disponível em: *https://www.barackobama.com*.acesso em: 20 jan. 2020.) Sobre a mobilização, destaca o *News Trust* (Disponível em: http://newstrust.net Acesso em: 20 jan. 2020.); o *Fast Check* Disponível em: http://www.factcheck.org. Acesso em: 20 jan. 2020) e o sítio da ong de transparência *Sunlight Foundation* (Disponível em: http://sunlightfoundation.com. Acesso em: 20 jan. 2020.) e o italiano *Openpolis* (Disponível em: http://www.openpolis.it. Acesso em: 20 jan. 2020). Sobre consultas e petições, cita os sítios eletrônicos Portal de Petições do Parlamento Europeu (Disponível em: https://petiport.secure.europarl.europa.eu//petitions/pt/main. Acesso em: 20 jan. 2020.); o site *Yourvoice*, que pretende estabelecer padrões matemáticos/estatísticos de preferências dos usuários de acordo com determinados temas, incluindo políticos (Disponível em: http://yourvoice.mobi. Acesso em: 20 jan. 2020); o *All Our Ideas*, que funciona como uma rede social de possíveis ideias de interesse público, (Disponível em: http://www.allourideas.org. Acesso em: 20 jan. 2020); O portal *We the people* da Casa Branca, (Disponível em: https://petitions.whitehouse.gov. Acesso em 20 jan. 2020); O sistema de recebimento de petições do Parlamento britânico, *E-Petitions* (Disponível em: https://petition.parliament.uk. Acesso em 20 jan. 2020); Além disso, destaca tecnologias em localidades menores como os italiano Sensor Civico, da comunidade de Bolsano (Disponível em: https://sensor.comune.bolzano. it/Applicazioni/SensorCivico/Il-comune-in-ascolto/(offset)/. Acesso em: 20 jan. 2020); Ou o da região inglesa de Cornwall, o *Cornwall Conversation Panel* Disponível em: http://www. cornwall.gov.uk/conversations http://www.cornwall.gov.uk/conversations. Acesso em: 20 jan. 2020. . Além deles, também as redes *FixMyStreet* , para compartilhar problemas geolocalizados, incluindo o conserto de vias púbicas Disponível em: https://www.fixmystreet.com. Acesso em 20 jan. 2020.) E *IdeaScale* (Disponível em: https://ideascale.com. Acesso em: 20 jan. 2020). Sobre o envolvimento ativo, destacam: quanto à legislação participativa, citam o site da região siciliana, *Ars E-Democracy* Disponível em: http://www.ars.sicilia.it/edem/ default.jsp. Acesso em: 20. jan. 2020); o *Participación Ciudadana*, do governo equatoriano (Disponível em: http://participacion.asambleanacional.gob.ec/. Acesso em: 20 jan. 2020) o chileno *Senador Virtual* (Disponível em: http://www.senadorvirtual.cl. Acesso em: 20 jan. 2020). o *Adi!*, do Parlamento basco, região autônoma espanhola (Disponível em: http:// www.adi.Parlamentovasco.euskolegebiltzarra.org. Acesso em: 20 jan. 2020) e, finalmente, o brasileiro E-Democracia, que merece análise em apartado. Sobre orçamento participativo, destaca o europeu *Demos-Budget* (Disponível em: http://www.demos-budget.eu. cesso em: 20 jan. 2016) e o italiano *Più Cultura!*, também de participação orçamentária (hoje, fora do ar). Cf. ITALIA. Senato; AHREF *Foundation. Op. cit.* p. 21-46.

[51] Sobre o aspecto mais aprofundado da e-democracia, ou seja, a possibilidade de se realizar deliberações online, o relatório cita os dispositivos *OpenDCN – FreE-democracy*, criado

Embora ainda não tenham atingido grau significativo de popularização, nem tampouco sejam utilizadas amplamente em âmbito institucional, as práticas e tecnologias indicadas no relatório mencionado (frise-se, em grau meramente exemplificativo), começam a chamar atenção por parte de certas forças políticas. Por exemplo, no Parlamento europeu, que já conta com um grupo político que encabeça propostas que visam também sua utilização para o (re)estabelecimento de uma democracia direta.[52] Algo que, pelo teor das mensagens que propagam, levantam preocupações sobre os eventuais limites de recurso a essas técnicas, como forma de manutenção dos próprios regimes democráticos.[53]

Retomando-se a realidade brasileira, já se mencionou brevemente a existência desses portais como formas institucionais de manifestação da e-democracia.[54] Na atualidade, estes sítios virtuais geralmente propiciam que sejam debatidos temas de escolha das casas legislativas, recebem-se petições e disponibilizam-se informações, muitas vezes transmitidas ao

---

em mantido pelo departamento de informática da Universidade de Milão (Disponível em: http://www.opendcn.org. Acesso em: 20 jan. 2020); o alemão *LiquidFeedback* (Disponível em: http://liquidfeedback.org. Acesso em: 20 jan. 2020), que proporciona a votação por delegação, ou seja, os usuários podem não só votar sim ou não em determinada questão, mas também delegar seu poder de voto a terceiro, aumentando o peso de seu voto. Além dele, o Airesis, que se auto intitula uma rede social – orginalmente italiana – para a e-democracia (Disponível em: https://www.airesis.eu/?l=pt-BR. Acesso em: 20. jan. 2016). E, finalmente, o *Vilfredo Goes to Athens* (Disponível em: https://vilfredo.org. Acesso em: 20 jan. 2020.) que compila as deliberações em modelos matemáticos, capazes de aferir maiorias simples e qualificadas, minorias e pesos de votação, além da combinação de posicionamentos para determinação de decisões finais. Cf. ITÁLIA. *Senato* (cit.). p. 47-55.

[52] Trata-se do grupo político "Europa para a liberdade e democracia direta", que congloba principalmente partidos separatistas e neonacionalistas, considerados pela ciência política como de extrema direita. Disponível em: *EUROPEAN GROUP FOR FREEDOM AND DIRECT DEMOCRACY*. Disponível em: http://www.efdgroup.eu. Acesso em: 20 jan. 2020.

[53] Trata-se do princípio da democracia militante, aquela que luta para sua manutenção, valor normativo em que se baseiam na Europa para banir a criação de partidos extremistas de cunho antidemocrático. Acerca, *V.* LOEWESTEIN, Karl. *Militant democracy and fundamental rights*, in *American Political Science Review*, nº 31, 1937. Quanto ao caso espanhol, Enrique Álvarez Conde lembra que o Tribunal Constitucional espanhol baseou-se neste princípio para vedar a criação de partido ligado ao grupo basco "ETA". Ver também ÁLVAREZ CONDE, Enrique. *Derecho constitucional y la crisis. Revista UNED de Derecho Político*. N. 88, septiembre-diciembre 2013. p. 85.

[54] V. Capítulo 5, item. 5.3.

vivo pela Internet – comissões, plenário, etc. – dando-se transparência ao momento da manifestação de suas decisões.

Restringindo-se à esfera federal, embora municípios e estados sigam também tal tendência, o portal e-democracia, da Câmara dos Deputados, foi inclusive lembrado no relatório do Senado Italiano, dado o grau de interatividade que promove.

Aires José Rover *et alli* conceituam o e-democracia como um sistema tecno-social que "pode ser um exemplo de interação entre cidadãos e o governo,"[55] asseverando que sua função é a de fortalecer a democracia participativa no Estado de Direito.[56] O *e-democracia* da Câmara dos Deputados se trata de uma plataforma pública onde é possível a interatividade entre cidadãos e parlamentares, além de propiciar a discussão de projetos de Lei que são submetidos à consulta pública, dentre outras possibilidades.

Embora tenha em grande medida sido o meio de promoção dos debates que levaram à elaboração do Marco Civil da Internet, o portal e-democracia é objeto de críticas e sugestões de aprimoramento. Cristiano Ferri Soares, malgrado enalteça o papel do portal, salienta que o contato entre parlamentares e cidadãos é em muitas vezes mediado pelos próprios consultores Legislativos, com pouca adesão dos deputados, sendo que muitos sequer acessam o portal periodicamente nem disponibilizam assessores para fazê-lo. Entretanto, destaca que os relatórios enviados aos parlamentares compilando e sintetizando as opiniões dos internautas promovem certa interação e acabam por direcionar em alguma medida os debates na casa.[57]

Além disso, preconiza-se uma série de projetos e técnicas para se adaptar às demandas daqueles que o visitam, tais como a necessidade de

[55] ROVER, Aires José *et alli*. O portal e-democracia da Câmara dos Deputados como sistema sócio-tecnológico. in Revista Democracia Digital e Governo Eletrônico (ISSN 2175-9391), n. 9, p. 24-43, 2013. p. 34. Para maiores aprofundamentos, *V.* BEÇAK, Rubens; LONGHI, João Victor Rozatti. O Parlamento e as reações à participação popular na sociedade informacional: a oportunidade do plano nacional de participação social (Decreto nº 8.243/14) e o desafio dos projetos de decreto Legislativo de sustação. In: Anais do XXII Congresso Nacional do CONPEDI – Florianópolis, 2014.

[56] Id. p. 35.

[57] Cf. FARIA, Cristiano Ferri Soares de. O Parlamento aberto na era da Internet: pode o povo colaborar com o Legislativo na elaboração das leis? Brasília: Câmara dos Deputados, 2012. p. 242. O autor, além de pesquisador no tema, é também servidor na Casa legislativa.

maior simplificação da interface do portal, e mais interatividade direta entre os deputados e os cidadãos, etc.[58] Ainda que tal interação entre parlamentares e internautas já ocorra em grande medida em outras redes sociais privadas, tanto por intermédio de seus perfis no Facebook, Twitter, Instagram, etc. como de outros portais privados nacionais.[59]

Mesmo assim, em caso de plataformas privadas, frisa-se estarem sujeitas a todos os riscos anteriormente mencionados, tais como a submissão a critérios de relevância para cada usuário ou a possibilidade de promoção – ou dificuldade no acesso – por parte dos provedores de aplicações que administram as redes, o uso abusivo de *marketing* político nos perfis dos parlamentares, em grande medida carreando todos os vícios da política mediada por meios de comunicação.

Soma-se a isso o fato de que as pautas muitas vezes são propostas unilateralmente tanto pelo Executivo quanto pelo Legislativo, ou seja, que os assuntos em destaque nestes portais acabem por não necessariamente refletir os anseios da sociedade civil organizada mas sim os interesses de um setor do poder público ou de grupos de interesses mais próximo ao poder.

No Senado, o portal interativo é o "e-cidadania". Criado pela Resolução n. 26/13, a Casa criou um "mecanismo de participação popular na tramitação das proposições legislativas." No plano normativo, o Senado dispõe sobre aspectos Legislativos procedimentais e de transparência, destacando-se que o site deverá permitir "ao cidadão manifestar sua opinião acerca de qualquer proposição legislativa." (art. 1º). Além disso, dispõe que "qualquer cidadão, mediante cadastro único com seus dados

---

[58] Cf. STÁBILE, Max. Democracia Eletrônica para quem? Quem são, o que querem e como os cidadãos avaliam o portal da Câmara dos Deputados. Disponível em: http://bd.camara.gov.br/bd/handle/bdcamara/12096. Acesso em: 20 jan. 2020.

[59] Destaque para o site Votenaweb. Cf. VOTENAWEB. Disponível em: http://www.votenaweb.com.br. Acesso em: Acesso em 20 jan. 2020. Pelo projeto Democracia Digital no Parlamento, iniciativa proposta pelo então Deputado Romário (PSB/RJ), seu objetivo seria o de estender a todos os projetos que tramitam na Câmara a possibilidade de um usuário pré-cadastrado aprovar ou desaprovar a análise de cada um dos projetos. , uma verdadeira sondocracia à brasileira. Como ponto positivo, tornar público o debate, levando a população a se aproximar dos temas que os representantes julgam relevantes. Como ponto negativo, a superficialidade e ausência de reflexão e preparo dos debatedores. Nesse sentido, *V.* BEÇAK, Rubens; LONGHI, João Victor Rozatti. O Parlamento e as reações (Cit.).

pessoais de identificação, poderá apoiar ou recusar as proposições legislativas em tramitação no Senado Federal" (art. 2º), que serão objeto de compilação e disponibilização dos números de deliberantes pró e contra (art. 2º, p.ú.).[60]

Ainda sobre aspectos procedimentais, necessário destacar que outro ponto a ser desenvolvido no âmbito da participatividade dentro do processo legislativo através da Rede seria um diálogo mais próximo entre os órgãos que administram os portais Legislativos e o resultado do trabalho das chamadas comissões de participação legislativa.

Na Câmara dos Deputados, trata-se da comissão permanente de legislação participativa (art. 32, inciso XII, RICD) que tem por atribuições receber sugestões de iniciativa legislativa apresentadas por associações e órgãos de classe, sindicatos e entidades organizadas da sociedade civil, exceto partidos políticos (alínea *a*) e "emitir pareceres técnicos, exposições e propostas oriundas de entidades científicas e culturais e de qualquer das entidades mencionadas" anteriormente (alínea *b*).

Ademais, dispõe o regimento da Casa que a CLP poderá realizar emendas a projetos sujeitos à apreciação conclusiva (art. 117, I, RICD),[61] além de exercer papel decisivo no trâmite dos projetos de iniciativa popular, podendo ser rejeitadas em definitivo pela Comissão ou, caso obtenha parecer favorável, ser encaminhada à Mesa.[62] A Comissão da

---

[60] BRASIL. Senado Federal. Resolução nº 26/2013. Acesso em: http://legis.senado.leg.br/legislacao/ListaPublicacoes.action?id=266807&tipoDocumento=RSF&tipoTexto=PUB. Acesso em: 20 jan. 2020.

[61] Art. 119. As emendas poderão ser apresentadas em Comissão no caso de projeto sujeito a apreciação conclusiva: I – a partir da designação do Relator, por qualquer Deputado, individualmente, e se for o caso com o apoiamento necessário, e pela Comissão de Legislação Participativa, nos termos da alínea "a" do inciso XII do art. 32 deste Regimento. (Redação dada pela Resolução n. 22, de 2.004).

[62] Art. 254. A participação da sociedade civil poderá, ainda, ser exercida mediante o oferecimento de sugestões de iniciativa legislativa, de pareceres técnicos, de exposições e propostas oriundas de entidades científicas e culturais e de qualquer das entidades mencionadas na alínea a do inciso XII, do art. 32. § 1º As sugestões de iniciativa legislativa que, observado o disposto no inciso I do art. 253 – assinaturas –, receberem parecer favorável da Comissão de Legislação Participativa serão transformadas em proposição legislativa de sua iniciativa, que será encaminhada à Mesa para tramitação. § 2º As sugestões que receberem parecer contrário da Comissão de Legislação Participativa serão encaminhadas ao arquivo. § 3º Aplicam-se à apreciação das sugestões pela Comissão de Legislação Participativa, no que

Câmara dispõe, ainda, de um regimento interno próprio. Destaca-se, no que toca à questão da interação pela tecnologia, que os projetos poderão ser enviados por meio eletrônico, embora nada conste sobre assinatura eletrônica, apenas sobre digitalização de assinaturas físicas (art. 2º, §§ 2º e 3º).[63]

No Senado, a Comissão permanente de Direitos Humanos e legislação participativa também encontra previsão no rol regimental (art. 72, VI, RISF), podendo vir a realizar audiências públicas e promover trabalhos de fomento à participação e compilação dos vários pontos de vistas e grupos de interesses relacionados a determinado texto de Lei ou outra espécie normativa.

A CLPDH do Senado exerce função semelhante à sua correlata na Câmara, contando com disposição regimental própria acerca de suas competências e funcionamento no art. 102-E do RISF. No que concerne à participatividade, dispõe a norma que poderá receber sugestões legislativas por associações e órgãos de classe, sindicatos e entidades organizadas da sociedade civil, exceto partidos políticos com representação política no Congresso Nacional" (inciso I), bem como "pareceres técnicos, exposições

---

couber, as disposições regimentais relativas ao trâmite dos projetos de Lei nas Comissões. § 4º As demais formas de participação recebidas pela Comissão de Legislação Participativa serão encaminha- das à Mesa para distribuição à Comissão ou Comissões competentes para o exame do respectivo mérito, ou à Ouvidoria, conforme o caso. (Redação dada pela Resolução n. 21/01).

[63] Art. 2º... *omissis*...§ 2º As sugestões e demais formas de participação referidas no caput serão recebidas pela secretaria da Comissão em papel impresso, datilografado ou manuscrito, ou em disquete de computador, CD, ou, ainda, pelo sistema de correspondência postal ou eletrônica, ou por meio de fac-símile. § 3º As entidades que enviarem sugestões por correio eletrônico, disquete ou CD, com a assinatura do responsável legal digitalizada, ficam obri gadas a apresentar as cópias impressas e devidamente assinadas, no prazo máximo de 10 (dez) dias, sob pena de devolução dos documentos, mediante ofício fundamentado subscrito pelo Presidente. (NR) BRASIL. Câmara dos Deputados. Regimento Interno da Comissão de Legislação Participativa. Disponível em: http://www2.camara.leg.br/atividade-legislativa/ comissoes/comissoes-permanentes/clp/diversos/REGULAMENTO%20INTERNO%20 -%20CONSOLIDADO.pdf. Acesso em: 24 jan. 2020. Destaque para os dispositivos que possibilitam que Sugestão de PEC, de CPI e de Decreto Legislativo para convocação de plebiscito e referendo dependam, uma vez aprovados, de 1/3 das assinaturas dos membros da Casa para continuidade de tramitação.

e propostas oriundas de entidades científicas e culturais e de qualquer das entidades mencionadas no inciso anterior (inc. II).

Recebendo parecer contrário, serão arquivadas. Caso favorável o parecer, serão encaminhadas à Mesa para tramitação do projeto, destacando-se que as sugestões podem vir, no futuro, a suprir a falha da iniciativa popular de lei, já que não necessariamente se sujeitam aos mesmos requisitos formais.[64] Embora nada disponha acerca da interatividade pela tecnologia no Regimento da Casa, não havendo até o presente momento um regimento interno para a Comissão.

Conclusões

Este capítulo teve como meta compreender o Marco Civil não somente como um dos importantes alicerces da regulação da Internet no Brasil, mas através de um recorte que delimita sua análise como fruto da deliberação democrática através da Internet.

Concluiu-se que o Marco Civil desde sua origem contou com alta participação da sociedade civil, cujo ponto de partida foi a atuação conjunta de uma Universidade com o Executivo, propiciando um ambiente virtual para o debate de temas que posteriormente seriam Grupos de interesse, pressão, etc. – que organizaram, com apoio à época da presidência, uma plataforma digital interativa integrada com redes sociais para fomento da participação. Discutidos os elementos do futuro projeto de lei em duas fases, foi transformado em anteprojeto, proposto pelo Executivo.

A possibilidade de participação online foi renovada no Parlamento, momento em que se empreenderam novas rodadas de deliberação em

---

[64] Art. 102-E. ...omissis... Parágrafo único. No exercício da competência prevista nos incisos I e II do caput deste artigo, a Comissão de Direitos Humanos e Legislação Participativa observará: I – as sugestões legislativas que receberem parecer favorável da Comissão serão transformadas em proposição legislativa de sua autoria e encaminhadas à Mesa, para tramitação, ouvidas as comissões competentes para o exame do mérito; II – as sugestões que receberem parecer contrário serão encaminhadas ao Arquivo; III – aplicam-se às proposições decorrentes de sugestões legislativas, no que couber, as disposições regimentais relativas ao trâmite dos projetos de Lei nas comissões, ressalvado o disposto no inciso I, in fine, deste parágrafo único. SENADO. Regimento Interno do Senado Federal. Redação dada pela Resolução nº 19/15. Disponível em: http://www25.senado.leg.br/documents/12427/45868/RISFCompilado.pdf/cd5769c8-46c5-4c8a-9af7-99be436b89c4. Acesso em: 20 jan. 2020.

ambiente digital, somadas a audiências públicas que fortaleceram o Marco Civil como produto do aprofundamento da democracia digital brasileira.

Finalmente, após certo tempo parado, o Marco Civil foi retomado pelo impulso legiferante do Executivo, tornando-se lei.

A experiência do Marco serviu como inspiração para o compartilhamento de algumas ideias que, se levadas a cabo com o rigor científico da legística, podem concretizar o aprofundamento de métodos de participação por meio das tecnologias ao longo do processo legislativo. Ou seja, sem alterações de fundo quanto ao sistema político ou de governo, a meta é promover um aprimoramento da deliberação democrática através de alterações pontuais na estrutura do processo legislativo, propiciando maior participação direta através da tecnologia.

Foram analisadas algumas sugestões, agrupadas em dois momentos do processo legislativo: antes da propositura ou na chamada fase pré-legislativa e durante o trâmite do projeto ou proposta, ou fase constitutiva.

Na primeira delas, analisou-se o anteprojeto deliberativo, que tem o condão de propiciar aos cidadãos uma fase ampla discussão pretérita à elaboração do projeto de lei, preferencialmente em debates abertos e por determinado prazo, como no caso do Marco Civil. Ademais, procurou-se também averiguar acerca da possibilidade se promover uma iniciativa popular interativa, a qual ganha grande viabilidade prática com a aceitação da assinatura digital para fins de contagem dos eleitores.

Na fase constitutiva do projeto legislativa, destacaram-se possibilidade de determinação, pela vontade popular, da chamada sumarização do procedimento Legislativo, o que pode ocorrer quando houver grande clamor popular ou pressão por grupos de interesses, através de petição ou outro mecanismo de interposição *online*, o que se denominou também de fortalecendo-se o impulso legiferante na esfera digital.

Ademais, ainda como forma de interagir com o Parlamento durante o trâmite legislativo o fomento às chamadas plataformas públicas virtuais além da possibilidade de fortalecimento das comissões de legislação participativa, sub órgãos parlamentares que poderiam abreviadas certas etapas do processo endoparlamentar, uma vez que serão tais órgãos os responsáveis a promover debates através dos portais virtuais dos Legislativos.

Finaliza-se, desta maneira, ressaltando-se que as alterações estruturais dos processos legislativos não se exaurem em si, havendo a possibilidade de que outras formas de deliberação online se concretizem. Não obstante, é certo que propiciar mais participação não alterará a forma de democracia nem poderá ser usada como subterfúgio para enfraquecer pilares das conquistas democráticas, devendo-se sempre resguardar o dissenso e proteger minoria como pontos de partida. Democracia digital não pode ser confundida com demagogia, onde a quantidade de opiniões seja usada para a legitimação de um discurso de violação de direitos humanos.

Referências

ÁLVAREZ CONDE, Enrique. *Derecho constitucional y la crisis*. Revista UNED de Derecho Político. n. 88, septiembre-diciembre 2013.

ALVAREZ, R. Michael WELMAR, Rosado Buenfil. *Democracia direta, passado, presente y futuro. in AYALA SÁNCHEZ, Alfonso (coord.). Nuevas avenidas de la democracia contemporánea*. Disponível em: http://biblio.juridicas.unam.mx/libros/libro.htm?l=3677. Acesso em: 18 jan. 2020.

ANGELO, Tiago. Resultado apertado: TSE autoriza assinatura eletrônica para criação de partido político. 3 de dezembro de 2019, 21h59. Disponível em: https://www.conjur.com.br/2019-dez-05/registro-partido-bolsonaro-oficializado-brasilia. Acesso em: 20 jan. 2020.

ATIENZA, Manuel. *Contribución para una teoría de la legislación*. in CARBONELL, Miguel; PEDROZA DE LA LLAVE, Susana Thalía (coord.) Elementos de técnica legislativa. México: Instituto de investigaciones jurídicas de la Universidad Nacional Autónoma de México, 2000.

BEÇAK, Rubens; LONGHI, João Victor Rozatti. Democracia deliberativa e ciberdemocracia: riscos e desafios para sua implementação. in Anais do XXII Encontro Nacional do CONPEDI / UNINOVE .13 a 16 de novembro de 2013. Universidade Nove de Julho – UNINOVE / São Paulo – SP

_____. O Parlamento e as reações à participação popular na sociedade informacional: a oportunidade do plano nacional de participação social (Decreto n. 8.243/14) e o desafio dos projetos de decreto Legislativo de sustação. In: Anais do XXII Congresso Nacional do CONPEDI – Florianópolis, 2014.

BRASIL. Câmara dos deputados. Portal E-democracia. http://edemocracia.camara.gov.br/web/marco-civil-da-Internet/inicio#.VmYUQUuc_bg. Acesso em 7 dez. 2019.

BRASIL. Câmara dos Deputados. Projeto de Lei n 2024/2011 – Autor: Dep. Felipe Maia DEM/RN. Disponível em: http://www2.camara.leg.br/proposicoesWeb/prop_mos trarintegra?codteor=908714&filename=PL+2024/201. Acesso em: 3 jan. 2020

BRASIL. Câmara dos Deputados. Projeto de Resolução nº 1/2015 – Autora: Dep. Carmen Zanotto PPS/SC. Disponível em: http://www2.camara.leg.br/

proposicoesWeb/prop_mostrarintegra?codteor=1296782&filename=PRC+1/2015. Acesso em: 3 jan. 2020

BRASIL. Câmara dos Deputados. Regimento Interno da Comissão de Legislação Participativa. Disponível em: http://www2.camara.leg.br/atividade-legislativa/comissoes/comissoes-permanentes/clp/diversos/REGULAMENTO%20INTERNO%20-%20CONSOLIDADO.pdf. Acesso em: 24 jan. 2020.

BRASIL. Ministério da Justiça – Secretaria de Assuntos Legislativos. Relatório: compilação de comentários apresentados na primeira etapa do Marco Civil da Internet. Brasília, 2010.

BRASIL. Senado Federal. Regimento Interno do Senado Federal. Redação dada pela Resolução nº 19/15. Disponível em: http://www25.senado.leg.br/documents/12427/45868/RISFCompilado.pdf/cd5769c8-46c5-4c8a-9af7-99be436b89c4. Acesso em: 20 jan. 2020.

BRASIL. Senado Federal. Resolução n 26/2013. Acesso em: http://legis.senado.leg.br/legislacao/ListaPublicacoes.action?id=266807&tipoDocumento=RSF&tipoTexto=PUB. Acesso em: 20 jan. 2020.

CÂMARA DOS DEPUTADOS. Projeto de Lei n. 2.126/2011. Disponível em: http://www.camara.gov.br/proposicoesWeb/fichadetramitacao?idProposicao=517255. Acesso em: 6 jan. 2020.

CANOTILHO, J. J. Gomes. Direito Constitucional e Teoria da Constituição. 7. ed. Coimbra: Almedina, 2003.

CULTURA DIGITAL. Disponível em: http://culturadigital.br/marcocivil/sobre/. Acesso em: 03 jan. 2020.

EUROPEAN GROUP FOR FREEDOM AND DIRECT DEMOCRACY. Disponível em: http://www.efdgroup.eu. Acesso em: 20 jan. 2020.

FARIA, Cristiano Ferri Soares de. O Parlamento aberto na era da Internet: pode o povo colaborar com o Legislativo na elaboração das leis? Brasília: Câmara dos deputados, 2012.

FERREIRA FILHO, Manoel Gonçalves. Do processo legislativo. 7. ed. rev. e atual. São Paulo: Saraiva, 2012

FERNANDES, Bernardo Gonçalves. Curso de direito constitucional. 3. ed. Rio de Janeiro: Lúmen juris, 2011.

GOUVEIA, Jorge Bacelar. Manual de direito constitucional. 5. ed. v. I. Coimbra: Almedina,

_____. v. II. 5. ed. Almedina: Coimbra, 2013.

ITALIA. Senato della Repubblica; AHREF Foundation. Dossier: I Media Civici in ambito parlamentare Strumenti disponibili e possibili scenari d'uso. Roma: Maio de 2013. Disponível em: https://www.senato.it/service/PDF/PDFServer/BGT/00739736.pdf. Acesso em: 19 jan. 2020.

LEMBO, Cláudio. A pessoa: seus direitos. Barueri: Manole, 2007.

LOEWESTEIN, Karl. *Militant democracy and fundamental rights*, in *American Political Science Review*, n. 31, 1937.

MIRANDA, Jorge. Manual de direito constitucional. V. III. Coimbra: Coimbra editora, 2014. t. VII. Estrutura Constitucional da Democracia. 2007.

_____. Volume III. t. V. Coimbra: Coimbra Editora, 2014.

MORA-DONATTO, Cecília; SÁNCHEZ GÓMEZ, Elia. *Teoría de la legislación y técnica legislativa (una forma nueva de entender y ejercer la función legislativa)*. *México: Instituto de investigaciones jurídicas de la Universidad Nacional Autónoma de México*, 2012.

BLANCO DE MORAIS, Carlos. Manual de legística: critérios científicos para legislar melhor. Lisboa: Verbo, 2007.

MUNICÍPIO DE SÃO PAULO, Consulta Pública: Uso Intensivo do Transporte Viário. Disponível em: http://consultausointensivoviario.prefeitura.sp.gov.br. Acesso em: 10 jan. 2020. Sobre o município de Belo Horizonte, apenas o registro de que a Lei municipal sancionada é a de n.10.900/2016.

PITRUZZELLA, Giovanni; BIN, Roberto. *Diritto Costituzionale*. 9. ed. Torino: G. Giappichelli Editore, 2008.

ROVER, Aires José et alli. O portal e-democracia da Câmara dos Deputados como sistema sócio-tecnológico. in Revista Democracia Digital e Governo Eletrônico (ISSN 2175-9391), n 9, p. 24-43, 2013.

SANTA CATARINA (Estado). Lei estadual n 16.585/15. Disponível em: http://200.192.66.20/alesc/docs/2015/16585_2015_Lei.doc Acesso em: 5 jan. 2020.

SCHULER, Douglas. Community Network: Building a New Participatory Medium," Communications of the ACM 37:1 (January 1994).

SCHULER, Douglas; DAY, Peter. *Shaping the Network Society: Opportunities and Challenges. in Shaping the Network Society: The New Role of Civil Society in Cyberspace. Cambridge (MA): MIT Press, 2004.*

JENKINS, Harry; THORBURN, David. *Introduction: The Digital Revolution, the Informed Citizen, and the Culture of Democracy.* in JENKINS, Harry; THORBURN, David (ed.). *Democracy and New Media.* Cambridge (MA): MIT Press, 2003. p. 1-21

JENKINS, Harry. *Convergence Culture: where old and new media collide.* New York: NYU Press, 2006.

STÁBILE, Max. Democracia Eletrônica para quem? Quem são, o que querem e como os cidadãos avaliam o portal da Câmara dos Deputados. Disponível em: http://bd.camara.gov.br/bd/handle/bdcamara/12096. Acesso em: 20 jan. 2020.

TUSHNET, Mark. *The constitution of the United States of America: a contextual analysis.* Hart Publishing: Portland, 2009.

19. Observatório da Legislação Portuguesa

Sónia Cristina Carvalho Rodrigues

1. Introdução

Em janeiro de 2005, no âmbito da disciplina de Ciência da Legislação da Faculdade de Direito da Universidade Nova de Lisboa (NOVA Direito), foi apresentado um projeto para financiamento à Fundação para a Ciência e Tecnologia (FCT), denominado **Observatório da Legislação Portuguesa** (daqui por diante referido apenas como Observatório), o qual foi aprovado.

A equipa inicial de investigação foi composta pelos regentes dessa disciplina, Professores Doutores João Caupers, Pierre Guibentif e Dra. Marta Tavares de Almeida, com os quais colaborou, numa fase inicial, o Professor Doutor Nuno Garoupa. Da equipa fizeram também parte alunos bolseiros de investigação científica, selecionados, através de concurso, de entre os alunos inscritos nas disciplinas de Ciência de Legislação, Análise Económica do Direito ou Sociologia do Direito.

A criação do Observatório pretendeu contribuir para a reflexão sobre a qualidade da lei, considerando que a análise da atividade legislativa em termos quantitativos é um importante instrumento para uma melhor compreensão da política (*policy*) legislativa.

2. Objetivos e resultados

O Observatório da Legislação Portuguesa foi criado tendo em vista a análise dos diversos aspetos da metodologia de preparação da lei, não apenas do ponto de vista material, mas, principalmente, do ponto de vista «formal». Pretende-se com isto dizer que o olhar com que se analisa o direito publicado em Portugal é maioritariamente quantitativo, recolhendo-se dados sobre:

- O volume da produção legislativa;
- A frequência das alterações legislativas e em que matérias;
- A percentagem de diplomas em que se promoveu a participação da sociedade civil;
- A frequência com que se preveem mecanismos de avaliação legislativa nos diplomas (*ex post*);
- A influência do direito europeu na produção legislativa nacional;
- O dever de regulamentação (cumprimento das normas que exigem regulamentação).

Para o desenvolvimento destes indicadores, o Observatório desenvolveu dois instrumentos de trabalho: uma base de dados relacional da legislação portuguesa e a publicação de um Boletim anual.

Em primeiro lugar, importa explicar a particularidade da base de dados relacional do Observatório relativamente às outras bases jurídicas (públicas) existentes em Portugal. Destacamos o *Diário da República Eletrónico* (www.dre.pt), a base de dados da Assembleia da República (AR) (https://www.parlamento.pt/ActividadeParlamentar/Paginas/ /DiplomasAprovados.aspx) , o *Digesto* e a base de dados da Procuradoria-Geral Distrital de Lisboa (http://www.pgdlisboa.pt/leis/lei_main.php).

Apenas o *Digesto* se aproxima hoje do que a base de dados relacional do Observatório pretende ser, uma vez que permite aceder à vida de cada diploma e a sua relação com outros diplomas. Convém, no entanto, sublinhar o facto de que esta informação é de acesso público gratuito apenas desde dezembro de 2016[1] e a base de dados do Observatório começou a ser construída em 2005. Além disso, continua a fornecer informações não disponíveis nas outras bases de dados, para além da mais valia de ser uma ferramenta sediada numa universidade, servindo de contraponto à informação governamental, e o de fornecer uma visão geral da legislação em Portugal.

---

[1] Com a publicação do Decreto-Lei n.º 83/2016, de 16 de dezembro, que aprova o serviço público de acesso universal e gratuito ao Diário da República.

A alimentação desta base de dados relacional continua em curso, sendo um verdadeiro *work in progress*. O propósito último é a sua disponibilização ao público, contribuindo, deste modo, para o conhecimento do direito pelos cidadãos e para fomentar as mais diversas investigações que, a partir destes dados, poderão ser feitas.

Metodologicamente, a inserção de dados iniciou-se em 2005 com os anos de 2003 e 2004. Numa segunda fase foram inseridos os dados de 2002 e 2005, numa lógica de inserção de um ano passado e de um ano posterior a 2005 (início do Observatório)[2]. Assim, neste momento, a base de dados relacional tem já inseridos os anos entre 1996 e 2008[3] e alguns estudos já foram elaborados a partir dos dados recolhidos. De momento, estamos numa nova fase do projeto que almeja a alimentação da base até aos dias de ano, recuando até (pelo menos) ao ano de 1976, ano da aprovação da Constituição da República Portuguesa (CRP), e a sua disponibilização ao público a médio prazo.

Com estes dados e outros fornecidos pelas restantes bases de dados é elaborado anualmente o «Boletim do Observatório da Legislação Portuguesa»[4] que tem publicado e analisado não apenas o volume dos atos legislativos, como tal designados no artigo 112.º da CRP, mas também o de outros diplomas aprovados pelo Governo e pela Assembleia da República que consideramos relevantes, nomeadamente as Resoluções da Assembleia da República, as Resoluções do Conselho de Ministros e as Portarias.

Além da produção legislativa portuguesa em cada ano, o Boletim disponibiliza ainda os dados referentes aos diplomas que transpõem diretivas europeias e, em consequência, o peso que estes representam no número total de legislação.

---

[2] GUIBENTIF, Pierre. «Observar a produção legislativa em Portugal. Estratégia de investigação, questões de teoria e método, primeiros resultados», *in Legislação. Cadernos de Ciência de Legislação*, n.º 46, Oeiras: INA, Abril – Junho 2007, p. 6.

[3] Estando o ano de 2009 praticamente completo.

[4] Disponível em http://olp.cedis.fd.unl.pt/publicacoes/. Já foram publicados os n.ºs 0 (2007), 1 (2008), 2 (2009), 3 (2011), 4 (2012), 5 (2013), 6 (2015) e 7 (2017). O n.º 8 será publicado durante o segundo semestre de 2019 e analisará os dados de 2017 e 2018.

2.1. Produção legislativa

A tabela seguinte revela a evolução da atividade legiferante em Portugal num período de vinte anos: entre 1998 e 2018.

TABELA I – Produção legislativa 1998-2018

	Total de diplomas		Leis		Decretos--Lei		Resoluções do Conselho de Ministros		Resoluções da Assembleia da República		Portarias	
1998	1962	100	93	4,74	457	23,29	164	8,36	76	3,87	1172	59,72
1999	2295	100	181	7,89	614	26,75	148	6,45	86	3,75	1266	55,16
2000	2239	100	46	2,05	378	16,88	188	8,40	87	3,89	1540	68,78
2001	2380	100	129	5,42	377	15,84	188	7,90	81	3,40	1605	67,44
2002	2254	100	40	1,77	334	14,82	155	6,88	67	2,97	1658	73,56
2003	2225	100	115	5,17	342	15,37	201	9,03	89	4,00	1478	66,43
2004	2493	100	63	2,53	257	10,31	195	7,82	93	3,73	1885	75,61
2005	1949	100	69	3,54	244	12,52	204	10,47	69	3,54	1363	69,93
2006	2041	100	65	3,18	257	12,59	174	8,53	76	3,72	1469	71,97
2007	2488	100	75	3,01	424	17,04	197	7,92	66	2,65	1726	69,37
2008	2265	100	73	3,22	259	11,43	213	9,40	68	3,00	1652	72,94
2009	2212	100	125	5,65	333	15,05	123	5,56	121	5,47	1510	68,26
2010	1868	100	63	3,37	164	8,78	112	6,00	145	7,76	1384	74,09
2011	803	100	70	8,72	137	17,06	70	8,72	166	20,67	360	44,83
2012	1116	100	72	6,45	281	25,18	124	11,11	152	13,62	487	43,64
2013	998	100	89	8,92	181	18,14	135	13,53	162	16,23	431	43,19
2014	853	100	95	11,14	202	23,68	99	11,61	107	12,54	350	41,03
2015	1279	100	179	14,00	269	21,03	156	12,20	155	12,12	520	40,66
2016	931	100	47	5,05	98	10,53	113	12,14	249	26,75	424	45,54
2017	1246	100	122	9,79	177	14,21	228	18,30	279	22,39	440	35,31
2018	1093	100	74	6,77	128	11,71	196	17,93	313	28,64	382	34,95
TOTAL	36990	100	1885	5,10	5913	15,99	3208	8,67	2457	6,64	22820	61,69

Da análise deste período, salientamos alguns dados e reflexões relacionadas, nomeadamente o ano com mais legislação publicada – 2004, com 2493 diplomas – e o ano com menor produção legislativa – 2011, com 803 diplomas.

Retemo-nos no ano de 2011 como um ano de viragem, no qual o número de diplomas decresceu drasticamente relativamente aos anos anteriores. Importa, assim, analisar as razões que levaram a esta redução, a que não terá sido alheia a implementação do Programa SIMPLEGIS[5], que assumia como um dos seus principais objetivos ter menos leis e mais simplificação legislativa.

Foram então concretizadas diversas medidas tendo em vista este desiderato. Uma delas resultou na redução do número de portarias publicadas. Na realidade, esta foi a medida que que mais contribuiu para a diminuição do número total de diplomas, dado que em 2010 o número de portarias publicadas ascendia a 1384 (à semelhança dos anos anteriores) e em 2011 registaram-se apenas 360 portarias publicadas. A medida levada a cabo foi prevista no Decreto-Lei n.º 2/2011, de 6 de janeiro, o qual veio determinar que várias matérias deixassem de ser publicadas no Diário da República, nomeadamente:

a) A matéria cinegética (que ocupava uma larga percentagem de portarias);
b) Zonas de Intervenção Florestal (ZIF);
c) Matéria relacionada com selos e estampilhas.

Em 2018 o número de portarias (382) continua a comprovar o sucesso desta medida para a redução do número de portarias, que no ano de 2004 alcançou o elevado número de 1885 portarias publicadas.

---

[5] A Resolução do Conselho de Ministros n.º 77/2010, de 11 de outubro, aprovou o Regimento do Conselho de Ministros do XVIII Governo Constitucional e concretizou diversas medidas do programa de simplificação legislativa SIMPLEGIS. Este programa veio na sequência do Programa Legislar Melhor, aprovado pela Resolução do Conselho de Ministros n.º 63/2006, de 4 de maio. Ambos os programas se inserem numa política mais abrangente de *Better Regulation* que nestes anos foi adotada.
Para mais desenvolvimentos sobre as medidas previstas no Programa SIMPLEGIS, cfr. ETTNER, Diana e SILVEIRA, João Tiago, «Programas de Better Regulation em Portugal: o SIMPLEGIS», *in E-Publica*, Vol. 1, n.º 1, Lisboa: CIDP-ICJP, 2014, pp. 203-243, disponível em https://www.e-publica.pt/volumes/v1n1a08.html.

Outras medidas foram adotadas tendo em vista o objetivo de reduzir a produção legislativa, como a contenção pelo Governo (de forma assumida) na aprovação de decretos-leis e decretos regulamentares, na não aprovação de atos legislativos quando não estritamente necessário e ainda na aprovação no mesmo diplomas de matérias conexas, tentando evitar a proliferação legislativa sobre o mesmo assunto.

Além disso, foi assumido o compromisso de revogar mais decretos-leis do que aqueles que eram aprovados. No âmbito desta medida, foi aprovado o Decreto-Lei n.º 70/2011, de 16 de junho, que procedeu à revogação de 233 diplomas desnecessários,

> «(...) criando-se condições para se saber com exatidão que regras regulam cada matéria. Com efeito, eliminando-se inequivocamente do ordenamento jurídico diplomas desnecessários, passa a ser possível identificar melhor, quanto a cada realidade, quais as regras que permanecem em vigor, e identificar mais facilmente lacunas a suprir ou clarificações legislativas a fazer[6]».

Esta medida foi retomada pelo Programa SIMPLEX +[7] com a concretização da medida Revoga +. Ao abrigo desta medida foram revogados até à presente data (Junho de 2019) 3.178 diplomas: 2.357 por decretos-leis[8] e 821 por lei[9].

Efetivamente, o ano de 2016, com o Programa SIMPLEX +, foi o ano que registou o menor número de decretos-leis publicados desde 1976 (98). O ano de 2007 (424) só foi superado pelo ano de 1999 (614). A publicação de decretos-leis ocupa 15,99% da produção legislativa, sendo que a publicação de leis (da autoria da Assembleia da República, órgão, por excelência, com poderes legislativos) consubstancia apenas 5,10%.

Como se retira da tabela *supra*, a publicação de leis também foi mais baixa do que o habitual em 2018 (47), sendo que em 2015 se tinha registado um aumento significativo no número de leis publicadas (179), só semelhante ao ano de 2009 (125). Em 2018 o número de leis voltou a

---

[6] ETTNER, Diana e SILVEIRA, João Tiago, *op. cit.*, p. 218.

[7] Implementado a partir de 2016 e disponível em https://www.simplex.gov.pt/.

[8] Decretos-Leis n.º 32/2019, de 8 de maio e 49/2019, de 15 de abril.

[9] Lei n.º 36/2019, de 29 de maio. O Governo apresentou no Parlamento uma proposta de lei (191/XII), prevendo a revogação de 260 decretos-leis, a qual não foi ainda aprovada.

descer (74) relativamente a 2017 (122). É curioso verificar que o aumento do número de leis geralmente acontece em anos em que os Governos usufruem de maiorias absolutas no Parlamento, e, por isso, denotamos uma clara preferência pela aprovação de propostas de lei na Assembleia da República em detrimento da aprovação de decretos-leis, buscando uma maior legitimação das políticas adotadas.

O número de Resoluções de Conselho de Ministros regista uma subida em 2017 (228) depois de uma aparente tendência para a sua diminuição nos anos anteriores. No que concerne às Resoluções da Assembleia da República, desde 2016 o número subiu acentuadamente, o que pode ter explicação no especial momento político que se vive em Portugal com uma maioria socialista apoiada no Parlamento pelos partidos de esquerda.

Relativamente à produção legislativa das Regiões Autónomas (Açores e Madeira), verificamos que as Assembleias Legislativas Regionais são o órgão que mais legisla nas Regiões Autónomas, ao contrário do Continente, onde é o Governo que mais legisla. Salientamos ainda o facto de a Madeira legislar em quantidade muito superior aos Açores.

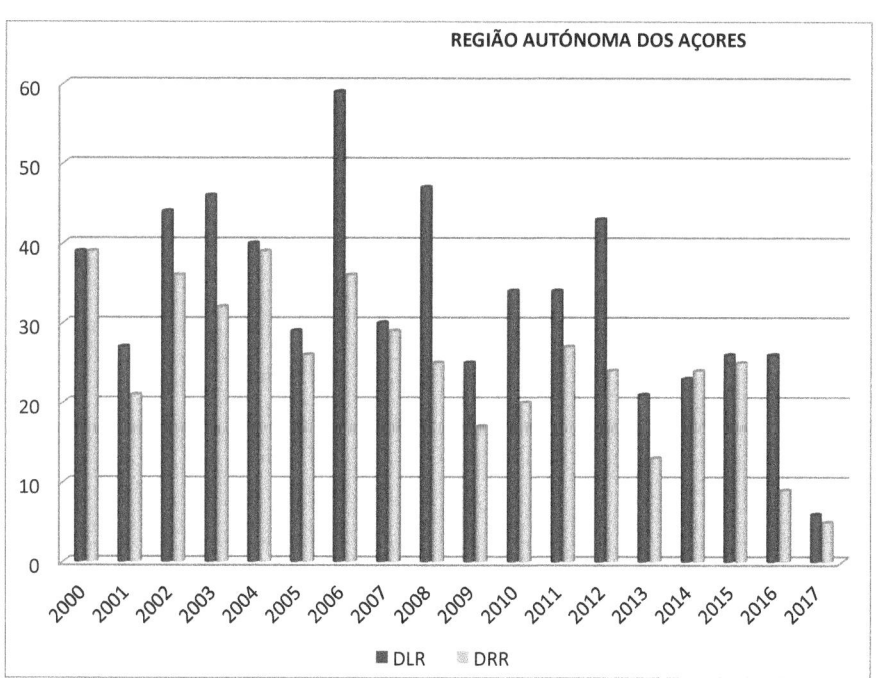

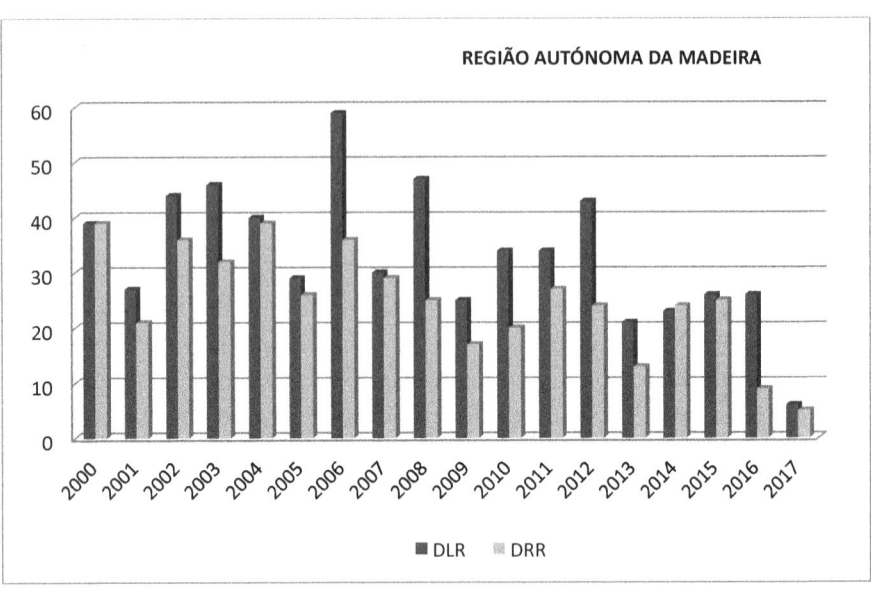

2.2. Influência do direito europeu

TABELA II – Leis e Decretos-Leis de transposição de diretivas
e execução de Regulamentos Europeus

	Total de leis e decretos-leis	Leis de transposição de diretivas	Decretos-Leis de transposição de diretivas[10]	Decretos-Leis de execução de Regulamentos Europeus
		N.º	N.º	N.º
2000	424	1	56	1
2001	505	-	41	1
2002	374	-	54	3
2003	457	3	100	-
2004	320	5	52	2

[10] Saliente-se que o número de decretos-leis de transposição de diretivas não nos dá a noção exata das diretivas efetivamente transpostas. Com efeito, em muitos casos, um decreto-lei procede à transposição de várias diretivas.

2005	313	1		66		4	
2006	322	5		51		6	
2007	499	3		74		8	
2008	332	6		47		8	
2009	459	5		44		8	
2010	227	6		52		1	
2011	207	7		38		3	
2012	351	4		41		4	
2013	267	8		39		3	
2014	291	7		32		4	
2015	448	17		34		8	
2016	145	4		16		3	
2017	299	17		49		5	
2018	202	5		3		-	
TOTAL	6442	104	1,61%	889	13,80%	72	1,12%

Apesar de ser comum a ideia de que a legislação europeia contribui para a inflação legislativa nacional, os dados da Tabela II mostram que, na realidade, a legislação europeia foi responsável por cerca de 16,53% do total de leis e decretos-leis publicados em Portugal de 2000 a 2018. Apesar de ser uma percentagem expressiva não representa um peso exagerado no total da legislação produzida.

Por imposição do artigo 112.º, n.º 8 da CRP, as diretivas deverão ser transpostas através de lei, decreto-lei ou decreto legislativo regional. Ora, o que os dados apresentados revelam é que a maior parte das diretivas são transpostas por decretos-leis[11] (13,80% entre 2000 e 2018).

Outra das medidas do Programa SIMPLEGIS foi reduzir o atraso na transposição de atos normativos da União Europeia, a qual apelidou de "Atraso ZERO". Duas razões principais foram apontadas para a adoção desta medida: «(...) garantir a transposição do direito da UE para o ordenamento jurídico português para assegurar a aplicação de normas

---

[11] Não temos, ainda, os dados das Regiões Autónomas quanto a este indicador. Na verdade, serão publicados no Boletim do Observatório da Legislação Portuguesa deste ano os primeiros dados sobre os Açores e a Madeira.

semelhantes em todos os Estados-Membros» e «(...) cumprir os prazos de transposição e garantir atempadamente a aplicação no direito interno das normas aprovadas na EU», de forma a «(...) reforçar a credibilidade portuguesa junto das instâncias comunitárias, provar a capacidade do país de cumprir os seus compromissos perante a UE e servir de exemplo de boas práticas na implementação do direito europeu»[12].

Em resultado desta política, Portugal reduziu, em dezembro de 2010, o défice de transposição das diretivas de 2,1 por cento (maio de 2010) para 0,9 por cento (dezembro de 2010), tendo sido considerado como um caso de sucesso no âmbito da EU[13].

Outro exercício que se revela interessante é saber quais as áreas ministeriais que transpõem mais diretivas. Como resulta da tabela *infra*, em 2015 a área mais influenciadas por diretivas comunitárias foi a Agricultura. Porém, a área dos Assuntos Económicos e Finanças, logo seguida dos Transportes e Comunicações, foi a que mais diplomas de transposição elaborou.

Áreas	Nº Directivas	Diplomas de transposição				
		Total	Leis		Decretos-Lei	
			Total	%	Total	%
Agricultura	4	4	0	0,00	4	**100,00**
Ambiente	2	3	0	0,00	3	**100,00**
Aproximação da Legislação	**11**	8	1	12,50	7	87,50
Assuntos Económicos e Finanças	9	**11**	9	81,82	2	18,18
Assuntos Sociais e Emprego	1	1	0	0,00	1	**100,00**
Defesa e Segurança	1	1	0	0,00	1	**100,00**
Justiça e Assuntos internos	4	4	4	**100,00**	0	0,00
Transportes e Comunicações	**11**	10	1	10,00	9	90,00
Saúde	5	4	3	75,00	1	25,00

(Dados cedidos pela Direção dos Assuntos Europeus do Ministério dos Negócios Estrangeiros)

[12] ETTNER, Diana e SILVEIRA, João Tiago, op. cit., p. 221.
[13] CAUPERS, João, GUIBENTIF, Pierre e TAVARES DE ALMEIDA, Marta, *Feitura das Leis: Portugal e a Europa*, Lisboa: Fundação Francisco Manuel dos Santos, 2014, p. 93.

3. Declarações de retificação

De acordo com a Lei n.º 74/98, de 11 de novembro, sobre a publicação, identificação e o formulário dos diplomas (Lei Formulário), na versão republicada em anexo à Lei n.º 43/2014, de 11 de julho, as declarações de retificação apenas são admissíveis até 60 dias após a publicação do ato retificado e somente para «correcção de lapsos gramaticais, ortográficos, de cálculo ou de natureza análoga ou para correcção de erros materiais provenientes de divergências entre o texto original e o texto de qualquer diploma publicado na 1ª série do Diário da República» (artigo 5.º da Lei Formulário)[14].

Estas regras são relevantes pois a estabilidade legislativa é um valor a prosseguir pelo legislador, que, na redação do diploma, deve assegurar a correção e clareza dos mesmos.

Dada a importância deste princípio, o Programa SIMPLEGIS definiu como um dos seus objetivos «a emissão de menos declarações de retificação de diplomas em resultado da redução do número de erros cometidos na sua publicação para que possa haver confiança no texto publicado no Diário da República». Esta política levou a que, no final do ano de 2010, apenas tivessem sido publicadas sete (7) declarações de retificação. Em 2011, a percentagem de decretos-leis e decretos regulamentares não retificados baixou para 92%, o que correspondia a uma emissão de 11 declarações de retificação. Em 2012 o número de retificações de decretos-leis e decretos regulamentares voltou a subir para 25 (pelo que baixa a percentagem de diplomas não retificados para 91%) e em 2013 a percentagem de decretos-leis e decretos regulamentares não retificados volta a baixar[15].

[14] Para mais desenvolvimentos, cfr. PEDROSA MACHADO, Miguel, RODRIGUES, Sónia e CORREIA de OLIVEIRA, Adriana, «Em torno de um estudo de caso sobre retificações legislativas no Código de Processo Penal», in Boletim do Observatório da Legislação Portuguesa n.º 2, Lisboa: CEDIS, FDUNL, 2009, pp. 31-47.
[15] Cfr. Boletim do Observatório da Legislação Portuguesa, n.º 6, Lisboa: CEDIS – FDUNL, 2015, pp. 12-15.

TABELA III – Decretos-Leis e Decretos Regulamentares – % de diplomas
não retificados e número de declarações de retificação

Anos	% Diplomas não retificados	Declarações de retificação
Antes 2010	89%	43
2010	95%	7
2011	92%	11
2012	91%	25
2013	89%	20

4. Acessibilidade da lei

A legislação de um Estado de Direito deve obedecer a determinados princípios fundamentais. Desde logo, ao princípio constitucional estruturante da ordem jurídica portuguesa: o princípio do Estado de Direito Democrático, que preconiza «a realização da democracia económica, social e cultural e o aprofundamento da democracia participativa». Assim, em respeito por este princípio, outros deverão ser observados, nomeadamente, o da participação dos destinatários da lei na elaboração da mesma e o acesso e conhecimento da mesma.

Este é outro dos indicadores a que o Observatório tem estado especialmente atento, sendo um dos parâmetros recolhidos aquando do preenchimento de cada diploma na base de dados relacional e uma das fases do procedimento legislativo que tem analisado mais detalhadamente[16]. Quanto a esta matéria, as práticas da Assembleia da República e do Governo divergem substancialmente, sendo que o procedimento legislativo parlamentar, além de ter as respetivas regras postuladas na Constituição e no Regimento da Assembleia da República, é permanentemente divulgado na página do Parlamento (www.parlamento.pt).

[16] Cfr. PEREIRA, Sandra e RODRIGUES, Sónia, «Participação no Procedimento Legislativo», in Boletim do Observatório da Legislação Portuguesa n.º 4, Lisboa: CEDIS – FDUNL, 2012, pp. 23-43 e CORREIA de OLIVEIRA, Adriana e RODRIGUES, Sónia, «A Prática Legislativa Portuguesa: Questões De Cidadania», in Atas do VIII Congresso Português de Sociologia, 40 anos de democracias: progressos, contradições e prospetivas, 2014, disponível em http://olp.cedis.fd.unl.pt/wp-content/uploads/2017/12/Ata-Congresso_artigo.pdf.

A contrario, o procedimento legislativo governamental é, por regra, confidencial, estando as suas fases reguladas no Regimento do Conselho de Ministros[17]. Sublinhamos o facto de os pareceres das entidades ouvidas, bem como as audições realizadas no âmbito de cada proposta ou projeto de lei serem sempre facultadas no sítio da Assembleia da República, ao passo que no procedimento legislativo governamental não há acesso a nenhuma desta informação. Este aspeto é tão ou mais relevante quando o Governo apresenta propostas de lei ao Parlamento e, recorrentemente, não dá a esta instituição conhecimento desta documentação, apesar de a isso estar obrigado por força do artigo 124.º do Regimento da Assembleia da República[18].

4.1. Iniciativas de simplificação legislativa

A Assembleia da República criou, nos últimos anos, dois grupos de trabalho, tendo em vista a criação de mecanismos de simplificação legislativa que permitam um melhor acesso e, consequentemente, conhecimento da lei e do procedimento legislativo pelos cidadãos. Assim, para além da disponibilização de formulários *online* na sua página de Internet para facilitar a interação entre poder legislativo e cidadãos, da possibilidade de apresentação de petições[19] e de iniciativa legislativa de cidadãos[20], foi criado o Grupo de Trabalho para a Consolidação Legislativa[21], através do qual se pretendeu ir além das compilações legislativas que a AR já disponibiliza na sua página da Internet. Assim, através da aprovação de leis consolidantes, reunir-se-ia em apenas um diploma as regras referentes

---

[17] O Regimento do Conselho de Ministros do XXI Governo Constitucional (Governo atual) foi aprovado pela Resolução do Conselho de Ministros n.º 95-A/2015, de 17 de dezembro, alterada pelas Resoluções do Conselho de Ministros n.º 44/2017, de 24 de março, 171/2017, de 09 de novembro, pelo Decreto-Lei n.º 90/2018, de 09 de novembro e pela Resolução do Conselho de Ministros n.º 49/2019, de 04 de março.

[18] Cfr. CAUPERS, João, GUIBENTIF, Pierre e TAVARES DE ALMEIDA, Marta, *op. cit.*, pp. 121-154.

[19] Lei n.º 43/90, de 10 de agosto, na redação dada pela Lei n.º 51/2017, de 13 de julho e retificada pela Declaração de Retificação n.º 23/2017, de 05 de setembro.

[20] Lei n.º 17/2003, de 04 de junho, na redação dada pela Lei n.º 52/2017, de 13 de julho e retificada pela Declaração de Retificação n.º 24/2017, de 05 de setembro.

[21] Despacho n.º 73/XII, de 22 de novembro de 2013, da Presidente da Assembleia da República.

à mesma matéria, facilitando o acesso integral à legislação sobre determinado assunto, eliminando-se normas obsoletas ou contraditórias sem, contudo, criar novas soluções jurídicas.

Mais tarde, o Grupo de Trabalho para Parlamento Digital[22] foi criado com o mandato de:

«I. Avaliar a implementação dos objetivos definidos na "Declaração para a Abertura e Transparência Parlamentar", aprovada pela Resolução da Assembleia da República n.º 64/2014;

II. Apresentar propostas que visem a reestruturação da informação já disponível no site do Parlamento, tornando-a mais simples e apelativa;

III. Avaliar a possibilidade de uma maior divulgação da atividade parlamentar através de novas formas de comunicação digital, apresentando recomendações que, aproveitando as novas tecnologias, permitam alargar o universo de cidadãos que se envolvem e interagem com a Assembleia da República, fomentando a comunicação bidirecional;

IV. Avaliar o interesse na produção de material e conteúdos destinados a públicos específicos, apresentando eventuais recomendações;

V. Propor a introdução de melhorias ao nível das bases de dados de atividade parlamentar, como a AP (Atividade Parlamentar);

VI. Fomentar, em articulação com o Governo e a Presidência da República, a desmaterialização do processo legislativo e procurar soluções digitais que contribuam para uma melhor monitorização da regulamentação pelo Governo das leis aprovadas pelo Parlamento.

É notória a importância atribuída à participação dos cidadãos no procedimento legislativo, almejando-se também a sua maior envolvência com a política e a sua aproximação à discussão de questões que a todos interessam.

De acordo com o gráfico seguinte, a confiança dos cidadãos na justiça tem vindo a aumentar nos últimos anos, embora em novembro de 2018 apenas 44%[23] dos cidadãos inquiridos tendessem a confiar na justiça.

---

[22] Despacho n.º 26/XIII, de 16 de junho de 2016, do Presidente da Assembleia da República.

[23] Dados obtidos no Portal de Opinião Pública da Fundação Francisco Manuel dos Santos (www.pop.pt).

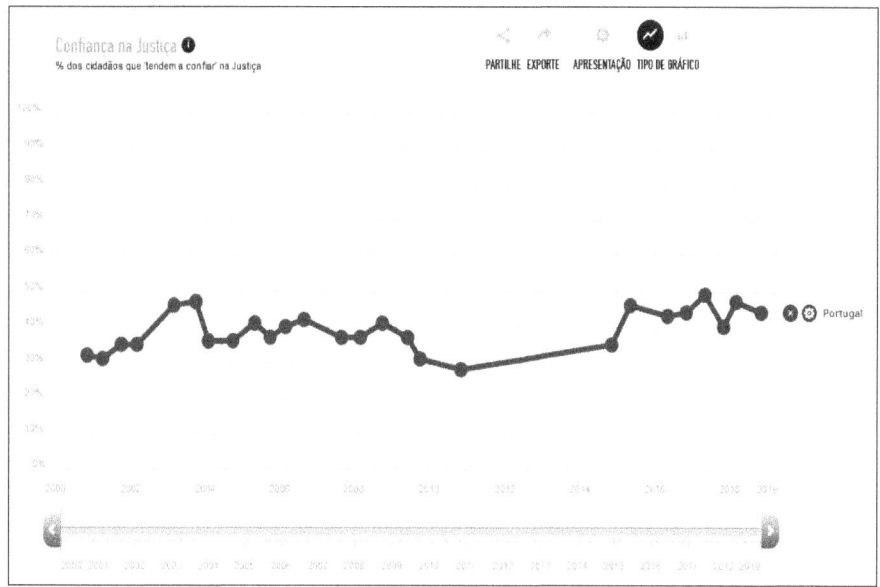

Voltando à academia, outro dos projetos em desenvolvimento que visam a simplificação legislativa e o melhor acesso à lei pelos cidadãos é o Projeto de Regras Comuns de Legística nos Estados e Regiões Lusófonos, levado a cabo por uma equipa de investigadores do Centro de Investigação de Direito Público da Faculdade de Direito da Universidade de Lisboa, com o qual a equipa do Observatório da Legislação Portuguesa colabora.

Este projeto pretende estudar e contribuir para a definição de critérios, *standards* e regras comuns de Legística para os ordenamentos jurídicos de Angola, Brasil, Cabo Verde, Guiné-Bissau, Macau, Moçambique, Portugal, São Tomé e Príncipe e Timor-Leste.

Em resumo, «(...) a Ciência da Legislação, destinando-se a auxiliar o trabalho legislativo, deve incluir, entre os seus domínios de estudo, os processos de divulgação e de tomada de conhecimento da matéria legal»[24].

---

[24] GUIBENTIF, Pierre. «A recepção da matéria legal como tema da Ciência da Legislação», *in Legislação. Cadernos de Ciência de Legislação*, n.º 50, Oeiras: INA, Outubro-Dezembro 2009, pp. 169-170.

5. Conclusões

A qualidade da lei tem várias faces e vários indicadores que podem ser estudados, desenvolvidos e melhorados. O Observatório da Legislação Portuguesa pretende contribuir para esse estudo, nomeadamente através da disponibilização de dados quantitativos relativos a cada um desses indicadores pelos quais se poderá medir e avaliar se estamos perante uma boa lei ou, pelo menos, uma lei que resultou de uma boa metodologia legislativa.

Pretendemos demonstrar que tipo de dados e de reflexões é possível retirar deste olhar quantitativo sobre a produção legislativa portuguesa. Como se disse, este é um projeto em constante amadurecimento, que tem como um dos seus grandes objetivos a disponibilização da base de dados relacional que permitirá novos estudos e nos dará informação acerca do ambiente legislativo.

6. Referências

CAUPERS, João, GUIBENTIF, Pierre e TAVARES DE ALMEIDA, Marta, Feitura das Leis: Portugal e a Europa, Lisboa: Fundação Francisco Manuel dos Santos, 2014.

CORREIA de OLIVEIRA, Adriana e RODRIGUES, Sónia, «A Prática Legislativa Portuguesa: Questões De Cidadania», in Atas do VIII Congresso Português de Sociologia, 40 anos de democracias: progressos, contradições e prospetivas, 2014.

ETTNER, Diana e SILVEIRA, João Tiago, «Programas de Better Regulation em Portugal: o SIMPLEGIS», in E-Publica, Vol. 1, n.º 1, Lisboa: CIDP-ICJP, 2014.

GUIBENTIF, Pierre. «Observar a produção legislativa em Portugal. Estratégia de investigação, questões de teoria e método, primeiros resultados», in Legislação. Cadernos de Ciência de Legislação, n.º 46, Oeiras: INA, Abril – Junho 2007.

GUIBENTIF, Pierre. «A recepção da matéria legal como tema da Ciência da Legislação», in Legislação. Cadernos de Ciência de Legislação, n.º 50, Oeiras: INA, Outubro – Dezembro 2009.

PEDROSA MACHADO, Miguel, RODRIGUES, Sónia e CORREIA de OLIVEIRA, Adriana, «Em torno de um estudo de caso sobre retificações legislativas no Código de Processo Penal», in Boletim do Observatório da Legislação Portuguesa n.º 2, Lisboa: CEDIS, FDUNL, 2009.

PEREIRA, Sandra e RODRIGUES, Sónia, «Participação no Procedimento Legislativo», in Boletim do Observatório da Legislação Portuguesa n.º 4, Lisboa: CEDIS – FDUNL, 2012.

RODRIGUES, Sónia, «Análise Quantitativa da Produção Legislativa», in 40 Anos de Políticas de Justiça em Portugal, Lisboa: Almedina, 2017.